Lo Iacono / Wiefling / Schneider
Programmieren trainieren

Bleiben Sie auf dem Laufenden!

 Unser **Computerbuch-Newsletter** informiert Sie monatlich über neue Bücher und Termine. Profitieren Sie auch von Gewinnspielen und exklusiven Leseproben. Gleich anmelden unter

 www.hanser-fachbuch.de/newsletter

 Hanser Update ist der IT-Blog des Hanser Verlags mit Beiträgen und Praxistipps von unseren Autoren rund um die Themen Online Marketing, Webentwicklung, Programmierung, Softwareentwicklung sowie IT- und Projektmanagement. Lesen Sie mit und abonnieren Sie unsere News unter

 www.hanser-fachbuch.de/update

Luigi Lo Iacono
Stephan Wiefling
Michael Schneider

Programmieren trainieren

Mit über 120 Workouts
in Java und Python

HANSER

Die Autoren:
Prof. Dr.-Ing. Luigi Lo Iacono, Bonn
Stephan Wiefling, Pulheim
Michael Schneider, Daaden

Alle in diesem Buch enthaltenen Informationen, Verfahren und Darstellungen wurden nach bestem Wissen zusammengestellt und mit Sorgfalt getestet. Dennoch sind Fehler nicht ganz auszuschließen. Aus diesem Grund sind die im vorliegenden Buch enthaltenen Informationen mit keiner Verpflichtung oder Garantie irgendeiner Art verbunden. Autoren und Verlag übernehmen infolgedessen keine juristische Verantwortung und werden keine daraus folgende oder sonstige Haftung übernehmen, die auf irgendeine Art aus der Benutzung dieser Informationen – oder Teilen davon – entsteht. Ebenso übernehmen Autoren und Verlag keine Gewähr dafür, dass beschriebene Verfahren usw. frei von Schutzrechten Dritter sind. Die Wiedergabe von Gebrauchsnamen, Handelsnamen, Warenbezeichnungen usw. in diesem Buch berechtigt deshalb auch ohne besondere Kennzeichnung nicht zu der Annahme, dass solche Namen im Sinne der Warenzeichen- und Markenschutz-Gesetzgebung als frei zu betrachten wären und daher von jedermann benutzt werden dürften.

Bibliografische Information der Deutschen Nationalbibliothek:
Die Deutsche Nationalbibliothek verzeichnet diese Publikation in der Deutschen Nationalbibliografie; detaillierte bibliografische Daten sind im Internet über http://dnb.d-nb.de abrufbar.

Dieses Werk ist urheberrechtlich geschützt.
Alle Rechte, auch die der Übersetzung, des Nachdruckes und der Vervielfältigung des Buches, oder Teilen daraus, vorbehalten. Kein Teil des Werkes darf ohne schriftliche Genehmigung des Verlages in irgendeiner Form (Fotokopie, Mikrofilm oder ein anderes Verfahren) auch nicht für Zwecke der Unterrichtsgestaltung reproduziert oder unter Verwendung elektronischer Systeme verarbeitet, vervielfältigt oder verbreitet werden.

© 2018 Carl Hanser Verlag München, www.hanser-fachbuch.de
Lektorat: Sylvia Hasselbach
Copy editing: Jürgen Dubau, Freiburg/Elbe
Herstellung: Irene Weilhart
Layout: le-tex publishing services GmbH
Umschlagdesign: Marc Müller-Bremer, www.rebranding.de, München
Umschlagrealisation: Stephan Rönigk
Datenbelichtung, Druck und Bindung: Hubert & Co. GmbH & Co. KG BuchPartner, Göttingen
Printed in Germany

Print-ISBN: 978-3-446-45486-6
E-Book-ISBN: 978-3-446-45503-0

Inhalt

Vorwort XVII

Danksagung XIX

1 Einleitung 1
1.1 Wozu sollte ich programmieren lernen? 1
1.2 Wie kann mir dieses Buch dabei helfen? 2
1.3 Was muss ich mitbringen? 2
1.4 Wie geht das vonstatten? 3
1.5 Was muss ich sonst noch wissen? 5

2 Einführung in die Programmierung 7
2.1 Warmup 7
2.2 Workout 11
    W.2.1 Three-Two-One – Mein erstes Programm 11
    W.2.2 Weihnachtsbaum 13
    W.2.3 Perlenkette 15
    W.2.4 Die erste Zeichnung 16
    W.2.5 Raupe Allzeitappetit 18
    W.2.6 Klötzchen-Kunst 19
    W.2.7 Nachteule 20
    W.2.8 Ghettoblaster 21
    W.2.9 Hallo Bello! 23

3 Variablen, Datentypen, Operatoren und Ausdrücke 25
3.1 Warmup 25
3.2 Workout 28
    W.3.1 Einfache Rechenaufgaben 28
    W.3.2 Perlenkette 2.0 29

W.3.3	Blutalkoholkonzentration	30
W.3.4	Stoffwechselrate	32
W.3.5	Baumstammvolumen	34
W.3.6	Körperoberfläche	35
W.3.7	RGB nach CMYK	36
W.3.8	Tic-Tac-Toe-Spielfeld	38

4 Kontrollstrukturen 39

4.1	Warmup		39
4.2	Workout		43
	W.4.1	Maximum bestimmen	43
	W.4.2	Summe berechnen	44
	W.4.3	Tippspiel	45
	W.4.4	PIN-Code-Generator	46
	W.4.5	Dominosteine	47
	W.4.6	Radialer Farbverlauf	48
	W.4.7	Ladevorgang-Rädchen	49
	W.4.8	Windrad	51
	W.4.9	Rotierte Dreiecke	52
	W.4.10	Moderne Kunst	53
	W.4.11	Schachbrett	55
	W.4.12	Sinuskurve	56
	W.4.13	Zahlen-Palindrom	57
	W.4.14	Interaktiver Button	58

5 Funktionen 61

5.1	Warmup		61
5.2	Workout		63
	W.5.1	Endliches Produkt	63
	W.5.2	Fakultät	64
	W.5.3	Konfektionsgröße	65
	W.5.4	Schaltjahr Prüfung	66
	W.5.5	Literzahlen umwandeln	67
	W.5.6	LKW-Maut	68
	W.5.7	Analoger Uhrzeiger	69
	W.5.8	Körperoberfläche 2.0	70
	W.5.9	Sportwetten	71
	W.5.10	GPS-Luftlinie	73
	W.5.11	IBAN-Generator	75

	W.5.12	Sanduhr	77
	W.5.13	Der faire Würfel	78
	W.5.14	Quadrat mit Kreisausschnitten	79
	W.5.15	Wurfparabel	81
	W.5.16	Bogenschießen-Spiel	83

6	**Arrays**		**85**
6.1	Warmup		85
6.2	Workout		88
	W.6.1	Wochentag	88
	W.6.2	Tankfüllung	90
	W.6.3	Rückwärtsausgabe	91
	W.6.4	Bildvergrößerung	92
	W.6.5	Partnervermittlung	93
	W.6.6	Sitzplatzreservierung	94
	W.6.7	Platztausch	95
	W.6.8	Bestimmung minimale Distanz	96
	W.6.9	Morsecode	97
	W.6.10	Endlose Animation	98
	W.6.11	Spiegeln	99
	W.6.12	Reflexion	100
	W.6.13	Greenscreen	102
	W.6.14	Bild umdrehen und invertieren	103
	W.6.15	Bild mit Schatten	104
	W.6.16	Bild rotieren	105
	W.6.17	Bildverkleinerung	106
	W.6.18	Minimale Punktdistanz	107
	W.6.19	Glatte Kurven	109
	W.6.20	Bildausschnitt	111
	W.6.21	Bild mit Rahmen	112
	W.6.22	Memory-Spielfeldgenerator	113
	W.6.23	Sudoku-Check	115
	W.6.24	Medianfilter	116

7	**Strings und Stringverarbeitung**		**119**
7.1	Warmup		119
7.2	Workout		121
	W.7.1	String-Kompression	121
	W.7.2	Split-Funktion	122

W.7.3	Geldschein-Blütencheck	123
W.7.4	Starkes Passwort	125
W.7.5	E-Mail-Check	126
W.7.6	Prüfen auf eine korrekte Klammerung	127
W.7.7	Sternchenmuster	128
W.7.8	URL-Encoding	129
W.7.9	Telefonbuch bearbeiten	130
W.7.10	Webserver-Antwort verarbeiten	132
W.7.11	IMDB-Einträge verarbeiten	134
W.7.12	Geheimsprache	135
W.7.13	Ähnlich klingende Wörter	136
W.7.14	Textrahmen	138
W.7.15	JSON-Array	139
W.7.16	Barcode-Generator	140

8 Objektorientierung ... 143

8.1 Warmup ... 143

8.2 Workout ... 146

W.8.1	Schrittzähler	146
W.8.2	Body-Mass-Index	148
W.8.3	Songtextsuche	150
W.8.4	Passwortklasse	151
W.8.5	Kopffitness	153
W.8.6	Fernbedienung	155
W.8.7	Stoppuhr	156
W.8.8	Druckerwarteschlange	157
W.8.9	Tic Tac Toe	159
W.8.10	Zwischenablage	161
W.8.11	Temperaturgraph	163
W.8.12	Ambient Light	165
W.8.13	Verschlüsselung	169
W.8.14	Mastermind	171

9 Referenzdatentypen ... 173

9.1 Warmup ... 173

9.2 Workout ... 175

W.9.1	Kreis-Klasse	175
W.9.2	Mathematischer Bruch	176
W.9.3	Highscore-Liste	177

		W.9.4	Adressbuch	179
		W.9.5	Digitaler Bilderrahmen	181
		W.9.6	Musikalbenanwendung	183
		W.9.7	Koch-Website	185
		W.9.8	Hotelzimmerverwaltung	187
		W.9.9	Flughafen-Check-in	189
		W.9.10	Polygonzug	191
		W.9.11	Twitterwall	193
		W.9.12	Fototagebuch	195
		W.9.13	Partygäste	197

10 Vererbung ... 199

10.1 Warmup ... 199

10.2 Workout ... 201

    W.10.1 Online-Shop ... 201

    W.10.2 Gewässer ... 203

    W.10.3 To-do-Liste ... 204

    W.10.4 Lampen ... 206

    W.10.5 Meeting-Protokoll ... 208

    W.10.6 E-Book ... 210

    W.10.7 Zoo ... 212

    W.10.8 Audioeffekt-Player ... 213

    W.10.9 Fahrtenbuch ... 214

A Lösungen in Java ... 215

A.1 Download und Verwendung der elektronischen Lösungen ... 215

    A.1.1 Download von GitHub ... 215

    A.1.2 Öffnen der Programme ... 216

    A.1.3 Tipp: Debugger ... 217

A.2 Einführung in die Programmierung ... 219

    A.2.1 Three-Two-One – Mein erstes Programm ... 219

    A.2.2 Weihnachtsbaum ... 219

    A.2.3 Perlenkette ... 219

    A.2.4 Die erste Zeichnung ... 220

    A.2.5 Raupe Allzeitappetit ... 220

    A.2.6 Klötzchen-Kunst ... 221

    A.2.7 Nachteule ... 222

    A.2.8 Ghettoblaster ... 223

    A.2.9 Hallo Bello! ... 224

A.3	Variablen, Datentypen, Operatoren und Ausdrücke	226
	A.3.1 Einfache Rechenaufgaben	226
	A.3.2 Perlenkette 2.0	227
	A.3.3 Blutalkoholkonzentration	227
	A.3.4 Stoffwechselrate	228
	A.3.5 Baumstammvolumen	228
	A.3.6 Körperoberfläche	228
	A.3.7 RGB nach CMYK	229
	A.3.8 Tic-Tac-Toe-Spielfeld	229
A.4	Kontrollstrukturen	230
	A.4.1 Maximum bestimmen	230
	A.4.2 Summe berechnen	230
	A.4.3 Tippspiel	231
	A.4.4 PIN-Code-Generator	231
	A.4.5 Dominosteine	232
	A.4.6 Radialer Farbverlauf	232
	A.4.7 Ladevorgang-Rädchen	233
	A.4.8 Windrad	233
	A.4.9 Rotierte Dreiecke	233
	A.4.10 Moderne Kunst	234
	A.4.11 Schachbrett	235
	A.4.12 Sinuskurve	235
	A.4.13 Zahlen-Palindrom	236
	A.4.14 Interaktiver Button	237
A.5	Funktionen	239
	A.5.1 Endliches Produkt	239
	A.5.2 Fakultät	239
	A.5.3 Konfektionsgröße	240
	A.5.4 Schaltjahr Prüfung	241
	A.5.5 Literzahlen umwandeln	242
	A.5.6 LKW-Maut	242
	A.5.7 Analoger Uhrzeiger	244
	A.5.8 Körperoberfläche 2.0	245
	A.5.9 Sportwetten	245
	A.5.10 GPS-Luftlinie	246
	A.5.11 IBAN-Generator	247
	A.5.12 Sanduhr	249
	A.5.13 Der faire Würfel	250

	A.5.14	Quadrat mit Kreisausschnitten	251
	A.5.15	Wurfparabel	252
	A.5.16	Bogenschießen-Spiel	253
A.6	Arrays		258
	A.6.1	Wochentag	258
	A.6.2	Tankfüllung	259
	A.6.3	Rückwärtsausgabe	260
	A.6.4	Bildvergrößerung	261
	A.6.5	Partnervermittlung	262
	A.6.6	Sitzplatzreservierung	263
	A.6.7	Platztausch	265
	A.6.8	Bestimmung minimale Distanz	265
	A.6.9	Morsecode	266
	A.6.10	Endlose Animation	268
	A.6.11	Spiegeln	269
	A.6.12	Reflexion	270
	A.6.13	Greenscreen	272
	A.6.14	Bild umdrehen und invertieren	273
	A.6.15	Bild mit Schatten	274
	A.6.16	Bild rotieren	276
	A.6.17	Bildverkleinerung	277
	A.6.18	Minimale Punktdistanz	279
	A.6.19	Glatte Kurven	280
	A.6.20	Bildausschnitt	281
	A.6.21	Bild mit Rahmen	283
	A.6.22	Memory-Spielfeldgenerator	284
	A.6.23	Sudoku-Check	286
	A.6.24	Medianfilter	289
A.7	Strings und Stringverarbeitung		291
	A.7.1	String-Kompression	291
	A.7.2	Split-Funktion	292
	A.7.3	Geldschein-Blütencheck	293
	A.7.4	Starkes Passwort	296
	A.7.5	E-Mail-Check	297
	A.7.6	Prüfen auf eine korrekten Klammerung	298
	A.7.7	Sternchenmuster	299
	A.7.8	URL-Encoding	301
	A.7.9	Telefonbuch bearbeiten	302

	A.7.10	Webserver-Antwort verarbeiten	304
	A.7.11	IMDB-Einträge verarbeiten	306
	A.7.12	Geheimsprache	307
	A.7.13	Ähnlich klingende Wörter	308
	A.7.14	Textrahmen	309
	A.7.15	JSON-Array	310
	A.7.16	Barcode-Generator	311
A.8		Objektorientierung	316
	A.8.1	Schrittzähler	316
	A.8.2	Body-Mass-Index	317
	A.8.3	Songtextsuche	318
	A.8.4	Passwortklasse	318
	A.8.5	Kopffitness	321
	A.8.6	Fernbedienung	322
	A.8.7	Stoppuhr	323
	A.8.8	Druckerwarteschlange	325
	A.8.9	Tic Tac Toe	326
	A.8.10	Zwischenablage	329
	A.8.11	Temperaturgraph	330
	A.8.12	Ambient Light	333
	A.8.13	Verschlüsselung	335
	A.8.14	Mastermind	338
A.9		Referenzdatentypen	341
	A.9.1	Kreis-Klasse	341
	A.9.2	Mathematischer Bruch	342
	A.9.3	Highscore-Liste	343
	A.9.4	Adressbuch	345
	A.9.5	Digitaler Bilderrahmen	349
	A.9.6	Musikalbenanwendung	351
	A.9.7	Koch-Website	353
	A.9.8	Hotelzimmerverwaltung	356
	A.9.9	Flughafen-Check-in	358
	A.9.10	Polygonzug	361
	A.9.11	Twitterwall	363
	A.9.12	Fototagebuch	364
	A.9.13	Partygäste	367
A.10		Vererbung	370
	A.10.1	Online-Shop	370

		A.10.2	Gewässer	373
		A.10.3	To-do-Liste	376
		A.10.4	Lampen	380
		A.10.5	Meeting-Protokoll	381
		A.10.6	E-Book	384
		A.10.7	Zoo	389
		A.10.8	Audioeffekt-Player	391
		A.10.9	Fahrtenbuch	394
B	**Lösungen in Python**			**397**
B.1	Download und Verwendung der elektronischen Lösungen			397
		B.1.1	Download von GitHub	397
		B.1.2	Öffnen der Programme	397
B.2	Einführung in die Programmierung			399
		B.2.1	Three-Two-One – Mein erstes Programm	399
		B.2.2	Weihnachtsbaum	399
		B.2.3	Perlenkette	399
		B.2.4	Die erste Zeichnung	400
		B.2.5	Raupe Allzeitappetit	400
		B.2.6	Klötzchenkunst	401
		B.2.7	Nachteule	402
		B.2.8	Ghettoblaster	403
		B.2.9	Hallo Bello!	404
B.3	Variablen, Datentypen, Operatoren und Ausdrücke			406
		B.3.1	Einfache Rechenaufgaben	406
		B.3.2	Perlenkette 2.0	407
		B.3.3	Blutalkoholkonzentration	407
		B.3.4	Stoffwechselrate	408
		B.3.5	Baumstammvolumen	408
		B.3.6	Körperoberfläche	408
		B.3.7	RGB nach CMYK	409
		B.3.8	Tic-Tac-Toe-Spielfeld	409
B.4	Kontrollstrukturen			410
		B.4.1	Maximum bestimmen	410
		B.4.2	Summe berechnen	410
		B.4.3	Tippspiel	410
		B.4.4	PIN-Code-Generator	411
		B.4.5	Dominosteine	411

B.4.6	Radialer Farbverlauf	412
B.4.7	Ladevorgang-Rädchen	412
B.4.8	Windrad	413
B.4.9	Rotierte Dreiecke	413
B.4.10	Moderne Kunst	414
B.4.11	Schachbrett	414
B.4.12	Sinuskurve	415
B.4.13	Zahlen-Palindrom	416
B.4.14	Interaktiver Button	417
B.5	**Funktionen**	418
B.5.1	Endliches Produkt	418
B.5.2	Fakultät	418
B.5.3	Konfektionsgröße	419
B.5.4	Schaltjahr Prüfung	420
B.5.5	Literzahlen umwandeln	420
B.5.6	LKW-Maut	421
B.5.7	Analoger Uhrzeiger	422
B.5.8	Körperoberfläche 2.0	423
B.5.9	Sportwetten	423
B.5.10	GPS-Luftlinie	424
B.5.11	IBAN-Generator	425
B.5.12	Sanduhr	426
B.5.13	Der faire Würfel	427
B.5.14	Quadrat mit Kreisausschnitten	428
B.5.15	Wurfparabel	429
B.5.16	Bogenschießen-Spiel	430
B.6	**Arrays**	434
B.6.1	Wochentag	434
B.6.2	Tankfüllung	435
B.6.3	Rückwärtsausgabe	436
B.6.4	Bildvergrößerung	436
B.6.5	Partnervermittlung	438
B.6.6	Sitzplatzreservierung	439
B.6.7	Platztausch	440
B.6.8	Bestimmung minimale Distanz	441
B.6.9	Morsecode	442
B.6.10	Endlose Animation	443
B.6.11	Spiegeln	444

		B.6.12	Reflexion	445
		B.6.13	Greenscreen	446
		B.6.14	Bild umdrehen und invertieren	447
		B.6.15	Bild mit Schatten	448
		B.6.16	Bild rotieren	450
		B.6.17	Bildverkleinerung	451
		B.6.18	Minimale Punktdistanz	453
		B.6.19	Glatte Kurven	454
		B.6.20	Bildausschnitt	455
		B.6.21	Bild mit Rahmen	457
		B.6.22	Memory-Spielfeldgenerator	458
		B.6.23	Sudoku-Check	460
		B.6.24	Medianfilter	462
	B.7	Strings und Stringverarbeitung		464
		B.7.1	String Kompression	464
		B.7.2	Split-Funktion	465
		B.7.3	Geldschein-Blütencheck	465
		B.7.4	Starkes Passwort	467
		B.7.5	E-Mail-Check	468
		B.7.6	Prüfen auf eine korrekten Klammerung	469
		B.7.7	Sternchenmuster	470
		B.7.8	URL-Encoding	471
		B.7.9	Telefonbuch bearbeiten	471
		B.7.10	Webserver-Antwort verarbeiten	473
		B.7.11	IMDB-Einträge verarbeiten	474
		B.7.12	Geheimsprache	475
		B.7.13	Ähnlich klingende Wörter	476
		B.7.14	Textrahmen	477
		B.7.15	JSON-Array	478
		B.7.16	Barcode-Generator	479
	B.8	Objektorientierung		482
		B.8.1	Schrittzähler	482
		B.8.2	Body-Mass-Index	482
		B.8.3	Songtextsuche	483
		B.8.4	Passwortklasse	484
		B.8.5	Kopffitness	486
		B.8.6	Fernbedienung	487
		B.8.7	Stoppuhr	488

B.8.8	Druckerwarteschlange		489
B.8.9	Tic Tac Toe		490
B.8.10	Zwischenablage		492
B.8.11	Temperaturgraph		494
B.8.12	Ambient Light		496
B.8.13	Verschlüsselung		499
B.8.14	Mastermind		502
B.9	Referenzdatentypen		504
B.9.1	Kreis-Klasse		504
B.9.2	Mathematischer Bruch		505
B.9.3	Highscore-Liste		506
B.9.4	Adressbuch		507
B.9.5	Digitaler Bilderrahmen		510
B.9.6	Musikalbenanwendung		511
B.9.7	Koch-Website		513
B.9.8	Hotelzimmerverwaltung		515
B.9.9	Flughafen-Check-in		517
B.9.10	Polygonzug		519
B.9.11	Twitterwall		520
B.9.12	Fototagebuch		522
B.9.13	Partygäste		524
B.10	Vererbung		527
B.10.1	Online-Shop		527
B.10.2	Gewässer		529
B.10.3	To-do-Liste		532
B.10.4	Lampen		534
B.10.5	Meeting-Protokoll		536
B.10.6	E-Book		538
B.10.7	Zoo		541
B.10.8	Audioeffekt-Player		543
B.10.9	Fahrtenbuch		545
C	**Installation Processing**		**549**
C.1	Einleitung		549
C.2	Windows		549
C.3	Mac OS X		550
C.4	Linux		551
C.5	Aktivierung des Python Mode		552

Vorwort

Nerds sind in. Diese liebenswerten Zeitgenossen mit dem vielen Spezialwissen und den kindlichen Vorlieben für Superhelden werden lange nicht mehr nur komisch beäugt. Im Gegenteil. Sie selbst sind nunmehr Stars in vielen Fernsehserien, und ihr modischer Stil ist allgemein akzeptiert. Diese Entwicklung kommt auch der Programmierung zugute. Lange Zeit galt diese Fertigkeit als ein Gebiet, das den Nerds vorbehalten ist. Dem ist nicht so! Es muss nur der Mut aufgebracht werden, sich damit auseinanderzusetzen. Dann wird schnell klar, was mit der Programmierung alles umgesetzt werden kann. Die Bandbreite ist groß und wird durch aktuelle Trends stetig befeuert. Insbesondere durch die Digitalisierung und Vernetzung vieler Alltagsgegenstände finden sich Softwareprogramme vermehrt jenseits gängiger Anwendungsfälle im betrieblichen Kontext von Unternehmen wieder. Also, keine Scheu und ran ans Programmieren!

Mir selbst bereitet das Programmieren viel Freude. Zudem ist es mir eine Herzensangelegenheit, mein Programmier-Knowhow und meine Erfahrung an andere weiterzugeben. Ich weiß aus vielen Schulungen sehr genau, was es für Hürden und Stolpersteine beim Programmieren lernen gibt und wie diesen zu begegnen ist. **Gutem Trainingsmaterial kommt dabei eine zentrale Rolle zu**.

Die Autoren Lo Iacono, Wiefling und Schneider schließen hier eine wichtige Lücke. Sie versorgen dich mit vielen Trainingsaufgaben, die dir helfen werden, die wesentlichen Programmierkonzepte wirklich zu verstehen. Und mehr noch. Du kannst und solltest so lange mit den vielen Aufgaben trainieren, bis der Groschen tatsächlich gefallen ist. Das ist wichtig. Denn erst dann wirst Du in der Lage sein, mit dem erlernten Handwerkszeug auch selbstständig Entwicklungsaufgaben bewältigen und lösen zu können. Genau da sollst du hin. Viele Lehrformate gehen hier nicht weit genug. Die falsche Annahme ist dabei häufig, dass ein Beispiel und eine Übungsaufgabe zum Verständnis ausreichen. Weit gefehlt. Es fängt schon damit an, dass nicht jeder mit dem gegebenen Beispiel oder der gestellten Übungsaufgabe etwas anfangen kann. Hier schafft das vorliegende Buch Abhilfe, und es gehört damit in die „*Einstieg in die Programmierung*"-Ecke deines Bücherregals.

Dirk Louis, im Januar 2018

Danksagung

Ein Buchprojekt ist harte Arbeit. Ohne die Unterstützung vieler helfender Hände geht es nicht. Wir können uns gar nicht genug bei euch allen bedanken, versuchen es aber dennoch, so gut wir können.

Zeit ist wohl das Kostbarste, was wir haben. Darum bin ich umso dankbarer, dass meine liebe Familie mir diese für derartige und andere Projekte einräumt. Danke Barbara, Giuliana, Antonio und Fabio.

Danke an Mariele, Brigitte und Frank, Christian und Sophia, Stephan, Viet, Peter und allen, die mich bei der Arbeit an diesem Buch unterstützt haben. Außerdem danke ich allen Förderern, besonders meinem damaligen Informatiklehrer Herr Schepanek.

Ich danke meiner Frau Sabrina und meinen Kindern Juli und Lana für ihre Unterstützung und die mir für dieses Projekt eingeräumte Zeit. Außerdem möchte ich mich bei den vielen Kollegen sowie Auszubildenden bedanken, die mich auf meinem beruflichen Weg begleitet haben.

Gemeinsam möchten wir uns bei Christian Ullenboom bedanken. Er hat das Buch kritisch durchgearbeitet und uns viele wertvolle Anmerkungen dazu gegeben. Gleiches gilt für Dirk Louis, der uns zudem freundlicherweise das Vorwort zum Buch geschrieben hat. Dem Hanser Verlag und insbesondere Frau Sylvia Hasselbach möchten wir für die viele Geduld mit uns und die ungebrochene Unterstützung bedanken. Ein derartiger Rückhalt ist unverzichtbar.

Schließlich wollen wir uns an dieser Stelle bei den vielen Freiwilligen da draußen bedanken, die ihre wertvolle Zeit dafür aufwenden, um der Allgemeinheit viele nützliche Dinge kosten- und diskriminierungsfrei zur Verfügung zu stellen. Unser Buch bedient sich viel aus der Public Domain, wofür wir uns gerne durch Benennung der wesentlichen Bausteine bedanken wollen. Zunächst sind hierzu die beiden zugrunde gelegten Programmiersprachen zu nennen. **Java** (https://www.java.com/de/) wird von Oracle Corporation und **Python** (https://www.python.org/) von der Python Software Foundation bereitgestellt. Beide gehören aktuell zu den am meisten eingesetzten Sprachen und können auf vielfältigste Weise verwendet werden. Um die Hürden gerade für (fachfremde) Einsteiger in die Programmierung weitestgehend zu eliminieren, stellt die Processing Foundation die gleichnamige Entwicklungsumgebung zur Verfügung (https://processing.org/). **Processing** basiert dabei von Hause aus auf Java. Im Laufe der Zeit sind weitere Programmiersprachen hinzugekommen, darunter neben JavaScript auch Python (http://py.processing.org/). Wir verwenden im Buch zudem **Piktogramme**, um die Aufgaben durch kleine Icons visuell zu unterstreichen.

Iconify.it stellt unter https://iconify.it/downloads/iconify-650-free-icons/ eine Sammlung von 650 freien Glyphicons bereit, aus der wir uns hierzu bedient haben. Schließlich verwenden wir in einigen Programmieraufgaben Bilder, die durch das Programm verarbeitet werden sollen. Hier haben wir auf die Public-Domain-Cliparts von clker.com (http://clker.com/) zurückgegriffen.

Last, but not least wollen wir uns **bei dir bedanken**. Wir freuen uns, dass wir dein initiales Interesse geweckt und es schon mal bis in deine Hände geschafft haben. Jetzt bleibt uns nur noch, dir beim Trainieren viel Erfolg zu wünschen.

Luigi Lo Iacono
Stephan Wiefling
Michael Schneider

1 Einleitung

1.1 Wozu sollte ich programmieren lernen?

Weil Du es kannst und weil die Programmierung **das Werkzeug des 21. Jahrhunderts** ist. Die Bundeskanzlerin Frau Angela Merkel hat erst unlängst in einem Interview mit YouTubern das Programmieren auf eine Stufe mit den Grundfertigkeiten Lesen, Schreiben und Rechnen gestellt (https://youtu.be/Uq2zIzscPgY?t=12m18s). Programmieren ist lange nicht mehr nur etwas für Experten, die das studiert haben. Durch den Einzug des Digitalen in alle Branchen und den Alltag können viel mehr als nur Informatiker von der Programmierung profitieren und damit ihre Ideen erproben und verwirklichen. Beispiele kannst du unzählige finden. Lass' uns hier nur einige zur Verdeutlichung kurz anreißen. Dir fallen dann bestimmt selbst viele weitere Beispiele ein.

Angenommen, du bist **Künstler** und hast bisher mit den klassischen Materialien und Techniken deiner Disziplin gearbeitet. Für deine neueste Projektidee möchtest du mit regelmäßigen Formen und Farben experimentieren, wie es z.B. Sol LeWitt in seinem künstlerischen Schaffen getan hat (https://de.wikipedia.org/wiki/Sol_LeWitt). Das erfordert viel Fleiß, Geduld und Präzision. Da du deine Zeit lieber damit verbringen möchtest, an spannenden neuen Konstruktionen und deren Wirkung zu experimentieren, anstatt diese in langwierigen und teils monotonen Arbeitsschritten erst erstellen zu müssen, wünschst du dir einen Automatismus dafür, der das für dich erledigt. Dies kann ein eigens geschriebenes Computerprogramm leisten. Ist ein solches geschrieben, liegen die Vorteile auf der Hand. Veränderungen an den Farben, der Größe sowie Anordnungen der Formen usw. sind umgehend gemacht. Auch das Ausgabeformat kann leicht angepasst werden, um das Kunstwerk in vielfältiger Art und Weise zu drucken oder aus einem Rohling zu fräsen. Pioniere der computergenerierten Kunst sind z.B. Manfred Mohr, Joseph Nechvatal, Olga Kisseleva und John Lansdown.

Als **Veranstaltungstechniker** sieht man sich heute immer stärker mit Anforderungen von Kunden herausgefordert, die nach noch nicht dagewesenen Hinguckern verlangen. Hierfür gibt es naturgemäß keine fertigen Lösungen, die man aus dem Regal ziehen kann. Somit siehst du dich auf der einen Seite immer mit neuen spannenden Entwicklungsaufgaben konfrontiert, musst dafür aber auf der anderen Seite adäquate Lösungen entwickeln. Diese bedingen eigentlich immer auch Software, die es zu programmieren gilt.

Im letzten fiktiven Szenario wollen wir ins **Internet der Dinge** abtauchen. Mit diesem Schlagwort wird der allgemeine Trend bezeichnet, mit dem die Digitalisierung und die Vernetzung im Gewand des Internets stetig in Gegenstände des alltäglichen Gebrauchs diffundieren. Der smart gewordene Fernseher ist ein Paradebeispiel hierfür. Einige neue Anwendungen findest du toll, willst aber noch nicht in neue Produkte investieren. Die alten tun es ja noch. So findest du es z.B. praktisch, im Supermarkt einen Blick in deinen Kühlschrank werfen zu können, um zu sehen, ob es genügend Frühstückseier fürs Wochenende gibt. Der Kühlschrank ist schnell für diesen Anwendungsfall erweitert. Mit einer batteriebetriebenen Kamera, einem LED-Licht und etwas Programmierung kannst du bald via Smartphone-App in deinen Kühlschrank gucken.

Das soll zeigen, was dir alles an Möglichkeiten offen steht, wenn du die Programmierung als ein Werkzeug verstehst und dich dessen bemächtigst.

■ 1.2   Wie kann mir dieses Buch dabei helfen?

Vor den Erfolg haben die Götter allerdings den Schweiß gesetzt. Diese Tatsache hat der griechische Dichter und Geschichtsschreiber *Hesiod* bereits vor langer Zeit festgestellt und dann so zutreffend formuliert. Dieser Ausspruch trifft unseres Erachtens kaum besser auf etwas zu als die Programmierung. Es gehört eine ordentliche Portion Arbeit dazu, bis der Groschen fällt und man die wesentlichen Programmierkonzepte verstanden hat. Erst dann wird man in der Lage sein, Aufgabenstellungen jeglicher Couleur selbstständig angehen und erfolgreich bewältigen zu können. Wir wollen dir diese notwendigen Mühen nicht verschweigen. Unserer Erfahrung nach scheitert so mancher Einstieg genau an dieser Hürde.

Unser Ansatz ist deshalb, durch **viele spannende Programmieraufgaben** das nötige Material zum Trainieren bereitzustellen. Du wirst in diesem Buch im Wesentlichen Aufgabenstellungen von uns bekommen, an denen du Aufgabe für Aufgabe alle relevanten Programmierkonzepte üben kannst. Damit dir dabei nicht die Laune vergeht, haben wir uns viel Mühe beim Zusammenstellen der Aufgaben gegeben. Es wird deutlich über die meisten "Lehrbuchaufgaben" hinausgehen und sich, soweit möglich, erheblich näher an praktischen Anwendungsszenarien orientieren. Der klassische Lehrbuchstil hangelt sich meist an Aufgabenstellungen aus der Mathematik entlang. Das ist wichtig, und daher haben auch wir das ab und an mit dir vor. Wir können aber auch verstehen, wenn derartige Aufgaben nicht jedem liegen, um etwas Neues zu lernen. Daher programmierst du eher Anwendungen, die etwas Nützliches tun oder etwas hübsch Anzuschauendes generieren. Als Appetitanreger haben wir im nachfolgenden Bild 1.1 schon mal drei Beispiele aus dem Buch für dich.

Diese drei Bilder zeigen exemplarisch, was du mit unserem Trainingsprogramm programmieren sollst und auch können wirst, wenn du fleißig am Ball bleibst. Es lohnt sich!

■ 1.3   Was muss ich mitbringen?

Nicht viel! Mit diesem Buch können wir es nicht leisten, dir die Basics beizubringen. Das musst du halt selbst tun oder du bekommst es in irgendeiner Form gezeigt. Wir erklären zu

Bild 1.1 Drei Beispielbilder, die du programmieren wirst

Beginn eines jeden Kapitels nochmal kurz die im Fokus stehenden Übungsschwerpunkte. Das ist mehr eine Gedächtnisstütze und soll als Warm-up dienen, falls du es überhaupt brauchst. Wir gehen dabei nochmals kurz auf die wesentlichen Konzepte ein und erläutern Besonderheiten in den Programmierumgebungen, für die wir Beispiellösungen bereitstellen.

■ 1.4 Wie geht das vonstatten?

Wie schon gesagt, ist das hier ein Trainingsbuch fürs Programmieren. Wir stellen dir **120 Übungsaufgaben mit Lösungsvorschlägen** zum Training bereit. Die grundlegende Struktur gleicht dabei derer gängiger Ressourcen zur Einführung in die Programmierung. Es geht mit dem Aufbau erster einfacher Programme los und wird durch das Hinzukommen von Programmierkonzepten wie Variablen, Datentypen, Operatoren, Ausdrücke, bedingte Anweisungen, Wiederholungsanweisungen, Funktionen, Arrays, Strings bis hin zur Objektorientierung stetig erweitert. Damit wir uns - ohne unnötiges Störfeuer und Ablenkung - auf das Kernthema des jeweiligen Kapitels konzentrieren können, bestehen die ersten Programme der Kapitel 2, 3 und 4 zunächst aus Anweisungen. Erst in den nachfolgenden Kapiteln 5 bis 9 kommen dann Strukturelemente für den Programmcode in Form von Funktionen sowie Klassen und Objekten hinzu. Wir werden dir Kapitel für Kapitel Trainingsaufgaben stellen, für die du dir ein passendes Programm überlegen und dieses dann in einer Programmiersprache vollständig angeben sollst.

Jede Trainingsaufgabe ist nach einem **festen Schema** aufgebaut (siehe Bild 1.2). Um jede Aufgabe eindeutig identifizieren zu können, haben wir diese mit einem eindeutigen Namen, einer eindeutigen Nummer und einem Piktogramm versehen. Das wird dir insbesondere dabei helfen, dich mit Freunden, Mitschülern, Kommilitonen, Kollegen oder der Community über die Aufgaben auszutauschen. Auch unsere Lösungsvorschläge im Anhang und online wirst du auf diese Weise spielend der jeweiligen Aufgabe zuordnen können. Die Identifizierungsnummer ist dem jeweiligen Buchkapitel zugeordnet. Das einfache Zurückspringen zur Aufgabenstellung im Buch ist damit auch gewährleistet.

Die Aufgaben haben wir unserem Dafürhalten nach in den Kategorien **Schwierigkeit**, **Kreativität** und **Zeitaufwand** bewertet und sortiert. Einfachere Aufgaben, die im Vergleich eher

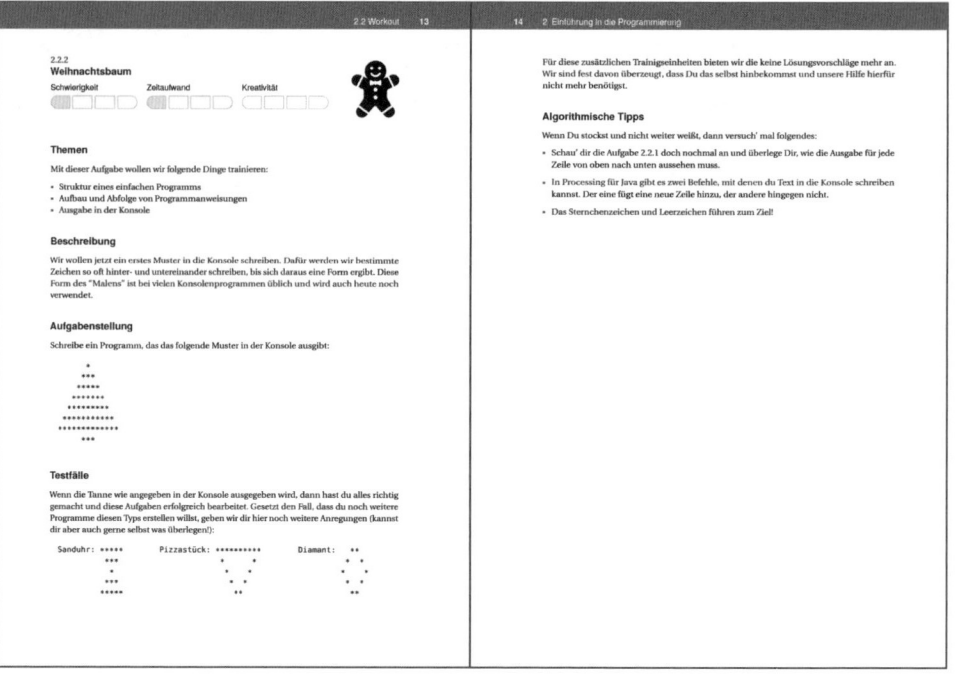

Bild 1.2 Exemplarische Darstellung des Aufgaben-Templates

wenig Zeit und kreative Eigenleistung erfordern, findest du eher am Anfang eines jeden Kapitels. Du bist aber völlig frei in deiner Entscheidung, welcher Aufgabe du dich in welcher Reihenfolge widmen möchtest. Du musst auch längst nicht alle Aufgaben durchackern. Wenn der Groschen in Bezug auf die in einem Kapitel fokussierten Programmierkonzepte gefallen ist, kann es ans nächste Kapitel gehen.

Wir haben schon eingangs gesagt, dass wir mit dir und den Aufgaben eines jeden Kapitels bestimmte Programmierkonzepte trainieren möchten. Auf welche **Themen** sich eine jeweilige Aufgabe dabei im Besonderen fokussiert, geben wir dir kurz stichwortartig an. Dies soll ein zusätzliches Kriterium sein, wonach du entscheiden kannst, ob du eine bestimmte Aufgabe bearbeiten möchtest.

Worum es sich in einer Aufgabe dreht, erläutert eine kurze **Beschreibung**. Hier wird der Kontext gesetzt und ggf. auch ein Praxisbezug hergestellt, damit du weißt, wo sich in der Praxis etwas Derartiges finden lässt. Was du dann tatsächlich tun musst, geben wir dir im anschließenden Abschnitt mit dem passenden Namen **Aufgabenstellung** an. Du solltest beide Abschnitte aufmerksam und eventuell mehrmals lesen, um sicherzustellen, dass du deinen Auftrag richtig verstanden hast.

Zur Überprüfung, ob dein Programm tatsächlich funktioniert, geben wir dir **Testfälle** mit entsprechenden Testdaten an die Hand. Zudem haben wir zu jeder Aufgabe eine ausführlich kommentierte Lösung in den Programmiersprachen Java und Python beigefügt. Bevor du dir die aber anguckst, solltest du wirklich lange Zeit selbst an der Erarbeitung einer Lösung werkeln.

Wenn du völlig auf dem Schlauch stehst und gar keinen Zugang findest, sind am Ende einer jeden Aufgabe **algorithmische Tipps** aufgelistet, die dich einem möglichen Lösungsansatz näher bringen sollen. Bitte nutze diese Tipps und versuche unbedingt, selbst eine Lösung herzustellen, bevor du dir unsere Lösungsvorschläge im Anhang des Buchs anschaust. Nur auf diese Weise kommst du genügend ins Schwitzen, um nachher wirklich behaupten zu können, das Programmieren auch selbstständig zu beherrschen.

■ 1.5 Was muss ich sonst noch wissen?

Damit du möglichst effektiv und fokussiert trainieren kannst, haben wir die Trainingsumgebung für dich von unnötigem Ballast entschlackt. Du sollst nicht schon bei der Installation, Konfiguration und Verwendung der Programmierumgebung die Lust am Programmieren bzw. die Sicht auf das Wesentliche verlieren. Wir stützen uns daher auf ein einziges Werkzeug, mit dem du in **Java und Python** das Programmieren trainieren kannst. Es handelt sich dabei um das frei und kostenlos verfügbare Tool mit dem Namen **Processing**, das du unter der Web-Adresse https://processing.org/ abrufen kannst. Hier findest du auch viele weitere Informationen und Dokumentationen rund um Processing. Im Anhang C haben wir Installationsanleitungen für die gängigen Betriebssysteme Windows, macOS und Linux beigefügt.

Dass wir auf Processing abstellen, soll aber nicht heißen, dass du mit dem Erlernten in der Praxis nicht viel anfangen kannst. Ganz im Gegenteil! Die Programmiersprachen Java und Python gehören zu den am weitest verbreiteten Sprachen, und schließlich kommt es im Wesentlichen auf die Programmierkonzepte an. Wenn du diese intensiv trainierst und dadurch verinnerlicht hast, dann bist du bereit, alle möglichen Aufgabenstellungen programmatisch zu lösen. Dann haben wir unser gemeinsames Ziel erreicht. Die Verwendung professionellerer Programmierumgebungen wie z.B. Eclipse, IntelliJ oder PyCharm ist dann ein Klacks. Darüber müssen wir dann nicht mehr viele Worte verlieren.

Die Quelltexte zum Buch – unsere Lösungsvorschläge – haben wir auf dem Onlinedienst **GitHub** für dich bereitgelegt. Du findest sie unter der Adresse https://github.com/protrain. Wie du damit umgehst, erklären wir für alle gängigen Desktop-Betriebssysteme im Anhang A.1 (für Java) bzw. Anhang B.1 (für Python).

Mit dem Kauf des Buches soll aber noch nicht Schluss sein. Wir würden uns sehr freuen, von dir zu hören. Über GitHub kannst du uns z.B. auf Fehler im Buch oder in den Lösungen aufmerksam machen. Wir tragen das dann in die Erata-Liste ein bzw. korrigieren die Programme. Außerdem kannst du uns auch deine Lösung(en) bereitstellen. Wenn diese einen eigenen Lösungsweg zeigen, nehmen wir sie mit in das Repositorie auf. Selbiges gilt für Lösungen in anderen Programmiersprachen. Achte aber bitte hierbei darauf, dass es für die Sprache eine ähnliche einfache und umfangreiche Programmierumgebung gibt, wie es Processing für Java und Python ist. Wenn du sonstige Anregungen zur Verbesserung hast oder Ideen für weitere Aufgaben beisteuern möchtest, freuen wir uns von dir zu hören.

Hoffentlich konnten wir dein Interesse wecken und dir unseren Ansatz zum Programmieren lernen schmackhaft machen. Jedenfalls würden wir uns sehr freuen, gemeinsam mit dir das Programmieren zu trainieren.

2 Einführung in die Programmierung

■ 2.1 Warmup

Dein Training beginnt in diesem Kapitel mit ersten einfachen Programmen. Dazu musst du wissen, wie der grundlegende Aufbau eines Programms sowie der Aufbau der Anweisungen in einer bestimmten Programmiersprache sind. Letzteres gehört zur sogenannten **Syntax** einer Programmiersprache. So wie z.B. die Syntax einer natürlichen Sprache Prinzipien und Regeln des Wort- und Satzbaus festlegt, so legt die Syntax einer Programmiersprache das Vokabular und den Aufbau von Anweisungen fest.

Für die allerersten Programme, die du entwickeln sollst, genügt zunächst die allereinfachste Struktur überhaupt. Hierbei werden Programme als eine lineare Abfolge von Anweisungen angegeben. Anweisungen verfügen immer über einen Namen und eine Liste von Parametern, die die Anweisung verarbeiten soll. Um den Anweisungsnamen von der Parameterliste unterscheiden zu können, werden die Parameter häufig eingeklammert und dem Anweisungsnamen nachgestellt.

```
nameAnweisung(parameter);
```

Verfügt die Parameterliste über mehrere Einträge, so werden diese mit Komma (,) voneinander getrennt.

```
nameAnweisung(parameter1, parameter2);
```

Parameterlose Anweisungen sind durch ein leeres Klammernpaar gekennzeichnet.

```
nameAnweisung();
```

Um mehrere Anweisungen voneinander unterscheiden zu können, wird dafür ein Trennzeichen in der Syntax einer Programmiersprache festgelegt. In Java ist das das Semikolon (;). Das folgende Beispiel zeigt ein abstraktes Programm, das sich aus sieben Anweisungen zusammensetzt, die in der angegebenen Reihenfolge ausgeführt werden. Die lineare Programmabfolge führt die programmierten Anweisungen zeilenweise von links nach rechts beginnend mit der obersten Zeile aus.

```
Anweisung1(); Anweisung2(); Anweisung3(); Anweisung4(); Anweisung5();
Anweisung6(); Anweisung7();
```

Durch diese Syntaxregel können die einzelnen Anweisungen separiert werden, unabhängig davon, wie du diese in die Quelltextdatei schreibst. Zur besseren Lesbarkeit empfehlen wir dir aber, dich auf eine Anweisung pro Zeile zu beschränken und die Anweisungen untereinander zu schreiben.

```
Anweisung1();
Anweisung2();
Anweisung3();
Anweisung4();
Anweisung5();
Anweisung6();
Anweisung7();
```

Die Programmiersprache Python legt in seiner Syntax als Trennzeichen von Anweisungen den Zeilenumbruch fest. Ein Zeilenumbruch kann je nach Betriebssystem aus einem oder zwei Zeichen bestehen ('\n', '\r' oder '\r\n').

In der Programmierliteratur hat sich das „*Hello World!*"-Programm als einführendes Beispiel zur Darstellung der grundlegenden Syntax eines einfachen Programms in einer bestimmten Programmiersprache etabliert. Das Hello-World-Programm gibt in der Konsole einen einfachen Text aus, nämlich Hello World!. Wir wollen es zur Konkretisierung der einführenden Erläuterungen verwenden.

Java:
```
print("Hallo_Welt!");
```

Python:
```
print("Hallo_Welt!")
```

Die print()-Anweisung bekommt einen Parameter übergeben. Dieser enthält den Text, den die Anweisung in der Konsole ausgeben soll. Um den Text eingrenzen zu können, wird dieser von doppelten Anführungszeichen (") eingerahmt.

Die Aufgaben dieses Kapitels drehen sich um derartige Programme. Deine Aufgabe wird es sein, die zur Lösung der Aufgabenstellung benötigten Anweisungen zu identifizieren und diese dann in einer geeigneten Abfolge zu platzieren. Welche Anweisungen eine Programmiersprache im Standardumfang bereitstellt, sind in der Referenzdokumentation aufgeführt. Die Referenz der von Processing bereitgestellten Anweisungen kann im Internet eingesehen werden:

- https://processing.org/reference/ (Java)
- http://py.processing.org/reference/ (Python)

Referenzen sind sehr umfangreich. Dies gilt auch für die von Processing. Es kann daher etwas dauern, bist du dich darin zurechtfindest. Für die in diesem Kapitel bereitgestellten Trainingsaufgaben sind insbesondere Funktionen zur Ausgabe von Texten in der Konsole und Funktionen zur Ausgabe elementarer geometrischer Formen im grafischen Ausgabefenster wichtig. Um dir das Auffinden dieser Anweisungen zu erleichtern, führen wir dir in der nachfolgenden Auflistung die relevanten auf.

- *Konsolenausgabe*
  - https://processing.org/reference/print_.html (Java)
  - http://py.processing.org/reference/print.html (Python)
- *Linie*
  - https://processing.org/reference/line_.html (Java)
  - http://py.processing.org/reference/line.html (Python)

- *Dreieck*
    - https://processing.org/reference/triangle_.html (Java)
    - http://py.processing.org/reference/triangle.html (Python)
- *Rechteck*
    - https://processing.org/reference/rect_.html (Java)
    - http://py.processing.org/reference/rect.html (Python)
- *Viereck*
    - https://processing.org/reference/quad_.html (Java)
    - http://py.processing.org/reference/quad.html (Python)
- *Ellipse*
    - https://processing.org/reference/ellipse_.html (Java)
    - http://py.processing.org/reference/ellipse.html (Python)
- *Kreisausschnitt*
    - https://processing.org/reference/arc_.html (Java)
    - http://py.processing.org/reference/arc.html (Python)

Um sich mit der Funktionsweise der Anweisungen vertraut zu machen, empfehlen wir dir, die Beschreibung in der Referenz aufmerksam zu lesen. Dies ist eine wichtige Grundfertigkeit, die zum Programmieren dazu gehört.

Verwenden werden wir in diesem Buch die Entwicklungsumgebung Processing. Hiermit können wir Programme sowohl in Java als auch in Python schreiben. Processing bietet nicht nur den Vorteil der einfachen Installation auf nahezu allen Betriebssystemen. Wir können damit auch sehr einfach (grafische) Programme auf Basis von Anweisungen schreiben. Aber auch höherwertige Konzepte, wie wir sie in den späteren Kapiteln umsetzen werden, sind in Processing möglich. Perfekte Voraussetzungen also zum Trainieren deiner Programmiertechniken mit diesem Buch.

Alle Installationsschritte von Processing findest du in Anhang C.1. Wie du an die digitalen Quelltexte unserer Lösungsvorschläge zu einzelnen Aufgaben kommst und wie du sie in Processing öffnest, steht im Anhang A.1.1 für Java und Anhang B.1.1 für Python.

Dateien mit Quelltext können wir in Processing mit Klick auf *Datei* → *Öffnen*... laden. In Bild 2.1 haben wir zum Beispiel eine solche Datei geöffnet. Dort können wir gut die grafische Benutzeroberfläche von Processing erkennen:

- Mit dem Start- und Stopp-Button *(1)* kannst du deinen Java- bzw. Python-Code ausführen.
- Um vom Java- auf den Python-Modus zu wechseln, kannst du den Modus-Auswahlreiter *(2)* verwenden. Wie du den Python-Modus in Processing installierst, steht in Anhang C.5. Links neben diesem Button ist der integrierte Debugger, den du zur Analyse von Java-Code verwenden kannst. Mehr dazu findest du in Anhang A.1.3.
- In der Mitte der Benutzeroberfläche *(3)* steht der eigentliche Quelltext. In diesen Bereich kannst du deinen Java- bzw. Python-Code hineinschreiben.
- Entsprechende Ausgaben in der Konsole findest du im darunter liegenden Bereich *(4)*. Hier werden auch auftretende Fehler im Code angezeigt, sofern es welche gibt.

Nach der Einrichtung von Processing und dem Lesen der Einführung solltest du für dieses Kapitel ausgerüstet sein. In dem Sinne: Viel Spaß bei den ersten Aufgaben!

10   2 Einführung in die Programmierung

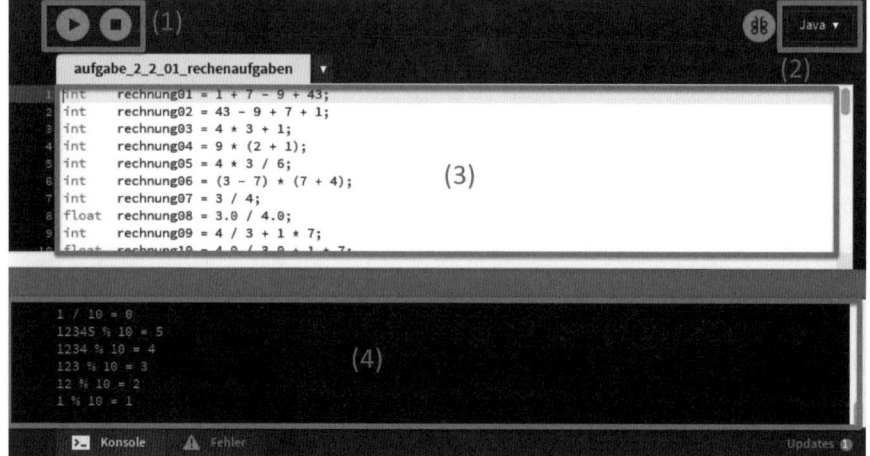

Bild 2.1 So sieht die grafische Benutzeroberfläche von Processing aus.

2.2 Workout

W.2.1 Three-Two-One – Mein erstes Programm

Schwierigkeit Zeitaufwand Kreativität

Themen

Mit dieser Aufgabe wollen wir Folgendes trainieren:
- Struktur eines einfachen Programms
- Aufbau von Programmanweisungen
- Ausgabe in der Konsole

Beschreibung

Wir wollen ein erstes Programm schreiben. Der Klassiker hierfür ist die Ausgabe eines Texts – meist der Text `Hello World` – in der Konsole. Dazu braucht es in der Regel nur eine einzige Anweisung. An dieser kannst du aber bereits den Aufbau von Anweisungen und einfachen Programmen nachvollziehen und trainieren. Los geht's!

Aufgabenstellung

Schreibe ein Programm, das den Text `Three-Two-One - Takeoff!` in der Konsole ausgibt. Wenn dein Programm funktioniert, solltest du den angegebenen Text in der Konsole lesen können, so wie nachfolgend exemplarisch zu sehen ist:

```
Three-Two-One - Takeoff!
```

Wenn das geklappt hat, dann mach' doch einfach weiter und modifiziere dein erstes Programm nach deinen Wünschen. Ändere z.B. den Text oder füge weitere Anweisungen zur Textausgabe hinzu. Reflektiere dabei, wie dein Programm auf die Änderungen reagiert. Wenn du das Resultat hast kommen sehen und es ist nichts Unerwartetes bei der Ausführung deines Programms passiert, hast du es im Griff und verstanden, wie Anweisungen und einfache Programme aufgebaut sind.

Testfälle

Zum Testen deines Programms brauchst du in dieser Aufgabe noch keine Testdaten. Starte dein Programm und prüfe, ob die geforderte Ausgabe in der Konsole ausgegeben wird.

(Algorithmische) Tipps

Wenn du stockst und nicht weiter weißt, dann versuch mal Folgendes:
- Gib nicht auf. Du solltest es solange probieren, bis es klappt. Das nennt man *Trial and Error* (Versuch und Irrtum). Versuch es weiter! Vermutlich bist du schon nah dran an der Lösung, denn der Fehler liegt sehr häufig im Detail.

- Wir benötigen eine passende Anweisung, die uns die Programmiersprache zur Ausgabe von Daten in der Konsole bereitstellt. Wie lautet diese?
- Anweisungen folgen einem festgelegten Aufbau. Hier schleichen sich schon mal Tippfehler ein. Was sagen denn die Fehlermeldungen, wenn du versuchst, dein Programm zu starten?

W.2.2 Weihnachtsbaum

Schwierigkeit　　　Zeitaufwand　　　Kreativität

Themen
Mit dieser Aufgabe wollen wir Folgendes trainieren:
- Struktur eines einfachen Programms
- Aufbau und Abfolge von Programmanweisungen
- Ausgabe in der Konsole

Beschreibung
Wir wollen jetzt ein erstes Muster in die Konsole schreiben. Dafür werden wir bestimmte Zeichen so oft hinter- und untereinander schreiben, bis sich daraus eine Form ergibt. Diese Form des „Malens" ist bei vielen Konsolenprogrammen üblich und wird auch heute noch verwendet.

Aufgabenstellung
Schreibe ein Programm, das das folgende Muster in der Konsole ausgibt:

```
        *
       ***
      *****
     *******
    *********
   ***********
  *************
       ***
```

Testfälle
Wenn die Tanne wie angegeben in der Konsole ausgegeben wird, dann hast du alles richtig gemacht und diese Aufgaben erfolgreich bearbeitet. Gesetzt den Fall, dass du noch weitere Programme diesen Typs erstellen willst, geben wir dir hier noch weitere Anregungen (kannst dir aber auch gerne selbst was überlegen!):

```
Sanduhr: *****        Pizzastück: *********        Diamant:  **
          ***                     *       *                 *  *
           *                      *      *                 *    *
          ***                     *    *                    *  *
         *****                    *  *                       **
                                  **
```

Für diese zusätzlichen Trainingseinheiten bieten wir dir keine Lösungsvorschläge mehr an. Wir sind fest davon überzeugt, dass du das selbst hinbekommst und unsere Hilfe hierfür nicht mehr benötigst.

Algorithmische Tipps

Wenn du stockst und nicht weiter weißt, dann versuch mal Folgendes:

- Schau dir die Aufgabe 2.2.1 doch noch einmal an und überlege dir, wie die Ausgabe für jede Zeile von oben nach unten aussehen muss.
- In Processing für Java gibt es zwei Befehle, mit denen du Text in die Konsole schreiben kannst. Der eine fügt eine neue Zeile hinzu, der andere hingegen nicht.
- Das Sternchen- und das Leerzeichen führen zum Ziel!

W.2.3 Perlenkette

Schwierigkeit   Zeitaufwand   Kreativität

Themen

Mit dieser Aufgabe wollen wir Folgendes trainieren:
- Struktur eines einfachen Programms
- Aufbau und Abfolge von Programmanweisungen
- Ausgabe im grafischen Fenster

Beschreibung

In dieser Aufgabe wollen wir die unten dargestellte Perlenkette programmieren:

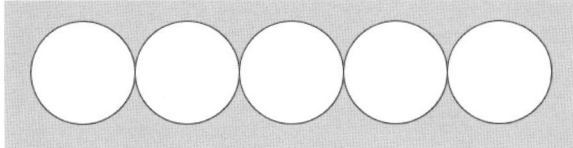

Die Kette besteht aus fünf Perlen, die als Kreise mit schwarzer Linie und weißer Füllung dargestellt sind.

Aufgabenstellung

Programmiere das angegebene Bild mithilfe der grafischen Grundelemente von Processing.

Testfälle

Wenn die geforderten Grundformen in Art, Größe, Farbe und Lage wie in der Aufgabenstellung gefordert gezeichnet werden, dann hast du eine Lösung gefunden und die Aufgabenstellung richtig gelöst.

Algorithmische Tipps

Wenn du stockst und nicht weiter weißt, dann versuch mal Folgendes:
- Alle Processing-Befehle kannst du auf der offiziellen Homepage nachlesen (Java: https://processing.org/reference/, Python: http://py.processing.org/reference/). Hier kannst du nachschauen, um die entsprechenden Befehle für das Programm zu finden.
- In Processing gibt es keine Funktion zum Zeichnen von Kreisen. Aber es gibt eine Funktion zum Malen von Ellipsen. Ab wann wird eine Ellipse zum Kreis?
- Wenn du die Ausmaße des Bildschirmfensters weißt, wo wird wohl die Mitte des Bildschirmfensters liegen?

W.2.4 Die erste Zeichnung

Schwierigkeit    Zeitaufwand 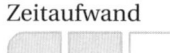   Kreativität

Themen

Mit dieser Aufgabe wollen wir Folgendes trainieren:

- Struktur eines einfachen Programms
- Aufbau und Abfolge von Programmanweisungen
- Ausgabe im grafischen Fenster

Beschreibung

In dieser Aufgabe wollen wir die Processing-Grundelemente besser kennenlernen. Dazu wollen wir folgende Grafik programmieren:

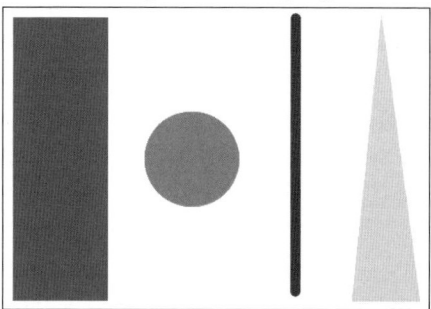

Die Grafik hat unter anderem folgende Eigenschaften:

- *Fenstergröße:* 450 Pixel breit und 320 Pixel hoch
- *Rechteck:*
  - x-Position: 10
  - y-Position: 10
  - Größe: 100 Pixel breit und 300 Pixel hoch
  - Farbe: rot
- *Kreis:*
  - x-Position: 200
  - y-Position: Mitte des Bildschirmfensters
  - Radius: 100 Pixel
  - Farbe: grün
- *Linie:*
  - Breite: 10
  - Start: 310 (x), 10 (y)
  - Ziel: 310 (x), 300 (y)
  - Farbe: blau

- *Dreieck:*
  - Eckpunkte:
    * 400 (x), 10 (y)
    * 370 (x), 310 (y)
    * 440 (x), 310 (y)
    * Farbe: gelb

Aufgabenstellung

Programmiere das angegebene Bild mithilfe der grafischen Grundelemente von Processing.

Testfälle

Wenn die geforderten Grundformen in Art, Größe, Farbe und Lage, wie in der Aufgabenstellung gefordert, gezeichnet werden, dann hast du die Lösung gefunden und umgesetzt.

Algorithmische Tipps

Wenn du stockst und nicht weiter weißt, dann versuch mal Folgendes:

- Alle Processing-Befehle kannst du auf der offiziellen Homepage nachlesen (Java: https://processing.org/reference/, Python: http://py.processing.org/reference/). Hier kannst du nachschauen, um die entsprechenden Befehle für das Programm zu finden.
- In Processing gibt es keine Funktion zum Zeichnen von Kreisen. Aber es gibt eine Funktion zum Malen von Ellipsen. Ab wann wird eine Ellipse zum Kreis?
- Wenn du die Ausmaße des Bildschirmfensters weißt, wo wird wohl die Mitte des Bildschirmfensters liegen?

W.2.5 Raupe Allzeitappetit

Schwierigkeit   Zeitaufwand   Kreativität

Themen

Mit dieser Aufgabe wollen wir Folgendes trainieren:

- Struktur eines einfachen Programms
- Aufbau und Abfolge von Programmanweisungen
- Ausgabe im grafischen Fenster

Beschreibung

In dieser Aufgabe wollen wir eine Raupe zeichnen:

Aufgabenstellung

Programmiere das angegebene Bild mithilfe der Processing-Grundelemente.

Testfälle

Wenn deine Raupe grundsätzlich mit der abgebildeten Raupe übereinstimmt, dann hast du die Lösung gefunden und die Aufgabe gelöst.

Algorithmische Tipps

Wenn du stockst und nicht weiter weißt, dann versuch mal Folgendes:

- Überlege dir zunächst, welche Grundelemente dieses Bild beinhaltet und wo diese platziert sind. Achte dabei auch auf eventuell „unsichtbare" Grundelemente.
- Die Augen der Raupe bestehen entweder aus fünf (!) Kreisen oder zwei ganzen und zwei halben Kreisen. Beides ist möglich.
- Bei Ellipsen/Kreisen wird immer der Mittelpunkt angegeben und nicht die linke obere Ecke.

W.2.6 Klötzchen-Kunst

Schwierigkeit Zeitaufwand Kreativität

Themen

Mit dieser Aufgabe wollen wir Folgendes trainieren:
- Struktur eines einfachen Programms
- Aufbau und Abfolge von Programmanweisungen
- Ausgabe im grafischen Fenster

Beschreibung

In dieser Aufgabe wollen wir einen Menschen aus Rechtecken programmieren:

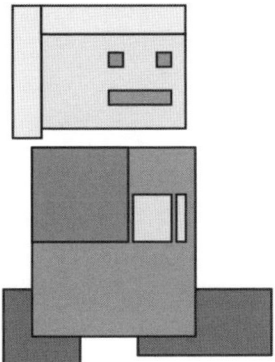

Aufgabenstellung

Programmiere das angegebene Bild mithilfe der Processing-Grundelemente.

Testfälle

Wenn dein Klötzchen-Männeken grundsätzlich mit der abgebildeten Raupe übereinstimmt, dann hast du die Lösung gefunden und die Aufgabe gelöst.

Algorithmische Tipps

Wenn du stockst und nicht weiter weißt, dann versuch mal Folgendes:
- Schau dir die vorherigen Zeichenaufgaben noch einmal an.
- Bei der Höhe und Breite des Rechtecks kannst du auch negative Werte angeben, um das Rechteck in die umgekehrte Richtung zu zeichnen.

W.2.7 Nachteule

Schwierigkeit	Zeitaufwand	Kreativität

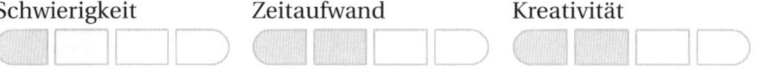

Themen

Mit dieser Aufgabe wollen wir Folgendes trainieren:

- Struktur eines einfachen Programms
- Aufbau und Abfolge von Programmanweisungen
- Ausgabe im grafischen Fenster

Beschreibung

In dieser Aufgabe wollen wir eine Eule nach dem folgenden Vorbild zeichnen:

Aufgabenstellung

Programmiere das angegebene Bild mithilfe der Processing-Grundelemente. Die folgenden Konstruktionsüberlegungen sollen dir dabei eine Hilfestellung bieten:

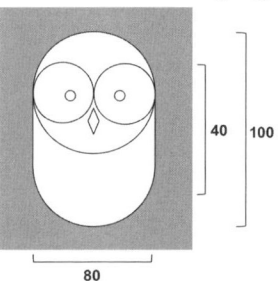

Testfälle

Wenn deine Eule grundsätzlich mit der abgebildeten Eule übereinstimmt, dann hast du die Lösung gefunden und die Aufgabe gelöst.

Algorithmische Tipps

Wenn du stockst und nicht weiter weißt, dann versuch mal Folgendes:

- Bei Ellipsen und dem Spezialfall der Kreise wird immer der Mittelpunkt angegeben und nicht die linke obere Ecke.
- Achte auf die Reihenfolge!

W.2.8 Ghettoblaster

Schwierigkeit   Zeitaufwand   Kreativität

Themen
Mit dieser Aufgabe wollen wir Folgendes trainieren:
- Struktur eines einfachen Programms
- Aufbau und Abfolge von Programmanweisungen
- Ausgabe im grafischen Fenster

Beschreibung
Der sogenannte Ghettoblaster gilt quasi als der Vorgänger der Bluetooth-Box. Er bestand aus zwei Lautsprechern und meistens auch einem UKW-Radio, mit welchem man unterwegs Musik hören konnte.

Einen solchen Ghettoblaster wollen wir in dieser Aufgabe als Grafik realisieren.

Aufgabenstellung
Programmiere in Processing die Zeichnung eines Ghettoblasters. Er soll in dieser Form gestaltet werden:

Testfälle
Siehe Aufgabenstellung.

Algorithmische Tipps
Wenn du stockst und nicht weiter weißt, dann versuch mal Folgendes:
- Bevor du dich an die Programmierung setzt, solltest du dir die Umsetzung überlegen. Am besten skizzierst du dir das Bild auf ein kariertes Blatt Papier. Danach zeichnest du das Koordinatensystem des Ausgabefensters ein. Wichtig hierbei ist, dass die y-Achse des Koordinatensystems von oben nach unten geht und der Nullpunkt in der linken oberen Ecke liegt:

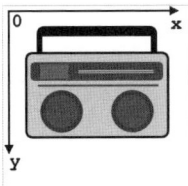

Auf dem Blatt Papier kannst du anschließend bei allen Elementen die Höhe und Breite der einzelnen Elemente einzeichnen. Ebenso kannst du planen, wo die Koordinatenposition liegen wird.

- Nach der Planung kannst du mit der Programmierung beginnen. Hierbei wird es sehr helfen, wenn du die einzelnen Elemente deines Bildes mit entsprechenden Kommentaren versiehst. So behältst du immer den Überblick, an welcher Stelle welches Element gezeichnet wird. Das könnte in Java zum Beispiel so aussehen:

```
// Blaue Lautsprecherbox unten links
... (hier steht dann der entsprechende Code)
```

- Sollten Elemente nicht an der vermuteten Stelle gezeichnet werden: Prüfe die entsprechende Stelle im Code und schau nach, ob sich nicht ein Gedanken- oder Tippfehler eingeschlichen hat. Probiere auch gerne verschiedene Werte in den Zeichenfunktionen aus. Das wird dir beim Verstehen der Funktionen sicher weiterhelfen.

W.2.9 Hallo Bello!

Schwierigkeit   Zeitaufwand   Kreativität

Themen
Mit dieser Aufgabe wollen wir Folgendes trainieren:
- Struktur eines einfachen Programms
- Aufbau und Abfolge von Programmanweisungen
- Ausgabe im grafischen Fenster

Beschreibung
Auch einen Hund können wir mit einfachen geometrischen Objekten selber programmieren. Folgendes Bild haben wir als Vorgabe bekommen:

Aufgabenstellung
Programmiere das angegebene Bild mithilfe der Processing-Grundelemente.

Testfälle
Siehe Aufgabenstellung.

Algorithmische Tipps
Wenn du stockst und nicht weiter weißt, dann versuch mal Folgendes:
- In diesem Bild haben wir viele Elemente, die sich nur über die Eckpunkte beschreiben lassen (Trapez, Linien, Dreiecke). Deshalb solltest du hier besonders vor dem Programmieren die genauen Positionen der Elemente planen. Nimm dir dazu ein (kariertes) Blatt Papier und zeichne die Elemente und deren Position ein. Ist dann alles genau geplant, läuft die Programmierung wesentlich einfacher.
- Achte darauf, welches Element über welches andere Element gelegt werden soll. Dies kannst du über die Reihenfolge festlegen, mit der du die Elemente in das Ausgabefenster zeichnest.
- Es ist empfehlenswert, wenn du zunächst alle Formen einzeichnest. Stimmt die Zeichnung dann mit dem Ergebnis einigermaßen überein, kannst du die Eigenschaften der Elemente noch hinzufügen (Farbe, Liniendicke, Linienart etc.).

3 Variablen, Datentypen, Operatoren und Ausdrücke

■ 3.1 Warmup

Das Programm einer der vorangegangenen Aufgaben hatte zum Ziel, einen vorgegebenen Text auszugeben. Das war ziemlich statisch. Ähnlich verhält es sich mit einem Programm, welches die Fläche eines Rechtecks mit den Seitenlängen a=3 und b=4 berechnet. Gibt es dem Benutzer aber die Flexibilität, auch Flächen von Rechtecken mit *beliebigen* Seitenlängen zu berechnen, wird es schon interessanter.

Damit das Programm also dynamischer reagieren kann, benötigen wir etwas wie einen Platzhalter. Den kann das Programm anstatt eines konkreten Werts verwenden. In Programmen spricht man in diesem Zusammenhang von **Variablen**.

Bei einer Variablen handelt es sich um einen Speicherbereich, in den wir Datenwerte ablegen und auslesen können. Den Bezeichner, also den Namen der Variable, spezifizieren wir unter Beachtung einiger Regeln selbst.

Da wir bei den hier behandelten Programmiersprachen keine Beschränkungen in der Länge eines Bezeichners haben, gibt uns das die Möglichkeit, *sprechende Namen* zu verwenden. Denn je treffender die Bezeichner benannt werden, umso einfacher fällt es dir, das Programm zu verstehen. Beachte aber, dass je nach verwendetem Programmiersystem ganz unterschiedliche Gesetzmäßigkeiten für die Benennung von Variablen und anderen Bezeichnern gelten.

Auch wenn wir jetzt noch ganz am Anfang stehen, solltest du dir darüber klar werden, in welcher Landessprache du die Variablen – und die später folgenden Bezeichner – schreibst. Beispielsweise verbieten einige Programmiersprachen die Verwendung von Umlauten und Sonderzeichen, ohne die ein entsprechender Bezeichner vielleicht nur umständlich oder schlecht zu begreifen ist.

Einige Programmiersprachen bieten ausgearbeitete *Naming Conventions* oder *Naming Guidelines* an, siehe z.B. http://www.oracle.com/technetwork/java/codeconventions-135099.html für Java oder https://www.python.org/dev/peps/pep-0008/#naming-conventions für Python. Darin werden Konventionen angegeben, die – durchgängig angewendet – Entwicklern beim Erfassen eines Algorithmus helfen.

Die in diesem Buch behandelten Programmiersprachen sind beide **streng typisierte Sprachen**. Dies hat zur Folge, dass jeder Variablen eindeutig ein **Datentyp** zugeordnet wird. Der Datentyp gibt an, *was* für eine Art von Daten bzw. *wie* Daten gespeichert werden sollen. Es ist beispielsweise möglich, das Datum 4711 als eine Zahl oder eine Zeichenkette abzuspeichern. Außerdem legt der zugeordnete Datentyp auch den Wertebereich fest. Die möglichen Operationen auf den Daten dieses Typs werden ebenfalls durch den Datentyp definiert.

Nun existieren abhängig von dem jeweiligen Programmiersystem die unterschiedlichsten **Datentypen**. Im arithmetischen Umfeld werden verschiedene Datentypen vor allem durch ihren Wertebereich klassifiziert. Java definiert beispielsweise sechs verschiedene arithmetische Datentypen. Während eine Variable des Datentyps byte lediglich Zahlen von -128 bis +127 aufnehmen kann, speichert eine Variable des Datentyps short Werte im Bereich von -32768 bis +32767. Und auf die gleiche Weise beherbergen die nachfolgenden Datentypen immer größere Werte in der angegebenen Größenrelation:

    byte < short < int < long < float < double

Sehr oft müssen wir Daten eines Datentyps in einen anderen umwandeln. In diesem Zusammenhang spricht man von der **Typumwandlung**. Es ist schnell einsehbar, dass eine Typumwandlung von einem kleineren in einen größeren Datentypen kein Problem darstellt. Dies wird auch als **implizite Typumwandlung** bezeichnet und geht automatisch vonstatten. Wollen wir dagegen in die entgegengesetzte Richtung, also von einem Datentyp mit höherem Wertebereich in einen Datentyp mit geringerem Wertebereich konvertieren, sprechen wir von der **expliziten Typumwandlung**. Diese Umwandlung kann nur *manuell* erfolgen, da ansonsten ein Datenverlust eine mögliche Folge wäre. Dennoch kann es nötig sein, mit besonderer Vorsicht eine solche Konvertierung durchzuführen. Und zu diesem Zweck stellen Programmiersprachen wie z.B. Java einen sogenannten **Casting-Operator** zur Verfügung.

Während Python keine Deklaration der Variablen verlangt und damit der Datentyp bei der ersten Wertzuweisung vom Programmiersystem implizit festgelegt wird, fordert Java die Bekanntmachung jeder Variable unter Angabe des zu verwendenden Datentyps *vor* der ersten Zuweisung. Hierbei spricht man auch von **expliziter Typisierung**.

Schritt	Java	Python
Deklaration	int diameter;	
Zuweisung	diameter = 80;	
in einem Schritt	int diameter = 80;	diameter = 80

In den oben aufgeführten Beispielen wird mehrfach der Zuweisungsoperator (=) verwendet. Er gilt für alle Datentypen und bewirkt die Zuweisung eines Werts an die Variable. Der **Ausdruck**, also die Verarbeitungsvorschrift, wird dementsprechend von rechts nach links abgearbeitet. Bei einem Ausdruck handelt es sich um ein Konstrukt, das einen Wert zurückliefert. Im einfachsten Fall ist ein Ausdruck ein Literal, also bereits der Wert, den der Ausdruck liefert. Ein Ausdruck kann aber auch eine Variable oder eine Funktion sein. Auch eine Verarbeitungsvorschrift, die sich aus Operanden und Operatoren zusammensetzt und einen Wert liefert, wird als *Ausdruck* bezeichnet. Hierbei können die Operanden wiederum Ausdrücke sein.

Beachte, dass es sich bei dem =-Operator nicht um die mathematische Vergleichsoperation handelt! Der Operator zum Bestimmen der Gleichheit zweier Operanden wird in beiden Programmiersprachen durch ein doppeltes Gleichheitszeichen ausgedrückt ==. Hinzu kommen noch weitere **Vergleichsoperatoren**, die in der folgenden Tabelle zu sehen sind.

Vergleich	Operator
Gleichheit	==
Ungleichheit	!=
Kleiner	<
Kleiner gleich	<=
Größer gleich	>=
Größer	>

Darüber hinaus sind dir die **arithmetischen Operatoren** +, -, *, / bekannt. Hinzu kommt noch der **Modulo-Operator** (%), der den ganzzahligen Rest einer Division zweier Zahlen angibt, also z.B. 5 % 3 = 2.

Manchmal wird es nötig sein, Bedingungen zu verknüpfen. Das kann mit den sogenannten **logischen Operatoren** gemacht werden. Hier die tabellarische Übersicht:

Operand 1	Operand 2	UND	ODER	Exklusiv ODER
'false'	'false'	'false'	'false'	'false'
'false'	'true'	'false'	'true'	'true'
'true'	'false'	'false'	'true'	'true'
'true'	'true'	'true'	'true'	'false'

Zusätzlich gibt es noch die **Negation**, bei der das Ergebnis der Operation einfach umgekehrt wird.

Wie bereits weiter oben beschrieben, definiert der Datentyp einer Variablen die möglichen Operatoren und damit Operationen auf diesen Daten. Der obige Abschnitt behandelt die typischen Operatoren der Arithmetik. Da wir uns aber auch anderer Datentypen (char, String) bedienen, müssen wir uns darüber im Klaren sein, dass hier gegebenenfalls andere Gesetzmäßigkeiten gelten. So gibt es bei Strings neben dem Zuweisungsoperator nur noch den +-Operator, der auch eine völlig andere Bedeutung gegenüber arithmetischen Datentypen hat: Er verknüpft zwei Zeichenketten miteinander. Operatoren besitzen also eine *Wandlungsfähigkeit* in Abhängigkeit vom Datentyp, auf den sie angewendet werden.

■ 3.2 Workout

W.3.1 Einfache Rechenaufgaben

Schwierigkeit   Zeitaufwand   Kreativität

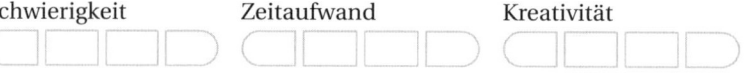

Themen

Mit dieser Aufgabe wollen wir Folgendes trainieren:

- Verwendung einfacher Grundrechenoperatoren
- Anpassung der Funktionsweise von Operatoren an Datentypen

Beschreibung

In dieser Aufgabe wollen wir einfache Rechenaufgaben durchführen.

Aufgabenstellung

Schreibe ein Programm, das die bei den Testfällen stehenden Rechenaufgaben berechnet, die Ergebnisse in einer Variablen speichert und die Werte der Variablen in der Konsole ausgibt.

Testfälle

```
1 + 7 - 9 + 43 = 42              12 % 2 = 0
43 - 9 + 7 + 1 = 42              13 % 5 = 3
4 * 3 + 1 = 13                   12345 / 10 = 1234
9 * (2 + 1) = 27                 1234 / 10 = 123
4 * 3 / 6 = 2                    123 / 10 = 12
(3 - 7) * (7 + 4) = -44          12 / 10 = 1
3 / 4 = 0                        1 / 10 = 0
3.0 / 4.0 = 0.75                 12345 % 10 = 5
4 / 3 + 1 * 7 = 8               1234 % 10 = 4
4.0 / 3.0 + 1 * 7 = 8.333333    123 % 10 = 3
2 * 2 * 2 * 2 * 2 * 2 * 2 = 128  12 % 10 = 2
42 / 7 / 3 = 2                   1 % 10 = 1
```

Algorithmische Tipps

Wenn du stockst und nicht weiter weißt, dann versuch mal Folgendes:

- Solltest du ein Ergebnis wie NaN (Not a Number) auf der Konsole sehen, wurde eine Division mit der Zahl 0 durchgeführt. Anscheinend hast du hier statt einer Kommazahl eine Integer-Zahl für die Division verwendet. Achte daher darauf, dass bei der Division die korrekten Datentypen verwendet werden. Beispiel: 255 ist Integer, 255.0 ist Float.
- Wenn du Variablen mit Zahlenwerten in Python auf der Konsole ausgeben willst und der Fehler TypeError: cannot concatenate 'str' and 'float' objects auftaucht, musst du diese Variablen in Klammern mit einem vorherstehenden str setzen. Beispiel: str(Variable). Hiermit wandelst du die Zahl in ein String-Objekt um. Mehr dazu erfährst du später im Buch.

W.3.2 Perlenkette 2.0

Schwierigkeit Zeitaufwand Kreativität

Themen

Mit dieser Aufgabe wollen wir Folgendes trainieren:

- Verwenden von Variablen und Datentypen
- Verwendung einfacher Grundrechenoperatoren
- Anpassung der Funktionsweise von Operatoren an Datentypen

Beschreibung

In dieser Aufgabe wollen wir die Perlenkette aus Aufgabe 2.2.3 mit den neu hinzugekommenen Programmierkonzepten (Variablen und arithmetische Operatoren) umsetzen. Hier nochmal die angestrebte Perlenkette:

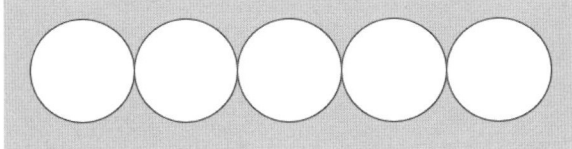

Aufgabenstellung

Programmiere die angegebene Zeichnung unter Verwendung der Processing-Grundelemente. Nutze dabei Variablen und Operatoren.

Testfälle

Wenn die Perlenkette wie in der Aufgabenstellung gefordert von deinem Programm gezeichnet wird, dann bist du schon auf dem einem guten Weg. Eine richtige Lösung hast du dann entwickelt, wenn dein Programm zudem mit Veränderungen der Perlengröße zurechtkommt. Wenn du diese durch eine entsprechende Variable vorgeben kannst und für verschiedene Werte immer fünf aneinandergereihte Perlen dargestellt werden, passt alles. Dann siehst du jetzt auch, wie sich durch den Einsatz von Variablen und Operatoren Programme flexibel an neue Gegebenheiten anpassen.

Algorithmische Tipps

Wenn du stockst und nicht weiter weißt, dann versuch mal Folgendes:

- Speichere die Startposition (X-Koordinate), die Y-Koordinaten der Kreise sowie deren Radius in jeweils einer Variable.
- Zeichne anschließend die Kreise auf den Bildschirm. Hierzu kannst du die Processing-Funktion `ellipse()` verwenden.
- Wenn du die Startposition und den Radius der Kreise kennst, kannst du die Position des nächsten Kreises durch das Addieren der X-Startposition mit dem Radius ermitteln.

W.3.3 Blutalkoholkonzentration

Schwierigkeit   Zeitaufwand   Kreativität

Themen

Mit dieser Aufgabe wollen wir Folgendes trainieren:

- Verwenden von Variablen und Datentypen
- Verwendung einfacher Grundrechenoperatoren
- Anpassung der Funktionsweise von Operatoren an Datentypen

Beschreibung

Mit der Widmark-Formel können wir die Blutalkoholkonzentration abschätzen. Sie wird mit dieser Formel berechnet:

$$c = \frac{A}{m * r}$$

mit

$$A = V * \epsilon * \rho$$

wobei

- c: Alkoholkonzentration im Blut in [g/kg]
- A: Aufgenommene Masse des Alkohols in [g]
- r: Verteilungsfaktor im Körper – Männer: $r \approx 0,7$ – Frauen: $r \approx 0,6$ – Kinder: $r \approx 0,8$
- m: Masse der Person in [kg]
- V: Volumen des Getränks in [ml]
- ϵ: Alkoholvolumenanteil in [%] (z.B. Bier $\approx$ 0,05)
- ρ: Dichte von Alkohol [g/ml] $\rightarrow \rho \approx 0,8$ g/ml

Aufgabenstellung

Schreibe ein Programm, das die Blutalkoholkonzentration mit der Widmark-Formel berechnet. Die Eingabegrößen sollen dabei flexibel einstellbar sein.

Testfälle

Ein 80 kg ($m = 80$) schwerer Mann ($r \approx 0,7$) trinkt eine 0,5-l-Flasche Bier ($A = 500ml * 0,05 * 0,8g/ml = 20g$). Daraus ergibt sich nach der Widmark-Formel eine Blutalkoholkonzentration von ungefähr 0,35714 g/kg ($\approx$ 0,36 Promille).

Überlege dir weitere Testfälle, die möglichst viele der möglichen Kombinationen aus Alkoholart, Geschlecht, Köpergewicht und Volumen abdecken. Hier noch eine Anregung von uns, wie das aussehen kann:

```
Bier (epsilon=0,05)     Wein (epsilon=0,12)     Scotch (epsilon=0,46)
- Mann (m=70, 80, ...)  - Mann (m=70, 80, ...)  - Mann (m=70, 80, ...)
  V=500, 1000, ...        V=200, 400, ...         V=20, 40, ...
- Frau (m=60, 70, ...)  - Frau (m=60, 70, ...)  - Frau (m=60, 70, ...)
  V=500, 1000, ...        V=200, 400, ...         V=20, 40, ...
- Kind (m=40, 50, ...)  - Kind (m=40, 50, ...)  - Kind (m=40, 50, ...)
  V=500, 1000, ...        V=200, 400, ...         V=20, 40, ...
```

Algorithmische Tipps

Wenn du stockst und nicht weiter weißt, dann versuch mal Folgendes:

- Achte bei der Programmierung auf den korrekten Datentyp bei der Berechnung.
- Für einen besseren Überblick könntest du die Variablennamen nach den entsprechenden Bezeichnungen in der Widmark-Formel verwenden. Dabei könnte es zusätzlich helfen, wenn du mit Kommentaren entsprechend dazuschreibst, wozu die einzelne Variable verwendet wird.
- Teile die Formel in mehrere einzelne Berechnungen auf, idealerweise mit dafür angelegten Variablen. So behältst du einfacher den Überblick.

W.3.4 Stoffwechselrate

Schwierigkeit   Zeitaufwand   Kreativität

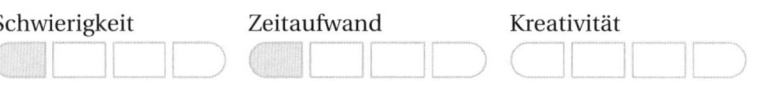

Themen

Mit dieser Aufgabe wollen wir Folgendes trainieren:

- Verwenden von Variablen und Datentypen
- Verwendung einfacher Grundrechenoperatoren
- Anpassung der Funktionsweise von Operatoren an Datentypen

Beschreibung

Die Größe des Grundumsatzes (G, Kalorien pro Tag) können wir zur Charakterisierung des Stoffwechsels beim Menschen verwenden. Sie ist diejenige Energiemenge, die der Körper pro Tag bei völliger Ruhe, einer Temperatur von 28 Grad Celsius und leerem Magen zur Aufrechterhaltung seiner Funktionen benötigt.

Bereits 1918 veröffentlichten J. A. Harris und F. G. Benedict die nach ihnen benannte Harris-Benedict-Formel. Diese berechnet den Grundumsatz mithilfe von Körpergewicht (m in kg), Körpergröße (l in cm) und dem Alter (t in Jahre). Die Harris-Benedict-Formel stellt noch heute eine in der Ernährungsmedizin allgemein akzeptierte gute Näherung des gemessenen Grundumsatzes (G).

Sie lautet für Männer:

$$G = 66,47 + 13,7 * m + 5 * l - 6,8 * t$$

und für Frauen:

$$G = 655,1 + 9,6 * m + 1,8 * l - 4,7 * t$$

Aufgabenstellung

Schreibe ein Programm, welches den Grundumsatz nach der Harris-Benedict-Formel berechnet und die Ergebnisse für beide Geschlechter in der Konsole ausgibt.

Testfälle

- *Eingabe:*
  - Körpergewicht: 58 kg
  - Körpergröße: 180 cm
  - Alter: 25 Jahre
- *Ergebnis:*
  - Mann: 1591.07 Kalorien pro Tag
  - Frau: 1418.4 Kalorien pro Tag

- *Eingabe:*
    - Körpergewicht: 90 kg
    - Körpergröße: 160 cm
    - Alter: 45 Jahre
- *Ergebnis:*
    - Mann: 1793.47 Kalorien pro Tag
    - Frau: 1595.6 Kalorien pro Tag
- *Eingabe:*
    - Körpergewicht: 45 kg
    - Körpergröße: 176 cm
    - Alter: 17 Jahre
- *Ergebnis:*
    - Mann: 1447.37 Kalorien pro Tag
    - Frau: 1324.0 Kalorien pro Tag

Algorithmische Tipps

Wenn du stockst und nicht weiter weißt, dann versuch mal Folgendes:
- Speichere die Eingabegrößen als Variablen.
- Berechne die Formeln für Mann und Frau in unterschiedlichen Variablen und schreibe das Ergebnis in die Konsole.
- Achte bei der Berechnung auf den passenden Datentyp.

W.3.5 Baumstammvolumen

Schwierigkeit   Zeitaufwand   Kreativität

Themen

Mit dieser Aufgabe wollen wir Folgendes trainieren:

- Verwenden von Variablen und Datentypen
- Verwendung einfacher Grundrechenoperatoren
- Anpassung der Funktionsweise von Operatoren an Datentypen

Beschreibung

Nachdem ein Baum gefällt und der Stamm aufgearbeitet wurde, möchte man in der Holzwirtschaft wissen, wie viel Holz der Stamm hat (Volumen in Festmeter). Dazu messen wir die Länge (L in Meter) und den Mittendurchmesser (D in Zentimeter).

Nach folgender Formel können wir anschließend das Volumen berechnen:

$$\text{Volumen} = \left(\frac{\pi}{4} * D^2 \right) * L / 10000$$

Aufgabenstellung

Schreibe ein Programm, das nach der oben stehenden Formel das Volumen eines Baumstamms berechnet.

Testfälle

- 10 Meter lang und 30 cm Durchmesser: 0.70685834
- 15 Meter lang und 32 cm Durchmesser: 1.2063715

Algorithmische Tipps

Wenn du stockst und nicht weiter weißt, dann versuch mal Folgendes:

- Die Kreiszahl PI steht in Processing als Variable PI zur Verfügung.
- Definiere zuerst die Variablen für Länge und Durchmesser und berechne anschließend das Volumen.

W.3.6 Körperoberfläche

Schwierigkeit   Zeitaufwand   Kreativität

Themen
Mit dieser Aufgabe wollen wir Folgendes trainieren:
- Verwenden von Variablen und Datentypen
- Verwendung einfacher Grundrechenoperatoren
- Anpassung der Funktionsweise von Operatoren an Datentypen

Beschreibung
Die Körperoberfläche eines Menschen wird nach der Formel von Mosteller wie folgt errechnet:

$$KOF = \sqrt{\frac{h * w}{3600}}$$

In der angegebenen Formel bezeichnet h die Körpergröße in cm und w das Körpergewicht in kg. Das Ergebnis ist die Körperoberfläche in m^2.

Aufgabenstellung
Schreibe ein Programm, das die Körperoberfläche nach der Formel von Mosteller in m^2 berechnet.

Testfall
- 1,80 m und 58 kg → 1.7029387

Algorithmische Tipps
Wenn du stockst und nicht weiter weißt, dann versuch mal Folgendes:
- Zum Wurzelziehen kannst du die Processing-Methode `sqrt(float n)` nutzen.
- Achte bei Divisionen immer darauf, dass die Nenner aus Kommazahlen bestehen.
- Bei Divisionen von Integer-Werten folgt ein Integer-Ergebnis.

W.3.7 RGB nach CMYK

Schwierigkeit   Zeitaufwand   Kreativität

Themen

Mit dieser Aufgabe wollen wir Folgendes trainieren:

- Verwenden von Variablen und Datentypen
- Verwendung einfacher Grundrechenoperatoren
- Anpassung der Funktionsweise von Operatoren an Datentypen
- Erstellung und Auswertung von Ausdrücken

Beschreibung

Wenn wir Farben für Computer beschreiben wollen, gibt es dafür verschiedene Formate. Bei Displays wird dafür oft das RGB-Format verwendet. Dieses beschreibt den Anteil der Farbwerte von Rot (R), Grün (G) und Blau (B). Diesen Anteil speichern wir jeweils als ganze Zahl im Zahlenbereich von 0 bis 255.

Bei Druckern wird üblicherweise das CMYK-Format verwendet. Hierbei werden die Farben durch die Farbwerte Cyan (C), Magenta (M), Gelb (Yellow, Y) und Schwarz (Key, K) beschrieben. Diese CMYK-Werte speichern wir als eine Kommazahl (reelle Zahl), die zwischen den ganzen Zahlen 0 und 1 liegt.

Mit diesen Berechnungen kannst du von Farbwerte von RGB nach CMYK umwandeln:

$$C = \frac{w - \frac{r}{255}}{w}$$

$$M = \frac{w - \frac{g}{255}}{w}$$

$$Y = \frac{w - \frac{b}{255}}{w}$$

$$K = 1 - w$$

wobei

$$w = \max\left\{\frac{r}{255}, \frac{g}{255}, \frac{b}{255}\right\}$$

Aufgabenstellung

Schreibe ein Programm, das einen RGB-Farbwert in einen CMYK-Farbwert umrechnet. Das Programm soll drei ganze Zahlen **r**, **g** und **b** in entsprechende Variablen speichern und die berechneten CMYK-Werte auf der Konsole ausgeben.

Testfälle

- *RGB-Ausgangswerte:*
  - R: 75
  - G: 0
  - B: 130
- *CMYK-Zielwerte:*
  - C: 0.42307693
  - M: 1.0
  - Y: 0.0
  - K: 0.49019605

Algorithmische Tipps

Wenn du stockst und nicht weiter weißt, dann versuch mal Folgendes:

- Schau dir noch einmal die Aufgabe zu den einfachen Rechenaufgaben an.
- Das Maximum kannst du mit der Funktion `max(Zahl1, Zahl2, Zahl3)` berechnen.

W.3.8 Tic-Tac-Toe-Spielfeld

Schwierigkeit   Zeitaufwand   Kreativität

Themen

Mit dieser Aufgabe wollen wir Folgendes trainieren:

- Verwenden von Variablen und Datentypen
- Verwendung einfacher Grundrechenoperatoren
- Anpassung der Funktionsweise von Operatoren an Datentypen

Beschreibung

Wir wollen in dieser Aufgabe das Spielfeld des bekannten Spiels **Tic-Tac-Toe** grafisch darstellen. Dieses Spielfeld besteht aus neun meist quadratischen Feldern, die in einem 3-mal-3-Raster angeordnet sind:

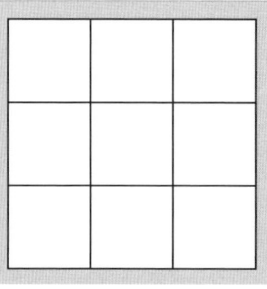

Aufgabenstellung

Schreibe ein Programm, das ein leeres Spielfeld für Tic-Tac-Toe erzeugt und darstellt. Mache dabei Gebrauch von geeigneten Variablen!

Testfälle

Siehe Beschreibung.

Algorithmische Tipps

Wenn du stockst und nicht weiter weißt, dann versuch mal Folgendes:

- Überlege dir zunächst, wie die Elemente im Fenster platziert werden und welche Formen du dafür verwendest, idealerweise auf einem Blatt Papier. Erst danach solltest du mit der Programmierung anfangen.
- Rechteck oder Linie zeichnen? Beides ist möglich, aber ein Fall ist einfacher umzusetzen.
- Bei wiederholenden Zahlenwerten könntest und solltest du diese in einer Variable speichern und im Programm verwenden.

4 Kontrollstrukturen

■ 4.1 Warmup

Bis jetzt führen unsere Programme die Programmanweisungen eine nach der anderen aus. In diesem Kapitel wollen wir dem Ganzen etwas Würze verleihen, indem wir die Programme in die Lage versetzen, ihren Ablauf zu steuern. Damit ist gemeint, dass nicht grundsätzlich alle Anweisungen während der Ausführung eines Programms auch tatsächlich abgearbeitet werden sollen oder dürfen. Hierbei spricht man von **bedingten Anweisungen**, die nur unter einer bestimmten Voraussetzung abgearbeitet werden. Andere Anweisungen müssen dagegen *wiederholt* ausgeführt werden. Hierunter versteht man die sogenannten **Wiederholungsanweisungen**. Nimmt man beide Paradigmen zusammen, ist vom Einsatz von **Kontrollstrukturen** die Rede. Sie steuern die Abfolge der Ausführung von Anweisungen und geben an, in welcher Reihenfolge und wie oft Anweisungen ausgeführt werden.

Zu der Familie der **bedingten Anweisungen** gehören die if-else-Anweisung sowie die switch-Anweisung. Der große Unterschied zwischen diesen beiden bedingten Anweisungen besteht darin, das die if-else-Anweisung lediglich zwei Fälle unterscheidet und damit auch nur diese beiden Fälle handeln kann: den Teil, der ausgeführt wird, wenn die Bedingung (auch *boolescher Ausdruck* genannt) zutrifft, und den zweiten Teil, der alternativ abgearbeitet wird.

```
if(<boolescherAusdruck>) {
    // In diesen geklammerten Block kommen alle die Anweisungen hinein,
    // die abgearbeitet werden, wenn die Bedingung wahr ist.
}
else {
    // In diesen geklammerten Block kommen alle Anweisungen hinein,
    // die abgearbeitet werden, wenn die Bedingung falsch ist.
}
```

Der else-Block ist optional. Wenn wir ihn nicht brauchen, kann er komplett entfallen.

Es kommt oft vor, dass mehr als zwei Fälle betrachtet werden müssen. Stellen wir uns beispielsweise vor, wir müssen die Lampen einer Ampel steuern. Hier haben wir drei Fälle zu unterscheiden, die wir zwar durch mehrere und vielleicht auch verschachtelte if-else-Konstrukte ausdrücken können, was aber schnell unübersichtlich wird. In Situationen, in denen drei oder mehr Fälle unterschieden werden, können wir in der Programmiersprache Java auf die switch-Anweisung zurückgreifen.

```
switch(<Ausdruck>) {
    case <Konstante_1>:
        <Anweisungsblock_1>;
        break;
    case <Konstante_2>:
        <Anweisungsblock_2>;
        break;
    ...
    case <Konstante_n>:
        <Anweisungsblock_n>;
        break;
    default:
        <Anweisungsblock_sonst>;
}
```

Besonderes Augenmerk müssen wir auf das Schlüsselwort break legen, welches die Ausführung der umgebenden Struktur unmittelbar beendet. Im obigen Beispiel wird also die switch-Struktur verlassen. Vergessen wir eine break-Anweisung, werden alle Anweisungen bis zum nächsten break bzw. dem Ende der switch-Anweisung ausgeführt. Optional beschreibt das Schlüsselwort default den Sonst-Fall.

Verwenden wir Java, darf es sich bei dem Bedingungsausdruck nur um ganzzahlige Werte handeln; in anderen Programmiersystemen wie zum Beispiel **C#** können dies z.B. auch Strings sein.

Sehr oft benötigen wir in unseren Programmen, dass Anweisungen mehrfach ausgeführt werden. Hierbei kann es sich um eine gegebene *Anzahl* von Wiederholungen handeln oder darum, dass Anweisungen in Abhängigkeit von einer *Bedingung* wiederholt werden müssen. Ein geläufiger Begriff für derartige Konstrukte ist **Wiederholungsanweisungen** oder schlicht und kurz **Schleifen**.

Alle Schleifenarten können in zwei Typen unterteilt werden: In *kopfgesteuerte* und *fußgesteuerte* Schleifen. Der Unterschied besteht darin, dass eine *kopfgesteuerte* Schleife die Bedingung zur Ausführung prüft, bevor die erste Anweisung aus dem Inneren der Schleife ausgeführt wird. Es ist also durchaus möglich, dass die Anweisungen innerhalb der Schleife nie ausgeführt werden. Obwohl wir alle Probleme unabhängig von der verwendeten Schleifenart lösen können, bietet es sich schon an, die *richtige* Auswahl zu treffen. Denn hierdurch kann das Verständnis für einen Algorithmus verbessert werden.

Die *for-Schleife* ist eine Zählschleife, in der wir angeben, wie oft die Anweisungen im Schleifenrumpf ausgeführt werden sollen. Nach dem Schlüsselwort for wird in Klammern zunächst eine Initialisierung vorgenommen; häufig findet diese mit der Deklaration einer Zählvariablen statt. Durch ein Semikolon getrennt folgen dann die Abbruchbedingung und letztlich die Aktualisierungsanweisung.

Im nachfolgenden Beispiel wird eine Integer-Variable deklariert und mit dem Wert 1 initialisiert. Anschließend folgt die Abbruchbedingung. Solange diese true zurückliefert, werden die Anweisungen innerhalb des Blocks ausgeführt und im Anschluss daran wird die Aktualisierungsanweisung abgearbeitet.

```
for(int i=1; i<10; i++) {
    // In diesen geklammerten Block kommen alle die Anweisungen hinein,
    // die wiederholt abgearbeitet werden sollen.
}
```

Hinweis: Die `for`-Schleife kann auch als Endlosschleife *missbraucht* werden, indem z.B. keine Parameter im Schleifenkopf angegeben werden: `for (;;){...}`. **Endlosschleifen** sind in den allermeisten Fällen unerwünscht. Ein Programm soll schon irgendwann mal zum Ende kommen. Anwendungen, in denen Endlosschleifen hingegen erwünscht sind, sind Programme, die tatsächlich solange laufen sollen, bis diese jemand abbricht. Dazu gehören z.B. Server-Programme (z.B. Webserver, E-Mail-Server usw.).

In dieser Art wird die `for`-Schleife in Python nicht unterstützt. Das vorangegangene Beispiel sieht in Python folgendermaßen aus:

```
for i in range(1, 10):
    # Anweisungsblock, der wiederholt abgearbeitet werden soll
    # In diesem Beispiel wird der Anweisungsblock 10-Mal wiederholt
```

Neben der Syntax – die Lauf-Parameter werden nicht in Klammern angegeben – wird die Zählvariable `i` nicht initialisiert, und auch die Bedingung wird nicht explizit formuliert. Stattdessen werden pauschal alle Elemente im Bereich zwischen 1 und 10 nacheinander abgearbeitet. Verantwortlich hierfür ist die Funktion `range(1, 10)`, die die Menge an Zahlen von 1 bis 10 generiert.

Die ebenfalls zur Familie der *kopfgesteuerten* Schleifen gehörende **while-Schleife** wird eingesetzt, um Anweisungen so oft wiederholen zu lassen, bis der als Bedingung gesetzte boolesche Ausdruck den Wert `false` liefert.

```
while(i<10) {
    // Anweisungen, die abgearbeitet werden sollen
    i++;
}
```

Hinweis: Auch mit dieser Schleifenvariante lässt sich eine Endlosschleife bauen, z.B. durch den Ausdruck `while (true){...}`.

Auch hier unterscheidet sich die Umsetzung in Python leicht von der bisher betrachteten Java-Variante:

```
while i < 10:
    # Anweisungen, die abgearbeitet werden sollen
    i += 1
```

Zuletzt betrachten wir noch diese Schleifenart, die im Prinzip der `while`-Schleife ziemlich ähnlich ist. Bei ihr findet die Überprüfung der Bedingung allerdings am Ende des Ausführungsblocks statt. Das bedeutet, dass die Anweisungen im Schleifenrumpf *mindestens* einmal abgearbeitet werden. Aus diesem Grund gehört sie zur Familie der fußgesteuerten Schleifen und ist unter dem Namen **do-while-Schleife** bekannt.

```
do {
    // Anweisungen, die abgearbeitet werden sollen
    i += 1;
} while(i<10)
```

Hinweis: Wie bei der *while*-Schleife wird durch eine geeignete Bedingung eine Endlosschleife realisiert, z.B. mit: `do {...} while (true)`.

Wir sollten uns darüber im Klaren sein, dass die Anweisung `break` auch innerhalb von Schleifenrümpfen angewendet werden kann. Wie auch bei den Bedingungsanweisungen führt sie dazu, dass die gegebene Struktur verlassen wird. Das bedeutet, das Programm fährt mit der nächsten Zeile außerhalb der Schleife fort.

Ein weiteres Schlüsselwort `continue` ist nur in Schleifenrümpfen erlaubt. Es bewirkt, dass der aktuelle Durchlauf zunächst beendet und die Bedingung neu geprüft wird. Bei der `for`-Schleife wird dazwischen noch die Aktualisierungsanweisung ausgeführt.

Nun haben wir alles Rüstwerkzeug für die Arbeit an den nächsten Aufgaben zusammen und können loslegen. Dabei sollten wir auch daran denken, dass wir die Kontrollstrukturen auch beliebig ineinander verschachteln können.

Und nun - viel Erfolg!

4.2 Workout

W.4.1 Maximum bestimmen

Schwierigkeit Zeitaufwand Kreativität

Themen
Mit dieser Aufgabe wollen wir Folgendes trainieren:
- Kontrollstrukturen
- Bedingte Anweisungen

Beschreibung
Das Maximum bestimmt die größte Zahl aus einer Auswahl von vorliegenden Zahlen. Zur Ermittlung des Maximums gibt es in den gängigen Programmiersprachen eine Funktion. Wir wollen uns das aber in dieser Aufgabe selber schreiben.

Aufgabenstellung
Schreibe ein Programm, welches das Maximum von drei Integer-Variablen bestimmt und in der Kommandozeile ausgibt. Benutze bei den Vergleichen ausschließlich `if`- und `else`-Anweisungen sowie den >-Operator.

Testfälle
- Vorliegende Zahlen: 1, 2, 3 → Maximum davon: 3
- Vorliegende Zahlen: 42, 7, 13 → Maximum davon: 42
- Vorliegende Zahlen: -9, 4, 2 → Maximum davon: 4

Algorithmische Tipps
Wenn du stockst und nicht weiter weißt, dann versuch mal Folgendes:
- Initialisiere zuerst die Variablen und die Variablen, die den maximalen Wert haben soll.
- Anschließend kannst du mithilfe einer Abfolge von `if` und `else`-Anweisungen das Maximum bestimmen.
- Wenn Variable `a` größer ist als `b` und `c`, dann ist `a` das Maximum. Wenn `b` größer ist als `a` und `c`, dann ist `b` das Maximum. Trifft beides nicht zu, dann kann nur `c` das Maximum sein.

W.4.2 Summe berechnen

Schwierigkeit   Zeitaufwand   Kreativität

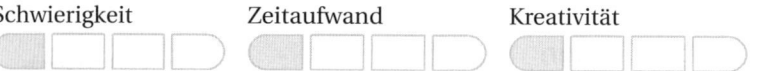

Themen

Mit dieser Aufgabe wollen wir Folgendes trainieren:

- Kontrollstrukturen
- Wiederholungsanweisungen

Beschreibung

In dieser Aufgabe wollen wir die Summe von 24 aufeinanderfolgenden Zahlen berechnen. Da dies mit dem Taschenrechner ein sehr großer Tippaufwand wäre, stellt sich die Frage: Warum wollen wir das nicht einfach den Computer erledigen lassen?

Aufgabenstellung

Schreibe ein Programm, das mit einer for-Schleife die Summe der Zahlen von 3 bis 27 berechnet und das Ergebnis in der Konsole ausgibt.

Testfälle

- Das Ergebnis der Summe von 3 bis 27 ist 375.
- Das Ergebnis der Summe von 1 bis 100 ist 5050.

Algorithmische Tipps

Wenn du stockst und nicht weiter weißt, dann versuch mal Folgendes:

- Deklariere und initialisiere zunächst die Variable, die die Summe beinhalten soll.
- Gehe die Zahlen von 3 bis 27 nacheinander durch.
- Addiere zur Summenvariable die aktuelle Zählerzahl.

W.4.3 Tippspiel

Schwierigkeit   Zeitaufwand   Kreativität

Themen
Mit dieser Aufgabe wollen wir Folgendes trainieren:
- Kontrollstrukturen
- Bedingte Anweisungen

Beschreibung
Bei Fußballwettspielen werden die erzielten Wettpunkte nach folgenden Regeln ermittelt:

Exakter Tipp (3 Punkte):
- Sieg (z.B. Ergebnis: 3:2, Tipp: 3:2)
- Niederlage (z.B. Ergebnis: 0:1, Tipp: 0:1)
- Unentschieden (z.B. Ergebnis: 2:2, Tipp: 2:2)

Richtige Tendenz (1 Punkt):
- Sieg (z.B. Ergebnis: 3:2, Tipp: 2:1)
- Niederlage (z.B. Ergebnis: 0:1, Tipp: 1:2)
- Unentschieden (z.B. Ergebnis: 2:2, Tipp: 1:1)

Sonst 0 Punkte

Aufgabenstellung
Schreibe ein Programm, das für ein Fußballtippspiel die erzielten Punkte berechnet und das Ergebnis in der Konsole ausgibt. Dazu werden das getippte Ergebnis und das tatsächlich erzielte Ergebnis des Fußballspiels benötigt.

Testfälle

- Ergebnis: **3:2**, Tipp: **3:2** → Punkte: **3**
- Ergebnis: **0:1**, Tipp: **0:1** → Punkte: **3**
- Ergebnis: **2:2**, Tipp: **2:2** → Punkte: **3**
- Ergebnis: **3:2**, Tipp: **2:1** → Punkte: **1**
- Ergebnis: **0:1**, Tipp: **1:2** → Punkte: **1**
- Ergebnis: **2:2**, Tipp: **1:1** → Punkte: **1**
- Ergebnis: **3:2**, Tipp: **2:0** → Punkte: **0**
- Ergebnis: **0:1**, Tipp: **1:1** → Punkte: **0**
- Ergebnis: **2:2**, Tipp: **2:4** → Punkte: **0**

Algorithmische Tipps
Wenn du stockst und nicht weiter weißt, dann versuch mal Folgendes:
- Deklariere und initialisiere Variablen für den Tipp und das Ergebnis des Fußballspiels.
- Prüfe anhand der Variablen, welche Punktzahl zutrifft.
- Schreibe diese Punktzahl in die Konsole.

W.4.4 PIN-Code-Generator

Schwierigkeit   Zeitaufwand   Kreativität

Themen

Mit dieser Aufgabe wollen wir Folgendes trainieren:

- Kontrollstrukturen
- Wiederholungsanweisungen

Beschreibung

In dieser Aufgabe wollen wir alle vierstelligen PINs einer Bankkarte oder Passcodes erzeugen und in der Konsole ausgeben.

Aufgabenstellung

Schreibe ein Programm, das die oben beschriebene Aufgabe umsetzt. Setze diese mit einer for-Schleife um.

Testfall

- Ausgabe:

  ```
  0000
  0001
  0002
  0003
  0004
  ...
  9995
  9996
  9997
  9998
  9999
  ```

Alle PINs sind vierstellig!

Algorithmische Tipps

Wenn du stockst und nicht weiter weißt, dann versuch mal Folgendes:

- Alle PINs durchgehen.
- Prüfe, ob die Zahl ein-, zwei-, oder dreistellig ist, und füge gegebenenfalls voranstehende Nullen hinzu.
- Da das Processing-Konsolenfenster maximal 500 Einträge anzeigen kann, sind bei einem schnellen Prozessor eventuell nur die letzten 500 Einträge sichtbar. Du kannst die Funktionalität aber überprüfen, indem du die Schleifenanweisung etwas langsamer ablaufen lässt. Der Processing-Befehl delay(1) fügt beispielsweise eine künstliche Pause von einer Millisekunde in dein Programm ein.

W.4.5 Dominosteine

Schwierigkeit Zeitaufwand Kreativität

Themen

Mit dieser Aufgabe wollen wir Folgendes trainieren:

- Kontrollstrukturen
- Verschachtelte Wiederholungsanweisungen

Beschreibung

In der Konsole wollen wir alle Spielsteine des bekannten Legespiels Domino ausgeben. Dies können wir mit Schleifen automatisiert erledigen.

Aufgabenstellung

Gebe die `for`-Schleifen an, mit wir denen alle Dominosteine ohne Dopplungen in der Konsole ausgeben können. Zur Erinnerung sind im Testfälle-Abschnitt alle Dominosteine angegeben, und dein Programm soll genau diese Ausgabe in der Konsole erzeugen.

Testfälle

```
(0|0)(0|1)(0|2)(0|3)(0|4)(0|5)(0|6)
     (1|1)(1|2)(1|3)(1|4)(1|5)(1|6)
          (2|2)(2|3)(2|4)(2|5)(2|6)
               (3|3)(3|4)(3|5)(3|6)
                    (4|4)(4|5)(4|6)
                         (5|5)(5|6)
                              (6|6)
```

Algorithmische Tipps

Wenn du stockst und nicht weiter weißt, dann versuch mal Folgendes:

- Mit jeder Zeile verringert sich die Anzahl der ausgegebenen Dominosteine um eins. Auch die Startzahl wird um eins erhöht.
- Zur Umsetzung könntest du zwei Schleifen ineinander verschachteln. Die Start- und Endzahlen kannst du von den Ziffern auf den Dominosteinen ableiten.
- Erzeuge zunächst die Leerzeichen und gebe dann die Dominosteine in der Zeile aus. Ist die Zeile fertig, kannst du einen Zeilenumbruch erzeugen.

W.4.6 Radialer Farbverlauf

Schwierigkeit   Zeitaufwand   Kreativität

Themen

Mit dieser Aufgabe wollen wir Folgendes trainieren:

- Kontrollstrukturen
- Wiederholungsanweisungen

Beschreibung

Radiale Farbverläufe kennen wir vielleicht von Bildbearbeitungssoftware. Meist lassen sich dort „weiche" Freihandpinsel nutzen, welche einen solchen Farbverlauf umsetzen.

In dieser Aufgabe wollen wir einen solchen radialen Farbverlauf selber programmieren.

Aufgabenstellung

Schreibe ein Programm, das einen radialen Farbverlauf erzeugt. Die Form soll der in Abschnitt Testfall beschriebenen Form entsprechen.

Testfall

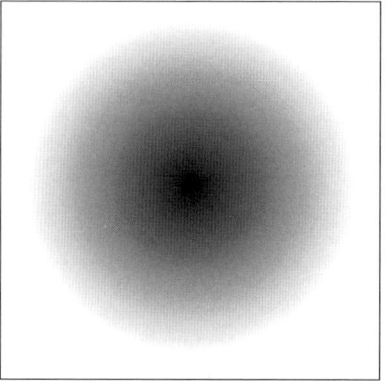

Algorithmische Tipps

Wenn du stockst und nicht weiter weißt, dann versuch mal Folgendes:

- Prinzipiell beginnen wir mit einem großen Kreis mit weißer Farbe. Dieser Kreis wird durchgehend kleiner, und gleichzeitig wird die Farbe immer dunkler. Als Resultat haben wir dann einen solchen Farbverlauf.
- Achte darauf, dass der Kreisradius nicht negativ wird. Denn dann wird der Kreis wieder größer in das Bildschirmfenster gemalt.
- Den Programmablauf kannst du mit einer Schleife realisieren.

W.4.7 Ladevorgang-Rädchen

Schwierigkeit Zeitaufwand Kreativität

Themen
Mit dieser Aufgabe wollen wir Folgendes trainieren:
- Kontrollstrukturen
- Wiederholungsanweisungen

Beschreibung
In dieser Aufgabe wollen wir diese Figur programmieren:

Der Ausgabebereich hat dabei folgende Eigenschaften:
- Fenstergröße: 400 x 400 Pixel
- Hintergrundfarbe: weiß
- Weichzeichnen: aktiv

Die Linien haben dazu diese Einstellungen:
- Linienstärke: 30 Pixel
- Linienende: abgerundet

Damit wir die Formen in der dargestellten Art und Weise anordnen können, benötigen wir zwei neue Anweisungen:
- Die Anweisung `translate()` verschiebt den Nullpunkt des Koordinatensystems an die in der Funktion definierten Stelle.
- Die Anweisung `rotate()` rotiert das Koordinatensystem in einer kreisförmigen Bewegung um den (verschobenen) Ursprung. Die Funktion erwartet als Parameter die Angabe des Winkels im Bogenmaß.

Vor dem Einsatz sollten wir vorher die Dokumentation der Anweisungen auf der Processing-Website durchlesen (https://www.processing.org/reference/).

Der Winkel, mit dem wir die Rotation in der Figur durchführen, beträgt 45 Grad (= PI/4.0 in Bogenmaß).

Aufgabenstellung

Programmiere die in der Beschreibung dargestellte Figur mit den Processing-Grundelementen. Verwende dafür eine oder mehrere Wiederholungsanweisungen.

Testfälle

Siehe Beschreibung.

Algorithmische Tipps

Wenn du stockst und nicht weiter weißt, dann versuch mal Folgendes:

- Verschiebe den Nullpunkt des Koordinatensystems von der linken oberen Ecke in die Mitte des Ausgabebereichs. Um den Mittelpunkt zu bestimmen, kannst du die reservierten Variablen width und height von Processing verwenden. Diese enthalten die Breite bzw. Höhe des aktuellen Ausgabebereichs.

- Anschließend kannst du eine Linie zeichnen und danach das Koordinatensystem um 45 Grad drehen. Die Koordinaten der Linie bleiben immer gleich, da das Koordinatensystem gedreht wird. Könntest du also diese Schritte in einer Schleife verarbeiten?

- Versuche doch mal, die Linie etwas weiter vom Nullpunkt entfernt zu starten. Dann wird mit der Rotation die Linie mit dem geforderten Abstand zu den anderen Linien rotieren.

W.4.8 Windrad

Schwierigkeit   Zeitaufwand   Kreativität

Themen
Mit dieser Aufgabe wollen wir Folgendes trainieren:
- Kontrollstrukturen
- Wiederholungsanweisungen

Beschreibung
Dieses Mal wollen wir ein Windrad mit Processing grafisch darstellen:

Aufgabenstellung
Programmiere das dargestellte Bild mithilfe von Wiederholungsanweisungen.

Testfälle
Siehe Beschreibung.

Algorithmische Tipps
Wenn du stockst und nicht weiter weißt, dann versuch mal Folgendes:
- Schau dir die vorherige Aufgabe noch einmal an.
- Theoretisch kannst du das Bild mit jeder Schleifenart realisieren. Probiere doch mal aus, ob du die Aufgabe mit allen Schleifenarten schaffst.
- Halbkreise kannst du mit der Funktion `arc()` zeichnen. Weitere Informationen findest du in der Processing-Dokumentation.

W.4.9 Rotierte Dreiecke

Schwierigkeit   Zeitaufwand   Kreativität

Themen

Mit dieser Aufgabe wollen wir Folgendes trainieren:

- Kontrollstrukturen
- Wiederholungsanweisungen

Beschreibung

In dieser Aufgabe wollen wir eine Zeichnung mit rotierenden Dreiecken realisieren:

Zur Umsetzung der Grafik sind hier noch zwei Hinweise:

- Es handelt sich um 20 gleichschenklige Dreiecke. Gleichschenklig bedeutet, dass zwei Seiten der Dreiecke gleich lang sind.
- Die Farben der Dreiecke sind zufällig.

Aufgabenstellung

Schreibe ein Programm, das die dargestellte Form erzeugt.

Testfälle

Siehe Beschreibung.

Algorithmische Tipps

Wenn du stockst und nicht weiter weißt, dann versuch mal Folgendes:

- Die vorherigen Zeichenaufgaben in diesem Kapitel könnten dir weiterhelfen.
- Male ein Dreieck um den Nullpunkt herum. Um die Koordinaten herauszufinden, könnte dir eine eigene Zeichnung auf Papier weiterhelfen.
- Drehe das Koordinatensystem anschließend um $\frac{1}{20}$ von 360 Grad. 360 Grad sind im Bogenmaß 2*PI.

W.4.10 Moderne Kunst

Schwierigkeit Zeitaufwand Kreativität

Themen
Mit dieser Aufgabe wollen wir Folgendes trainieren:
- Kontrollstrukturen
- Verschachtelte Wiederholungsanweisungen

Beschreibung
Moderne Kunstwerke können wir auch mit dem Computer schaffen. Beispielsweise können wir eine Art Mosaik mit Processing realisieren:

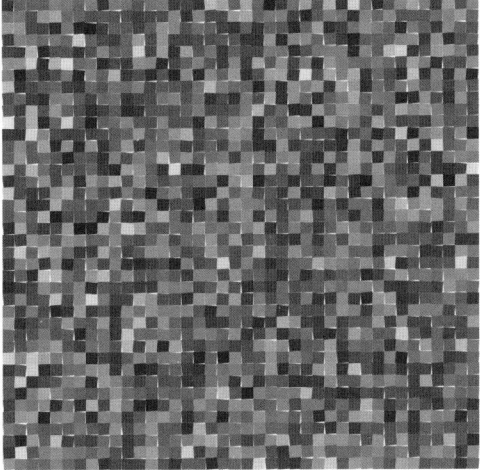

Für die Realisierung wichtig ist:
- Die Farben sind zufällig generiert.
- Alle Vierecke sind gleich groß.
- Die Vierecke sind teilweise leicht gedreht.

Aufgabenstellung
Realisiere das oben gezeigte moderne Kunstwerk als Processing-Programm.

Testfälle
Siehe Beschreibung.

Algorithmische Tipps

Wenn du stockst und nicht weiter weißt, dann versuch mal Folgendes:

- Setze die Größe der Kästchen als Variable fest. Dann kannst du in Abhängigkeit von den Fensterabmessungen die Schrittweiten pro Zeile bzw. Spalte berechnen (`height/size` oder `width/size`).

- Ebenso kannst du die Rotationswinkel in einer Variablen speichern. Dann kannst du erst rotieren, dann das Kästchen zeichnen und dann wieder zurückrotieren. So kannst du das Koordinatensystem mit jedem Kästchen weiterwandern lassen. Dies ist einfacher umzusetzen im Vergleich zur manuellen Koordinatenbestimmung für jedes einzelne Kästchen.

- Wenn du das Koordinatensystem an das Ende einer Zeile bewegt hast: Vergiss nicht, für die nächste Spalte wieder die gesamte Fensterbreite zurückzuwandern.

W.4.11 Schachbrett

Schwierigkeit   Zeitaufwand   Kreativität

Themen

Mit dieser Aufgabe wollen wir Folgendes trainieren:

- Kontrollstrukturen
- Verschachtelte Wiederholungsanweisungen

Beschreibung

Wir wollen in dieser Aufgabe das Spielfeld für das Strategiespiel Schach programmieren. Es besteht aus gleich großen Vierecken in den Farben Schwarz und Weiß. Die Farben wechseln sich jeweils ab.

Aufgabenstellung

Programmiere ein Schachbrett. Benutze dabei Auswahlanweisungen und Wiederholungsanweisungen.

Testfall

Algorithmische Tipps

Wenn du stockst und nicht weiter weißt, dann versuch mal Folgendes:

- Gehe jede Zeile und Spalte durch und male dabei jeweils erst ein weißes und dann ein schwarzes Viereck. Die Farbe könntest du zum Beispiel als `boolean`-Variable speichern, die mit jedem Schritt zwischen `true` und `false` wechselt.
- Wie schon in den vorherigen Aufgaben bietet sich das Verschieben des Koordinatenursprungs zum Zeichnen an.
- Achte darauf, dass jede Zeile des Schachbretts nicht mit der gleichen Farbe der vorherigen Zeile beginnt.

W.4.12 Sinuskurve

Schwierigkeit   Zeitaufwand   Kreativität

Themen

Mit dieser Aufgabe wollen wir Folgendes trainieren:

- Kontrollstrukturen
- Wiederholungsanweisungen

Beschreibung

Der Sinus ist eine wichtige mathematische Funktion und wird zur Berechnung von Winkeln verwendet. Die Funktion geht von den Kreiswinkeln 0 bis 360 Grad. Im Bogenmaß wäre dies von 0 bis 2 * PI.

Die wellenartige Darstellung der Sinuskurve ergibt sich durch folgendes Koordinatensystem:

- *x-Achse:* Winkel in Grad/Bogenmaß
- *y-Achse:* Berechneter Sinus für den entsprechenden Winkel bzw. das entsprechende Bogenmaß. Der Sinus kann dabei Werte von -1 bis 1 annehmen.

Aufgabenstellung

Schreibe ein Programm, das die Sinuskurve zeichnet. Verwende dabei die Processing-Funktionen sin() und radians().

Testfall

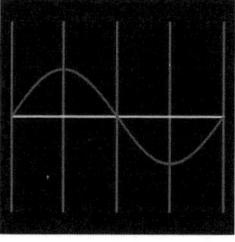

Algorithmische Tipps

Wenn du stockst und nicht weiter weißt, dann versuch mal Folgendes:

- Es bietet sich an, wenn du zunächst das Koordinatensystem verschiebst.
- Gehe alle Winkel durch und zeichne den entsprechenden Sinuswert als Punkt in das Ausgabefenster. Als Ergebnis wirst du den Graph sehen können. Achte allerdings darauf, dass der Sinus nur Werte von -1 bis 1 annehmen kann. Was kannst du dann tun, um diese Werte größer zu machen (skalieren)? Schließlich willst du sie auch im Fenster sehen können.
- Da das Koordinatensystem im Ausgabefenster „umgekehrt" ist, musst du eventuell den y-Wert spiegeln.

W.4.13 Zahlen-Palindrom

Schwierigkeit   Zeitaufwand   Kreativität

Themen
Mit dieser Aufgabe wollen wir Folgendes trainieren:
- Kontrollstrukturen
- Bedingte Anweisungen
- Wiederholungsanweisungen

Beschreibung
Ein Palindrom ist eine Zeichenkette, die von vorne und hinten gelesen dasselbe ergibt. Diese Eigenschaft wollen wir in dieser Aufgabe mit ganzen Zahlen testen.

Aufgabenstellung
Schreibe ein Programm, das testet, ob eine **ganze Zahl** ein Palindrom ist. Die zu testende Zahl darf dabei nicht in ein String-Objekt umgewandelt werden. Gebe das Ergebnis in der Konsole aus.

Testfälle
- 12321 ist ein Palindrom
- 12345 ist kein Palindrom
- 2123212 ist ein Palindrom
- 2123213 ist kein Palindrom

Algorithmische Tipps
Wenn du stockst und nicht weiter weißt, dann versuch mal Folgendes:
- Schreibe dir zunächst einen der Testfälle auf Papier und überlege, wie du an die entsprechenden Ziffern kommst. Kleiner Tipp: Per Division „schneidest" du Stellen am Zahlenende weg. Mit dem Modulo-Operator „schneidest" du Stellen am Zahlenanfang weg.
- Bestimme zunächst die Anzahl der Dezimalstellen. Dafür kannst du die Palindrom-Zahl so lange mit der Zahl 10 dividieren (entferne letzte Dezimalstelle), bis die Zahl 0 erreicht ist.
- Anschließend kannst du die Zahl Schritt für Schritt durchgehen, die vordere und hintere Dezimalstelle bestimmen und miteinander vergleichen. Je nachdem, welche Zahl du überprüfen willst, musst du dann zunächst vorne und hinten entsprechend Dezimalstellen abschneiden, bis nur noch die gewünschte Ziffer übrig bleibt. Zur Bestimmung der dafür passenden Zehnerpotenz kannst du die Funktion pow(Zahl, Exponent) verwenden. Diese Funktion berechnet die Potenz einer Zahl. Zum Testen solltest du am besten eine Nicht-Palindrom-Zahl verwenden. Damit kannst du überprüfen, welche Zahlen miteinander verglichen werden.

W.4.14   Interaktiver Button

Schwierigkeit   Zeitaufwand   Kreativität

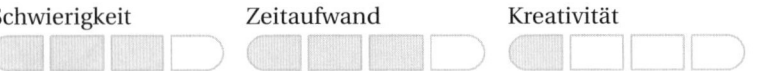

Themen

Mit dieser Aufgabe wollen wir Folgendes trainieren:

- Kontrollstrukturen
- Bedingte Anweisungen

Beschreibung

Wir wollen ein Programm schreiben, das ein blaues Rechteck in das Programmfenster zeichnet. Dieses Rechteck soll sich immer dann grün verfärben, wenn sich der Mauszeiger über dem Rechteck befindet.

Die x- und y-Koordinaten der Mausposition können wir mit den Variablen mouseX bzw. mouseY herausfinden.

Aufgabenstellung

Schreibe das oben beschriebene Programm.

Nutze zur Umsetzung folgendes Grundgerüst, welches ein 800x800 Pixel großes Fenster erzeugt:

- Java:

```java
public void setup() {
    size(800, 800);
}

public void draw() {
    // Hier kommt das geforderte Programm hinein
    // Dieser Bereich wird durchgehend aufgerufen
}
```

- Python:

```python
def setup():
    size(800, 800)

def draw():
    # Hier kommt das geforderte Programm hinein
    # Dieser Bereich wird durchgehend aufgerufen
```

Testfälle

- Mauszeigerposition außerhalb des Rechtecks

- Mauszeigerposition innerhalb des Rechtecks

Algorithmische Tipps

Wenn du stockst und nicht weiter weißt, dann versuch mal Folgendes:

- Es ist sinnvoll, die Eigenschaften des Rechtecks als Variablen zu speichern. Diese wirst du bei den Kontrollen der Mausposition häufig benötigen.
- Vielleicht hilft dir dieser Hinweis weiter. Die in den Bilder angezeigten Werte stehen für die x- und y-Koordinaten der oberen linken Ecke des Rechtecks sowie für die Breite (w) und die Höhe (h) des Rechtecks:

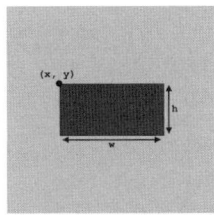

- Hilft der vorherige Hinweis immer noch nicht weiter, zeigen wir dir hier die möglichen Mauspositionen, für die die angegebene Vergleichsanweisung wahr ist.

  – `mouseX > x`

  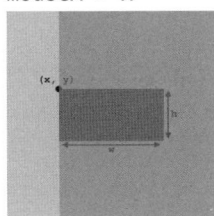

  – `mouseX < x + w`

  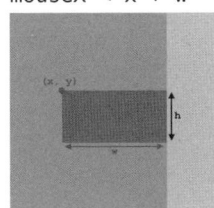

- Kombination beider vorherigen Vergleiche (`mouseX > x` UND `mouseX < x + w`)

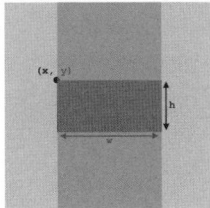

5 Funktionen

■ 5.1 Warmup

Wir haben nun schon erfolgreich mehrere Programme erstellt und dabei sicherlich auch festgestellt, dass sich manche Codezeilen wiederholen. Aber dies muss nicht - nein, es sollte auch nicht so sein. Wenn wir also einen Block von Anweisungen immer wieder, aber an unterschiedlichen Stellen benötigen, dann sollten wir *Funktionen* einsetzen.

Funktionen sind Ansammlungen von Code-Blöcken, also eine Menge von Anweisungen. Sie ermöglichen uns auf einfache Art und Weise, den Code, der häufiger genutzt wird, zu separieren, um ihn dann an unterschiedlichen Stellen im Programm aufzurufen. Das hat mehrere Vorteile. Zum einen bleibt der Code schön übersichtlich. Und zum anderen minimieren wir durch den Einsatz von *Funktionen* sowohl unseren Aufwand für das Schreiben von sich häufig wiederholenden Anweisungen wie auch die Fehleranfälligkeit. Ein weiterer Vorteil ergibt sich aus der Wartungsfähigkeit beim Einsatz von Funktionen. Egal ob wir Fehler beheben müssen, der Algorithmus sich ändert oder ggf. neue Anforderungen umgesetzt werden müssen: wir haben nur eine Stelle, an der wir die Code-Änderungen vornehmen müssen.

Natürlich haben Funktionen auch eine eigene Syntax. Die Syntax der Programmiersprache Java sieht vor, dass eine Funktion aus dem *Modifizierer*, *Rückgabetyp*, *Funktionsnamen*, der zu übergebenden *Parameterliste* (Variablen und Werte) sowie dem *Anweisungsblock* besteht. Um Funktionen zu üben, fokussieren wir uns hier auf das Notwendigste: dem Rückgabetyp, dem Funktionsnamen und der Parameterliste. Dies sind auch die drei Elemente, die eine Funktion eindeutig identifizierbar machen. In diesem Zusammenhang spricht man auch von der **Signatur der Funktion**. Wie die Unterschrift eine Person identifiziert, so identifiziert der genannte Dreiklang eine Funktion.

```java
int BerechneSumme(int a, int b) {
    // Anweisungen zur Berechnung
    return ergebnis;
}
```

Soll die Funktion kein Ergebnis zurückmelden, verwenden wir als Rückgabetyp **void**.

Um in Python eine Funktion zu deklarieren wird das Schlüsselwort **def** verwendet:

```python
def BerechneSumme(a, b):
    # Anweisungen zur Berechnung
    return ergebnis
```

Da Python grundsätzlich auf die Deklaration von Variablen verzichtet, können wir anhand der Signatur nicht erkennen, ob die Funktion ein Ergebnis hat. Nur das Schlüsselwort `return` im Ausführungsteil gibt preis, ob sie einen Wert zurückliefert oder nicht.

Der Name einer Funktion kann frei gewählt werden. Dabei sollten wir uns an die Regeln für Bezeichner halten, die wir schon in Kapitel 3 diskutiert haben. Wir möchten an dieser Stelle nochmal auf die Wichtigkeit der Namensgebung erinnern. Eine Funktion sollte einen prägnanten, sinnbeschreibenden Namen haben und auch nur einen Anwendungsbereich. Wenn wir also beispielsweise eine Funktion mit dem Namen *BerechneGehalt* vorfinden, dann sollte diese auch nur das Gehalt berechnen und z.B. nicht den Datensatz aus der Datenbank laden und nach der Berechnung speichern. Das wären also dann drei verschiedene Funktionen, da es drei verschiedene Tätigkeiten sind!

Im Anschluss an den Namen folgt die Parameterliste. Wir müssen einer Funktion keine Parameter übergeben. Aber wenn wir es tun, dann trennen wir die verschiedenen Werte durch ein Komma. In der Anzahl der zu übergebenden Parameter sind wir nicht beschränkt. Der Übersichtlichkeit halber sollten wir aber das Minimalprinzip einhalten und so wenige Parameter wie nötig übergeben.

Wenn wir mit Funktionen arbeiten, ist ein Verständnis für den Gültigkeitsbereich von Variablen essenziell. Eine Variable ist immer nur in dem sie umgebenden Block gültig. Wir können also innerhalb einer Funktion **nicht** auf eine Variable zugreifen, die außerhalb der Funktion deklariert wurde. Ist es nötig, auf den Wert der Variablen zuzugreifen, sollte diese in der Parameterliste an die Funktion übergeben werden.

Genug der Theorie. Ran an die praktische Anwendung. Viel Spaß!

5.2 Workout

W.5.1 Endliches Produkt

Schwierigkeit   Zeitaufwand   Kreativität

Themen
Mit dieser Aufgabe wollen wir Folgendes trainieren:
- Funktionen

Beschreibung
Das endliche Produkt ist eine mathematische Funktion und multipliziert natürliche Zahlen von einem Startwert s bis zu einem Endwert e.

Außerdem gelten folgende Sonderfälle:
- Ist e oder s kleiner als 0, soll das Ergebnis 0 sein.
- Ist e oder s gleich 0, ist das Ergebnis 0.
- Ist e kleiner als s, sollen die Werte von e und s miteinander vertauscht werden.

Aufgabenstellung
Schreibe eine Funktion, die das endliche Produkt berechnet.

Testfälle
- s = 3, e = 4: 12
- s = 5, e = 2: 120
- s = -3, e = 5: 0
- s = 33, e = 0: 0
- s = 0, e = 33: 0

Algorithmische Tipps
Wenn du stockst und nicht weiter weißt, dann versuch mal Folgendes:
- Überlege dir, wie die Parameterliste für die Funktion aussehen muss. Dazu musst du bedenken, welche Parameter diese enthalten muss und welchen Datentyp diese jeweils haben.
- Überlege dir, ob die Funktion einen Wert zurückliefert. Anders gefragt, berechnet die Funktion ein Ergebnis, das zurückgeliefert werden soll?
- Wiederholungsanweisungen und bediente Anweisungen wirst du im Funktionsblock benötigen.

W.5.2 Fakultät

Schwierigkeit   Zeitaufwand   Kreativität

Themen

Mit dieser Aufgabe wollen wir Folgendes trainieren:

- Funktionen

Beschreibung

Die Fakultät ist eine mathematische Funktion und multipliziert alle natürlichen Zahlen vom Startwert 1 bis zum Endwert n.

Aufgabenstellung

Schreibe eine Funktion, die die Fakultät für eine natürliche Zahl n berechnet.

Testfälle

- n=6: 720
- n=2: 2
- n=1: 1
- n=9: 362880

Algorithmische Tipps

Wenn du stockst und nicht weiter weißt, dann versuch mal Folgendes:

- Schau dir doch noch einmal die Aufgabe 4.2.1 zum endlichen Produkt an.

W.5.3 Konfektionsgröße

Schwierigkeit   Zeitaufwand   Kreativität

Themen
Mit dieser Aufgabe wollen wir Folgendes trainieren:
- Funktionen

Beschreibung
Die Konfektionsgröße für Frauen und Männer können wir anhand des Brustumfangs und der Körpergröße nach folgender Formel berechnen:

$$\text{Konfektionsgröße} = \frac{\text{Brustumfang}}{2}$$

Für *Frauen* müssen wir zusätzlich noch folgende Besonderheiten berücksichtigen:
- Die Konfektionsgröße für Frauen wird um den Wert 6 verringert, um andere Größenangaben als bei Männern zu erreichen.
- Die Normalgröße (32-44) gilt für Frauen, die zwischen 164 und 170 cm groß sind.
- Die Langgröße (64-88) gilt für Frauen, die größer als 170 cm sind. Sie ergibt sich aus der verdoppelten Normalgröße.
- Die Kurzgröße (16-22) gilt für Frauen, die kleiner als 164 cm sind. Sie ergibt sich aus der halben Normalgröße.

Aufgabenstellung
Gebe eine Funktion mit Namen `computeGarmentSize` an, die die Konfektionsgröße für Frauen und Männer nach den oben definierten Kriterien berechnet.

Testfälle
- *Mann*
  - 192 cm groß, mit 92 cm Brustumfang: 46
  - 172 cm groß, mit 80 cm Brustumfang: 40
- *Frau*
  - 167 cm groß, 92 cm Brustumfang: 40
  - 150 cm groß, 103 cm Brustumfang: 22
  - 180 cm groß, 86 cm Brustumfang: 74

Algorithmische Tipps
Wenn du stockst und nicht weiter weißt, dann versuch mal Folgendes:
- Schau dir die Testfälle an und versuche, daraus die Parameterliste und ggf. den Rückgabetyp zu bestimmen.
- Gibt es Berechnungsschritte, die für beide Geschlechter gleich sind?

W.5.4 Schaltjahr Prüfung

Schwierigkeit   Zeitaufwand   Kreativität

Themen

Mit dieser Aufgabe wollen wir Folgendes trainieren:

- Funktionen

Beschreibung

Bei Schaltjahren hat der Februar 29 Tage anstatt der üblichen 28 Tage.

Schaltjahre können wir dadurch bestimmen, wenn die **Jahreszahl durch 4 teilbar** ist. Allerdings darf die Jahreszahl **zusätzlich nicht durch 100 teilbar** sein. Wenn die Jahreszahl wiederum **durch 400 teilbar** ist, ist es doch ein Schaltjahr.

Aufgabenstellung

Schreibe eine Funktion, die überprüft, ob es sich bei einer übergebenen Jahreszahl um ein Schaltjahr handelt. Sollte das Jahr ein Schaltjahr sein, wird true zurückgegeben. Sollte dies nicht der Fall sein, wird false zurückgegeben.

Testfälle

- *Schaltjahre:*
  - 2012
  - 2000
  - 1916
  - 1896
- *keine Schaltjahre:*
  - 2013
  - 2003
  - 1900
  - 1881

Algorithmische Tipps

Wenn du stockst und nicht weiter weißt, dann versuch mal Folgendes:

- Probiere, die Abläufe in der Funktion testweise auszugeben. Wird zum Beispiel bei einer entsprechenden Jahreszahl die erwartete Stelle im Quellcode ausgeführt? Sollte dies nicht der Fall sein, scheint es einen (Denk-)Fehler im Quellcode zu geben.
- Teilbarkeit in Zahlen lässt sich mit dem Modulo-Operator (%) prüfen, welcher den Rest einer Division zurückgibt.

W.5.5 Literzahlen umwandeln

Schwierigkeit Zeitaufwand Kreativität

Themen
Mit dieser Aufgabe wollen wir Folgendes trainieren:
- Funktionen

Beschreibung
Wie viel Milliliter sind noch einmal 0,004 Liter? Genau für solche Fragen wollen wir uns selbst eine Lösung schreiben. Die Funktion soll einen `float`-Wert wie folgt in einen String umwandeln:

float-Wert	Erzeugter String
1.0 und größer	<vol> l
0.1 und größer	<vol> cl
0.001 und größer	<vol> ml
kleiner als 0.001	Number too small!

Aufgabenstellung
Schreibe eine Funktion mit Namen `volumeConverter`, die eine als `float`-Wert übergebene Literzahl nach den oben beschriebenen Kriterien umwandelt und als String zurückgibt.

Verwende dabei für die Umwandlung in die entsprechenden Einheiten **nur mathematische Operatoren und Typumwandlungen**.

Testfälle
- vol = 3.0 → 3.0 l
- vol = 0.3 → 30 cl
- vol = 0.003 → 3 ml

Algorithmische Tipps
Wenn du stockst und nicht weiter weißt, dann versuch mal Folgendes:
- Wenn du die Kommazahlen entfernt haben möchtest, probiere doch eine Umwandlung zu Integer-Werten.
- Natürlich musst du bei Divisionen auch aufpassen, dass nicht der Kommawert zu früh abgeschnitten wird.
- Float-Werte müssen in Java immer mit einem nachstehenden **f** definiert werden. Beispiel: `0.01f`.

W.5.6 LKW-Maut

Schwierigkeit   Zeitaufwand   Kreativität

Themen

Mit dieser Aufgabe wollen wir Folgendes trainieren:

- Funktionen

Beschreibung

Für ein Unternehmen sollen wir ein Programm entwickeln, welches für erfasste LKW automatisch die entsprechende LKW-Mautgebühr berechnet.

Folgende Mautgebühren wurden uns dafür vorgegeben:

Schadstoffklasse	A	B	C	D	E	F
bis 3 Achsen	12,50 ct/km	14,60 ct/km	15,70 ct/km	18,80 ct/km	19,80 ct/km	20,80 ct/km
ab 4 Achsen	13,10 ct/km	15,20 ct/km	16,30 ct/km	19,40 ct/km	20,40 ct/km	21,40 ct/km

Aufgabenstellung

Schreibe eine Funktion, die nach der oben beschriebenen Regelung die LKW-Maut für eine Fahrt berechnet.

Testfälle

- Schadstoffklasse A, 2 Achsen, 13 Kilometer → 162,5 Eurocent
- Schadstoffklasse D, 5 Achsen, 13 Kilometer → 252,2 Eurocent

Algorithmische Tipps

Wenn du stockst und nicht weiter weißt, dann versuch mal Folgendes:

- Du könntest die Schadstoffklasse als `char`-Element abfragen und für die anderen Eingaben jeweils Zahlenwerte (mit oder ohne Komma) entgegennehmen.
- Zur Bestimmung des Kilometerpreises könntest du mit `switch` und `if`-Abfragen arbeiten, die du ineinander verschachtelst.
- Die Mautgebühr ergibt sich dann aus dem Kilometerpreis mal der Anzahl der gefahrenen Kilometer.

W.5.7 Analoger Uhrzeiger

Schwierigkeit   Zeitaufwand   Kreativität

Themen

Mit dieser Aufgabe wollen wir Folgendes trainieren:

- Funktionen

Beschreibung

Wenn wir eine digitale Uhrzeit wie eine Analoguhr darstellen wollen, müssen wir wissen, wo die Uhrzeiger zu welcher Uhrzeit entsprechend stehen.

Den Winkel des Stundenzeigers einer analogen 12-Stundenuhr können wir nach der folgenden Formel berechnen:

$$\theta_{hr} = \frac{1}{2}(60H + M)$$

H ist dabei der ganzzahlige Stundenwert und M der ganzzahlige Minutenwert. Für die weitere Verarbeitung der berechneten Winkel θ_{hr} spielen die Nachkommastellen keine Rolle.

Den Winkel des Minutenzeigers können wir mit der folgenden Formel berechnen:

$$\theta_{min} = 6M$$

Aufgabenstellung

Schreibe eine Funktion mit Namen `computeHourHandAngle`, die den Winkel des Stundenzeigers berechnet. Das reicht nicht für ein vollständiges Zifferblatt einer analogen Uhr. Es fehlt noch der Minutenzeiger. Schreibe deshalb noch eine zweite Funktion mit Namen `computeMinuteHandAngle`, die den Winkel des Minutenzeigers berechnet.

Testfälle

11:15 Uhr:

- Stundenzeiger bei 337°
- Minutenzeiger bei 90°

3:33 Uhr:

- Stundenzeiger bei 106°
- Minutenzeiger bei 198°

Algorithmische Tipps

Wenn du stockst und nicht weiter weißt, dann versuch mal Folgendes:

- Prinzipiell sollten alle benötigten Informationen in der Beschreibung stehen.

W.5.8 Körperoberfläche 2.0

Schwierigkeit   Zeitaufwand   Kreativität

Themen

Mit dieser Aufgabe wollen wir Folgendes trainieren:

* Funktionen

Beschreibung

Die Körperoberfläche eines Menschen wird nach der Formel von Mosteller wie folgt errechnet:

$$KOF = \sqrt{\frac{h * w}{3600}}$$

In der angegebenen Formel bezeichnet h die Körpergröße in cm und w das Körpergewicht in kg. Das Ergebnis ist die Körperoberfläche in m^2.

Aufgabenstellung

Schreibe eine Funktion mit Namen kof, die die Körperoberfläche in m^2 berechnet.

Testfall

* 1,80 m und 58 kg → 1.7029387 m^2

Algorithmische Tipps

Wenn du stockst und nicht weiter weißt, dann versuch mal Folgendes:

* Zum Wurzelziehen kannst du die Processing-Funktion sqrt(float n) nutzen.
* Achte bei Divisionen immer darauf, dass die Nenner aus Kommazahlen bestehen.
* Bei Divisionen von Integer-Werten folgt ein Integer-Ergebnis.

W.5.9 Sportwetten

Schwierigkeit Zeitaufwand Kreativität

Themen

Mit dieser Aufgabe wollen wir Folgendes trainieren:

- Funktionen

Beschreibung

Bei Fußballwettspielen werden die erzielten Wettpunkte nach folgenden Regeln ermittelt:

Exakter Tipp (3 Punkte):

- Sieg (z.B. Ergebnis: 3:2, Tipp: 3:2)
- Niederlage (z.B. Ergebnis: 0:1, Tipp: 0:1)
- Unentschieden (z.B. Ergebnis: 2:2, Tipp: 2:2)

Richtige Tendenz (1 Punkt):

- Sieg (z.B. Ergebnis: 3:2, Tipp: 2:1)
- Niederlage (z.B. Ergebnis: 0:1, Tipp: 1:2)
- Unentschieden (z.B. Ergebnis: 2:2, Tipp: 1:1)

Sonst 0 Punkte

Aufgabenstellung

Schreibe eine Funktion mit Namen `computeBetScore`, die für ein Fußballwettspiel die erzielten Punkte berechnet. Die Funktion soll das getippte Ergebnis und das tatsächlich erzielte Ergebnis des Fußballspiels übergeben bekommen.

Schreibe anschließend eine Funktion mit Namen `computeCompleteBetScore`, die die vorherige Funktion verwendet, um die Gesamtpunktzahl aller Wettergebnisse für eine Person zu berechnen. Alle Tipps werden in tabellarischen Form, dem nachfolgenden Beispiel folgend, bereitgestellt:

Ergebnis Heim	Ergebnis Gast	Tipp Heim	Tipp Gast
3	2	3	2
1	1	1	0
2	2	1	1
...	...	...	...

Testfälle

Ergebnisse zum Testen findest du in der Beschreibung.

Für die Beispieltabelle in der Aufgabenbeschreibung sollte das Ergebnis **4** sein (3+0+1 Punkte).

Algorithmische Tipps

Wenn du stockst und nicht weiter weißt, dann versuch mal Folgendes:

- Vergleiche die entsprechenden Ergebnisse mittels `if`-Abfragen.
- Gebe die entsprechende Punktzahl mit `return` zurück.
- Die Ergebnisse könntest du in ein zweidimensionales Array schreiben und dann zur Berechnung jeweils Zeile für Zeile durchgehen.

W.5.10 GPS-Luftlinie

Schwierigkeit   Zeitaufwand   Kreativität

Themen

Mit dieser Aufgabe wollen wir Folgendes trainieren:

- Funktionen

Beschreibung

Wie weit liegen zwei Orte voneinander entfernt? Für solche Fragen können wir das Global Positioning System (GPS) zu Hilfe nehmen. Mit den Daten des Systems wollen wir die Distanz zwischen zwei GPS-Koordinaten berechnen.

Zunächst aber müssen wir Zahlen vom Gradmaß (engl. degree) ins Bogenmaß (engl. radian) umrechnen.

Das Bogenmaß berechnet sich wie folgt aus dem Gradmaß:

$$\text{radian} = \frac{\text{degree}}{180} * \pi$$

Die Kreiszahl π steht als globale `double`-Variable unter dem Namen `PI` bereit.

Eine GPS-Koordinate wird in Breitengrad (engl. *latitude*) und Längengrad (engl. *longitude*) angegeben, wobei beide Gradzahlen vom Typ `float` sind.

Die Entfernung *d* berechnet sich nach der folgenden Formel:

$$c = \text{acos}(\sin(\text{lat1}) * \sin(\text{lat2}) + \cos(\text{lat1}) * \cos(\text{lat2}) * \cos(\text{lon2} - \text{lon1}))$$

$$d = c * 6378{,}137$$

Die Variablen `lat1` und `lon1` bezeichnen den Breiten- und Längengrad der ersten GPS-Koordinate. Entsprechendes gilt für die zweite GPS-Koordinate und die Variablen `lat2` und `lon2`. Diese Zahlen sind im Gradmaß angegeben. Die in der Berechnung verwendeten trigonometrischen Funktionen *sin()*, *cos()* und *acos()* benötigen im Argument Angaben im Bogenmaß.

Aufgabenstellung

Schreibe eine Funktion mit dem Namen `toRadians`, die eine Zahl vom Gradmaß ins Bogenmaß umrechnet.

Gebe dann eine zweite Funktion mit dem Namen `gpsDistanz` an, die die Entfernung *d* zwischen zwei GPS-Koordinaten berechnet. Verwende zur Umrechnung zwischen Gradmaß und Bogenmaß die vorher implementierte `toRadians`-Funktion.

Testfälle

- Die Entfernung zwischen dem Kölner Dom *(Breitengrad: 50.094157, Längengrad: 6.95821)* und dem Düsseldorfer Fernsehturm *(Breitengrad: 51.21795, Längengrad: 6.76165)* beträgt 33,687 km Luftlinie.

- Zwischen der Hamburger Elbphilharmonie *(Breitengrad: 53.54125, Längengrad: 9.9841)* und der Münchener Frauenkirche *(Breitengrad: 48.13663, Längengrad: 11.57715)* sind es 611,928 km Luftlinie.

Algorithmische Tipps

Wenn du stockst und nicht weiter weißt, dann versuch mal Folgendes:

- Für die trigonometrischen Funktionen $acos()$, $sin()$ und $cos()$ stehen uns gleichnamige Funktionen bereit, die auf dem Bogenmaß definiert sind.

- Bei Division immer darauf achten, welche Variablentypen miteinander dividiert werden.

W.5.11 IBAN-Generator

Schwierigkeit   Zeitaufwand   Kreativität

Themen
Mit dieser Aufgabe wollen wir Folgendes trainieren:
- Funktionen

Beschreibung
Seit Februar 2016 müssen wir bei Banküberweisung die sogenannte IBAN (International Bank Account Number) angeben. Eine Deutsche IBAN ist dabei wie folgt aufgebaut:

Die Prüfsumme der deutschen IBAN wird dabei nach folgendem Schema berechnet:
- Bilde einen 24-stelligen Ziffern-String, indem du die Bankleitzahl, die Kontonummer und die Konstante 131400 in genau dieser Reihenfolge konkatenierst.
- Berechne die Prüfsumme, indem du den ganzzahligen Rest der Division der 24-stelligen Zahl mit 97 berechnest.
- Subtrahiere dann den berechneten ganzzahligen Rest von 98.
- Ist das Resultat der Subtraktion kleiner als 10, stelle eine Null (0) vorne an.
- Das Ergebnis ist die zweistellige Prüfsumme.

Aufgabenstellung
Schreibe eine Funktion generateIBANChecksum, die die IBAN-Prüfziffer berechnet.

Gebe anschließend eine Java-Funktion mit dem Namen generateGermanIBAN an, die die deutsche IBAN aus der Kontonummer und der Bankleitzahl generiert.

Testfälle
- Kontonummer: 1234567890, Bankleitzahl: 70090100
  - Generierte IBAN: DE08700901001234567890
- Ansonsten kannst du probieren, ob dein Programm für die eigene Bankleitzahl und Kontonummer die korrekte IBAN als Ergebnis berechnet.

Algorithmische Tipps

Wenn du stockst und nicht weiter weißt, dann versuch mal Folgendes:

- Sowohl `int` als auch `long` können keine 24-stelligen Zahlen verarbeiten. Daher musst du auf einen anderen Datentyp zurückgreifen, der große Zahlen verarbeiten kann. In Java wäre das zum Beispiel der Referenzdatentyp `BigInteger` aus dem Paket `java.math.BigInteger`. In Python wird die Zahl automatisch in den dafür passenden Datentyp gewandelt.

- Nach dem Modulo mit der großen Zahl kannst du den Datentyp des Ergebnisses wieder in Integer wandeln.

- In Python musst du beim Zusammenfügen von Strings alle betreffenden Variablen vorher zu String-Variablen umwandeln.

W.5.12 Sanduhr

Schwierigkeit: ●●○○
Zeitaufwand: ●●○○
Kreativität: ●○○○

Themen
Mit dieser Aufgabe wollen wir Folgendes trainieren:
- Funktionen

Beschreibung
In dieser Aufgabe wollen wir eine Sanduhr in der Konsole ausgeben. Die Größe der Sanduhr soll über den Parameter `width` festgelegt werden können. Dieser legt die Breite in Anzahl der Zeichen an. Die kleinste Sanduhr hat die Breite `width = 3`.

Aufgabenstellung
Schreibe eine statische Funktion `printSandglass`, die eine Sanduhr in der Konsole ausgibt.

Testfälle

- 3:
  ```
  ###
   #
  ###
  ```
- 4:
  ```
  ####
   ##
  ####
  ```
- 5:
  ```
  #####
   ###
    #
   ###
  #####
  ```
- 6:
  ```
  ######
   ####
    ##
   ####
  ######
  ```
- 7:
  ```
  #######
   #####
    ###
     #
    ###
   #####
  #######
  ```
- 8:
  ```
  ########
   ######
    ####
     ##
    ####
   ######
  ########
  ```

Algorithmische Tipps
Wenn du stockst und nicht weiter weißt, dann versuch mal Folgendes:
- Überlege dir am besten vorher auf einem Blatt Papier, wie die angegebene Breite über die finale Ausgabe bestimmt wird. Vielleicht siehst du auch, dass der Mittelteil zwischen einer und zwei Rauten wechselt.
- Zur Darstellung werden mehrere `for`-Schleifen benötigt. Teilweise sind diese sogar in sich verschachtelt. Du kannst dir auch überlegen, wie diese wohl zählen müssen.
- Auch Leerzeichen müssen in das Terminalfenster gezeichnet werden.

W.5.13　Der faire Würfel

Schwierigkeit　　　　Zeitaufwand　　　　Kreativität

Themen

Mit dieser Aufgabe wollen wir Folgendes trainieren:

- Funktionen

Beschreibung

Damit es beim nächsten Brettspielabend mit Freunden möglichst fair abläuft, wollen wir ein digitales Würfelprogramm bauen.

Dieses soll bei einem beliebigen Tastendruck

- eine Zufallszahl zwischen 1 und 6 ziehen und
- diese dann in Form eines 6-seitigen Würfels visualisieren.

Aufgabenstellung

Schreibe ein digitales Würfelprogramm gemäß der oben angegebenen Beschreibung. Sowohl die Zufallszahlgenerierung als auch die Visualisierung sollen dabei in Form von einzelnen Funktionen implementiert werden. Die Visualisierungsfunktion soll einen Parameter annehmen und die „Würfelwurf"-Funktion soll einen Wert zurückgeben.

Testfälle

- Kontrolliere die Zufallszahlen in der Konsole. Kommen wirklich alle Werte von 1 bis 6 vor?
- Sieht die Würfelvisualisierung auch nach mehrmaligen Würfen noch plausibel aus?
  - So sollte sie zum Beispiel dann nicht aussehen:

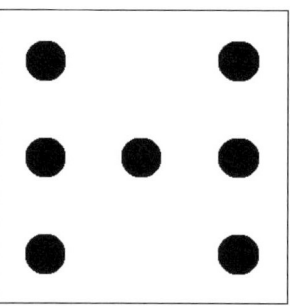

Algorithmische Tipps

Wenn du stockst und nicht weiter weißt, dann versuch mal Folgendes:

- Es könnte für den Ablauf sinnvoll sein, zunächst die Visualisierungsfunktion mit festen Werten zu überprüfen.
- Vielleicht wäre es ratsam, zur Kontrolle die Zufallszahlen auszugeben.

W.5.14 Quadrat mit Kreisausschnitten

Schwierigkeit   Zeitaufwand   Kreativität

Themen
Mit dieser Aufgabe wollen wir Folgendes trainieren:
- Funktionen

Beschreibung
Wir wollen ein Quadrat aus Kreisausschnitten erstellen und dafür eine Funktion schreiben. Diese soll mit der **Breite** und der **Höhe** des Ausgabebereichs arbeiten und als Parameter die **Anzahl der Kreisausschnitte pro Zeile** (und somit auch Spalte) entgegennehmen.

Aus diesen Parametern können wir die Größe der Kreise berechnen. Dabei wollen wir zusätzlich den gegebenen Platz bestmöglich ausnutzen, auch wenn das Ausgabefenster rechteckig sein sollte.

Der Kreisausschnitt soll mit jedem gezeichneten Kreis durchgehend anwachsen. Der Winkel, den der Kreisausschnitt mit jedem Schritt anwächst, hängt dabei von der Anzahl der zu zeichnenden Kreisausschnitte ab.

Aufgabenstellung
Schreibe eine Funktion, die ein Quadrat aus Kreisausschnitten bildet und im Ausgabebereich darstellt.

Testfälle
Breite: 400, Höhe: 200, Kreisausschnitte pro Zeile: 8

Breite: 400, Höhe: 400, Kreisausschnitte pro Zeile: 4

Breite: 300, Höhe: 400, Kreisausschnitte pro Zeile: 16

Algorithmische Tipps

Wenn du stockst und nicht weiter weißt, dann versuch mal Folgendes:

- Erst eindimensional, dann zweidimensional.
- Schrittweite muss nur einmalig bestimmt werden.
- Was bedeutet die Kreiszahl `PI`?

W.5.15 Wurfparabel

Schwierigkeit   Zeitaufwand   Kreativität

Themen
Mit dieser Aufgabe wollen wir Folgendes trainieren:
- Funktionen
- Wiederholungsanweisungen

Beschreibung
Viele Computerspiele basieren auf physikalischen Gesetzmäßigkeiten. Häufig verwendet wird dabei das physikalische Gesetz der Wurfparabel. Dieses beschreibt die Flugkoordinaten eines geworfenen oder geschossenen Gegenstandes zu einem bestimmten Zeitpunkt.

- *Konstanten:*
  - Fallbeschleunigung: $g = 9,81$
- *Startwerte:*
  - Geschwindigkeit: v_0
  - Winkel: β
- *Berechnung:*
  - $x(t) = v_0 * t * cos(\beta)$
  - $y(t) = v_0 * t * sin(\beta) - \frac{g}{2} * t^2$

Aufgabenstellung
Schreibe eine Funktion, die die Wurfparabel für eine bestimmte Anfangsgeschwindigkeit v_0 und einen bestimmten Anfangswinkel β im Ausgabefenster darstellt.

Testfälle
$v_0 = 60,\ \beta = 30°$:

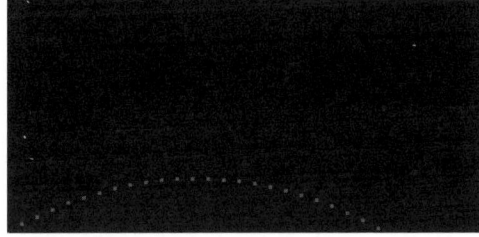

$v_0 = 60$, $\beta = 45°$:

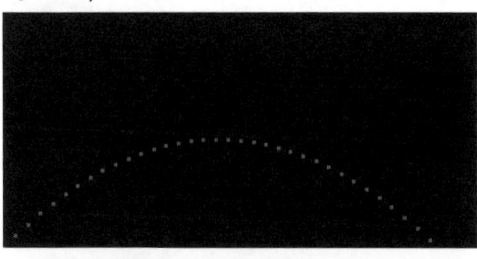

$v_0 = 65$, $\beta = 70°$:

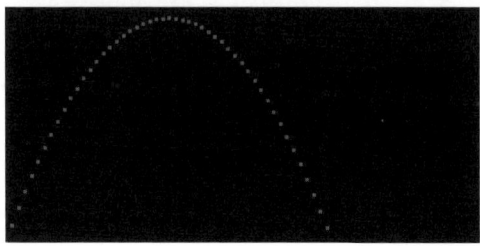

Algorithmische Tipps

Wenn du stockst und nicht weiter weißt, dann versuch mal Folgendes:

- Winkel ausgeben (Wird Cosinus/Sinus in Radians oder Grad berechnet?)
- Erst einmal mit Werten t testen. Wann bleibt y oberhalb von 0?
- Speziell für Python: Funktion range geht nicht für float-Werte. Dafür muss eine neue Iterator-Funktion geschrieben werden.
- Oben links ist beim Zeichenbereich in Processing bei y=0.

W.5.16 Bogenschießen-Spiel

Schwierigkeit Zeitaufwand Kreativität

Themen
Mit dieser Aufgabe wollen wir Folgendes trainieren:
- Funktionen

Beschreibung
Wie schon in der Aufgabe 5.2.15 zur Wurfparabel erwähnt, basieren so gut wie alle Computerspiele auf physikalischen Gesetzen. Mit der Wurfparabel wollen wir nun ein eigenes Computerspiel programmieren: das Bogenschießspiel.

Bogenschießen ist seit langer Zeit eine olympische Disziplin. Hierbei wird mit einem Bogen ein Pfeil auf eine Zielscheibe geschossen, die in einiger Distanz vom Schützen entfernt steht. Ziel dabei ist, möglichst die Mitte der Zielscheibe zu treffen.

Um den generellen Ablauf eines Computerspiels zu verstehen, hier ein paar Anmerkungen:

Computerspiele werden mit einer Art Endlosschleife (Game-Loop) realisiert, bei der in jedem Schleifendurchlauf jeweils ein neues Bild in das Ausgabefenster gezeichnet wird. Bevor in das Ausgabefenster gezeichnet wird, werden jeweils die Positionen aller Gegenstände in der Schleife gegebenenfalls aktualisiert. Dort kann zum Beispiel eine Positionsänderung passieren, wenn der Spieler eine Taste drückt oder physikalische Gesetze in einem Zeitrahmen greifen.

Beispiel-Pseudocode:
```
Für jeden Schleifendurchlauf:
    reagiere auf Tastaturanfragen
    aktualisiere Variablen/Positionen der Gegenstände
    zeichne Bild in Abhängigkeit der Variablen
```

Aufgabenstellung
Programmiere ein Bogenschießspiel.

Der Pfeil, bzw. der Bogen sollen dabei auf der Tastatur in Geschwindigkeit und Winkel angepasst werden können. Die Platzierung der Zielscheibe soll bei jedem Spieldurchlauf zufällig gewählt werden. Der Bogenschütze soll immer an der gleichen Stelle stehen.

Testfälle
Für diese größere Programmieraufgabe haben wir keine Testfälle für dich. Das Spiel setzt sich allerdings aus mehreren Komponenten zusammen, die du schon programmiert hast. Wenn das Programm nicht so will wie du (und das wird es bestimmt), dann teste die einzelnen Komponenten durch. Hierzu sind die früheren Aufgaben mit ihren Testfällen hilfreich.

Algorithmische Tipps

Wenn du stockst und nicht weiter weißt, dann versuch mal Folgendes:

- Sieh dir noch einmal die Aufgabe zur Wurfparabel an.
- Keycodes testweise ausgeben lassen bei Tastendruck.
- Viele Koordinaten und Höhen-/Breitenbezeichnungen könnten helfen, um Kollisionen mit der Zielscheibe zu testen. Kollisionstest mit der Maus überprüfen.
- Winkelberechnung für Pfeil mit 1. Ableitung und Arctan.

6 Arrays

6.1 Warmup

In unseren bisherigen Aufgaben kamen wir mit einfachen Datentypen zurecht. In jeder Variablen können wir zu jeder Zeit *einen* Wert abspeichern. So weit so gut. Wie aber können wir vorgehen, wenn wir es mit Mengen von Daten zu tun haben? Stellen wir uns vor, wir sollen die Farbcodes der Bildpunkte eines Fensters verwalten. Bei einem kleinen Fenster von 800*600-Punkten wären das schon 480.000 einzelne Variablen, die wir deklarieren müssten. Hinzu kommt, dass wir auf jede Variable einzeln zugreifen müssen, um einen neuen Wert zu setzen oder den ursprünglichen abzurufen. Schleifen können wir bei einem solchen Problem nicht anwenden.

Es gibt aber ein Konstrukt, welches uns hierbei helfen kann: **Arrays**. Mit dem Array-Datentyp können wir angeben, dass wir eine Menge von Werten über *einen Variablennamen* ansprechen. Dabei sind alle Werte, die wir in dem Array ablegen, zwingend vom selben Datentyp. Über einen Index greifen wir dann auf die einzelnen Felder (manchmal auch Elemente genannt) des Arrays zu, um die Werte zu verändern oder abzurufen:

```
koordinatenFarbwert[3] = farbWert;

farbWert = koordinatenFarbwert[5];
```

Der Index, der im obigen Beispiel statisch mit 3 angegeben ist, kann problemlos durch eine Variable eines ganzzahligen Datentyps ersetzt werden. Wir können also folgende Zeilen schreiben, um die Farbwerte aller 480.000 Bildpunkte mit dem Wert 1 zu initialisieren:

```
for(int i=0; i<anzahlBildpunkte; i++) {
    koordinatenFarbwert[i] = initialerFarbWert;
}
```

In der Programmiersprache Python führen folgende Zeilen zu demselben Resultat:

```
for i in range(0, anzahlBildpunkte):
    koordinatenFarbwert[i] = initialerFarbWert
```

Die Sprache Java verlangt die **Deklaration** einer Variablen, wodurch der Datentyp für diese Variable vorgeschrieben wird. Dies gilt auch im Zusammenspiel mit Arrays. Ein Array wird hier durch **ein eckiges Klammernpaar** direkt nach der Angabe des Variablentyps ausgedrückt. Damit ist es aber nicht getan, denn vor dem ersten Zugriff auf ein Element aus diesem Array müssen wir den Speicher anfordern. Hierbei spricht man auch von **Speicher allokieren**. Ob man dies nun in einem separaten Schritt macht oder alles in einer Zeile, bleibt uns überlassen. Hier ein Beispiel für die Deklaration mit Initialisierung. Im Anschluss hat jedes Element automatisch den Wert 0.

```
int[] koordinatenFarbwert = new int[anzahlBildpunkte];
```

Da man in Python keine Deklaration und Initialisierung kennt, müssen wir zunächst lediglich bekannt machen, dass es sich bei einer Variablen um ein Array handeln soll. In Python wird das eckige Klammernpaar zur Angabe eines Arrays auf der rechten Seite vom Zuweisungsoperator (=) notiert. Allerdings kennt das Array noch nicht seine Größe. Um die Anzahl an Feldern bekannt zu machen, müssen folgende Zeilen geschrieben werden, wobei jedes Element innerhalb des Arrays den Wert 0 verpasst bekommt. Wir erinnern uns: Nur durch die Zuweisung eines Werts wird der Datentyp bestimmt!

```
koordinatenFarbwert = []

for i in range(1, 50):
    koordinatenFarbwert = koordinatenFarbwert + [0]
```

In Python ist es zusätzlich möglich, Elemente mit append() an ein Array anzufügen. Mit dem Befehl koordinatenFarbwert.append(0) wird beispielsweise dem Array ein weiteres Element mit dem Wert 0 hinzugefügt.

Beide Programmiersprachen unterstützen das Anlegen eines Arrays mit direkter Wertzuweisung. Dabei wird im Falle von Java ein Array zunächst deklariert und anschließend die Liste der Werte übergeben.

```
String[] farben = {"rot", "gelb", "grün"};
```

Die Vorgehensweise ist in Python ähnlich. Lediglich die Angabe des Array-Typs wird weggelassen.

```
farben = ["rot", "gelb", "grün"]
```

Arrays können nicht nur eindimensional sein. Sowohl in Java als auch in Python ist es möglich, mit **mehrdimensionalen Arrays** zu arbeiten. Denken wir noch an das Beispiel von oben, so können wir die Bildpunkte auch in Form von Koordinaten (x, y) in einem Array speichern. Dazu wird die zweite Dimension durch ein weiteres Klammernpaar angegeben.

```
int[][] koordinatenFarbwert =
    new int[anzahlBildpunkteX][anzahlBildpunkteY];
```

Python verfolgt eine andere Herangehensweise: Zunächst erzeugen wir ein eindimensionales Array für die Zeilen und fügen in jeder Zeile ein weiteres eindimensionales Array für die Spalten hinzu. In dem folgenden Beispiel wird nicht mithilfe der Funktion *append(…)* dem Array ein weiterer Wert hinzugefügt. Stattdessen wird der Operator + verwendet, der zwei Mengen miteinander verbindet:

```
koordinatenFarbwert = []

for y in range(0, anzahlBildpunkteY):
    spalte = []
    for x in range(0, anzahlBildpunkteX):
        spalte = spalte + [0]
    koordinatenFarbwert = koordinatenFarbwert + [spalte]
```

Zuletzt folgt noch der Hinweis auf die Möglichkeit, die Anzahl an Elementen in einem Array zu ermitteln. Wollen wir z.B. für die Iteration durch ein Array wissen, wie viele Elemente in einem Feld vorhanden sind, können wir das in den beiden Programmiersystemen wie folgt realisieren.

In Java hat ein Array automatisch die Eigenschaft **length**.

```
int anzahlElemente = koordinatenFarbwert.length;
```

Python unterscheidet sich wieder: Eine allgemeine Funktion **len()** liefert die Anzahl an Elementen in einem Array zurück.

```
anzahlElemente = len(koordinatenFarbwert)
```

Damit sollten wir uns die wichtigsten Eigenschaften von Arrays nochmal in Erinnerung gerufen haben und können nun mit den nächsten Aufgaben starten. Viel Erfolg!

6.2 Workout

W.6.1 Wochentag

Schwierigkeit   Zeitaufwand   Kreativität

Themen

Mit dieser Aufgabe wollen wir Folgendes trainieren:

- Arrays
- Eindimensionale Arrays

Beschreibung

Den Wochentag eines Datums können wir mit folgender Vorschrift berechnen (Beispiel für den 13.11.2013):

1. Nehme die letzten zwei Ziffern der Jahreszahl und addiere den ganzzahligen Anteil eines Viertels davon hinzu.

   Beispiel: $2013 \rightarrow 13 + 13/4 = 13 + 3 = 16$

2. Addiere folgende Werte entsprechend des Monats:

   - Januar: 1
   - Februar: 4
   - März: 4
   - April: 0
   - Mai: 2
   - Juni: 5
   - Juli: 0
   - August: 3
   - September: 6
   - Oktober: 1
   - November: 4
   - Dezember: 6

   Beispiel: November $\rightarrow 4 + 16 = 20$

3. Addiere den Tag:

   Beispiel: $13 \rightarrow 13 + 20 = 33$

4. Addiere folgende Zahl für das Jahrhundert:

   - 18xx: 2
   - 19xx: 0
   - 20xx: 6
   - 21xx: 4

   Beispiel: $2013 \rightarrow 6 + 33 = 39$

5. Wenn das Jahr ein Schaltjahr ist, subtrahiere für Januar oder Februar den Wert mit 1.

   Beispiel: 2013 ist kein Schaltjahr.

6. Reduziere den Wert mit Modulo 7. Damit kann auf den Wochentag im folgenden Array zurückgegriffen werden: { Sa, So, Mo, Di, Mi, Do, Fr }.

   Beispiel: $39 \% 7 = 4 \rightarrow$ **Mittwoch**

Aufgabenstellung

Schreibe eine Funktion, die ein Datum übergeben bekommt (Tag, Monat, Jahr) und den zugehörigen Wochentag in der Konsole ausgibt.

Testfälle

- 3.2.2016 → Mittwoch
- 3.11.2016 → Donnerstag
- 1.11.2017 → Mittwoch
- 1.1.1917 → Montag

Algorithmische Tipps

Wenn du stockst und nicht weiter weißt, dann versuch mal Folgendes:

- Die Aufgabe zur Schaltjahrberechnung wird in Teilen des Algorithmus weiterhelfen.
- Probiere doch mal, die Additionswerte oder die Namen der Wochentage in einem Array zu speichern.
- Das übergebene Datum sollte nur aus Zahlen bestehen. Probiere doch mal, drei Variablen für Tag, Monat und Jahr in der Funktion entgegenzunehmen.

W.6.2 Tankfüllung

Schwierigkeit   Zeitaufwand   Kreativität

Themen

Mit dieser Aufgabe wollen wir Folgendes trainieren:

- Arrays
- Eindimensionale Arrays

Beschreibung

Um für Reisen mit dem Auto besser planen zu können, wollen wir herausfinden, wie viele Kilometer wir im Durchschnitt mit einer vollen Tankfüllung gefahren sind.

Dafür bekommen wir einen Array mit `int`-Werten übergeben, welche die Gesamtzahl an Kilometern angeben, die wir mit einer Tankfüllung gefahren sind. Als Ergebnis wollen wir einen `float`-Wert mit der Anzahl an Kilometern berechnen, die wir im Mittel mit einer Tankfüllung fahren können.

Aufgabenstellung

Schreibe eine Funktion, die ein Array mit verschiedenen `int`-Werten übergeben bekommt und daraus die durchschnittliche Anzahl an Kilometern zurückgibt, die wir mit einer Tankfüllung fahren können.

Testfall

- [123, 134, 120, 122] → **124.75**

Algorithmische Tipps

Wenn du stockst und nicht weiter weißt, dann versuch mal Folgendes:

- Summiere alle Kilometer.
- Berechne den Mittelwert: $\frac{\text{Gesamtkilometer}}{\text{Anzahl der Eingabewerte}}$.
- Sollte kein Kommawert als Ergebnis kommen, musst du bei vor der Division eine Variable in einen anderen Datentyp umwandeln.

W.6.3 Rückwärtsausgabe

Schwierigkeit Zeitaufwand Kreativität

Themen
Mit dieser Aufgabe wollen wir Folgendes trainieren:
- Arrays
- Eindimensionale Arrays

Beschreibung
Wir wollen eine Funktion schreiben, mit der wir Wörter rückwärts schreiben können. Nützlich könnte so etwas zum Beispiel zum Testen von Palindromen sein, also Wörtern und Sätzen, die vorwärts und rückwärts gelesen gleich sind.

Da diese Funktion logischerweise mit Palindromen schwer zu testen ist, sollte diese Funktion zur Überprüfung auch mit anderen Testdaten geprüft werden.

Aufgabenstellung
Schreibe eine Funktion, die ein `char`-Array übergeben bekommt und dieses rückwärts in der Konsole ausgibt.

Testfälle
Beispielpalindrome:
- Anna
- Reib nie ein Bier
- Eine Horde bedrohe nie

Weitere Testdaten:
- Hallo → ollaH
- Informatik → kitmarofnI

Algorithmische Tipps
Wenn du stockst und nicht weiter weißt, dann versuch mal Folgendes:
- Gehe das Array rückwärts durch oder gehe es vorwärts durch. Bei letzter Möglichkeit müsstest du wahrscheinlich eine Hilfsvariable benutzen.
- In Python ist der `print`-Befehl nur mit Zeilenumbruch möglich.

W.6.4 Bildvergrößerung

Schwierigkeit   Zeitaufwand   Kreativität

Themen

Mit dieser Aufgabe wollen wir Folgendes trainieren:

- Arrays
- Zweidimensionale Arrays

Beschreibung

Digitale Bilder werden in der Regel durch Bildelemente, sogenannte Pixel, unterteilt und dargestellt. Jedes Pixel beschreibt dabei einen Farbton an einer festgelegten Stelle. Vereinfacht können wir uns das also wie ein großes Array vorstellen, in denen verschiedene Zahlen (die Farbwerte) gespeichert sind. Pixel werden meist quadratisch dargestellt.

In dieser Aufgabe werden wir zwei Farben im Bild-Array speichern: schwarz und weiß. Eine typische Anwendung in Bildbearbeitungssoftware ist die Bildvergrößerung, welche wir hier programmieren wollen.

Aufgabenstellung

Schreibe eine Funktion mit Namen `magnify`, die ein zweidimensionales Array um den ganzzahligen Faktor `f` vergrößert. Die Werte für `f` sind dabei größer als 1. Das zweidimensionale Array ist quadratisch und besteht aus `boolean`-Werten.

Schreibe eine zusätzliche Funktion, welche das vergrößerte Schwarz-Weiß-Bild im Ausgabefenster grafisch darstellt.

Testfall

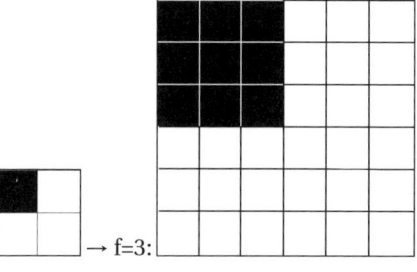

Algorithmische Tipps

Wenn du stockst und nicht weiter weißt, dann versuch mal Folgendes:

- Es könnte hilfreich sein, eine Array-Vergrößerung beispielhaft auf einem Papier aufzuzeichnen und durchzugehen. Dann könnte ersichtlich sein, welche Werte vom Eingangsbild an welcher Stelle im Ausgangsbild landen.
- In Python muss ggf. eine zusätzliche Funktion geschrieben werden, die eine Liste fester Größe erzeugt und gleichzeitig dabei mit Standardwerten befüllt.

W.6.5 Partnervermittlung

Schwierigkeit Zeitaufwand Kreativität

Themen
Mit dieser Aufgabe wollen wir Folgendes trainieren:
- Funktionen

Beschreibung
Viele Partnervermittlungsdienste gleichen zum Partnermatching Interessensprofile ab. Dazu werden im Vorfeld die Interessen über einen Fragebogen abgefragt. Ein Interessensprofil wird im Kontext dieser Aufgabe als `boolean`-Array repräsentiert. Die Elemente des Arrays stellen die nachgefragten Interessen dar. Die Wahrheitswerte im Array besagen, ob ein Interesse besteht (`true`) oder nicht (`false`).

Aufgabenstellung
Schreibe eine Funktion mit dem Namen `interestsMatch`, die zwei Interessensprofile abgleicht und die prozentuale Übereinstimmung als Ganzzahl zurückliefert. Die Funktion soll prüfen, ob beide Interessensprofile gleich groß sind. Wenn dem nicht so ist, soll als prozentuale Übereinstimmung 0 zurückgegeben werden.

Testfälle
- Partner A: `true, true, false, false, false, true`
- Partner B: `true, true, false, false, false, true`
- Partner C: `false, false, true, true, true, false`
- Partner D: `true, true, false, false, false`

Ergebnisse:
- interestsMatch(personA, personA) → 100%
- interestsMatch(personA, personB) → 83%
- interestsMatch(personA, personC) → 0%
- interestsMatch(personA, personD) → 0%

Algorithmische Tipps
Wenn du stockst und nicht weiter weißt, dann versuch mal Folgendes:
- Prüfe die Größen der Arrays.
- Gehe alle Fragen nacheinander durch und erhöhe den Zähler, wenn beide Partner die gleiche Antwort angekreuzt haben.
- Berechne die Prozentzahl: $\frac{\text{Übereinstimmungen}}{\text{Gesamtzahl}} * 100$.

W.6.6 Sitzplatzreservierung

Schwierigkeit   Zeitaufwand   Kreativität

Themen

Mit dieser Aufgabe wollen wir Folgendes trainieren:

- Arrays
- Zweidimensionale Arrays

Beschreibung

Für einen Konzertsaal wollen wir eine Software schreiben, mit der Sitzplätze im Saal reserviert werden können.

Der Konzertsaal kann dabei zum Beispiel so aussehen:

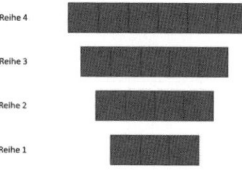

Aufgabenstellung

Schreibe eine Funktion mit dem Namen createArena, welche anhand des Parameters *Anzahl der Reihen* eine Repräsentation einer Zuschauerfläche als char-Array (Liste mit Zeichen in Python) erzeugt und zurückgibt.

Zur Array-Konstruktion soll eine for-Schleife verwendet werden. Das erzeugte Array soll zufällig mit den beiden Zeichen '_' für *frei* und '#' für *besetzt* befüllt werden.

Zur Kontrolle soll die Sitzplatzbelegung in der Konsole ausgegeben werden.

Testfälle

- createArena(5):

  ```
  _____
  _____
  _____
  ____
  ___
  ```

- createArena(1):

  ```
  ___
  ```

Algorithmische Tipps

Wenn du stockst und nicht weiter weißt, dann versuch mal Folgendes:

- Zunächst eindimensional beginnen und danach zweidimensional weitermachen.
- Generierung und Visualisierung in zwei separate Funktionen auslagern.
- Einzelne Sitzplatzbuchung realisieren und diese in einer zweiten Funktion dann für den gesamten Saal verwenden.

W.6.7 Platztausch

Schwierigkeit   Zeitaufwand   Kreativität

Themen
Mit dieser Aufgabe wollen wir Folgendes trainieren:
- Arrays
- Eindimensionale Arrays

Beschreibung
Wir wollen eine Funktion schreiben, die die Reihenfolge der Array-Einträge umdreht. Die Elemente „lesen" sich dann also von rechts nach links, verglichen mit den ursprünglichen Positionen.

Die Funktion soll dabei so implementiert werden, **ohne dass ein zweites Array erzeugt wird**, in dem das Ergebnis abgelegt wird.

Aufgabenstellung
Schreibe die oben beschriebene Platztauschfunktion.

Testfälle
- [0, 1, 2, 3, 4, 5, 6] → [6, 5, 4, 3, 2, 1, 0]
- [0, 1, 2, 3, 4, 5] → [5, 4, 3, 2, 1, 0]

Algorithmische Tipps
Wenn du stockst und nicht weiter weißt, dann versuch mal Folgendes:
- Beispielfälle aufzeichnen.
- Welcher Platz muss mit welchem getauscht werden?
- Testausgaben zu den getauschten Plätzen könnten hilfreich sein.

W.6.8 Bestimmung minimale Distanz

Schwierigkeit   Zeitaufwand   Kreativität

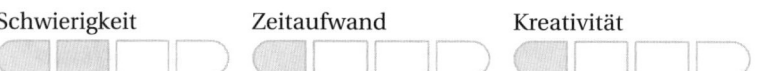

Themen

Mit dieser Aufgabe wollen wir Folgendes trainieren:

- Arrays
- Eindimensionale Arrays

Beschreibung

Als minimale Distanz ist in dieser Aufgabe Folgendes zu verstehen:

- Es wird ein Array mit Zahlen übergeben.
- Nun sollen die zwei benachbarten Zahlen bestimmt werden, die die kleinste Distanz zueinander haben.

Aufgabenstellung

Schreibe eine Funktion, die die minimale Distanz in einem Array berechnet.

Die Funktion soll den Index der ersten Zahl des gefundenen Zahlenpaars zurückgeben.

Testfälle

- Array [4, 8, 6, 1, 2, 9, 4]:
  - minimale Distanz: 1 *(=2-1)*
  - Index: 3
  - **Rückgabe: 3**
- Array [33, 8, 1, 6, 43, 54]:
  - minimale Distanz: 5 *(=6-1)*
  - Index: 2
  - **Rückgabe: 2**

Algorithmische Tipps

Wenn du stockst und nicht weiter weißt, dann versuch mal Folgendes:

- Verwende die Processing-Funktion abs(), um die Distanz zweier Zahlen zu berechnen.

W.6.9 Morsecode

Schwierigkeit Zeitaufwand Kreativität

Themen
Mit dieser Aufgabe wollen wir Folgendes trainieren:
- Arrays
- Eindimensionale Arrays

Beschreibung
Der internationale Morsecode codiert folgende Zeichen

- a: . -
- b: - . . .
- c: - . - .
- d: - . .
- e: .
- f: . . - .
- g: - - .
- h: . . . .
- i: . .
- j: . - - -
- k: - . -
- l: . - . .
- m: - -
- n: - .
- o: - - -
- p: . - - .
- q: - - . -
- r: . - .
- s: . . .
- t: -
- u: . . -
- v: . . . -
- w: . - -
- x: - . . -
- y: - . - -
- z: - - . .
- 1: . - - - -
- 2: . . - - -
- 3: . . . - -
- 4: . . . . -
- 5: . . . . .
- 6: - . . . .
- 7: - - . . .
- 8: - - - . .
- 9: - - - - .
- 0: - - - - -

Aufgabenstellung
Schreibe eine Funktion, die eine Zeichenkette in Morsecode überführt und als Morsezeichen in der Konsole ausgibt.

Testfälle
Wozu Worte drucken, es gibt doch Schreiber
→ wozuwortedruckenesgibtdochschreiber
→ Ergebnis:
.-- --- --.. .- --- --- .-. - . -.. .-. ..- -.-. -.- . -. . ... --. ..
-... - -.. --- -.-. ... ... -.-. .... .-. . .. -... . .-.

Algorithmische Tipps
Wenn du stockst und nicht weiter weißt, dann versuch mal Folgendes:
- Ein selbst angelegtes „Nachschlagwerk" von Morsecodes würde die Programmierung erleichtern. Dies ist besonders in Python einfach umsetzbar.
- Probiere, im Eingabestring zunächst alle Leerzeichen zu entfernen und anschließend alle Großbuchstaben in Kleinbuchstaben umzuwandeln. Hierfür existieren sowohl in Java als auch in Python spezielle Funktionen, die dies übernehmen.
- Gehe jedes Zeichen einzeln durch und ersetze es mit dem zugehörigen Morsezeichen.

W.6.10 Endlose Animation

Schwierigkeit   Zeitaufwand   Kreativität

Themen

Mit dieser Aufgabe wollen wir Folgendes trainieren:

- Arrays
- Eindimensionale Arrays

Beschreibung

Mit bewegten Bilder kommen wir täglich in Berührung. In diesem Fall wollen wir die Animation einer gehenden Person realisieren.

Dazu lesen wir sechs Bilddateien ein, die alle einen Teil einer Gehbewegung darstellen. Spielen wir diese mit einer Bildrate von 12 Bildern pro Sekunde ab, bekommen wir in diesem Fall eine quasi-realistische Bewegung auf dem Bildschirm ausgegeben.

Aufgabenstellung

Schreibe ein Programm, dass die sechs Bilddateien einliest und diese kontinuierlich der Reihe nach und immer an der gleichen Position im Ausgabefenster darstellt.

Testfälle

- Animation ist ruckelfrei.
- Animation läuft realistisch und nicht zu schnell ab (12 Bilder pro Sekunde).

Algorithmische Tipps

Wenn du stockst und nicht weiter weißt, dann versuch mal Folgendes:

- Es macht Sinn, alle Bilder nur einmal einzulesen und danach diese zum passenden Zeitpunkt abzurufen.
- Processing stellt einen eigenen Datentyp für Bilder zur Verfügung: PImage.
- Arrays können über beliebige Datentypen definiert werden, insbesondere auch mit PImage.
- Zum Einlesen und Anzeigen von Bilddaten existieren spezielle Funktionen in Processing.

W.6.11 Spiegeln

Schwierigkeit Zeitaufwand Kreativität

Themen
Mit dieser Aufgabe wollen wir Folgendes trainieren:
- Arrays
- Zweidimensionale Arrays

Beschreibung
Wir wollen ein zweidimensionales Array spiegeln. Bei dem zu spiegelnden Array handelt es sich dabei um ein rechteckiges Array. Höhe und Breite des Arrays können also jeweils unterschiedlich sein. Das Array wird mit `boolean`-Werten gefüllt.

In dieser Form könnte beispielsweise ein Schwarz-Weiß-Bild gespiegelt werden.

Aufgabenstellung
Schreibe eine Funktion mit Namen `mirror`, welche ein zweidimensionales Array spiegelt.

Optional kann eine Kontrollfunktion geschrieben werden, welche das Array grafisch in einem Bildschirmfenster darstellt.

Testfälle

- Eingabe:

  [[False, False, False, False],
  [False, True, False, False],
  [False, True, False, True]]

- Ausgabe:

  [[False, False, False, False],
  [False, False, True, False],
  [True, False, True, False]]

Algorithmische Tipps
Wenn du stockst und nicht weiter weißt, dann versuch mal Folgendes:
- Die Aufgabe zum Platztausch könnte dir hier weiterhelfen.
- Kontrollausgaben sind hier sehr nützlich.
- In Python könnte der Algorithmus sogar einfacher umgesetzt werden (`for...in`).

W.6.12 Reflexion

Schwierigkeit   Zeitaufwand   Kreativität

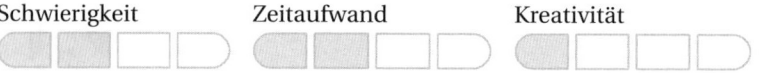 

Themen

Mit dieser Aufgabe wollen wir Folgendes trainieren:

- Arrays
- Zweidimensionale Arrays

Beschreibung

Von gängigen Bildbearbeitungsprogrammen kennen wir Funktionen wie das Einfügen eines Reflexionseffekts, womit der Inhalt des Bildes am unteren Rand teilweise gespiegelt wird. Wir werden diese Funktion vereinfacht mittels eines zweidimensionalen `boolean`-Arrays realisieren (Schwarz: `false`, Weiß: `true`).

Zunächst soll die Höhe des Arrays um ein Drittel vergrößert werden. Die Inhalte des Eingabe-Arrays sollen dabei eins zu eins in das Ausgabe-Array übernommen werden. Die verbleibenden Zeilen im Ausgabe-Array sollen mit den letzten Zeilen des Eingabe-Arrays in umgekehrter Reihenfolge aufgefüllt werden, beginnend mit der letzten Zeile.

Aufgabenstellung

Schreibe eine Funktion `reflection`, welche die oben beschriebene Reflexion realisiert.

Optional kann eine Testfunktion geschrieben werden, welche den Inhalt des Arrays grafisch im Ausgabefenster darstellt.

Testfälle

- Testfall 1:

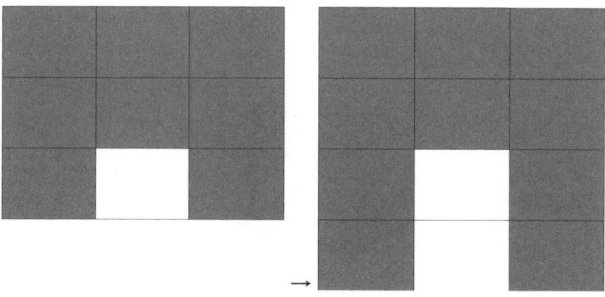

- Testfall 2:

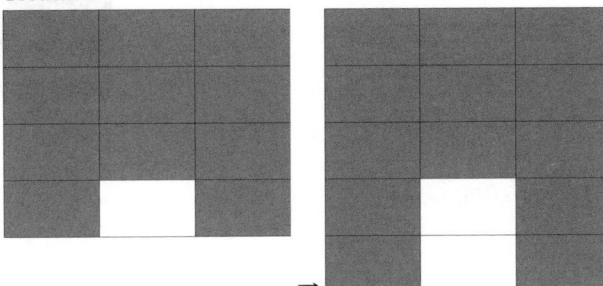

- Testfall 3:

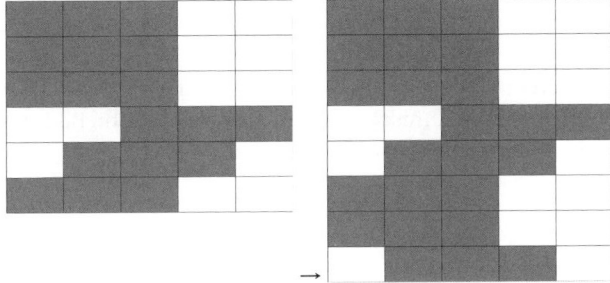

Algorithmische Tipps

Wenn du stockst und nicht weiter weißt, dann versuch mal Folgendes:

- Die Aufgabe zum Spiegeln könnte weiterhelfen.
- Das Test-Array können wir manuell erzeugen. Hierzu soll kein Bild eingelesen werden.
- Wie können wir die Elemente eines Arrays rückwärts durchlaufen?

W.6.13 Greenscreen

Schwierigkeit   Zeitaufwand   Kreativität

Themen

Mit dieser Aufgabe wollen wir Folgendes trainieren:

- Arrays
- Zweidimensionale Arrays

Beschreibung

Besonders im Fernsehen ist seit Jahrzehnten der sogenannte Greenscreen etabliert. Hierbei steht beispielsweise der Moderator einer Fernsehsendung vor einem grünen Vorhang und wird mit diesem von einer Kamera gefilmt. Dieser grüne Bildhintergrund wird anschließend durch ein anderes Hintergrundbild ersetzt. Technisch gesehen wird jeder grüne Bildpunkt (Pixel) mit dem zugehörigen Pixel aus dem Hintergrundbild ersetzt.

Aufgabenstellung

Schreibe eine Funktion, die eine farbbasierte Bildfreistellung realisiert. Beide Bilder sind exakt gleich groß.

Testfälle

Vordergrund	Hintergrund	Ergebnis

Algorithmische Tipps

Wenn du stockst und nicht weiter weißt, dann versuch mal Folgendes:

- Erzeuge ein neues Bild, das die Synthese beider Bilder enthält.
- Gehe jedes einzelne Pixel im Vordergrundbild durch und prüfe seine Farbe.
- Übernehme das Pixel aus dem Hintergrundbild in das neue Bild, wenn die Pixelfarbe im Vordergrundbild mit dem Grünton des Greenscreens übereinstimmt. Anderenfalls übernimmst Du das Pixel aus dem Vordergrundbild.

W.6.14 Bild umdrehen und invertieren

Schwierigkeit Zeitaufwand Kreativität

Themen

Mit dieser Aufgabe wollen wir Folgendes trainieren:

- Arrays
- Zweidimensionale Arrays

Beschreibung

Wir wollen diesmal ein zweidimensionales `boolean`-Array auf den Kopf stellen und die Werte invertieren.

Auf den Kopf stellen heißt hierbei, dass die erste Zeile zur letzten Zeile im Ziel-Array wird, die zweite Zeile zur vorletzten Zeile im Ziel-Array usw., bis die letzte Zeile schließlich zur ersten Zeile im Ziel-Array geworden ist. Zudem sollen die Werte invertiert werden, d.h. `true` wird zu `false` und `false` wird zu `true`.

Aufgabenstellung

Schreibe eine Java-Funktion mit dem Namen `flipAndInvert`, die die geforderte Funktion umsetzt.

Stelle zur Überprüfung deiner Funktion das umgewandelte Array im Ausgabefenster dar.

Testfälle

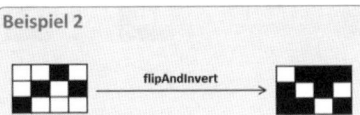

Algorithmische Tipps

Wenn du stockst und nicht weiter weißt, dann versuch mal Folgendes:

- Überlege dir zunächst, wo die Elemente des Eingabe-Arrays im Ausgabe-Array landen. Dann ist die Lösung nur noch wenige Codezeilen entfernt.
- Die Funktion zur Darstellung kennst du bereits aus vorherigen Aufgaben. Die könntest du hier übernehmen.

W.6.15 Bild mit Schatten

Schwierigkeit   Zeitaufwand   Kreativität

Themen

Mit dieser Aufgabe wollen wir Folgendes trainieren:

- Arrays
- Zweidimensionale Arrays

Beschreibung

Ähnlich wie bei Bildbearbeitungsprogrammen wollen wir hier einen Bildeffekt schreiben, mit dem wir ein zweidimensionales boolean-Array mit einem Schlagschatten versehen können. Der Schatten ist um ein Array-Feld nach rechts unten versetzt sowie eine Spalte und eine Zeile stark.

Aufgabenstellung

Schreibe die beschriebene Funktion mit Namen addShadow().

Überprüfe die Funktion mit entsprechenden Testausgaben.

Testfälle

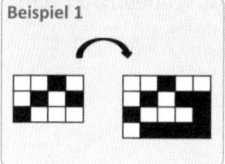

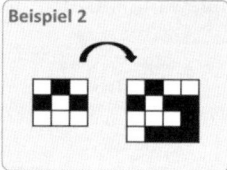

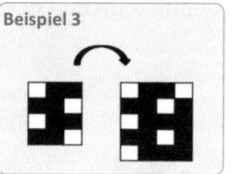

...

Algorithmische Tipps

Wenn du stockst und nicht weiter weißt, dann versuch mal Folgendes:

- Kopiere zunächst die Elemente des Eingabe-Arrays in das Ausgabe-Array.
- Setze die untere Zeile auf Schwarz, mit Ausnahme des Elements unten links.
- Setze die letzte Spalte auf Schwarz, mit Ausnahme des Elements oben rechts.

W.6.16 Bild rotieren

Schwierigkeit Zeitaufwand Kreativität

Themen
Mit dieser Aufgabe wollen wir Folgendes trainieren:
- Arrays
- Zweidimensionale Arrays

Beschreibung
Beim Bearbeiten von Fotos werden wir diese Funktion mit Sicherheit schon häufig benutzt haben: das Rotieren eines Bildes um 90 Grad. Diese wollen wir in dieser Aufgabe selber umsetzen.

Aufgabenstellung
Schreibe eine Funktion mit dem Namen `negativeRotation`, die ein zweidimensionales rechteckiges `boolean`-Array um 90 Grad nach links dreht (gegen den Uhrzeigersinn).

Testfälle

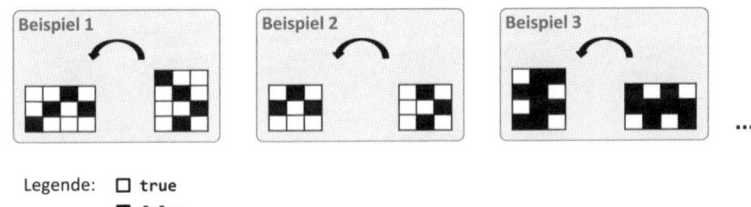

Legende: □ true
         ■ false

Algorithmische Tipps
Wenn du stockst und nicht weiter weißt, dann versuch mal Folgendes:
- Lege ein neues Array an und vertausche dabei die Werte von Höhe und Breite des Eingabe-Arrays.
- Gehe anschließend jedes Element im Eingabe-Array durch und schreibe dieses an die passende Stelle im Ausgabe-Array.
- Die Lese- und Schreibpositionen kannst du dir am besten auf einem Blatt Papier überlegen.

W.6.17 Bildverkleinerung

Schwierigkeit   Zeitaufwand   Kreativität

Themen

Mit dieser Aufgabe wollen wir Folgendes trainieren:

- Arrays
- Zweidimensionale Arrays

Beschreibung

Wir wollen in dieser Aufgabe eine Bildverkleinerung realisieren.

Folgende Rahmenbedingungen sind dabei zu berücksichtigen:

- Nur quadratische Arrays der Größe nxn, wobei n eine gerade Zahl ist, werden verarbeitet.
- Jedes benachbarte, 2x2 große Teil-Array wird zu einem Array-Element wie folgt zusammengefasst: Befinden sich 2 und mehr schwarze Elemente im 2x2-Teil-Array, ist das zusammengefasste Element schwarz, sonst weiß zu setzen.

Aufgabenstellung

Gebe eine Funktion mit dem Namen shrink() an, die ein zweidimensionales boolean-Array schrumpft.

Testfall

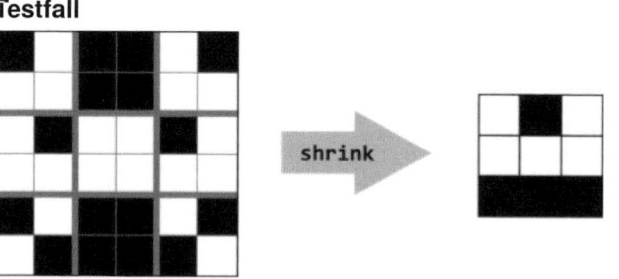

Algorithmische Tipps

Wenn du stockst und nicht weiter weißt, dann versuch mal Folgendes:

- Gehe zunächst Höhe und Breite wie beim Ausgabe-Array durch und schließe daraus auf die 2x2 großen Teil-Arrays im Eingabe-Array. Dies könntest du mit vier ineinander geschachtelten for-Schleifen realisieren.
- Ob eine Zahl durch 2 teilbar ist, könntest du mit dem Modulo-Operator überprüfen. Wenn kein Rest herauskommt, ist sie durch 2 teilbar.
- Nicht vergessen, eventuelle Zählervariablen an den entsprechenden Stellen zu resetten.

W.6.18 Minimale Punktdistanz

Schwierigkeit   Zeitaufwand   Kreativität

Themen

Mit dieser Aufgabe wollen wir Folgendes trainieren:

- Arrays
- Zweidimensionale Arrays

Beschreibung

Wir wollen aus einem zweidimensionalen Array mit Punktkoordinaten die zwei Punkte ermitteln, die die kleinste Distanz zueinander haben. Die Koordinaten sind als ganzzahliges Zahlenpaar gegeben, wobei die erste Zahl die x-Koordinate und die zweite Zahl die y-Koordinate repräsentiert.

Um die Distanz d zweier Punkte $P_i = (x_i, y_i)$ und $P_j = (x_j, y_j)$ zu bestimmen, muss Folgendes berechnet werden:

$$d = \sqrt{(x_i - x_j)^2 + (y_i - y_j)^2}$$

Die Indexe der beiden Punkte mit dem kleinsten Abstand sollen zurückgegeben werden.

Aufgabenstellung

Schreibe eine Funktion mit dem Namen `minDistance`, die aus einem zweidimensionalen Array mit Punktkoordinaten zwei Punkte ermittelt, die die kleinste Distanz zueinander haben.

Testfall

In diesem Beispiel-Array haben die Punkte mit dem Index 2 und 4 die kleinste Distanz zueinander:

	x	y
P_0	3	7
P_1	30	80
P_2	80	320
P_3	15	276
P_4	84	298
P_5	19	29
P_6	200	200
P_7	191	919

Algorithmische Tipps

Wenn du stockst und nicht weiter weißt, dann versuch mal Folgendes:

- Referenz- und Vergleichspunkt dürfen nie der gleiche Punkt sein, denn sonst wäre dort die Distanz gleich 0.
- Zur Berechnung der Distanz d kannst du die Funktionen `sqrt(float n)` (Wurzel ziehen) und `pow(int base, int exponent)` (Potenzieren) verwenden.
- Du kannst die aktuell berechnete Distanz mit der aktuell „minimalsten" Distanz vergleichen und so beim Ende des Durchlaufs die entsprechenden Punkte ermitteln.

W.6.19 Glatte Kurven

Schwierigkeit Zeitaufwand Kreativität

Themen
Mit dieser Aufgabe wollen wir Folgendes trainieren:
- Arrays
- Eindimensionale Arrays

Beschreibung
Audiodateien können wir uns als Art Array vorstellen, in der jeder einzelne Wert die jeweilige Signalintensität zu einem bestimmten Zeitpunkt darstellt. Diese abgetasteten Signalwerte werden häufig als Array von `double`-Werten gespeichert.

Meist ist in Audiosignalen ein kleiner Anteil an Rauschen enthalten. Dieser kommt durch lokale Veränderungen in der Signalintensität zustande. Wenn wir solch ein Signal glätten, erhöhen wir damit meist auch die empfundene Signalqualität.

Das Signal glätten wir in diesem Fall wie folgt:
- Jeder geglättete Wert `smooth[n]` wird aus dem Durchschnitt der drei Signalwerte `signal[n-1]`, `signal[n]` und `signal[n+1]` berechnet.
- Das erste geglättete Element wird aus dem Durchschnitt der ersten beiden Signalwerte berechnet.
- Das letzte geglättete Element wird aus dem Durchschnitt der letzten beiden Signalwerte berechnet.

Aufgabenstellung
Schreibe eine Funktion `smoothAudio`, die ein Audiosignal in Form eines `double`-Arrays glättet.

Optional kann auch eine Testfunktion geschrieben werden, welche die Signale im Ausgabefenster darstellt und so die Glättung des Signals grafisch sichtbar macht.

Testfälle
- [2, 2, 4, 6, 10, 6, 4, 2] → [2, 2, 4, 6, 7, 6, 4, 3]
- Generiere ein Array mit einem Sinus-Signal und baue Störungen ein. Nach Anwendung des Filters sollte sich dieses Signal wieder einem Sinus annähern.

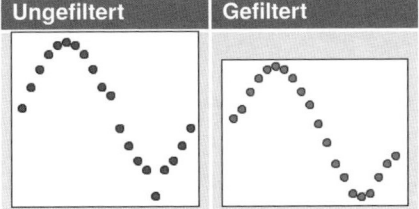

Algorithmische Tipps

Wenn du stockst und nicht weiter weißt, dann versuch mal Folgendes:

- Die Rechenvorschrift steht in der Beschreibung.
- Probiere zunächst, alle Elemente des Audiosignals einzeln durchzugehen. Anschließend kannst du schauen, wie du das erste und letzte Element einzeln behandeln könntest.
- Das erste geglättete Element wird aus den beiden ersten Werten im Array `signal[0]` und `signal[1]` berechnet.
- Das letzte geglättete Element wird aus den beiden letzten Werten im Array `signal[signal.length-2]` und `signal[signal.length-1]` berechnet.

W.6.20 Bildausschnitt

Schwierigkeit Zeitaufwand Kreativität

Themen

Mit dieser Aufgabe wollen wir Folgendes trainieren:
- Arrays
- Zweidimensionale Arrays

Beschreibung

Ähnlich wie in Bildbearbeitungsprogrammen wollen wir uns eine eigene Funktion schreiben, mit der wir Bildinhalte ausschneiden können. Wie in den vorherigen Bildaufgaben werden wir vereinfacht ein `boolean`-Array als Schwarz-Weiß-Bild verwenden.

Aufgabenstellung

Schreibe eine Funktion mit Namen `extractCenter`, die einen bestimmten Bereich in der Mitte eines zweidimensionalen `boolean`-Arrays heraustrennt.

Die Größe des Bereichs, der herausgetrennt werden soll, wird anhand von entsprechenden Parametern angegeben.

Stelle zur Kontrolle den ausgeschnittenen Bereich im Ausgabefenster dar.

Testfälle

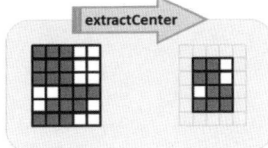
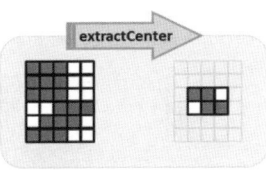

Legende: ☐ true ■ false

Algorithmische Tipps

Wenn du stockst und nicht weiter weißt, dann versuch mal Folgendes:
- Schau dir die anderen Bildverarbeitungsaufgaben an. Einige Funktionen, die du dort geschrieben hast, wirst du hier weiterverwenden können.
- Die Mitte des Bildes entspricht der Division der Bildhöhe und der Bildbreite durch zwei. Willst du den Ausschnittbereich berechnen, musst du lediglich um die Schrittweite Ausschnitthöhe/2 bzw. Ausschnittbreite/2 zurückgehen.
- Zeichne dir am besten ein Beispiel-Array auf Papier auf und gehe die Schritte einzeln durch.

W.6.21 Bild mit Rahmen

Schwierigkeit   Zeitaufwand   Kreativität

Themen

Mit dieser Aufgabe wollen wir Folgendes trainieren:

- Arrays
- Zweidimensionale Arrays

Beschreibung

Wir wollen uns eine Funktion schreiben, mit der wir ein Bild mit einer schwarzen Umrandung versehen können. Als Bilddaten verwenden wir ein zweidimensionales und rechteckiges `boolean`-Array.

Die Breite des Rahmens wird mit einem entsprechenden Parameter in Anzahl von Elementen angegeben.

Aufgabenstellung

Schreibe eine Funktion mit Namen `addFrame` mit der oben beschriebenen Funktionalität und teste diese entsprechend.

Beachte dabei, dass wir nicht davon ausgehen können, dass neu erzeugte Arrays automatisch mit sinnvollen Werten initialisiert worden sind.

Testfälle

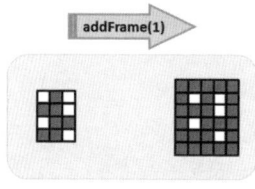

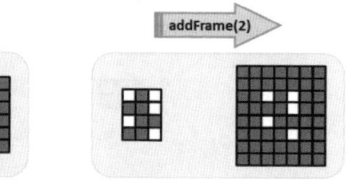

...

Legende: ☐ `true`
⬛ `false`

Algorithmische Tipps

Wenn du stockst und nicht weiter weißt, dann versuch mal Folgendes:

- Schau dir die anderen Bildverarbeitungsaufgaben an. Einige Funktionen, die du dort geschrieben hast, wirst du hier weiterverwenden können.
- Es könnte Sinn machen, das neue Array zunächst komplett schwarz zu färben und danach mit den Werten des Eingabebildes aufzufüllen.
- Das neue Array muss natürlich größer als das Eingabe-Array sein, damit der Rahmen gezeichnet werden kann.

W.6.22 Memory-Spielfeldgenerator

Schwierigkeit Zeitaufwand Kreativität

Themen

Mit dieser Aufgabe wollen wir Folgendes trainieren:

- Arrays
- Zweidimensionale Arrays

Beschreibung

Memory kennen wir als eine von Ravensburger eingetragene Marke für ein bekanntes Gesellschaftsspiel. In diesem Spiel sollen Paare gleicher Kärtchen durch Aufdecken erkannt werden.

Darüber hinaus gilt für das Memory-Spielfeld:

- Das Spielfeld enthält ganze Zahlen
- Beginnend mit Zahl 1
- Die Platzierung der Zahlenpaare auf dem Spielfeld erfolgt zufällig
- Die Größe des zu erzeugenden Spielfelder erfolgt durch Parameter
- Nur gültige Spielfeldgrößen werden erzeugt
- Ungültige Spielfeldgrößen erzeugen ein leeres Spielfeld der Größe 0x0

Aufgabenstellung

Implementiere eine Funktion mit Namen generateMemoryField, die ein Memory-Spielfeld erzeugt.

Schreibe eine Visualisierungsfunktion, welche das erzeugte Memory-Spielfeld in einem Bildschirmfenster grafisch darstellt.

Testfälle

generateMemoryField(4)

5	2	8	3
6	6	7	1
4	3	1	2
5	4	8	7

generateMemoryField(3)

generateMemoryField(6)

17	13	7	3	15	14
1	2	17	13	5	12
9	10	12	4	16	18
6	9	16	8	8	10
7	6	11	1	14	11
4	18	2	15	5	3

Hinweis: Das Feld bei generateMemoryField(3) ist leer.

Algorithmische Tipps

Wenn du stockst und nicht weiter weißt, dann versuch mal Folgendes:

- Testen gültiger Spielfeldgrößen.
- Zufallszahlen können mit der Funktion random() erzeugt werden.
- In Python muss eine Zusatzfunktion zur Generierung eines leeren Arrays geschrieben werden: siehe Aufgabe Bildvergrößerung.
- ACHTUNG vor Endlosschleifen. Besser Ausgaben in der Kommandozeile zur Kontrolle der Schritte durchführen.

W.6.23 Sudoku-Check

Schwierigkeit Zeitaufwand Kreativität

Themen
Mit dieser Aufgabe wollen wir Folgendes trainieren:
- Arrays
- Zweidimensionale Arrays

Beschreibung
Sudoku ist ein populäres Knobelspiel, wie wir es häufig in Rätselzeitschriften finden. Im Spiel soll ein teilweise mit Zahlen von 1 bis 9 gefülltes Spielfeld vollständig mit Zahlen ausgefüllt werden. Das Spielfeld ist 9x9 Felder groß und dabei zusätzlich in 3x3 Felder unterteilt.

Das Spiel ist erfüllt, wenn jede Zeile und Spalte des Spielfeldes sowie die hervorgehobenen 3x3-Blöcke jede Zahl zwischen 1 und 9 genau einmal enthält.

In dieser Aufgabe wollen wir uns selber eine Prüffunktion schreiben, mit der wir überprüfen können, ob eine gültige Sudoku-Lösung vorliegt.

Aufgabenstellung
Schreibe eine Funktion, die ein 9x9-Array aus `int`-Zahlen zwischen 1 und 9 übergeben bekommt und dieses daraufhin prüft, ob es sich dabei um eine gültige Lösung des Knobelspiels Sudoku handelt.

Testfälle

- Beispiel für ein korrektes Sudoku:

8	3	5	4	1	6	9	2	7
2	9	6	8	5	7	4	3	1
4	1	7	2	9	3	6	5	8
5	6	9	1	3	4	7	8	2
1	2	3	6	7	8	5	4	9
7	4	8	5	2	9	1	6	3
6	5	2	7	8	1	3	9	4
9	8	1	3	4	5	2	7	6
3	7	4	9	6	2	8	1	5

- Für ein falsches Sudoku einfach eine Zahl im Beispiel aus- oder vertauschen.

Algorithmische Tipps
Wenn du stockst und nicht weiter weißt, dann versuch mal Folgendes:
- Jeden Prüfschritt nach Programmierung einzeln checken.
- Absichtlich eine Zahl falsch einsetzen. Ist Ergebnis dann auch False?
- 3x3 Blöcke aufzeichnen. Welche Positionen sind pro Block vorhanden und wie kann man an diese Stellen springen?
- Ausgabe, welche Positionen durchgegangen wurden.

W.6.24 Medianfilter

Schwierigkeit   Zeitaufwand   Kreativität

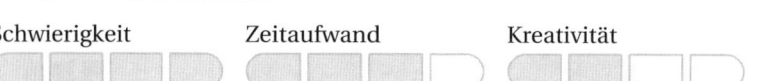

Themen

Mit dieser Aufgabe wollen wir Folgendes trainieren:

- Arrays
- Zweidimensionale Arrays

Beschreibung

In der Bildverarbeitung werden Medianfilter häufig zur Entfernung von weißen Störpixeln verwendet.

Beim Medianfilter werden die Grauwerte der Pixel in einer definierten Umgebung eines Pixels aufgesammelt und der Größe nach sortiert. Nun wählen wir den mittleren Grauwert (Median) dieser sortierten Liste; dieser ersetzt den Grauwert des aktuellen Pixels.

Ein Bild wird in einem zweidimensionalen int-Array gespeichert, mit Grauwerten von 0 bis 255 für jedes Pixel. Der Grauwert 0 steht für Schwarz, der Grauwert 255 steht für Weiß, die Grauwerte von 1 bis 254 stehen für die heller werdenden Grautöne dazwischen. Ein Medianfilter berechnet aus einem ursprünglichen Bild ein gefiltertes Bild gleicher Größe. Dazu werden für jedes Pixel aus dem ursprünglichen Bild

- sein Grauwert und die acht Grauwerte seiner acht Nachbar-Pixel aufsteigend sortiert in einer Reihe aufgeschrieben
- und der mittlere, also fünfte Wert von neun, als Grauwert des gleichen Pixels im gefilterten Bild genommen.

Das nachfolgende Beispiel zeigt schematisch, wie der Medianfilter aus dem Grauwert 255 eines Pixels im ursprünglichen Bild den Grauwert 192 für das gleiche Pixel im gefilterten Bild berechnet.

...	...	...	...	...		68			...	...	...	...	...
...	255	128	255	...		72			...	...	...	...	...
...	255	255	192	...		128							
...	174	68	72	...		174			...	...	192		
...	...	...	...	...		192	→						
						255							...

Bildausschnitt des ursprünglichen Bildes

Sortierte Werte des betrachteten Pixels und seine Nachbarn

Bildausschnitt des gefilterten Bildes

Den Grauwert eines Pixels in einem RGB-Bild können wir nach dieser Formel berechnen:

$$\text{Grau} = 0.299 * \text{Rot} + 0.581 * \text{Grün} + 0.114 * \text{Blau}$$

Aufgabenstellung

Schreibe eine Funktion mit dem Namen `medianFilter`, die den beschriebenen Bildfilter implementiert. Nutze dabei die Funktionen von Processing, um ein RGB-Bild einzulesen und auf diesen den Medianfilter anzuwenden.

Die Farbwerte (0-255) für Rot, Grün und Blau können mit den Funktionen `red()`, `green()` und `blue()` aus den in Processing verwendeten `Color`-Elementen (RGB-Wert in einem `int`-Wert kombiniert) ausgelesen werden. Zur Sortierung eines `int`-Arrays steht die Processing-Funktion `sort()` zur Verfügung.

Testfälle

Algorithmische Tipps

Wenn du stockst und nicht weiter weißt, dann versuch mal Folgendes:

- Nutze zwei Arrays der Größe 9, in denen du die Pixelwerte des 9x9-Bildbereichs speichern kannst. Ein Array enthält die RGB-Farbwerte, der andere die konvertierten Grauwerte.
- Nach Generierung des Ausgabebildes (Datentyp `PImage`), gehst du jeden Pixelwert einzeln durch. Achte dabei auf die Ränder. Für jeden Pixelwert bildest du jetzt einen 3x3-Bildausschnitt, deren Werte du in das erste Array schreibst. Anschließend berechnest du die Grauwerte aus dem ersten Array und schreibst die Ergebnisse in das zweite Array.
- Nach Sortierung des zweiten Arrays nimmst du den mittleren Wert und schreibst ihn an die selbe Position im Ausgabe-Array. Hierfür musst du ein neues `Color`-Element erzeugen, da Bilder in Processing immer aus RGB-Werten bestehen.

7 Strings und Stringverarbeitung

■ 7.1 Warmup

Programme verarbeiten nicht nur Zahlen und Zeichen, sondern auch **Zeichenketten**. Eingaben, die vom Benutzer auf der Oberfläche gemacht werden, sind zunächst auch *nur* Zeichenketten und werden ggf. durch entsprechende Maßnahmen erst zu einem späteren Zeitpunkt in andere Datentypen umgewandelt. Vielfach müssen wir aber mit dieser Folge von Zeichen umgehen, d.h. sie manipulieren.

Eine Zeichenkette ist im Grunde genommen eine aufeinanderfolgende Reihe von Zeichen aus einem definierten Zeichensatz. Sie besteht aus einer festgelegten Menge von Buchstaben, Ziffern sowie Sonderzeichen und Steuerzeichen. Die Reihenfolge dieser *Zeichen* ist definiert und die Länge einer Zeichenkette endlich.

Im Grunde genommen verhält sich eine Zeichenkette hinsichtlich der Adressierbarkeit ihrer Einzelzeichen, als hätten wir es mit einem Array von Zeichen zu tun. Und auch wenn sich die beiden in diesem Buch behandelten Sprachen bei der Unterscheidung einer Zeichenkette und einem Zeichen konträr verhalten (Java unterscheidet eine Zeichenkette und ein einzelnes Zeichen in die Datentypen String bzw. char, während Python hierfür ausschließlich den Datentyp String kennt), können wir uns leicht vorstellen, wie umständlich eine Initialisierung wäre, würden wir mit Strings umgehen müssen wie mit Arrays.

Glücklicherweise gibt es für die Verarbeitung von Zeichenketten viele Funktionen, die die Manipulation und den Umgang mit Strings vereinfachen. Im Großen und Ganzen sprechen wir von der **Stringmanipulation**. Sie ermöglicht es recht elegant, einzelne Zeichen und Zeichenketten (Sub-Strings) aus einem String zu extrahieren, zu kopieren sowie auszutauschen usw.

Eine Zeichenkette kann in beiden Sprachen über den Zuweisungsoperator initialisiert werden, wobei die Zeichenkette selbst in Anführungszeichen bzw. bei Python in Apostrophe eingeschlossen sein muss:

```
String text = "Ich will Kekse!";
```

bzw.

```
text = 'Ich will Kekse!'
```

Die Analogie zu einem Array wird deutlich, wenn wir versuchen, auf einen einzelnen Buchstaben innerhalb der Zeichenkette zuzugreifen. Denn dabei verwenden wir den Index und können über eine *for*-Schleife eine alternative, wenn auch umständliche Ausgabe erzeugen:

```
String text = "Ich will Kekse!";
for(int i=0; i<text.length; i++)
    System.out.print(text.charAt(i));
```

bzw.

```
text = 'Ich will Kekse!'
for char in text:
    print(char, end='')
```

Dies ist auch notwendig, da wir vielfältige Anforderungen an die Stringverarbeitung haben. Beispielsweise möchten wir Strings in Teilstrings aufsplitten oder mehrere Teile zu einem Ganzen zusammenfügen. Wir möchten überprüfen, ob ein einzelner Buchstabe oder beispielsweise ein Wort in einem String vorkommt. Manchmal müssen wir feststellen, an welcher Stelle ein Wort beginnt. Eventuell suchen wir das letzte Vorkommen eines Zeichens oder einer Zeichenfolge oder möchten diese gegen einen anderen String austauschen. Ebenso denkbar wäre es, Leerzeichen am Anfang oder dem Ende eines Strings zu entfernen.

In diesem Punkt unterscheiden sich die alle Programmiersprachen mehr oder weniger hinsichtlich der angebotenen Funktionen oder Parameter sowie ihrer Arbeitsweise. Aus diesem Grund empfehlen wir, die Dokumentation zum Thema Stringverarbeitung des jeweiligen Programmiersystems genauer unter die Lupe zu nehmen.

Viel Erfolg beim Sprengen der Zeichenketten!

7.2 Workout

W.7.1 String-Kompression

Schwierigkeit Zeitaufwand Kreativität

Themen

Mit dieser Aufgabe wollen wir Folgendes trainieren:

- Strings und Stringverarbeitung

Beschreibung

Datenkompression ist aus unserem Alltag nicht wegzudenken. Wir alle haben mit Sicherheit schon unzählige ZIP-Dateien geöffnet. Einen simplen Kompressionsalgorithmus für Strings wollen wir in dieser Aufgabe programmieren.

Der Aufbau der zu komprimierenden Strings ist dabei sehr besonders, da diese nur aus den Zeichen 'W' und 'B' bestehen.

Das Kompressionsverfahren zählt alle aufeinanderfolgenden gleichen Zeichen. Anschließend ersetzt es diese durch die numerische Anzahl, gefolgt vom gezählten Zeichen. Beispiele stehen unten in den Testfällen.

Aufgabenstellung

Schreibe einen Stringkompressionsalgorithmus nach dem oben beschriebenen Schema.

Testfälle

- "WWWWBBBWBBBBBBWW" → "4W3B1W6B2W"
- "BBBBWWWWWWWWWB" → "4B9W1B"
- "WBBBBWWWWWWB" → "1W4B6W1B"

Algorithmische Tipps

Wenn du stockst und nicht weiter weißt, dann versuch mal Folgendes:

- Konstruiere einen leeren String, der die Kompression enthalten soll.
- Bestimme das Zeichen, das als Nächstes gezählt werden soll.
- Zähle die Anzahl der gleichen Zeichen.
- Sollte das vorherige Zeichen anders als das aktuelle Zeichen sein, muss etwas geschehen.
- In Python muss eventuell der Datentyp umgewandelt werden.

W.7.2 Split-Funktion

Schwierigkeit   Zeitaufwand   Kreativität

Themen

Mit dieser Aufgabe wollen wir Folgendes trainieren:

- Strings und Stringverarbeitung

Beschreibung

In der Weiterverarbeitung von Strings haben wir es oft mit Zeichenfolgen zu tun, welche mehrere Datenelemente enthalten, die im String mit Komma, Semikolon oder durch einen anderen Trenner voneinander getrennt sind (Beispiel: CSV-Dateien).

Die Funktion nimmt als Eingabe einen String entgegen und liefert die mit Semikolon unterteilten Teilstrings in Form eines Arrays zurück.

Aufgabenstellung

Schreibe eine Funktion mit Namen `split`, welche die oben genannten Anforderungen erfüllt. Als Trenner soll das Semikolon (`;`) verwendet werden.

Zur Lösung der Aufgabe soll dabei nicht die integrierte `split()`-Funktion verwendet werden.

Testfall

`"ab;cde;fghi;jklm"` → `["ab", "cde", "fghi", "jklm"]`

Algorithmische Tipps

Wenn du stockst und nicht weiter weißt, dann versuch mal Folgendes:

- Gehe jedes Zeichen einzeln durch.
- Sofern dieses kein Semikolon ist, kann dieses Zeichen einem String angefügt werden.
- Bei einem Semikolon wird ein neues Element im Array angelegt.

W.7.3 Geldschein-Blütencheck

Schwierigkeit Zeitaufwand Kreativität

Themen

Mit dieser Aufgabe wollen wir Folgendes trainieren:

- Strings und Stringverarbeitung

Beschreibung

In der ersten Generation von Euro-Banknoten ist die Seriennummer beispielsweise nach folgendem Schema aufgebaut: *S00630387745*.

1. Der Buchstabe am Anfang codiert die nationale Zentralbank (NZB), die den Geldschein in Umlauf gebracht hat.
2. Anschließend folgen 10 Ziffern.
3. Die letzte 11. Ziffer ist eine Prüfziffer.

Die Prüfziffer wird nach der Vorschrift berechnet:

- Ersetze den Buchstaben durch seine Position im lateinischen Alphabet:
  - S -> 19
- Berechne die Quersumme der Positionszahl mit den folgenden 10 Ziffern:
  - 1 + 9 + 0 + 0 + 6 + 3 + 0 + 3 + 8 + 7 + 7 + 4 = 48
- Berechne von der Quersumme den ganzzahligen Rest bei Division durch 9:
  - 48 % 9 = 3
- Subtrahiere den Rest von 8, wodurch sich die Prüfsumme ergibt:
  - 8 - 3 = 5
  - **Ausnahme**: Sollte 0 herauskommen, ist die Prüfsumme 9.

Aufgabenstellung

Schreibe eine Funktion `computeCheckDigit`, die aus der Seriennummer eines Euro-Geldscheins der ersten Generation die Prüfsumme berechnet und zurückgibt.

Schreibe eine Funktion `getCheckDigit`, die aus der Seriennummer eines Euro-Geldscheins der ersten Generation die angegebene Prüfziffer zurückgibt.

Schreibe eine Funktion `isCheckDigitValid`, welche die Seriennummer eines Euro-Geldscheins der ersten Generation auf Gültigkeit prüft. Die vorher implementierten Funktionen sollen dabei weitestgehend verwendet werden.

Testfall

Gültige Seriennummern: S00630387745, S22227803764

Algorithmische Tipps

Wenn du stockst und nicht weiter weißt, dann versuch mal Folgendes:

- Wird tatsächlich Integer auf Integer geprüft? Andernfalls könnten trotz erfolgreicher Programmausführung Fehler auftreten.
- Die Prüfvorschrift steht in der Beschreibung.
- Eine Art Nachschlageverzeichnis zur Bestimmung der Position eines Buchstabens im Alphabet könnte in Python helfen.

W.7.4 Starkes Passwort

Schwierigkeit   Zeitaufwand   Kreativität

Themen

Mit dieser Aufgabe wollen wir Folgendes trainieren:

- Strings und Stringverarbeitung

Beschreibung

Starke Passwörter erfüllen die folgenden Eigenschaften:

- mindestens 8 Zeichen
- enthält mindestens einen Kleinbuchstaben
- enthält mindestens einen Großbuchstaben
- enthält mindestens eine Ziffer
- enthält mindestens ein Sonderzeichen

Aufgabenstellung

Schreibe eine Funktion mit Namen `isStrong`, die prüft, ob es sich bei einem Passwort, übergeben als `String`, um ein starkes Passwort handelt.

Die Prüfung auf Sonderzeichen soll in dieser Aufgabe auf die Sonderzeichen `'!'` und `'*'` beschränkt werden.

Testfälle

- Starkes Passwort:
  - `eVJo2!8IrRo`
  - `aH6*LauTp21u`
  - `S3cr3ts!`
- Kein starkes Passwort:
  - `Passwort123`
  - `!2Bcv`
  - `123456`

Algorithmische Tipps

Wenn du stockst und nicht weiter weißt, dann versuch mal Folgendes:

- Gehe mal jedes Zeichen im übergebenen Passwort einzeln durch.
- Hilft es weiter, die Anzahl bestimmter Zeichen zu zählen?
- Für eine einfachere Lösung helfen dir eventuell `char`-Codes weiter.

W.7.5 E-Mail-Check

Schwierigkeit   Zeitaufwand   Kreativität

Themen

Mit dieser Aufgabe wollen wir Folgendes trainieren:

- Strings und Stringverarbeitung

Beschreibung

Wir wollen eine Prüffunktion für E-Mail-Adressen schreiben, wie wir sie von diversen Anmeldeseiten im Internet kennen. Für unsere Trainingsaufgabe reicht es, wenn wir die Aufbauregeln einer E-Mail-Adresse vereinfachen. Ein String mit einer gültigen E-Mail-Adresse ist nach diesem Schema aufgebaut:

```
<1 bis n Zeichen>@<1 bis n Zeichen>.<2 bis 3 Zeichen>
```

In den variablen Bereichen sind alle Zeichen außer '@' und '.' erlaubt.

Aufgabenstellung

Schreibe eine Funktion mit Namen isEmail, die prüft, ob ein String eine gültige E-Mail-Adresse enthält. Als Rückgabewerte sollen true für eine gültige und false für eine ungültige E-Mail-Adresse erfolgen.

Testfälle

- gültige E-Mail-Adressen
  - john@doe.net
  - john@doe.de
- ungültige E-Mail-Adressen
  - john@doe.shop
  - john@.net
  - @.net

Algorithmische Tipps

Wenn du stockst und nicht weiter weißt, dann versuch mal Folgendes:

- Den String von links nach rechts durchgehen.
- Wie könnten wir da herausfinden, in welchem Bereich der E-Mail-Adresse wir uns gerade befinden?
- Schau dir doch mal die Aufgabe zum starken Passwort an.

W.7.6 Prüfen auf eine korrekte Klammerung

Schwierigkeit   Zeitaufwand   Kreativität

Themen
Mit dieser Aufgabe wollen wir Folgendes trainieren:
- Strings und Stringverarbeitung

Beschreibung
Eine vollständige Klammerung bedeutet: Jeder geöffneten Klammer muss eine schließende Klammer folgen. Darüber hinaus müssen die runden Klammern korrekt verschachtelt sein. Andere Zeichen außer den runden Klammern sollen ignoriert werden.

Aufgabenstellung
Schreibe eine Java-Funktion, die eine Zeichenkette nach den Regeln einer vollständigen Klammerung überprüft.

Testfälle
- Korrekt geklammerte Zeichenketten:
  - "()"
  - ""
  - "(()(a)(()((c))))"
- Nicht korrekt geklammerte Zeichenketten:
  - "(()"
  - "a(()())a)"
  - ")("

Algorithmische Tipps
Wenn du stockst und nicht weiter weißt, dann versuch mal Folgendes:
- Wenn wir von links nach rechts jedes einzelne Zeichen durchgehen, wie könnten wir die Klammerung prüfen?
- Hilfsvariablen werden dir in dieser Aufgabe sicherlich weiterhelfen.

W.7.7 Sternchenmuster

Schwierigkeit   Zeitaufwand   Kreativität

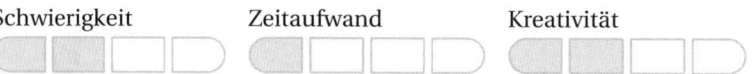

Themen

Mit dieser Aufgabe wollen wir Folgendes trainieren:

- Strings und Stringverarbeitung

Beschreibung

Die Verarbeitung von Strings wollen wir mit einem Beispielprogramm testen, welches Sternchenmuster in der Kommandozeile ausgibt.

Der Parameter rows gibt dabei die Anzahl der Zeilen bis zur Mitte der Figur (einschließlich) an.

Aufgabenstellung

Schreibe ein Programm, welche in Abhängigkeit des Wertes in der Variable rows die im Abschnitt Testfälle gezeigten Beispielausgaben erzeugt.

Testfälle

- rows = 1:

  ```
  *
  ```

- rows = 2:

  ```
    *
  ***
    *
  ```

- rows = 3:

  ```
  *
  **
  *****
    **
     *
  ```

- rows = 4:

  ```
  *
  **
  ***
  *******
      ***
       **
        *
  ```

Algorithmische Tipps

Wenn du stockst und nicht weiter weißt, dann versuch mal Folgendes:

- Zeichne dir auf Papier auf, wie oft welches Zeichen bei welchem Wert von rows auf den Bildschirm geschrieben wird.
- Mit wie vielen Schleifen könnte dieses Muster realisiert worden sein?
- In Python ist ggf. eine Hilfsfunktion von Vorteil, da es dort nur einen einzigen print()-Befehl mit Zeilenumbruch gibt.

W.7.8 URL-Encoding

Schwierigkeit   Zeitaufwand   Kreativität

Themen
Mit dieser Aufgabe wollen wir Folgendes trainieren:
- Strings und Stringverarbeitung

Beschreibung
Um bei Websitenaufrufen einen String zur Verwendung in einer URL vorzubereiten, muss ein sogenanntes URL-Encoding durchgeführt werden. Hierbei müssen wir bestimmte Zeichen gemäß der nachfolgenden Tabelle ersetzen:

Zeichen	Leerzeichen	*	+	,	/	:	;	=	?
Ersetzen durch	%20	%2A	%2B	%2C	%2F	%3A	%3B	%3D	%3F

Aufgabenstellung
Schreibe eine Funktion mit Namen **urlEncode()**, die für einen übergebenen String ein URL-Encoding durchführt und zurückgibt.

Testfall
- http://www.hanser-fachbuch.de/buch/WebSockets/9783446443716 → http%3A%2F%2Fwww.hanser-fachbuch.de%2Fbuch%2FWebSockets%2F9783446443716

Algorithmische Tipps
Wenn du stockst und nicht weiter weißt, dann versuch mal Folgendes:
- Gehe alle Zeichen im String nacheinander durch.
- Sollte ein bestimmtes Zeichen auftauchen, codiere das Zeichen entsprechend.
- Schreibe das Zeichen in den Ausgabestring.

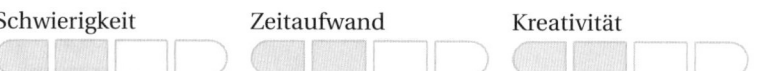

W.7.9 Telefonbuch bearbeiten

Schwierigkeit   Zeitaufwand   Kreativität

Themen

Mit dieser Aufgabe wollen wir Folgendes trainieren:

- Strings und Stringverarbeitung

Beschreibung

Von unserem Smartphone haben wir Telefonbucheinträge in Form einer CSV-Datei exportiert. Die Einträge in jeder Zeile der exportierten CSV-Datei sind in diesem Fall in dieser Form definiert:

```
Vorname;Name;Festnetznummer;Mobilfunknummer;Email
```

Diese Einträge wollen wir zur Weiterverarbeitung in einer Software anpassen. Dafür soll die CSV-Datei zunächst als `String`-Array eingelesen werden, bei dem jeder String jeweils eine Zeile der CSV-Datei enthalten soll.

Bei jeder Telefonnummer soll die Vorwahl durch die Länderkennung für Deutschland (+49) ausgetauscht werden. Hierbei ist es wichtig, dass die erste Ziffer der Vorwahl, die Null (0), wegfallen muss. Ebenfalls müssen wir berücksichtigen, dass manche Einträge unvollständig sind und einige bereits Länderkennungen enthalten können. Ein Beispiel ist unter Testfälle zu sehen.

Aufgabenstellung

Schreibe eine Funktion, die eine CSV-Datei mit Telefonbucheinträgen einliest und diese wie oben beschrieben weiterverarbeitet.

Testfälle

- Beispiel für einen Java-String-Array mit Inhalt:

  Eingabe:

```
String[] phonebook =
    {
        "Carlo;Pedersoli;02213789251;+491714345897;",
        "Mario;Girotti;02284556521;015152324271;info@terencehill.com",
        "Michael;Jordan;0694348711;;michael@jordan.com"
    };
```

  Ergebnis:

```
String[] phonebook =
    {
        "Carlo;Pedersoli;+492213789251;+491714345897;",
        "Mario;Girotti;+492284556521;+4915152324271;info@terencehill.com",
        "Michael;Jordan;+49694348711;;michael@jordan.com"
    };
```

- Beispiel für ein Python-String-Array mit Inhalt:

    Eingabe:
    ```
    phonebook = ['Carlo;Pedersoli;02213789251;+491714345897',
        'Mario;Girotti;02284556521;015152324271;info@terencehill.com',
        'Michael;Jordan;0694348711;;michael@jordan.com']
    ```
    Ergebnis:
    ```
    phonebook = ['Carlo;Pedersoli;+492213789251;+491714345897',
        'Mario;Girotti;+492284556521;+4915152324271;info@terencehill.com',
        'Michael;Jordan;+49694348711;;michael@jordan.com']
    ```

Algorithmische Tipps

Wenn du stockst und nicht weiter weißt, dann versuch mal Folgendes:

- Schau dir doch die Aufgabe zur `split()`-Funktion an.
- Um eine Textdatei in ein `String`-Array einzulesen, existiert in Processing eine spezielle Funktion dafür.
- Entweder das `String`-Array in kleine Arrays unterteilen und diese dann einzeln durchgehen oder es von Semikolon zu Semikolon durchwandern. Beides ist möglich. Bei der ersten Möglichkeit muss das unterteilte Array anschließend wieder in kommaseparierte Werte umgewandelt werden.

W.7.10 Webserver-Antwort verarbeiten

Schwierigkeit   Zeitaufwand   Kreativität

Themen

Mit dieser Aufgabe wollen wir Folgendes trainieren:

- Strings und Stringverarbeitung

Beschreibung

In dieser Aufgabe wollen wir eine Antwort eines Webservers weiterverarbeiten und damit Informationen über den Inhalt der in der Antwort enthaltenen Daten herausfinden. Webbrowser wie Firefox, Chrome oder Edge machen eine solche Weiterverarbeitung bei jedem Seitenaufruf im Hintergrund.

Bei der Antwort vom Webserver handelt es sich um eine textbasierte Protokollnachricht gemäß der Spezifikationen des HTTP (Hypertext Transfer Protocol), welche typischerweise wie in diesem Beispiel aufgebaut ist:

```
HTTP/1.1 200 OK
Server: Apache
Content-Length: 14188
Connection: close
Content-Type: image/jpg
...
```

Eine solche Protokollnachricht wird in ihrer Funktion als `String`-Array bereitgestellt, wobei jede Zeile ein Eintrag im Array ist. Die erste Zeile ist besonders, da diese Statusinformationen enthält. Die Statuszeile steht daher immer an der ersten Position. Alle weiteren Zeilen, die Header-Einträge genannt werden, können in irgendeiner Reihenfolge stehen. Der Aufbau eines Header-Eintrags ist stets `<Name>: <Wert>`. Die Header-Namen sind im HTTP-Standard vordefiniert.

Aufgabenstellung

Schreibe eine Funktion mit Namen `filterHttpContentHeader`, welche die Antwort eines Webservers analysiert. Die Funktion soll nach den Header-Einträgen mit den Namen `Content-Type` und `Content-Length` suchen und die dafür enthaltenen Werte extrahieren. Sind beide Header-Einträge in der Protokollnachricht enthalten, soll die Funktion dem Beispiel folgend den String `"The response contains: <Content-Type> (<Content-Length>)."` zurückliefern. Andernfalls `"The response does not contain any content."`.

Testfälle

Testfall 1:

- *Eingabe:*
  ```
  HTTP/1.1 200 OK
  Server: Apache
  Content-Length: 14188
  Connection: close
  Content-Type: image/jpg
  ...
  ```
- *Ausgabe:* The response contains: image/jpg (14188).

Beispiel 2:

- *Eingabe:*
  ```
  HTTP/1.1 200 OK
  Server: Apache
  Connection: close
  Content-Type: image/jpg
  ...
  ```
- *Ausgabe:* The response does not contain any content.

Algorithmische Tipps

Wenn du stockst und nicht weiter weißt, dann versuch mal Folgendes:

- Die Aufgaben zur Split-Funktion oder dem Telefonbuch könnten dir weiterhelfen.
- Gehe alle Zeilen durch und setze die passenden Variablen, wenn entsprechende Eingangswerte dafür gefunden werden.
- Wenn am Ende mindestens eine von Variablen keinen Inhalt hat, folgt die Ausgabe aus Beispiel 2, sonst Beispiel 1.

W.7.11 IMDB-Einträge verarbeiten

Schwierigkeit   Zeitaufwand   Kreativität

Themen

Mit dieser Aufgabe wollen wir Folgendes trainieren:

- Strings und Stringverarbeitung

Beschreibung

Die Internet Movie Database (IMDB) verwaltet eine Liste von Filmen, die von den Besuchern der Website als die besten Filme aller Zeiten eingestuft werden. Jeder Eintrag in der Liste ist durch einen String repräsentiert, der wie folgt aufgebaut ist:

```
<Score> <Filmtitel> (<Erscheinungsjahr>)
```

Die Platzhalter in den spitzen Klammern sind durch entsprechende Werte definiert. Der `<Score>` ist ein Zahlenwert im Intervall [0.0, 10.0]. Danach folgen der selbsterklärende `<Filmtitel>` und das `<Erscheinungsjahr>`, wobei Letzteres durch runde Klammern flankiert wird. Hier ein Beispieleintrag aus der Liste:

```
8.7 The Lord of the Rings: The Fellowship of the Ring (2001)
```

Aufgabenstellung

Schreibe eine Java-Funktion mit dem Namen `imdb2Table`, die die String-Liste in eine String-Tabelle umwandelt. In dieser sollen wir jedes der drei Elemente eines Listeneintrags (, und) in jeweils einer eigenen Tabellenzelle abspeichern.

Bitte darauf achten, dass keine überflüssigen Leer- oder Klammerzeichen mit in die Tabellenzellen übernommen werden.

Testfall

```
"8.7 The Lord of the Rings: The Fellowship of the Ring (2001)" →
{ "8.7", "The Lord of the Rings: The Fellowship of the Ring", "2001" }
```

Algorithmische Tipps

Wenn du stockst und nicht weiter weißt, dann versuch mal Folgendes:

- Die Stringfunktion `substring()` wird bei der Java-Umsetzung sehr weiterhelfen.
- Die Zeichen bis zum ersten Leerzeichen gehören zum Score.
- Die letzten sechs Zeichen gehören zur Jahreszahl, wobei du noch die Klammern isolieren müsstest. Somit sollte auch klar sein, wie du den Filmtitel ermitteln könntest.

W.7.12 Geheimsprache

Schwierigkeit Zeitaufwand Kreativität

Themen
Mit dieser Aufgabe wollen wir Folgendes trainieren:
- Strings und Stringverarbeitung

Beschreibung
Geheimsprachen haben so manche Vorteile. Wir könnten uns im Zug mit Freunden unterhalten, ohne dass andere uns verstehen könnten. Eine solche Geheimsprache wollen wir in dieser Aufgabe realisieren.

Aufgabenstellung
Schreibe eine Funktion mit Namen `pigLatin`, die einen englischen Text in eine Geheimsprache übersetzt. Die Übersetzung erfolgt Wort für Wort. Folgende Regeln sind dabei umzusetzen:

1. Versetze den ersten Buchstaben ans Ende des Wortes.
2. Füge den String `"ay"` am Ende des Wortes an.

Du musst noch darauf achten, dass der in die Geheimsprache übersetzte Text keine unnötigen Leerzeichen am Ende enthält.

Testfälle
- `"top secret"` → `"optay ecretsay"`
- `"this is awesome"` → `"histay siay wesomeaay"`
- `"hello world"` → `"ellohay orldway"`

Algorithmische Tipps
Wenn du stockst und nicht weiter weißt, dann versuch mal Folgendes:
- Teile den String in einzelne Worte auf. Dies kannst du mit einer integrierten Funktion realisieren, die jedes Wort aus einem String in ein Array packt. Welches Zeichen könntest du wohl als Trenner für die Wörter verwenden?
- Nutze zur Weiterverarbeitung einen temporären String. So kannst du auf die einzelnen Wortelemente lesend zugreifen.
- Gehe jedes Wort einzeln durch und setze dann die entsprechenden Regeln um. Um einen Buchstaben ans Ende des Wortes zu versetzen, könntest du zuerst das Wort ohne den Anfangsbuchstaben schreiben und anschließend den ersten Buchstaben anfügen.

W.7.13 Ähnlich klingende Wörter

Schwierigkeit   Zeitaufwand   Kreativität

Themen

Mit dieser Aufgabe wollen wir Folgendes trainieren:

- Strings und Stringverarbeitung

Beschreibung

Mit der phonetischen Suche können wir nach ähnlich klingenden Wörtern und Lauten in den menschlichen Sprachen suchen. Dabei werden wir versuchen, eine phonetische („klangliche") Repräsentation eines Wortes zu finden und nach dieser zu suchen. Zwei Wörter „passen" dann zueinander, wenn sie die gleiche phonetische Repräsentation aufweisen.

Der Match Rating Approach (MRA) ist ein phonetisches Suchverfahren, welches wir in dieser Aufgabe programmieren wollen.

Zur Umsetzung werden wir zwei Funktionen schreiben:

- `isVovel()` soll prüfen, ob ein Zeichen ein Vokal ist. Vokale sind die Zeichen `'A'`, `'E'`, `'I'`, `'O'` und `'U'`.
- `mra()` setzt den MRA um. Der MRA-Algorithmus
- wandelt alle Buchstaben in Großbuchstaben um,
  - reduziert Doppelkonsonanten auf ein Zeichen (Konsonanten sind alle Zeichen, die keine Vokale sind) und
- entfernt alle Vokale aus dem Wort, außer wenn ein Vokal am Anfang des Wortes steht.

Wenn die Länge des phonetischen MRA-Wortes länger als 6 Zeichen ist, wird es auf die ersten und die letzten drei Zeichen reduziert.

Aufgabenstellung

Programmiere die zwei beschriebenen Funktionen und setze damit den Match Rating Approach (MRA) um.

Testfälle

- `"Basketball"` → `"BSKTBL"`
- `"Armbanduhr"` → `"ARMDHR"`
- `"Programm"` → `"PRGRM"`
- `"Algorithmusschreiber"` → `"ALGRBR"`

Algorithmische Tipps

Wenn du stockst und nicht weiter weißt, dann versuch mal Folgendes:

- Zur Umwandlung von Strings in Großbuchstaben existieren integrierte Funktionen in Java (toUpperCase()) und Python (upper()).
- Du kannst alle Zeichen in einer Schleife durchgehen und diese auf Vokale und die Position prüfen. Durch die Iterationsvariable weißt du, an welcher Stelle des Strings du dich gerade befindest. Ebenso kannst du das aktuelle Zeichen mit dem zuletzt hinzugefügten Zeichen abgleichen. Nach erfolgter Prüfung kannst du das jeweilige Zeichen dem Ergebnisstring hinzufügen.
- Ein sehr hilfreicher Befehl in dieser Aufgabe ist continue. Damit kannst du in Schleifen die Ausführung des aktuellen Iterationsschritts abbrechen und in die nächste Iteration springen. Unter Umständen kann der Einsatz dieses Befehls aufwendig verschachtelte if-Anweisungen ersparen.

W.7.14 Textrahmen

Schwierigkeit   Zeitaufwand   Kreativität

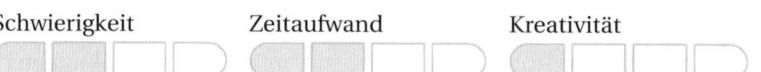 

Themen

Mit dieser Aufgabe wollen wir Folgendes trainieren:

- Strings und Stringverarbeitung

Beschreibung

Besonders in Konsolenprogrammen sehen wir nicht ausschließlich Text. Damit es ein wenig schöner aussieht, ist der Text oft umrahmt. Eine solche Umrahmung können wir uns selber programmieren.

Aufgabenstellung

Schreibe eine Funktion mit dem Namen `frameWordlist()`, die die Strings in einem Array mit einem Rahmen versieht und untereinander in der Konsole ausgibt.

Achte bei der Lösung auf Leerzeichen und Zeilenumbrüche.

Testfälle

- *Eingabe:*
  ```
  { "Rahmen", "sind", "toll!" }
  ```
- *Ausgabe:*
  ```
  **********
  * Rahmen *
  * sind   *
  * toll!  *
  **********
  ```

- *Eingabe:*
  ```
  { "Dieser Text", "hat",
    "einen Rahmen", "bekommen" }
  ```
- *Ausgabe:*
  ```
  ***************
  * Dieser Text *
  * hat         *
  * einen Rahmen *
  * bekommen    *
  ***************
  ```

Algorithmische Tipps

Wenn du stockst und nicht weiter weißt, dann versuch mal Folgendes:

- Damit wir den Rahmen korrekt ausgeben können, benötigen wir zuerst die Länge des größten Satzes im Array. Mit dieser Länge können wir die Abmaße unseres Rahmens bestimmen.
- Der obere und untere Rahmen sowie der mittlere Teil sind in drei einzelne Schleifen unterteilt.
- Beim mittleren Teil schreiben wir zuerst die linke Umrandung, dann den Text, dann die fehlenden Leerzeichen und schließlich die rechte Umrandung. Die fehlenden Leerzeichen können wir ganz einfach mit einer Differenz zwischen der maximalen Wortlänge und dem aktuellen Wort berechnen.

W.7.15 JSON-Array

Schwierigkeit　　　Zeitaufwand　　　Kreativität

Themen
Mit dieser Aufgabe wollen wir Folgendes trainieren:
- Strings und Stringverarbeitung

Beschreibung
Im Web ist das sogenannte JSON-Format gängig, um Daten in Textform zu repräsentieren. Ein String-Array wird in JSON zum Beispiel wie folgt aufgebaut und dargestellt:

    ['Null', 'Ei,ns', 'Zwei', 'Drei', 'Vier']

Die Anzahl der im JSON-String enthaltenen Stringkomponenten variiert und ist nicht immer, wie im Beispiel angegeben, gleich fünf.

Der Inhalt der einzelnen Strings sowie die Anzahl der Strings im Array ist nicht bestimmt und grundsätzlich unbegrenzt. Die Stringkomponenten dürfen alle Zeichen enthalten, außer den einfachen und doppelten Anführungszeichen, insbesondere aber auch dem Komma.

Aufgabenstellung
Schreibe eine Funktion mit Namen `toStringArray()`, die ein in JSON codiertes String-Array in seine Komponenten zerlegt und in ein `String`-Array umwandelt.

Testfall
- ['Null', 'Ei,ns', 'Zwei', 'Drei', 'Vier']
  - Null　　– Ei,ns　　– Zwei　　– Drei　　– Vier

Algorithmische Tipps
Wenn du stockst und nicht weiter weißt, dann versuch mal Folgendes:
- Entferne am besten zunächst alle Leerzeichen im JSON-String. Damit kannst du die nachfolgenden Verarbeitungsschritte einfacher durchführen.
- Gehe alle Zeichen durch und prüfe, ob das aktuelle Zeichen ein ' ist. Hierbei solltest du darauf achten, dass du beim Sonderzeichen in der `if`-Bedingung mit einem Backslash vor dem '-Zeichen ein sogenanntes Escaping durchführst. Damit kannst du der Programmiersprache mitteilen, dass dieses Sonderzeichen zum Suchstring gehört. Andernfalls wird die Programmiersprache das Zeichen als Ende des Strings interpretieren und entsprechend einen Fehler ausgeben.
- Nutze eine Variable, damit du überprüfen kannst, ob du dich gerade innerhalb oder außerhalb eines JSON-Strings befindest. Je nachdem kannst du dann Zeichen in einen String schreiben, den du nach dem schließenden '-Zeichen in den String-Array hinzufügen kannst.

W.7.16 Barcode-Generator

Schwierigkeit   Zeitaufwand   Kreativität

Themen

Mit dieser Aufgabe wollen wir Folgendes trainieren:

- Strings und Stringverarbeitung

Beschreibung

Auf Büchern und anderen Waren, die wir so kennen, ist zur Identifikation ein Barcode aufgedruckt. Diesen werden wir in dieser Aufgabe selbst herstellen.

Der im englischsprachigen Raum weit verbreitete UPC-A-Barcode codiert 12 Ziffern, von denen die letzte Ziffer eine Prüfziffer für die vorherigen 11 Ziffern ist. Jede Ziffer wird dabei mit einer Folge von gleich dicken Linien in den Farben Schwarz und Weiß codiert.

Schauen wir uns einen UPC-A-Barcode im Detail an:

Wenn wir den Barcode von links nach rechts lesen, dann beginnt und endet jeder gültige Barcode mit einer Folge von siebenmaligen weißen Strichen. Das Startmuster (*Schwarz-Weiß-Schwarz*) leitet anschließend die Barcode-Sequenz ein.

Anschließend folgen die ersten sechs Ziffern, welche in diesem Schema codiert werden:

- 0: *3·weiß, 2·schwarz, 1·weiß, 1·schwarz*
- 1: *2·weiß, 2·schwarz, 2·weiß, 1·schwarz*
- 2: *2·weiß, 1·schwarz, 2·weiß, 2·schwarz*
- 3: *1·weiß, 4·schwarz, 1·weiß, 1·schwarz*
- 4: *1·weiß, 1·schwarz, 3·weiß, 2·schwarz*

- 5: *1·weiß, 2·schwarz, 3·weiß, 1·schwarz*
- 6: *1·weiß, 1·schwarz, 1·weiß, 4·schwarz*
- 7: *1·weiß, 3·schwarz, 1·weiß, 2·schwarz*
- 8: *1·weiß, 2·schwarz, 1·weiß, 3·schwarz*
- 9: *3·weiß, 1·schwarz, 1·weiß, 2·schwarz*

Danach folgt das Mitte-Muster (*Weiß-Schwarz-Weiß-Schwarz-Weiß*), wonach die restlichen sechs Ziffern folgen. Auf der rechten Seite werden sie so codiert:

- 0: *3·schwarz, 2·weiß, 1·schwarz, 1·weiß*
- 1: *2·schwarz, 2·weiß, 2·schwarz, 1·weiß*
- 2: *2·schwarz, 1·weiß, 2·schwarz, 2·weiß*
- 3: *1·schwarz, 4·weiß, 1·schwarz, 1·weiß*
- 4: *1·schwarz, 1·weiß, 3·schwarz, 2·weiß*

- 5: *1·schwarz, 2·weiß, 3·schwarz, 1·weiß*
- 6: *1·schwarz, 1·weiß, 1·schwarz, 4·weiß*
- 7: *1·schwarz, 3·weiß, 1·schwarz, 2·weiß*
- 8: *1·schwarz, 2·weiß, 1·schwarz, 3·weiß*
- 9: *3·schwarz, 1·weiß, 1·schwarz, 2·weiß*

Wie wir sehen, sind hier lediglich die **Farben vertauscht** worden. Das Endmuster (*Schwarz-Weiß-Schwarz*) beendet die Codierung.

Jetzt müssen wir noch klären, wie die Prüfziffer berechnet wird. Das funktioniert nach folgendem Schema:

1. Alle Ziffern an den ungeraden Positionen (1, 3, 5 usw.) addieren und die Summe mit 3 multiplizieren.
2. Dann alle Ziffern an den geraden Positionen (2, 4, 6 usw.) addieren und die Summe wiederum mit dem Ergebnis aus Berechnungsschritt 1 addieren.
3. Schließlich den ganzzahligen Rest des Ergebnisses aus Berechnungsschritt 2 bei Division mit 10 berechnen.
4. Sollte das Ergebnis aus Berechnungsschritt 3 größer als 0 sein, dann dieses von 10 subtrahieren.

Aufgabenstellung

Schreibe ein Programm, welches aus einer 11-stelligen Ziffernfolge einen UPC-A-Barcode generiert und im Ausgabefenster darstellt. Die Ziffernfolge soll als String übergeben werden.

Die zu codierenden Ziffern sollen dabei über einen Funktionsaufruf bestimmt werden.

Testfall

- 98765432110 führt zu Barcode 987654321104 (Prüfziffer: 4):

Im Internet existiert eine Vielzahl an Software und mobilen Apps, mit denen sich der generierte Barcode überprüfen lässt.

Algorithmische Tipps

Wenn du stockst und nicht weiter weißt, dann versuch mal Folgendes:

- Es ist empfehlenswert, die einzelnen Arbeitsschritte (Codieren, Zeichnen etc.) möglichst in unterschiedliche Funktionen aufzuteilen.
- Die Farben könnten mit zwei unterschiedlichen Zahlen codiert werden.
- Auch die einzelnen Musterarten könnten als individuelle Variablen definiert werden, zum Beispiel `MITTE_MUSTER`. Das wird helfen, später im Quellcode noch den Überblick zu behalten.
- Zählvariablen wie die Anzahl der bearbeiteten Ziffern werden sicher weiterhelfen.

8 Objektorientierung

■ 8.1 Warmup

Im Verlauf dieses Buches haben wir in den Lösungen zu den Aufgaben eine Unterteilung und damit Trennung zwischen verschiedenen Code-Teilen besprochen: Wir haben Code separiert und als Funktionen zusammengefasst. Damit haben wir eine Möglichkeit gefunden, unseren Code übersichtlicher zu gestalten: Wenn wir zu einem späteren Zeitpunkt nochmal auf unsere programmierte Lösung schauen, fällt es uns damit leichter, den Algorithmus zu verstehen, den wir umgesetzt haben. Gleichzeitig haben wir die Fehleranfälligkeit minimiert, da sich wiederholender Code jetzt nur noch einmal vorhanden ist, und zwar als Funktion an einer definierten Stelle.

Nun handelt es sich bei unseren Aufgaben um recht überschaubare Probleme, die wir lösen müssen. Und so bleibt auch die Menge an Programmierzeilen, die wir zu Lösung schreiben müssen, in einer übersichtlichen Größenordnung. Wir schreiben alle Anweisungen in eine Datei und haben lediglich Funktionen, um eine gewisse Ordnung herzustellen. Alle Variablen und Funktionen, die wir benötigen, können wir nicht eindeutig einem Bereich zuordnen, da Daten und Funktionen voneinander getrennt dargestellt sind. Das hier zum Tragen kommende Konzept bezeichnet man als *Prozedurale Programmierung*.

Einen weiterführenden Ansatz bietet uns die **Objektorientierte Programmierung**. Sie gibt uns ein weiteres Mittel zur Strukturierung an die Hand. Denn hier werden die Daten und die zugehörigen Funktionen in Klassen von Realweltobjekten gegliedert. Eine **Klasse** beschreibt dabei den *Bauplan* gleichartiger Objekte. Hier werden die Eigenschaften und die auf diesen Eigenschaften anwendbaren Funktionen definiert und zusammengefasst. Eine Klasse ist sozusagen der Bauplan für ein Objekt dieses Typs.

Der Bauplan für einen *Mitarbeiter* sieht zum Beispiel folgende Eigenschaften vor, die in der objektorientierten Welt als **Attribute** bezeichnet werden: Dazu gehören der Name und Vorname, ein Gehalt und die Zugehörigkeit zu einer Abteilung. Unter **Methoden** verstehen wir im OO-Umfeld Operationen auf Objekten. Sie werden durch **Funktionen** realisiert, und dies könnten sein: GehaltErhöhen oder AbteilungWechseln. Ein konkreter Mitarbeiter, also ein **Objekt**, wird nach einem solchen Bauplan *erzeugt* und verfügt somit über sämtliche Attribute und auch Methoden, die der Bauplan vorgibt. Er hat also einen eigenen Namen und Vornamen, ein Gehalt und gehört einer Abteilung an. Wir können sein Gehalt erhöhen sowie ihn in eine andere Abteilung wechseln lassen.

Unter einer **Instanz** verstehen wir ein konkretes Objekt einer Klasse, also beispielsweise den Mitarbeiter *Doe, John, 50000, Development*. Um den konkreten Mitarbeiter *John Doe* anzulegen, müssen wir ein Objekt instanziieren, also ein Objekt erzeugen und die Werte für diesen Mitarbeiter eintragen. Dies ist die Grundlage für den Aufruf der in der Klasse definierten Methoden sowie der Zugriff auf die Attribute. Hat unsere Firma 10 Mitarbeiter und wir wollen diese verwalten, haben wir folgerichtig 10 Instanzen vom Typ `Mitarbeiter`.

Immer dann, wenn wir ein neues Objekt instanziieren, wird intern der **Konstruktor** aufgerufen. Hierbei handelt es sich um eine besondere Methode, in der wir festlegen können, was beim Erzeugen eines konkreten Objekts geschehen soll. Meistens ist hier eine bestimmte Signatur einzuhalten, die den Konstruktor von einer gewöhnlichen Methode unterscheidet. So muss der Konstruktor in Java dadurch gekennzeichnet sein, dass der Name mit dem Klassennamen identisch ist. Zudem hat ein Konstruktor keinen Rückgabetyp. Die Programmiersprache Python sieht vor, dass der Konstruktor grundsätzlich `__init__` lautet.

Wir können unter anderem angeben, dass ein Objekt `Mitarbeiter` **nur in Verbindung mit** der Angabe von Name, Vorname sowie Abteilung und Gehalt angelegt werden kann. Dies wird durch die Definition einer entsprechenden Parameterliste im Konstruktor realisiert.

In manchen Programmiersprachen ist es zudem möglich, verschiedene Konstruktoren anzubieten. Hierbei spricht man von **Überladung**. Die verschiedenen Konstruktoren werden dabei durch die Parameterliste voneinander unterschieden. Die Programmiersprache Java bietet dieses Feature beispielsweise an.

Tipp: Solltest du Konstruktoren überladen, also verschiedene Konstruktoren anbieten wollen, schreibe zunächst einen Konstruktor, der alle möglichen Attribute initialisiert, und rufe diesen aus den anderen Konstruktoren mit geeigneten konstanten Parametern auf. Dies vermindert die Zahl potenzieller Fehler!

Es ist übrigens auch möglich, überhaupt keinen Konstruktor zu definieren. Nur in diesem Fall wird ein impliziter Konstruktor ohne Argumente angenommen, und die Eigenschaften von Objekten werden mit Standardwerten initialisiert.

Wenn es aber überladene Konstruktoren gibt oder beispielsweise gleichnamige Variablen in der Parameterliste und im Rumpf einer Methode, dann benötigen wir eine Möglichkeit, um klarzustellen, welchen Bezeichner wir ansprechen wollen. Das Schlüsselwort *this* in Java oder *self* in Python hilft uns hierbei, denn es bezeichnet eine Referenz auf das aktuelle Objekt selbst.

Im Sinne der Datenkapselung sollten wir vorsehen, dass wir Klassen, Variablen, Attribute und Methoden nicht grundsätzlich nach außen hin sichtbar machen. Dies geschieht über **Sichtbarkeitsmodifizierer** wie zum Beispiel `public` oder `private`. Jeder Klasse, Methode und Variable kann - in geeigneten Programmiersystemen - ein entsprechender Modifizierer vorangestellt werden. Methoden, die wir als `private` markieren, sind dadurch nur innerhalb des umgebenden Bereichs aufrufbar. Genauso verhält es sich auch mit Variablen. Allerdings gilt hier, dass wir eine Variable nie öffentlich zugänglich machen sollten. Denn dann haben wir keine Kontrolle darüber, wie der Wert einer Variablen zu einem beliebigen Zeitpunkt geändert wird. Um diesem Problem aus dem Weg zu gehen, verbergen wir Variablen nach außen hin und verwenden stattdessen Getter- und Setter-Funktionen. Nur über diese Funktionen ist es dann möglich, Werte zu setzen bzw. abzufragen. Damit behalten wir die Kontrolle darüber, dass zum Beispiel nur gültige Werte gesetzt werden. In der Programmiersprache Python gibt es keine expliziten Sichtbarkeitsmodifizierer. Private

Klassenvariablen werden in Python mit einem doppelten Unterstrich erzeugt, zum Beispiel `self.__variable = wert`.

In objektorientierten Systemen unterscheidet man Variablen in verschiedene Kategorien. Von **Instanzvariablen** spricht man, wenn die Variable zu einem Objekt gehört. Der Zugriff ist ausschließlich über eine konkrete Instanz möglich: `circle.radius = 1.7`.

Im Gegensatz dazu gibt es sogenannte **Klassenvariablen**. Ihre Lebensdauer ist nicht von einem Objekt abhängig, sondern gilt für die Klasse und damit für alle erzeugten Instanzen. Der Zugriff ist nur im Zusammenspiel mit der Klasse möglich: `delta = Circle.PI / 10`. Möchten wir beispielsweise einen Zähler realisieren, der mit jeder Objektgenerierung hochgezählt wird, benötigen wir eine solche Klassenvariable. Hier ist auch die Rede von einer **statischen Variable**. Aus Instanzen ist der Zugriff auf Klassenvariablen möglich.

Immer dann, wenn wir die Variable direkt mit ihrem Namen ansprechen können, handelt es sich um eine **lokale Variable**.

Eine ähnliche Unterscheidung gibt es auch bei den Methoden: Hier unterscheiden wir **Klassenmethoden** (auch **statische Methoden** genannt) von **Objektmethoden**. Während die Klassenmethode über ihren Klassennamen angesprochen wird, ist eine Objektmethode nur über ein konkretes Objekt ansprechbar. Eine Klassenmethode hat keinen Zugriff auf die Variablen von Instanzen. Ihr Zugriff ist auf andere Klassenvariablen und lokale Variablen beschränkt. Zudem darf eine Klassenmethode nur andere statische Methoden der Klasse direkt aufrufen.

Viel Erfolg bei den folgenden Übungen!

8.2 Workout

W.8.1 Schrittzähler

Schwierigkeit   Zeitaufwand   Kreativität

Themen

Mit dieser Aufgabe wollen wir Folgendes trainieren:

- Objektorientierung
- Klassen, Instanzvariablen, Methoden

Beschreibung

Mobile Schrittzähler-Apps sind spätestens seit dem Erscheinen von Smartwatches durchaus populär. Das Grundgerüst für eine solche App wollen wir in dieser Aufgabe programmieren.

Das Programm soll jeden Schritt zählen und anschließend die gezählten Schritte mit dem Datum ausgeben. Zwar können wir am Computer die gegangenen Schritte aktuell nur simulieren, aber praktisch lässt sich das Grundgerüst auch auf eine mobile App mit echter Schrittzählung übertragen.

Aufgabenstellung

Schreibe eine Klasse mit dem Namen `StepCounter`, dessen Konstruktor ein Datum in Form eines Strings entgegennehmen soll. Schreibe in der Klasse die Methode `incrementSteps()`, die den Schrittzähler um einen Schritt erhöhen soll.

Die Methode `toString()` soll anschließend eine Ausgabe in dieser Form erzeugen:

```
Am <Datum> bin ich <Schrittzahl> Schritte gegangen.
```

Die umklammerten Worte sollen Platzhalter für die entsprechenden Werte sein.

Schreibe anschließend ein Testprogramm außerhalb der Klasse, welches den Schrittzähler testet und eine bestimmte Anzahl an Schritten simuliert.

Testfälle

- Datum: 11.11.2011

  Anzahl der Schritte: 1111

  Ausgabe:

  ```
  Am 11.11.2011 bin ich 1111 Schritte gegangen.
  ```
- Datum: 1.9.2017

  Anzahl der Schritte: 10000

  Ausgabe:

  ```
  Am 1.9.2017 bin ich 10000 Schritte gegangen.
  ```

Algorithmische Tipps

Wenn du stockst und nicht weiter weißt, dann versuch mal Folgendes:

- Private Variablen sind hier empfehlenswert. Sonst könnten unehrliche Fußgänger hier einfach ihre Schritte ändern ;-). Private Klassenvariablen können in Python mit einem doppelten Unterstrich erzeugt werden, zum Beispiel `self.__variable = wert`.
- Mit jedem Aufruf der Schritterhöhung den Zähler um eins erhöhen.
- Eventuell muss der Variablentyp umgewandelt werden.

W.8.2 Body-Mass-Index

Schwierigkeit   Zeitaufwand   Kreativität

Themen

Mit dieser Aufgabe wollen wir Folgendes trainieren:

- Objektorientierung
- Klassen, Instanzvariablen, Methoden

Beschreibung

Der Body-Mass-Index (BMI) ist eine Zahl, die die Relation von Körpergewicht zu Körpergröße angibt. Berechnet wird dieser nach der Formel:

$$BMI = \frac{m}{l^2}$$

m: Körpergewicht in Kilogramm

l: Körpergröße in Metern

Anhand des BMI-Wertes kann bestimmt werden, in welche Gewichtskategorie eine Person fällt. Hierfür werden in dieser Aufgabe folgende Abstufungen verwendet:

- `< 18,5:`   untergewichtig
- `18,5 - 25:` normalgewichtig
- `25 - 30:`   übergewichtig
- `> 30:`   fettleibig

Aufgabenstellung

Schreibe eine statische Klassenmethode in der Klasse `Health`, die den BMI für ein gegebenes Körpergewicht und die Körpergröße berechnet.

Füge in der Klasse `Health` eine zweite statische Methode hinzu, die für einen gegebenen BMI zurückgibt, in welche Gewichtskategorie dieser fällt.

Schreibe in einer separaten Klasse ein Programm, das das Körpergewicht und die Körpergröße einliest und mit der vorher verfassten Methode `Health.computeBMI()` den BMI berechnet. Bestimme anschließend mit dem BMI-Wert die Gewichtskategorie und konstruiere folgende Konsolenausgabe:

```
Mit einem BMI von <BMI> sind Sie <Kategorie>.
```

Die spitzen Klammern sollen mit den entsprechenden Werten ersetzt werden.

Testfälle

- Gewicht: 57 kg, Größe: 1,80 m

    – Mit einem BMI von 17.5925925926 sind Sie untergewichtig.

- Gewicht: 81 kg, Größe: 1.80 m
  - Mit einem BMI von 25.0 sind Sie normalgewichtig.
  - oder Mit einem BMI von 25.0 sind Sie übergewichtig.
- Gewicht: 120 kg, Größe: 2.00 m
  - Mit einem BMI von 30.0 sind Sie übergewichtig.

Algorithmische Tipps

Wenn du stockst und nicht weiter weißt, dann versuch mal Folgendes:

- Aufpassen, dass bei der Bestimmung der Gewichtskategorie auch alle Fälle abgedeckt sind.
- Statische Methoden können in Python mit dem Dekorator `@staticmethod` als eine solche bezeichnet werden.

W.8.3 Songtextsuche

Schwierigkeit   Zeitaufwand   Kreativität

Themen

Mit dieser Aufgabe wollen wir Folgendes trainieren:

- Objektorientierung
- Klassen, Instanzvariablen, Methoden

Beschreibung

Die Website `lyrics.wikia.com` stellt rund 1,9 Millionen Songtexte bereit. Wir wollen eine App programmieren, welche auf diese Datenbank zugreift. Vorher möchten wir aber einige Tests machen und zur Weiterverwendung eine statische Funktion in einer Klasse schreiben.

Ob ein Songtext in der Datenbank vorliegt, kann über eine Webanfrage festgestellt werden. Hierzu muss eine URL in der Form

```
http://lyrics.wikia.com/api.php?func=getSong&artist=
   die_fantastischen_vier&song=mfg
```

konstruiert werden. Die fett gedruckten Teile in der URL müssen entsprechend mit dem Künstler und dem Songtitel angepasst werden.

Aufgabenstellung

Schreibe eine statische Funktion in einer Klasse, das den Künstler und den Songtitel einliest und die entsprechende URL daraus konstruiert. Hierbei ist es wichtig, dass alle Leerzeichen durch Unterstriche _ ersetzt werden müssen. Ebenso müssen sowohl Künstler als auch Titel in Kleinbuchstaben umgewandelt werden.

Teste die Funktion mit einem Programm außerhalb der Klasse. Kopiere dabei die generierte URL in einen Webbrowser, um die korrekte Funktionsweise des Programms zu überprüfen.

Testfälle

Eingabe:

- Interpret: „Die Fantastischen Vier"
- Titel: „MFG"

Ausgabe:

- `http://lyrics.wikia.com/api.php?func=getSong&artist=die_fantastischen_vier` `&song=mfg`

Algorithmische Tipps

Wenn du stockst und nicht weiter weißt, dann versuch mal Folgendes:

- Eingaben in Kleinschreibung konvertieren.
- Alle Leerzeichen mit Unterstrich ersetzen.
- Konstruiere URL-String und gebe diesen zurück.

W.8.4 Passwortklasse

Schwierigkeit Zeitaufwand Kreativität

Themen
Mit dieser Aufgabe wollen wir Folgendes trainieren:
- Objektorientierung
- Klassen, Instanzvariablen, Methoden

Beschreibung
Wir wollen eine Klasse mit Namen `Password` implementieren, die ein Passwort repräsentiert. Intern wird das Passwort als `char`-Array verwaltet. Folgende Methoden sollen wir implementieren:

- Der Konstruktor bekommt das Password als `char`-Array übergeben und setzt die strikte Kapselung durch. Zudem wird dafür gesorgt, dass das übergebene Passwort nur noch aus Leerzeichen besteht.
- Die Java-Funktion `isStrong()` aus Aufgabe 7.2.4 ist als Klassenmethode enthalten. Es reicht, wenn wir die Signatur der Methode angeben.
- Mit der Methode `changePassword()`, kann das Passwort geändert werden. Hierzu muss sowohl das „alte" Passwort als auch das „neue" Passwort übergeben werden. Stimmt das übergebene „alte" Passwort nicht, wird nichts geändert, und die Methode liefert `false` zurück. Handelt es sich beim „neuen" Passwort nicht um ein starkes Passwort, ändert sich ebenfalls nichts, und die Methode liefert gleichfalls `false` zurück. Wie beim Konstruktor soll auch diese Methode die strikte Kapselung durchsetzen.
- Die Methode `deletePassword()` löscht das Passwort unwiderruflich aus dem Speicher.

Aufgabenstellung
Implementiere die oben beschriebene Klasse `Password`.

Testfälle
Dieser Testcode sollte zweimal den Wert `false` und einmal den Wert `true` im Terminal zurückgeben, wenn er in der `setup()`-Funktion ausgeführt wird:

```
char[] pwd_first  = "PassWD15!!".toCharArray();
char[] pwd_weak   = "1234567890".toCharArray();
char[] pwd_strong = "NewPWD16!!".toCharArray();

// Erzeuge ein neues Passwortobjekt und setze das
// Passwort auf "PassW15!!"
Password pwd = new Password(pwd_first);

// Ändere Passwort auf "1234567890"
// Klappt nicht, weil das neue Passwort schwach ist
```

```
println(pwd.change(pwd_first, pwd_weak));
// Verändern der lokalen pwd_first-Variablen
// Darf keine Auswirkungen auf das Passwort im pwd-Objekt haben.
pwd_first[0] = 'p';

// Ändere Passwort auf "NewPWD16!!"
// Klappt nicht, weil das alte Passwort nicht stimmt
println(pwd.change(pwd_first, pwd_strong));

// Zurücksetzen der lokalen pwd_first-Variablen
// Darf keine Auswirkungen auf das Passwort im pwd-Objekt haben.
pwd_first[0] = 'P';

// Ändere Passwort auf "NewPWD16!!"
// Klappt, weil das alte Passwort stimmt und
// das neue Passwort stark ist
println(pw.change(pwd_first, pwd_strong);
```

Algorithmische Tipps

Wenn du stockst und nicht weiter weißt, dann versuch mal Folgendes:

- Die Aufgabe zum starken Passwort ergibt eine Funktion, die du hier einbauen kannst.
- Der char-Array ist ein Referenzdatentyp und muss kopiert werden.
- Ebenso musst du beim Passwortvergleich jeweils Zeichen für Zeichen vergleichen.

W.8.5 Kopffitness

Schwierigkeit   Zeitaufwand   Kreativität

Themen
Mit dieser Aufgabe wollen wir Folgendes trainieren:
- Objektorientierung
- Klassen, Instanzvariablen, Methoden

Beschreibung
Um unsere Rechenfähigkeiten etwas zu trainieren, wollen wir einen Zufallsgenerator für Rechenaufgaben erzeugen. Die Rechenaufgaben sollen auf dem großen Einmaleins basieren (ganze Zahlen von 1 bis 20).

Aufgabenstellung
Schreibe eine Klasse mit Namen `MultiplicationQuiz`, deren Objekte zufällige Rechenaufgaben erzeugen und das korrekte Ergebnis dazu bereitstellen.

Die Klasse soll z.B. so verwendet werden können:

- *Java:*
  ```
  MultiplicationQuiz mq = new MultiplicationQuiz();
  String exercise = mq.getExercise();
  int result = mq.getResult();
  ```
- *Python:*
  ```
  mq = MultiplicationQuiz();
  exercise = mq.getExercise();
  result = mq.getResult();
  ```

Zur Generierung von Zufallszahlen steht die Processing-Methode `random(start, end)` zur Verfügung.

Testfälle
Das Programm erzeugt bei jedem Aufruf von `getExercise()` eine neue Aufgabe.

Aufruf 1:
```
13 * 8 = ?
Result: 104
```
Aufruf 2:
```
5 * 5 = ?
Result: 25
```
Ebenso muss das angezeigte Ergebnis die tatsächliche Lösung der Aufgabe sein.

Algorithmische Tipps

Wenn du stockst und nicht weiter weißt, dann versuch mal Folgendes:

- Mit Privaten Variablen kannst du den Zugriff außerhalb der Klasse unterbinden. Beachte hier auch den Hinweis aus der Aufgabe zum Schrittzähler.
- Zufallszahlengeneratoren erzeugen in der Regel keine Integer-Werte. Sollten lange Kommazahlen in der Aufgabenstellung auftreten, probiere doch mal eine Umwandlung in Integer-Werte.

W.8.6 Fernbedienung

Schwierigkeit: ●●○○○
Zeitaufwand: ●●○○○
Kreativität: ●●○○○

Themen

Mit dieser Aufgabe wollen wir Folgendes trainieren:

- Objektorientierung
- Klassen, Instanzvariablen, Methoden

Beschreibung

Wir wollen die Senderauswahl eines Fernsehers simulieren. Der Fernseher hat dabei eine feste Anzahl von Speicherplätzen (z.B. 30). Diese sind beginnend mit 0 durchgehend nummeriert.

Unsere dafür umzusetzende Klasse soll dabei Folgendes unterstützen:

- Wechsel auf den nächsthöheren Speicherplatz bzw. Sender. Nach dem letzten Speicherplatz folgt wieder der erste Speicherplatz.
- Speichern eines Sendernamens (z.B. ARD) für den aktuellen Speicherplatz.
- Ausgabe des Sendernamens für den aktuellen Speicherplatz.

Aufgabenstellung

Schreibe die Klasse zur Simulation der Senderauswahl eines Fernsehers mit passender Klassendefinition, geeignetem Konstruktor und den benötigten Funktionen.

Teste die geschriebene Klasse mit entsprechender Simulation der Tasteneingaben.

Testfälle

- Bleibt der neu gesetzte Sendername auch nach dem „Zappen" in der Senderliste gespeichert?
- Kann eine Senderliste mit 30 Elementen fehlerfrei mit 31-maligem Wechsel auf den nächsten Sender gewechselt werden und werden dabei auch alle Sender in der richtigen Reihenfolge ausgegeben?
- Springt die Fernbedienung nach dem letzten Programm auch auf die Programmnummer 0?

Algorithmische Tipps

Wenn du stockst und nicht weiter weißt, dann versuch mal Folgendes:

- Senderliste einmalig mit fester Länge beim Start initialisieren.
- Speichere die aktuelle Senderposition in der Fernbedienung.
- Anhand der Informationen zur Senderliste und Senderposition können die anderen Eigenschaften umgesetzt werden.

W.8.7 Stoppuhr

Schwierigkeit Zeitaufwand Kreativität

Themen

Mit dieser Aufgabe wollen wir Folgendes trainieren:

- Objektorientierung
- Klassen, Instanzvariablen, Methoden

Beschreibung

In dieser Aufgabe wollen wir unsere eigene Stoppuhr realisieren. Die umzusetzende Klasse StopWatch soll dabei folgende Funktionen bekommen:

- start(): Starten der Stoppuhr und Start der Zeitmessung.
- stop(): Stoppen der Stoppuhr und Stoppen der Zeitmessung.
- elapsedTime(): Gibt die abgelaufene Zeit zurück. Die Zeitangabe soll dabei in Sekunden erfolgen (Millisekunden kommen hinter den Dezimalpunkt). Wenn die Stoppuhr noch läuft, soll die abgelaufene Zeit bis zum aktuellen Zeitpunkt zurückgegeben werden, andernfalls die Zeit zwischen dem Starten und dem Stoppen. Im Initialzustand soll die Methode 0.0 zurückliefern.

Aufgabenstellung

Implementiere die beschriebene Klasse StopWatch mit den entsprechenden Funktionen und stelle die Zeit grafisch in einem Fenster dar. Die Zeitstoppung soll über Eingaben auf der Tastatur ermöglicht werden.

Testfälle

- Zweimaliges Drücken der Stopp-Taste führt zur keiner Zeitänderung.
- Zweimaliges Drücken der Start-Taste führt zur keinem Neustart der Zeitmessung.

Algorithmische Tipps

Wenn du stockst und nicht weiter weißt, dann versuch mal Folgendes:

- Die aktuelle Zeit kannst du in Java über die Methode public static long currentTimeMillis() in der Klasse System ermitteln. In Python kannst du die Methode time() aus dem Modul time nutzen. Dieses musst du entsprechend vor der Nutzung über den import-Befehl importieren.
- Um Tastendrücke zu verarbeiten, musst du mindestens eine draw()- und eine keyTyped()-Funktion in deinen Processing-Sketch einbauen. In der keyTyped()-Funktion kann die eingegebene Taste über die eingebauten Variablen key oder keyCode abgefragt werden.
- Um Sekunden und Hundertstel aus den verfügbaren Daten zu bestimmen, solltest du dir am besten die Funktionsweisen von Division- und Modulo-Operator genauer anschauen.

W.8.8 Druckerwarteschlange

Schwierigkeit Zeitaufwand Kreativität

Themen
Mit dieser Aufgabe wollen wir Folgendes trainieren:
- Objektorientierung
- Klassen, Instanzvariablen, Methoden

Beschreibung
Jedes Mal, wenn wir ein Dokument ausdrucken wollen, wird ein Druckauftrag in der Druckerwarteschlange abgelegt. Eine solche wollen wir beispielhaft implementieren.

Die Klasse `PrinterQueue` soll die Warteschlange eines Druckers verwalten. Diese kann eine maximale Anzahl an Druckaufträgen annehmen. Ist die Warteschlange voll besetzt, werden weitere Druckaufträge mit einer Fehlermeldung abgelehnt.

Für die Realisierung wurde uns bereits folgender Programmcode zur Verfügung gestellt:

- *Java:*
  ```java
  public class PrinterQueue {
      private PrintJob[] jobs;
      ...

      public PrinterQueue(...) {
          ...
      }

      public void addJob(...) {
          ...
      }

      public PrintJob nextJob() {
          ...
          return job;
      }
  }
  ```
- *Python:*
  ```python
  class PrinterQueue:

      def init(...):
          ...

      def addJob(...):
          ...

      def nextJob():
          ...
          return job
  ```

Aufgabenstellung

Vervollständige die Klasse und schreibe ein Programm, das eine Druckerwarteschlange simuliert und beispielhaft testet.

Testfälle

- `PrinterQueue` hat eine Größe von 2. Beim Hinzufügen des dritten Jobs muss eine Fehlermeldung kommen, und der Job darf nicht hinzugefügt worden sein.
- In diesem Sinne darf ein dreimal hintereinander folgender Aufruf von `nextJob()` kein anderer Wert außer Null/None zurückkommen.

Algorithmische Tipps

Wenn du stockst und nicht weiter weißt, dann versuch mal Folgendes:

- Speichere den ältesten Auftrag an erster Stelle.
- Sortiere den Array entsprechend um, wenn die Warteschlange abgearbeitet wird.
- Überlege, wie du ohne Durchgang aller Array-Inhalte herausfinden kannst, ob im Array ein Auftrag liegt.

W.8.9 Tic Tac Toe

Schwierigkeit   Zeitaufwand   Kreativität

Themen

Mit dieser Aufgabe wollen wir Folgendes trainieren:

- Objektorientierung
- Klassen, Instanzvariablen, Methoden

Beschreibung

Die TicTacToe-Klasse repräsentiert ein 3x3-Spielfeld für das bekannte gleichnamige Spiel. Die Klasse verwaltet den Spielstand und kann das Spielfeld mit den enthaltenen Zügen ausgeben.

Der Zustand einer Zelle wird mit einem Integer-Wert wie folgt codiert:

- 0 bedeutet, dass die Zelle leer ist.
- 1 bedeutet, dass die Zelle durch ein 'X' belegt ist.
- 2 bedeutet, dass die Zelle durch ein 'O' belegt ist.

Die Klasse besitzt folgende Methoden:

- Die reset()-Methode setzt das Spielfeld auf den Anfangszustand (alle Zellen sind leer). Diese Methode sollen wir auch im Konstruktor zur Initialisierung des gesamten Spielfelds verwenden.
- Die setMark()-Methode setzt das Spielerzeichen ('X' oder 'O') auf die angegebene Position. Liegt die Position außerhalb des Spielfelds oder ist die damit angegebene Zelle bereits belegt, gibt die Methode false zurück. Anderenfalls wird das Spielerzeichen gesetzt. Achtung: Welches Spielerzeichen zu setzen ist, verwaltet die TicTacToe-Klasse intern.
- Die toString()-Methode gibt das Spielfeld als String zurück. Dabei wollen wir den folgenden Aufbau implementieren (leeres Spielfeld):

```
 | | 
-+-+-
 | | 
-+-+-
 | | 
```

Aufgabenstellung

Schreibe die TicTacToe-Klasse mit den beschriebenen Funktionalitäten. Das Spielfeld soll dabei in Form eines eindimensionalen Integer-Arrays intern gespeichert werden.

Testfälle

Dieser Beispieldurchlauf soll die Funktion noch einmal verdeutlichen:

- Initialisierung
```
 | |
-+-+-
 | |
-+-+-
 | |
```

- setMark(2,2)
```
 | |
-+-+-
 | |
-+-+-
 | |X
```

- setMark(2,0)
```
 | |0
-+-+-
 | |
-+-+-
 | |X
```

- setMark(1,1)
```
 | |0
-+-+-
 |X|
-+-+-
 | |X
```

Algorithmische Tipps

Wenn du stockst und nicht weiter weißt, dann versuch mal Folgendes:

- Du könntest das Spielfeld so speichern, dass nach drei Elementen jeweils die nächste Zeile folgt.

- Sorge dafür, dass die `setMark()` nur gültige Spielfeldgrößen akzeptiert. Wenn dies der Fall ist, kannst du die Position im Array bestimmen, da du schließlich weißt, wie viele Elemente jede Zeile und Spalte im Spielfeld hat. Sobald du die Markierung gesetzt hast, kannst du die nächste Markierung bestimmen (zum Beispiel mit dem Modulo-Operator).

- Beim Zeichnen des Spielfeldes kannst du jedes Element einzeln durchgehen und das entsprechende Zeichen (`'0'`, `'X'` oder Leerzeichen) in die Konsole schreiben. Mit dem Modulo-Operator kannst du anschließend prüfen, ob das aktuelle Element das letzte Element in der Zeile ist. Wenn dies der Fall ist, kannst du die neue Zeile malen und ansonsten das Zeichen für die Spaltenmarkierung.

W.8.10 Zwischenablage

Schwierigkeit Zeitaufwand Kreativität

Themen
Mit dieser Aufgabe wollen wir Folgendes trainieren:
- Objektorientierung
- Klassen, Instanzvariablen, Methoden

Beschreibung
Copy & Paste (Kopieren & Einfügen): Jeder von uns hat diese Kombination mit Sicherheit bereits genutzt. Jedes Mal, wenn wir entweder Text kopieren oder einfügen, nutzen wir im Hintergrund die Zwischenablage unseres Systems. Eine solche wollen wir in dieser Aufgabe selbständig programmieren.

Die Zwischenablage hat eine feste Anzahl an Speicherplätzen. Die umzusetzende Klasse soll folgende Operationen unterstützen:

- Hinzufügen (`copy`) einer Zeichenkette in die Zwischenablage. Sofern noch Speicherplätze frei sind, wird die Zeichenkette in den nächsten freien Speicherplatz aufgenommen. Ist kein Speicherplatz mehr frei, wird der älteste Eintrag in der Zwischenablage gelöscht, die übrigen Einträge entsprechend verschoben und in den freigewordenen Speicherplatz der neue Eintrag geschrieben.
- Herausnehmen (`paste`) einer Zeichenkette aus der Zwischenablage. Dabei wird die zuletzt eingefügte Zeichenkette zurückgegeben und aus dem Speicher der Zwischenablage gelöscht.
- Ausgabe (`toString`) des aktuellen Inhalts der gesamten Zwischenablage.

Aufgabenstellung
Schreibe eine Klasse, die die beschriebenen Funktionen einer Zwischenablage umsetzt. Überlege dir vorher eine passende Klassendefinition mit Instanzvariablen, geeignetem Konstruktor und den benötigten Methoden.

Testfall
- Wenn die Zwischenablage eine Größe von 2 hat, sollte der `copy`-Befehl ohne Fehler mehr als zweimal hintereinander und der `paste`-Befehl ebenfalls mehr als zweimal hintereinander aufgerufen werden können.

Algorithmische Tipps
Wenn du stockst und nicht weiter weißt, dann versuch mal Folgendes:
- Die Speicherplätze könnten wir uns als Array mit fester Größe vorstellen, bei dem die neuen Elemente jeweils immer in den nächsten Eintrag geschrieben werden.

- Der älteste Eintrag sollte dementsprechend an der ersten Stelle des Arrays stehen, wenn der Array von vorne nach hinten beschrieben wird.
- Nutzen einer Positionsvariablen oder Durchsuchen der ganzen Zwischenablage nach einer freien Stelle: Beides ist möglich, aber nur eine Methode ist wirklich effizient.

W.8.11 Temperaturgraph

Schwierigkeit Zeitaufwand Kreativität

Themen
Mit dieser Aufgabe wollen wir Folgendes trainieren:
- Objektorientierung
- Klassen, Instanzvariablen, Methoden

Beschreibung
Wir wollen Monatsdurchschnittstemperaturen eines Jahres in Form eines ASCII-Graphen in der Konsole visualisieren. Eine Beispielausgabe kannst du in den Testfällen sehen. Die dargestellten Achsenbeschriftungen müssen aber nicht erzeugt werden, sie sind nur zur Orientierung im Beispiel da.

Folgende Rahmenbedingungen sollten wir bei der Implementierung beachten:
- Der Konstruktor der Klasse enthält als einzigen Parameter das Kalenderjahr.
- Die Temperaturwerte werden als gerundete Ganzzahlen angegeben. Hierfür soll eine Methode mit dem Namen addTemperature bereitgestellt werden. Mit der Methode sollen wir bei jedem Aufruf einen Temperaturwert für einen bestimmten Monat festlegen können.
- Den Graph geben wir durch die Methode plotGraph in der Konsole aus. Eine Ausgabe soll nur dann erfolgen, wenn jeder Monat einen Temperaturwert enthält.
- Hilfsfunktionen sollen als private Instanzmethoden angegeben werden. Zugriff soll also nur innerhalb der Klasse möglich sein. Geeignete Hilfsfunktionen könnten isComplete, getMaxTemperature und getMinTemperature sein.

Aufgabenstellung
Realisiere die Klasse TemperatureGraph, die die Temperaturdarstellung als ASCII-Graph umsetzt. Teste die Methode anschließend mit geeigneten Werten.

Testfälle

Beispielausgabe für Deutschland im Jahr 2012:

```
18                              #
17                           #  #
16                        #  #  #
15                        #  #  #
14                     #  #  #  #  #
13                     #  #  #  #  #
12                     #  #  #  #  #
11                     #  #  #  #  #
10                     #  #  #  #  #
 9                     #  #  #  #  #  #
 8                  #  #  #  #  #  #  #
 7               #  #  #  #  #  #  #  #
 6               #  #  #  #  #  #  #  #
 5               #  #  #  #  #  #  #  #  #
 4               #  #  #  #  #  #  #  #  #
 3               #  #  #  #  #  #  #  #  #
 2            #  #  #  #  #  #  #  #  #  #  #
 1            #  #  #  #  #  #  #  #  #  #  #
 0            #  #  #  #  #  #  #  #  #  #  #
-1            #  #  #  #  #  #  #  #  #  #  #
-2            #  #  #  #  #  #  #  #  #  #  #
-3         #  #  #  #  #  #  #  #  #  #  #  #
           1  2  3  4  5  6  7  8  9  10 11 12
```

Hier sind die ermittelten Temperaturwerte für das Kalenderjahr 2012:

Jan	Feb	Mär	Apr	Mai	Jun	Jul	Aug	Sep	Okt	Nov	Dez
1,9	-2,5	6,9	8,1	14,2	15,5	17,4	18,4	13,6	8,7	5,2	1,5

Algorithmische Tipps

Wenn du stockst und nicht weiter weißt, dann versuch mal Folgendes:

- Schau dir doch mal die Aufgabe zur Bestimmung der minimalen Distanz an. Die wird dir bei der Bestimmung von Minimum und Maximum sicher weiterhelfen.

- Zur Höhenzeichnung könntest du vom maximalen Temperaturwert beginnend die einzelnen Temperaturwerte vergleichen. Liegt die Temperatur eines Monats über dem Vergleichswert, kannst du eine Raute in die Konsole schreiben. Im anderen Fall kannst du dann ein Leerzeichen in die Konsole schreiben.

- Wähle bei der Initialisierung einen unrealistischen Temperaturstartwert aus. Dann kannst du immer prüfen, ob ein Monat ausgefüllt wurde oder nicht.

W.8.12 Ambient Light

Schwierigkeit Zeitaufwand Kreativität

Themen
Mit dieser Aufgabe wollen wir Folgendes trainieren:
- Objektorientierung
- Klassen, Instanzvariablen, Methoden

Beschreibung
Mit heute erhältlichen LED-Lampen können wir so gut wie jede Farbe darstellen. Für eine Smart-Home-Anwendung wollen wir eine Klasse `AmbiLight` schreiben, mit der wir eine solche Lampe ansteuern können.

Die verwendete Lampe enthält Leuchtmittel in den Grundfarben Rot, Grün und Blau (RGB). Je nach Änderung der Intensität jeder Grundfarbe können wir mit der Lampe also alle Farben darstellen.

Die Intensität jeder Farbe im RGB-Modell wird durch einen ganzzahligen Wertebereich von 0 (= keine Intensität) bis 255 (= volle Intensität) beschrieben.

Beispiele:
- `R=0, G=255, B=0`: Knallgrün
- `R=100, G=100, B=100`: Grau
- `R=255, G=255, B=255`: Weiß

Da es allerdings schwierig ist, von den reinen RGB-Intensitätswerten auf die exakte Farbe zu schließen, wollen wir intern die Farben im HSL-Modell verwalten. Dieses besteht aus folgenden Parametern:

- **Hue**: der Farbwert. Er wird durch einen ganzzahligen Wertebereich zwischen 0 und 360 bestimmt und enthält alle Farben.
  Beispiele: `0=Rot, 60=Gelb, 120=Türkis, 240=Blau`
- **Saturation**: die Farbsättigung. Sie wird durch einen ganzzahligen Wertebereich zwischen 0 und 100 bestimmt.
  Beispiele: `0`= keine Sättigung, `100`= volle Sättigung
- **Lightness**: die Helligkeit. Sie wird durch einen ganzzahligen Wertebereich zwischen 0 und 100 bestimmt.
  Beispiele: `0`= keine Helligkeit, `100`= volle Helligkeit

Die `AmbiLight`-Klasse soll folgende Operationen unterstützen:
- `increaseSaturation`: Erhöhe die Sättigung um eins.
- `decreaseSaturation`: Verringere die Sättigung um eins.
- `increaseLightness`: Erhöhe die Helligkeit um eins.
- `decreaseLightness`: Verringere die Helligkeit um eins.

- getNextColor: Berechne und speichere die nächste Farbe und gebe diese als RGB-Farbwert zurück. Wird der maximale Farbwert überschritten, soll wieder mit dem minimalen Farbwert fortgefahren werden.
- getRandomColor: Bestimme die nächste Farbe (Farbwert, Sättigung, Helligkeit) zufällig und gebe diese als RGB-Wert aus. Zur Bestimmung der Farbe soll die Processing-Methode random() verwendet werden.

Aufgabenstellung

Schreibe die Klasse AmbiLight, die die geforderten Funktionalitäten umsetzt. Zur Umrechnung vom HSL- ins RGB-Farbmodell steht die Klasse RGBColor mit dem Konstruktor RGBColor(int h, int s, int l) im Java-Paket java.awt.Color bereit.

Da in Python keine passende Klasse zur Umwandlung von HSL zu RGB existiert, kannst du diese statischen Funktionen in deiner AmbiLight-Klasse einfügen und verwenden:

```python
@staticmethod
def hslToRgb(h, s, l):
    s = s/100.0
    l = l/100.0

    # Wenn keine Sättigung, dann ist es Grauwert
    if s == 0:
        r = 255*l
        g = 255*l
        b = 255*l
    else:
        # Nutze temporäre Variablen zur Weiterberechnung
        if l < 0.5:
            temp1 = l * (1.0+s)
        else:
            temp1 = l+s-(l*s)

        temp2 = 2*l - temp1

        # Bringe Hue auf Werte zwischen 0 und 1
        h = h/360.0

        # Nutze temporäre RGB-Variablen zur Weiterberechnung
        tempR = h + 0.333
        tempG = h
        tempB = h - 0.333

        # Sorge dafür, dass alle RGB-Werte zwischen 0 und 1 liegen
        tempR = AmbiLight.convertBetween0and1(tempR)
        tempG = AmbiLight.convertBetween0and1(tempG)
        tempB = AmbiLight.convertBetween0and1(tempB)

        # Berechne RGB-Werte
        r = AmbiLight.calculateColor(tempR, temp1, temp2)
        g = AmbiLight.calculateColor(tempG, temp1, temp2)
        b = AmbiLight.calculateColor(tempB, temp1, temp2)
```

```python
        # Wandle in Werte von 0 bis 255 um
        r = int(round(r*255))
        g = int(round(g*255))
        b = int(round(b*255))

        return [r, g, b]

    # Sorge dafür, dass alle RGB-Werte zwischen 0 und 1 liegen
    # Hilfsfunktion, um Duplikate zu vermeiden
    @staticmethod
    def convertBetween0and1(value):
        if value < 0:
            value = value + 1
        elif value > 1:
            value = value - 1
        return value

    # Finde korrekte Berechnungsformel
    # Hilfsfunktion, um Duplikate zu vermeiden
    @staticmethod
    def calculateColor(tempColor, temp1, temp2):
        if (6*tempColor) < 1:
            c = temp2 + (temp1 - temp2) * 6*tempColor
        elif (2*tempColor) < 1:
            c = temp1
        elif (3*tempColor) < 2:
            c = temp2 + (temp1 - temp2) * (0.666 - tempColor)*6
        else:
            c = temp2
        if c > 1:
            c = 1
        return c
```

Testfälle

- Probiere mal, mehr als 100-mal hintereinander die `increase`- oder `decrease`-Funktionen aufzurufen. Sollte bei `nextColor` dann kein RGB-Wert herauskommen, der ganzzahlig ist und innerhalb von 0 und 255 liegt, solltest du deinen Code überprüfen.
- Wenn du mehr als 100-mal hintereinander `increaseLightness` aufrufst, muss der RGB-Wert für Weiß (255, 255, 255) herauskommen (sofern die Sättigung gleich 0 ist). Bei mehr also 100-mal hintereinander `decreaseLightness` muss der RGB-Wert für Schwarz (0, 0, 0) herauskommen.

Algorithmische Tipps

Wenn du stockst und nicht weiter weißt, dann versuch mal Folgendes:

- Die Funktion random liefert keine ganzzahligen Werte. Du solltest also eine Umwandlung durchführen.
- Baue eine Fehlerkorrektur ein, sollten die Zahlenwerte außerhalb der erlaubten Grenzbereiche liegen.
- *Solltest du auf die Idee kommen, eine eigene HSL-zu-RGB-Umwandlungsfunktion zu schreiben, solltest du diesen Hinweis beachten:*

  Prüfe die Ergebnisse bei Divisionen. Wenn du bei einer Division einen Zahlenwert mit Komma herausbekommen willst, sollten beide Teilerelemente als Kommazahl vorliegen.

  Beispiel:

  - 50/100 = 0 *(Integer geteilt durch Integer = Integer)*
  - 50.0/100.0 = 0.5 *(Double geteilt durch Double = Double)*
  - Zwischenwege *(Integer geteilt durch Double)* können in manchen Programmiersprachen zum gewünschten Ergebnis führen, in anderen aber hingegen nicht. Deshalb solltest du am besten vorher die Variablen umwandeln, um auf Nummer sicher zu gehen.

W.8.13 Verschlüsselung

Schwierigkeit Zeitaufwand Kreativität

Themen

Mit dieser Aufgabe wollen wir Folgendes trainieren:

- Objektorientierung
- Klassen, Instanzvariablen, Methoden

Beschreibung

Wir wollen in dieser Aufgabe eine einfache Verschlüsselung realisieren, mit der wir Text verschlüsseln und auch wieder entschlüsseln können.

Die Verschlüsselung soll durch Verschiebung der 26 Kleinbuchstaben des Alphabets implementiert werden. Diese Verschiebung ergibt sich, indem wir die Zeichen eines geordneten Alphabets um eine bestimmte Anzahl zyklisch nach rechts verschieben. Zyklisch bedeutet, dass wir beim Verschieben über den Buchstaben z hinaus wieder bei a anfangend weiterzählen.

Die Anzahl der verschobenen Zeichen bildet den *Schlüssel*, der für die gesamte Verschlüsselung bzw. Entschlüsselung unverändert bleibt.

Beispiel für eine Verschiebung um drei Zeichen (Schlüssel key=3):

- Klartextalphabet:

    a b c d e f g h i j k l m n o p q r s t u v w x y z

- Geheimtextalphabet:

    d e f g h i j k l m n o p q r s t u v w x y z a b c

Bei der Verschlüsselung mit dem Schlüssel key=3 wird also ein `'a'` auf ein `'d'` abgebildet, ein `'b'` auf ein `'e'` usw.

Aufgabenstellung

Schreibe die Klasse `ShiftCipher`, die eine Verschlüsselung über Verschiebung realisiert.

Die Klasse soll über die folgenden Funktionen verfügen:

- Der Schlüssel soll bei der Objekterzeugung angegeben werden.
- Die Methode `encipher()` soll einen angegebenen String verschlüsseln.
- Die Methode `decipher()` soll einen angegebenen String entschlüsseln.

Teste die Klasse mit eigenen Testläufen.

Testfälle

- key: 7
  - Entschlüsselt: abcdefghijklmnopqrstuvwxyz
  - Verschlüsselt: hijklmnopqrstuvwxyzabcdefg

- key: 3
  - Entschlüsselt: `diesertextistverschluesselt`
  - Verschlüsselt: `glhvhuwhawlvwyhuvfkoxhvvhow`

Algorithmische Tipps

- Einige Teile, die du zur Bewältigung der Aufgabe benötigen wirst, könnten dir aus der Aufgabe zum Geldschein-Blütencheck bekannt vorkommen.

- Sollten Fehler auftauchen: Probiere zunächst, alle wichtigen Variablen beim Funktionsablauf im Terminal auszugeben. Dann kannst du sofort sehen, wo ein Fehler aufgetreten ist.

- Suche die Positionen im Alphabet heraus und verschiebe sie zur neuen Position. Wenn die neue Position die Alphabetsbuchstaben überschreitet, musst du entsprechend schauen, dass diese wieder im Alphabetsbereich liegt. Hierzu bietet sich der Modulo-Operator an.

W.8.14 Mastermind

Schwierigkeit   Zeitaufwand   Kreativität

Themen
Mit dieser Aufgabe wollen wir Folgendes trainieren:
- Objektorientierung
- Klassen, Instanzvariablen, Methoden

Beschreibung
Mastermind ist ein seit den 1970er Jahren bekanntes Logikspiel, welches wie folgt funktioniert:

Ein Spieler (unsere umzusetzende Klasse) legt zu Beginn einen vierstelligen geordneten Farbcode fest, der aus sechs Farben ausgewählt wird (Rot, Grün, Blau, Weiß, Orange und Grau). Eine Farbe kann auch mehrmals verwendet werden. Der andere Spieler (der Rater) versucht, den Code herauszufinden. Dazu setzt er einen gleichartigen Farbcode als Frage. Auf jeden Zug hin bekommt der Rater die Information, wie viele Farben seines gesetzten Farbcodes die richtige Farbe und Position haben und wie viele zwar die richtige Farbe haben, aber an einer falschen Position stehen.

Folgende Methoden wollen wir dazu implementieren:
- Der Konstruktor wählt den zu ratenden Farbcode.
- Die Methode mit der Signatur `private int correctColorsAndPositions(int[] colors)` prüft, wie viele Farben des Farbcodes die richtig Farbe und Position haben.
- Die Methode mit der Signatur `private int correctColors(int[] colors)` prüft, wie viele Farben des Farbcodes die richtig Farbe haben, aber an einer falschen Position stehen.
- Die Methode mit der Signatur `public int[] guess(int c1, int c2, int c3, int c4)` nimmt den Spielzug entgegen und prüft unter Verwendung der privaten Instanzmethoden den Farbcode. Das Prüfergebnis wird als eindimensionales Array mit zwei Elementen zurückgegeben. Jeder Aufruf dieser Methode erhöht den Zähler der Spielzüge um eins.

Aufgabenstellung
Schreibe die Klasse `Mastermind`, die das bekannte Logikspiel implementiert.

Testfälle
Eingabe:
- Code: *Rot, Blau, Grau, Blau*
- Tipp: *Grün, Grau, Blau, Blau*

Ergebnis:
- `correctColorsAndPositions: 1`
- `correctColors: 2`

Algorithmische Tipps

Wenn du stockst und nicht weiter weißt, dann versuch mal Folgendes:

- Wenn du prüfen möchtest, ob eine richtige Farbe an der falschen Position steht, solltest du unbedingt darauf aufpassen, dass du nicht zweimal die gleiche Position im Rate-Array prüfst. Daher solltest du dir am besten eine Art Checkliste anlegen, mit der du die Positionen im Rate-Array abhakst, welche du schon geprüft hast.

- Zur Anzahl der richtigen Farben und Positionen kannst du jedes Zeichen im Farbcode durchgehen und einen Zähler entsprechend erhöhen, wenn der Inhalt von Farbcode und Spielzug an dieser Position übereinstimmen.

- Bei der Anzahl der richtigen Farben, die an falscher Position stehen, kannst du zunächst den Farbcode durchgehen und alle Farben abhaken, welche an der gleichen Stelle im Spielzug stehen. Anschließend gehst du erneut jede Farbe im Farbcode durch und prüfst diese mit jeder Farbe im Spielzug. Sobald du eine Position mit gleicher Farbe findest, welche noch nicht abgehakt wurde, kannst du den Zähler erhöhen und gleichzeitig diese Position abhaken. Hier solltest du auch aus der Schleife springen, da du diese Position jetzt geprüft hast.

9 Referenzdatentypen

9.1 Warmup

In allen Übungsaufgaben, mit denen wir bisher in Berührung gekommen sind, haben wir Variablen benötigt, um Werte zu berechnen, zu speichern oder abzurufen. Wir wissen, dass jede Variable einem bestimmten Datentyp zugeordnet wird. Der Datentyp ist eine Menge von Werten und Operationen, die auf diesen Werten definiert sind.

Wenn wir mit Zahlen umgehen, haben wir es mit Ganzzahl- oder Fließkommadatentypen zu tun. Dabei werden die Datentypen in vielen Programmiersprachen nochmal nach ihrem Wertebereich (bei Integer-Werten) bzw. nach ihrer Genauigkeit (bei Fließkommazahlen) in verschiedene Datentypen unterteilt. Dazu kommt dann meistens noch der boolesche Datentyp, der die Werte `true` und `false` verarbeiten kann. Gegebenenfalls gibt es auch noch einen Datentypen für die Repräsentation eines Zeichens, wie zum Beispiel der Datentyp `char` in Java. Bei all diesen Datentypen handelt es sich um **Wertetypen**. Je nach verwendeter Programmiersprache werden sie auch als *primitive Datentypen* oder *elementare Datentypen* bezeichnet. Egal wie sie nun genannt werden, sie haben eine Sache gemein: Sie operieren auf einfachen Zahlen und Zeichen.

Neben diesen elementaren Datentypen existiert aber noch eine zweite Art von Datentypen, zu denen beispielsweise Strings, Arrays oder Klassen gehören. Sie werden als **Referenzdatentypen** oder auch als **zusammengesetzte Datentypen** bezeichnet. Ein Array ist bekanntlich eine endliche Menge von Elementen eines anderen Datentyps, zum Beispiel ein Array von Integer-Werten. Ein String ist eine endliche Menge von Zeichen und definiert beispielsweise Operationen wie Konkatenation, Länge, Teilstring, Vergleich usw. Zuletzt betrachten wir noch den im vorigen Kapitel besprochenen Datentyp der Klasse. Hier definieren wir selbst, aus welchen Attributen und Methoden sie besteht und somit auch die verwendeten Daten und Datentypen.

Der entscheidende Unterschied liegt darin, wo die Werte eines Datentyps abgelegt werden: entweder auf dem **Stack**, bei dem es sich um einen kleineren Speicherbereich mit sehr performantem Zugriff handelt, oder dem **Heap**, einem wesentlich größeren Speicherbereich, der aber mit weniger Performance arbeitet. Die elementaren Datentypen werden auf dem Stack abgelegt und enthalten direkt die eigentlichen Daten. Demgegenüber werden die Daten von Referenzdatentypen auf dem Heap gespeichert. Wenn wir beispielsweise die Instanz einer Klasse anlegen, wird zunächst Speicher auf dem Heap allokiert. Wie viel Speicher das System reserviert, hängt von den in der Klasse verwendeten Datentypen ab.

Denn für jeden Datentyp ist in einem Programmiersystem festgehalten, wie viel Speicher er benötigt. Insofern ist die Addition der Werte hier richtungsweisend.

Wenn also der Speicher reserviert wurde, erhalten wir in der Variablen die sogenannte **Objektreferenz**. In Programmiersprachen wie C wird hier auch von einem **Zeiger** (engl. *pointer*) gesprochen. Diese Objektreferenz ist also die Startadresse des Speicherbereichs im Heap, ab der die Daten abgelegt sind. Hierbei ist von der **Objektidentität** die Rede, die dann alle notwendigen Daten zum unserem Objekt hält.

Es kann problematisch sein, mit Referenzdatentypen umzugehen. Dann nämlich, wenn mehrere Variablen auf dieselben Adressen verweisen. Hier führt die Änderung von Werten auf jeder Seite zu Änderungen an denselben Daten! Da dies in den seltensten Fällen tatsächlich gewünscht ist, sollten wir die Daten kapseln. Dies erreichen wir dadurch, dass wir eine Kopie der Daten anlegen, um die Unveränderlichkeit der Daten zu gewährleisten. Unter Umständen müssen wir dies auch in Methoden und für Rückgabewerte berücksichtigen!

Versuchen wir es in den nächsten Aufgaben!

9.2 Workout

W.9.1 Kreis-Klasse

Schwierigkeit   Zeitaufwand   Kreativität

Themen
Mit dieser Aufgabe wollen wir Folgendes trainieren:
- Referenzdatentypen

Beschreibung
Zur besseren Charakterisierung von Kreisen wollen wir eine Kreis-Klasse schreiben, die alle Informationen zu einem Kreis in einem Objekt bündelt.

Ein Kreis kann z.B. mit den Parametern der Position (x,y) sowie dem Radius (r) beschrieben werden.

Aufgabenstellung
Schreibe eine Klasse `Coordinate` mit Konstruktor, welche die Informationen zu den Koordinaten beinhaltet. Schreibe dort die Funktion `toString()`, welche die Koordinaten in der Form (x,y) als String zurückgibt.

Schreibe eine Klasse `Circle` mit Konstruktor, welche die Informationen zu einem Kreis enthält (Position, Radius). Schreibe dort die Funktion `area()` zur Rückgabe des Flächeninhaltes sowie die Funktion `toConsole()` zur Ausgabe der Kreisinformationen in der Konsole.

Die Ausgabe in der Konsole könnte zum Beispiel so aussehen:

```
Ich stehe bei (50, 100) und bin 1017.87604809 groß.
```

Prüfe anschließend außerhalb der Klassen die Circle-Funktion und erzeuge eine Konsolenausgabe mit Testdaten.

Testfälle
- x: 10, y: 43, r: 4
  ```
  Ich stehe bei (10, 43)und bin 50.2654838562 groß.
  ```

Algorithmische Tipps
Wenn du stockst und nicht weiter weißt, dann versuch mal Folgendes:
- Der Flächeninhalt eines Kreises kann mit folgender Formel berechnet werden:
  $A = \pi * r^2$
- Vielleicht hilft es, zunächst die Coordinate-Klasse zu testen und anschließend erst die Circle-Klasse zu programmieren.
- Besonders in Python ist es wichtig, Zahlen zunächst in Strings umzuwandeln. Andernfalls wird bei der Ausgabe in der Konsole ein Fehler auftauchen.

W.9.2 Mathematischer Bruch

Schwierigkeit   Zeitaufwand   Kreativität

Themen

Mit dieser Aufgabe wollen wir Folgendes trainieren:

- Referenzdatentypen

Beschreibung

Zur Darstellung und Berechnung von mathematischen Brüchen wollen wir unseren eigenen Datentyp schreiben. Dieser soll neben der Bruchdarstellung auch Brüche voneinander addieren oder subtrahieren können.

Zur Erinnerung:

- Addition von Brüchen:

$$\frac{a}{b} + \frac{c}{d} = \frac{(a * d) + (c * b)}{b * d}$$

- Multiplikation von Brüchen:

$$\frac{a}{b} * \frac{c}{d} = \frac{a * c}{b * d}$$

Aufgabenstellung

Schreibe die Klasse `Fraction`, die einen Bruch repräsentiert, und gebe einen Konstruktor und Implementierungen für die Methoden `add()` und `multiply()` an. Getter- und Setter-Methoden sowie eine `toString()`-Methode sollte ebenfalls eingebaut werden.

Teste die Klasse mit Beispielrechnungen in der Konsole.

Testfälle

- $\frac{1}{2} + \frac{1}{4} = \frac{(1*4)+(1*2)}{2*4} = \frac{6}{8}$

- $\frac{1}{2} * \frac{1}{4} = \frac{1*1}{2*4} = \frac{1}{8}$

Algorithmische Tipps

Wenn du stockst und nicht weiter weißt, dann versuch mal Folgendes:

- Natürlich kannst und solltest du deinen Datentyp zur Berechnung mit anderen Brüchen weiterverwenden.

- Als Datentyp bieten sich ganze Zahlen (Integer) an, da sich in Brüchen keine Kommazahlen befinden dürfen.

- Wenn du Bruch 1 mit Bruch 2 addierst oder multiplizierst, sollte sich weder der Wert von Bruch 1 noch von Bruch 2 verändern.

W.9.3 Highscore-Liste

Schwierigkeit Zeitaufwand Kreativität

Themen
Mit dieser Aufgabe wollen wir Folgendes trainieren:
- Referenzdatentypen

Beschreibung
Von klassischen Computerspielen kennen wir vielleicht noch die sogenannte Highscore-Liste. Diese stellen die höchsten in dem entsprechenden Spiel erreichten Punktzahlen in Tabellenform absteigend dar. Eine solche wollen wir mithilfe der folgenden Eigenschaften realisieren:

> „Eine Highscore-Liste für ein Computerspiel verwaltet mehrere Einträge, die jeweils durch einen Spitznamen des Spielers repräsentiert sind. Die Highscore- Liste verfügt zudem über gängige Methoden, die das Hinzufügen von Platzierungen und die Ausgabe der gesamten Liste ermöglichen."

Aufgabenstellung
Überlege dir ein UML-Klassendiagramm für die beschriebenen Eigenschaften.

Implementiere die Klasse `HighscoreEntry`, mit der wir Einträge für die Highscore-Liste erzeugen können. Diese Klasse soll eine geeignete `toString()`-Methode beinhalten.

Schreibe die Klasse `HighscoreTable`, die die Highscore-Liste realisiert. Sorge dafür, dass die `HighscoreEntry`-Listeneinträge sinnvoll initialisiert werden. Beachte außerdem, dass neue Listeneinträge immer an der entsprechenden Position in der Highscore-Liste hinzugefügt werden müssen. Bereits vorhandene Einträge müssen gegebenenfalls um eine Position verschoben werden.

Testfälle
- Befülle die Highscore-Liste zunächst mit durchnummerierten Namen. Zum Beispiel erst mit `Name0`, dann `Name1` usw. Wenn du danach einen neuen Eintrag in der Mitte der Highscore-Liste hinzufügst, darf kein Eintrag in der neuen Liste fehlen.
- Ebenfalls dürfen keine neuen Einträge doppelt in der Liste vorhanden sein. Wenn dies der Fall sein sollte, hast du vermutlich unabsichtlich die gleiche Variablenreferenz verwendet.

Algorithmische Tipps
Wenn du stockst und nicht weiter weißt, dann versuch mal Folgendes:
- Referenzdatentypen sollten am besten in einer Schleife Element für Element kopiert werden. Sonst besteht die Gefahr, dass die gleiche Referenz im neuen Element verwendet wird, also keine richtige Kopie angelegt wurde.

- Lege ein Array für alle Einträge an und speichere darin entsprechend HighscoreEntry-Elemente.
- Wenn deine `HighscoreEntry`-Klasse eine `toString()`-Methode hat, kannst du jeden Eintrag mit einfacher Angabe des Variablennamens ausgeben. Das erleichtert die Programmierarbeit in großen Quelltexten.

W.9.4 Adressbuch

Schwierigkeit ◖◖◖◻◻ Zeitaufwand ◖◖◖◻◻ Kreativität ◖◻◻◻◻

Themen

Mit dieser Aufgabe wollen wir Folgendes trainieren:

- Referenzdatentypen

Beschreibung

Wir wollen zur Verwaltung unserer Kontakte ein Adressbuch programmieren. Bereits vorgegeben ist dieses UML-Klassendiagramm, welches zur Implementierung entwickelt wurde:

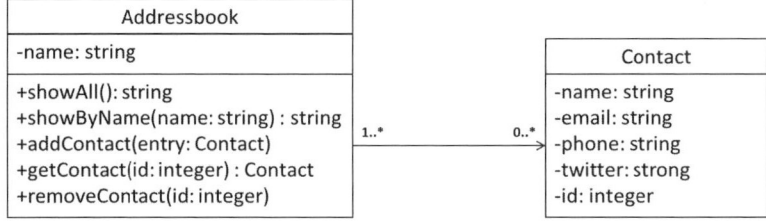

Die Contact-Klasse enthält nur Getter- und Setter-Methoden. Diese sind im Diagramm nicht explizit angegeben.

Aufgabenstellung

Implementiere das dargestellte UML-Klassendiagramm.

Schreibe ein Programm, das ein Adressbuchverwaltungsprogramm realisiert. Instanziiere dazu mithilfe der folgenden Angaben die entsprechenden Objekte:

Adressbuch: Privat

ID	Name	Email	Phone	Twitter
1	Ken Tern	ken.tern@mail.de	+49 221 3982781	@kentern
2	Bill Iger	bill.iger@gmx.de	+49 211 9821348	@billiger
3	Flo Kati	flo.kati@web.de	+49 251 9346441	@flokati
4	Ingeborg Mirwas	inge.mirwas@post.de	+49 228 4663289	@borgmirwas
5	Ann Schweigen	ann.schweigen@gmx.de	+49 231 6740921	@annschweigen
6	Mark Enschuh	mark.enschuh@gmail.com	+49 234 4565657	@markenschuh
7	Lee Köhr	lee.koehr@mail.de	+49 561 8976761	@leekoehr
8	Pit Schnass	pit.schnass@post.de	+49 721 4545754	@pitschnass

Adressbuch: Arbeit

ID	Name	Email	Phone	Twitter
1	Phil Tertüte	phil.tertuete@company.de	+49 177 1786756	@philtertuete
2	Flo Kati	flo.kati@laden.com	+49 161 2336541	@ibm.kati
3	Andreas Kreuz	andreas.kreuz@bazaar.de	+49 163 3442889	@asbazaar
4	Erkan Alles	erkan.alles@solver.de	+49 171 1442553	@easolver
5	Mark Reele	mark.reele@media.de	+49 151 5345612	@mrmedia
6	Roy Bär	roy.baer@media.de	+49 151 5477889	@rbmedia
7	Mario Nette	mario.nette@media.de	+49 151 5113341	@mnmedia
8	Klaus Uhr	klaus.uhr@media.de	+49 151 6743431	@kumedia

Teste anschließend die im UML-Klassendiagramm angegebenen Funktionen und erzeuge entsprechende Testausgaben.

Hinweis: Dein Freund Flo Kati arbeitet zusammen mit dir. Dies bitte beachten, wenn der Kontakt in die Adressbücher „Privat" und „Arbeit" eingefügt wird.

Testfälle

▪ Zeige zunächst das komplette Adressbuch an, lösche einen Eintrag in der Mitte und zeige das Adressbuch erneut an. Sind die restlichen Einträge dann immer noch vorhanden?

▪ Lasse dir den Kontakt „Roy Bär" mithilfe der Funktion showByName() ausgeben. Kommt der korrekte Inhalt zurück?

▪ Wird der Kontakt mit der ID 1 mit getContact(1) korrekt zurückgegeben?

Algorithmische Tipps

Wenn du stockst und nicht weiter weißt, dann versuch mal Folgendes:

▪ Die Contact-Klasse könnte eine toString()-Methode enthalten. Das würde zumindest den Code übersichtlicher halten.

▪ Bei den Suchfunktionen könntest du alle Elemente durchgehen und dann prüfen, ob ein Element mit dem gesuchten Wert übereinstimmt. Diesen kannst du dann zurückgeben.

▪ In ähnlicher Weise könntest du auch bei der Löschmethode herangehen. Unterschied ist hier natürlich, dass der zu löschende Wert einer neuen Liste nicht hinzugefügt wird. Hier gäbe es natürlich auch andere Varianten, das Problem zu lösen.

W.9.5 Digitaler Bilderrahmen

Schwierigkeit Zeitaufwand Kreativität

Themen
Mit dieser Aufgabe wollen wir Folgendes trainieren:
- Referenzdatentypen

Beschreibung
Digitale Bilderrahmen

Ein Bilderrahmen hat eine feste Anzahl an Speicherplätzen für Bilder. Diese sind beginnend mit 0 durchgehend nummeriert. Bilder werden mit der Klasse `Picture` repräsentiert, diese soll allerdings nur den Namen des Bildes in dieser Aufgabe speichern. Die umzusetzende `DigitalPictureFrame`-Klasse soll folgende Operationen unterstützen:

- Hinzufügen eines Bildes zum Bilderrahmen (`addPicture`). Wenn alle Speicherplätze bereits belegt sind, hat der Methodenaufruf keine Auswirkungen.
- Entfernen eines Bildes aus dem Bilderrahmen (`removePicture`). Welches Bild gelöscht werden soll, wird über die Position im Speicher angegeben. Die nachfolgenden Bilder rücken im Speicher um eine Position auf. Sind alle Speicherplätze leer, hat der Methodenaufruf keine Auswirkungen.
- Auslesen des nächsten Bildes aus dem Bilderrahmen (`getNext`). Beim ersten Aufruf wird bei der Speicherposition 0 gestartet. Wurde das letzte gespeicherte Bild durch diesen Methodenaufruf ausgelesen, beginnt es wieder von vorne bei der Speicherposition 0.
- Auslesen eines zufälligen Bildes (`getNextRandom`). Hierzu kann die Funktion `random()` verwendet werden.

Aufgabenstellung
Schreibe eine Klasse mit dem Namen `DigitalPictureFrame`, die einen digitalen Bilderrahmen repräsentieren soll, mit Instanzvariablen, geeignetem Konstruktor und den beschriebenen Methoden. Implementiere darüber hinaus die Klasse `Picture`, welche in der anderen Klasse verwendet werden soll.

Testfälle
- Füge drei Bilder hinzu und lösche das vierte Bild.
- Füge drei Bilder hinzu und lösche Bild 2. Bei Ausgabe von `getNextRandom()` sollten nur Bild 1 und Bild 3 angezeigt werden.

Algorithmische Tipps
Wenn du stockst und nicht weiter weißt, dann versuch mal Folgendes:
- Wenn du ein Bild hinzufügst, speichere Bild in aktueller Array-Position und erhöhe diese um 1.

- Sollte die Array-Position über die erlaubte Menge gehen, muss entsprechend im Code reagiert werden. Echte Profis schaffen den notwendigen Code ohne If-Else-Anweisungen. Kleiner Tipp: Modulo-Operator.

- Beim Löschen eines Bildes könntest du ab der Löschposition loszählen und alle folgenden Bilder um eine Stelle nach vorne kopieren.

W.9.6 Musikalbenanwendung

Schwierigkeit Zeitaufwand Kreativität

Themen

Mit dieser Aufgabe wollen wir Folgendes trainieren:

- Referenzdatentypen

Beschreibung

Für eine bekannte Handelskette wollen wir eine Musikalbumanwendung entwickeln. Mit dem anvisierten Kiosksystem sollen sich Kunden des Händlers über die im Laden befindlichen Alben informieren können.

Das Programm soll dabei diese Sachen können:

- Ein Album wird von einem Künstler in einer bestimmten Sprache veröffentlicht und trägt einen Namen.
- Ein Album besteht aus mehreren Songs, die wir jeweils durch einen Titel und eine Spieldauer beschreiben können.
- Über den Künstler soll der Name und das Herkunftsland angezeigt werden

Aufgabenstellung

Schreibe die Musikalbumanwendung. Setze dabei die oben beschriebenen Relationen in Klassen um und baue diese in die Anwendung ein.

Testfälle

Die Ausgabe im fertigen System könnte beispielsweise so aussehen:

```
Künstler: Die Fantastischen Vier
Land: Deutschland
Album: 4:99
--------------------
1. Und Täglich Grüßen Fanta Vier / Romantic Fighters -- 1:23
2. 30 Mark -- 0:42
3. MfG -- 3:35
4. Hammer -- 4:59
5. Die Stadt Die Es Nicht Gibt -- 4:29
6. 0:29 -- 0:30
7. Alles Schon Gesehen -- 4:25
8. Michi Beck In Hell -- 5:12
9. Home Again -- 0:44
```

```
Künstler: Rick Astley
Land: England
Album: Whenever You Need Somebody
--------------------
1. Never Gonna Give You Up -- 3:36
2. Whenever You Need Somebody -- 3:56
3. Together Forever -- 3:29
4. It Would Take A Strong Strong Man -- 3:44
5. The Love Has Gone -- 4:20
6. Don't Say Goodbye -- 4:11
7. Slipping Away -- 3:56
8. No More Looking For Love -- 3:15
9. You Move Me -- 3:45
10. When I Fall In Love -- 3:03
```

Algorithmische Tipps

Wenn du stockst und nicht weiter weißt, dann versuch mal Folgendes:

- Bevor du dich ans Programmieren setzt: Zeichne dir am besten vorher ein UML-Klassen-diagramm mit allen benötigten Klassen und Attributen. Damit kannst du dir einen guten Überblick über die Relationen zwischen einzelnen Klassen schaffen. Danach kannst du die Klassen relativ einfach umsetzen, da du jetzt genau über deine Programmstruktur Bescheid weißt.

- Titelnummern brauchen nicht gespeichert werden.

- Wenn du ein Array in Java mit jedem neuen Eintrag vergrößern willst, hilft dir vielleicht eine ArrayList weiter.

W.9.7 Koch-Website

Schwierigkeit   Zeitaufwand   Kreativität

Themen
Mit dieser Aufgabe wollen wir Folgendes trainieren:
- Referenzdatentypen

Beschreibung
Wir wollen eine Software für eine Koch-Website entwickeln. Vorher haben wir uns mit dem Kunden unterhalten und konnten danach folgenden Sachverhalt ermitteln, den wir mit der Software umsetzen sollen:

> „Ein Rezept hat einen Namen sowie eine Zubereitungszeit in Minuten und besteht aus einer Menge von Anweisungen. Jede Anweisung beschreibt dabei, an welcher Stelle was zu tun ist. Zudem verfügt ein Rezept über eine Menge von Zutaten. Jede Zutat gibt an, was für das Rezept benötigt wird und wie viel davon benötigt wird. Für Letzteres muss zudem die jeweilige Einheit vermerkt sein. Ein Kochrezept enthält eine spezifische Anweisung zum Einstellen des Herds. Ein Backrezept enthält eine spezifische Anweisung in Bezug auf das Einstellen des Backofens."

Aufgabenstellung
Überlege dir zunächst ein UML-Klassendiagramm, das den beschriebenen Sachverhalt modelliert. Setze anschließend die entsprechenden Klassen um.

Programmiere anschließend eine Testmethode, die die Einzelheiten des bei Testfall stehenden Kochrezepts als entsprechende Objekte instanziiert und in der Konsole ausgibt.

Testfall
Beispiel-Kochrezept:

Pfannkuchen (30 Minuten)

Zutaten:
- 80 g Kartoffelmehl
- 80 g Maisstärke
- 3 Eier
- 400 ml Mich
- 5 EL Traubenzucker
- 5 EL Pflanzenöl

Zubereitung:
1. Die Mehle vermischen und sieben.
2. Eier, Zucker und Milch dazugeben.

3. Alles mit dem Schneebesen gut verquirlen.

4. 10 Minuten quellen lassen.

5. Noch einmal verrühren.

6. Pfanne auf hoher Stufe erhitzen und Teig portionsweise im heißen Öl ausbacken.

Algorithmische Tipps

Wenn du stockst und nicht weiter weißt, dann versuch mal Folgendes:

- `toString()`-Methoden in jeder Klasse sind sehr empfehlenswert und machen den Code übersichtlicher. Du kannst damit das komplette Beispiel-Kochrezept bei der Konsolen-ausgabe durch reine Angabe des Variablennamens ausgeben.

- Es sind drei Klassen gefordert. Davon bindet eine die anderen zwei ein.

- Die Anweisungen und Zutaten werden in einem Array gespeichert, die Herdanweisung als `String`.

W.9.8 Hotelzimmerverwaltung

Schwierigkeit   Zeitaufwand   Kreativität

Themen
Mit dieser Aufgabe wollen wir Folgendes trainieren:
- Referenzdatentypen

Beschreibung
Zur Verwaltung der Zimmerbelegung in einem Hotel wollen wir ein Programm schreiben. Hierfür liegt uns folgende Klassenstruktur vor:

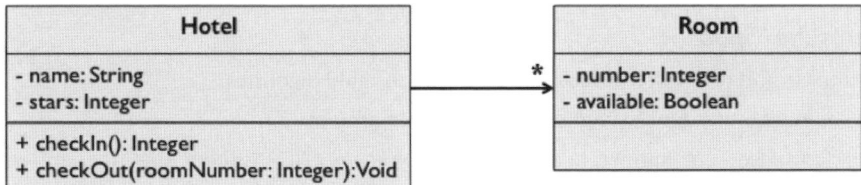

Getter- und Setter-Methoden sind nicht aufgelistet, werden aber in den entsprechenden Klassen erwartet.

Für die Methoden in der Hotel-Klassen müssen wir zudem Folgendes berücksichtigen:
- Die Methode checkIn() gibt die Zimmernummer eines freien Zimmers zurück. Sind keine freien Zimmer verfügbar, liefert der Methodenaufruf 0 zurück.
- Mit der Methode checkOut() geben wir ein belegtes Zimmer wieder frei. Bitte darauf achten, dass nur belegte Zimmer freigegeben werden können.

Aufgabenstellung
Implementiere die Klassen aus dem UML-Diagramm und setze so die Hotelzimmerverwaltung um.

Testfälle
Der untenstehende Testcode

```
Room[] rooms = new Room[9];

rooms[0] = new Room(101);
rooms[1] = new Room(102);
rooms[2] = new Room(103);
rooms[3] = new Room(201);
rooms[4] = new Room(202);
rooms[5] = new Room(203);
rooms[6] = new Room(301);
rooms[7] = new Room(302);
rooms[8] = new Room(303);
```

```
Hotel hotel = new Hotel("Seeblick", 4, rooms);

println(hotel.checkIn());
println(hotel.checkIn());
println(hotel.checkIn());
hotel.checkOut(102);
println(hotel.checkIn());
println(hotel.checkIn());
```

sollte diese Ausgabe in der Konsole erzeugen:

```
101
102
103
102
201
```

Algorithmische Tipps

Wenn du stockst und nicht weiter weißt, dann versuch mal Folgendes:

- Alle Räume nacheinander durchgehen und auf Belegung prüfen.
- Sollte ein Raum frei sein, kannst du aus der Funktion checkIn() mit der entsprechenden Raumnummer springen.
- Ähnliches Prinzip auch bei checkOut(), nur dass wir aus der Schleife springen könnten.

W.9.9 Flughafen-Check-in

Schwierigkeit Zeitaufwand Kreativität

Themen
Mit dieser Aufgabe wollen wir Folgendes trainieren:
- Referenzdatentypen

Beschreibung
Für den Flughafen Köln/Bonn wollen wir eine Software zum Abwickeln des Check-ins entwickeln.

Beim Gespräch mit dem Flughafenbetreiber haben wir den folgenden Sachverhalt ermittelt, den wir mit der Software umsetzen wollen:

> „Der Flughafen wickelt täglich mehrere Hundert Passagierflüge ab. Jeder Flug ist durch eine alphanumerische Kennung eindeutig identifizierbar. Zudem werden der Start- und Zielflughafen sowie die Abflugzeit und das Gate als Attribute benötigt. Um den Check-in zu unterstützen, ist zudem die Liste der gebuchten Passagiere enthalten. Von einem Passagier werden der Name, der Vorname und die Anrede gespeichert. Alle gebuchten Passagiere, die sich rechtzeitig eingecheckt haben, werden zur Abflugzeit am Gate erwartet. Wenn eingecheckte Passagiere nicht rechtzeitig am Gate sind, werden diese ausgerufen."

Aufgabenstellung
Implementiere die Klassen `Passagier` und `Flug`, die den Check-in-Vorgang am Flughafen realisieren.

Das Ausrufen eingecheckter, aber noch nicht geboardeter Passagiere soll durch die Implementierung in der `Flug`-Klasse unterstützt werden.

Testfälle
- Testcode (Java):
```java
Passagier[] passagiere = {new Passagier("Martin", "Krause", "Dr."),
new Passagier("Simone", "Krause", ""),
new Passagier("Herr", "Kules", ""),
new Passagier("Frau", "Kules", ""),
new Passagier("Kranke", "Person", "")};

for(int i=0; i<passagiere.length-1; i++) {
passagiere[i].checkIn();
if(i > 1)
  passagiere[i].onGate();
}
```

```
Flug flug = new Flug("MH123", "Köln-Bonn", "München", "9:10",
"C12", passagiere);
flug.ausrufen();
```

- Testcode (Python):

```
passagiere = [Passagier("Martin", "Krause", "Dr."),
Passagier("Simone", "Krause", ""),
Passagier("Herr", "Kules", ""),
Passagier("Frau", "Kules", ""),
Passagier("Kranke", "Person", "")]

for i in range(0, len(passagiere)-1):
    passagiere[i].checkIn()
    if i > 1:
        passagiere[i].onGate()

flug = Flug("MH123", "Köln-Bonn", "München", "9:10",
"C12", passagiere)
flug.ausrufen()
```

- Mögliche Ausgabe:

```
Last call for passenger Dr. Martin Krause
Last call for passenger Simone Krause
```

Algorithmische Tipps

Wenn du stockst und nicht weiter weißt, dann versuch mal Folgendes:

- Idealerweise sollte bei jedem Passagier gespeichert werden, ob dieser eingecheckt ist und ob er bereits am Gate steht.

- Beim Ausrufen kannst du die Passagierliste durchgehen und jeden Passagier dabei ausrufen lassen, welcher eingecheckt ist und nicht am Gate steht.

- Die Namen der Passagiere kannst du mithilfe einer toString()-Methode ausgeben lassen. Achte dabei darauf, dass nicht jeder Passagier einen Titel hat.

W.9.10 Polygonzug

Schwierigkeit Zeitaufwand Kreativität

Themen

Mit dieser Aufgabe wollen wir Folgendes trainieren:

- Referenzdatentypen

Beschreibung

Computergenerierte Bilder wären ohne Polygonzüge undenkbar. Ein Polygonzug (engl. *poly line*) ist die Vereinigung der Verbindungsstrecken einer Folge von Punkten. Einfacher gesagt verbinden wir mehrere Punkte hintereinander mit einer geraden Linie, die zusammen eine Strecke, den Polygonzug, bilden.

Zur Beschreibung des Polygonzugs wurde uns folgendes UML-Klassendiagramm gegeben:

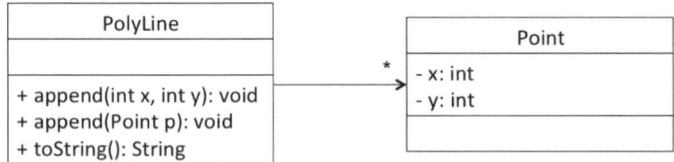

Hinweis: Bei der Programmierung in Python ändert sich append(Point p) zu appendPoint(Point p).

Aufgabenstellung

Implementiere die Klasse Point.

Implementiere anschließend die Klasse PolyLine. Bitte darauf achten, dass die strikte Kapselung durchgesetzt wird. Die toString()-Methode soll einen String mit folgendem Aufbau erzeugen { (x0,y0), (x1,y1), ... (xn,yn)}, wobei die Bezeichner Platzhalter für die tatsächlichen Werte der Punktkoordinaten sind.

Testfälle

- Testcode in Java:

  ```
  // Neuen Polygonzug erzeugen
  PolyLine poly = new PolyLine(3);
  println(poly);
  // Füge Punkt hinzu
  poly.append(2,4);
  println(poly);
  // Füge Punkt hinzu (andere Methode)
  poly.append(new Point(10,5));
  poly.append(4,4);
  println(poly);
  ```

```
// Füge ein Element zu viel hinzu
poly.append(1,1);
println(poly);
```

- Testcode in Python:

```python
# Neuen Polygonzug erzeugen
poly = PolyLine(3)
print poly
# Füge Punkt hinzu
poly.append(2,4)
print poly
# Füge Punkt hinzu (andere Methode)
poly.appendPoint(Point(10,5))
poly.append(4,4)
print poly
# Füge ein Element zu viel hinzu
poly.append(1,1)
println(poly)
```

- Ergebnis:

```
{  }
{ (2,4) }
{ (2,4)(10,5)(4,4) }
{ (2,4)(10,5)(4,4) }
```

Algorithmische Tipps

Wenn du stockst und nicht weiter weißt, dann versuch mal Folgendes:

- Bei der Stringausgabe könntest du alle Punkte deines Polygonzugs durchgehen und nacheinander diese in einen String schreiben.
- Nach der Initialisierung des Polygonzugs sollte die Länge bekannt sein. Beim Hinzufügen könntest du anschließend nur dann Punkte hinzufügen lassen, sobald die maximale Länge noch nicht erreicht ist.
- Es könnte Sinn machen, bei der Append-Methode für Punkte die andere Append-Methode aufzurufen. So verhinderst du doppelte Codestellen und kannst damit den Code einfacher warten. Dieses Prinzip nennen wir in der Programmierung auch *„Don't repeat yourself"* (DRY, *wiederhole dich nicht*).

W.9.11 Twitterwall

Schwierigkeit Zeitaufwand Kreativität

Themen
Mit dieser Aufgabe wollen wir Folgendes trainieren:
- Referenzdatentypen

Beschreibung
Eine Twitterwall kennen wir von Veranstaltungen als einen Bildschirm, bei dem Meldungen vom Kurznachrichtendienst Twitter live eingeblendet werden.

Eine solche verwaltet eine feste Anzahl von Twitter-Tweets. Jeder Tweet besteht aus einem Benutzernamen und einem Textinhalt, der auf 140 Zeichen begrenzt ist. Sollte bei der Initialisierung eines Tweets der Textinhalt über die erlaubten 140 Zeichen hinausragen, soll er nach 140 Zeichen abgeschnitten werden.

Folgende Rahmenbedingungen sollten wir bei der Implementierung der Klasse TwitterWall berücksichtigen:

- Der Konstruktor der Klasse enthält als einzigen Parameter die Anzahl an zu verwaltenden Tweets.
- Tweets werden mittels der Methode addTweet hinzugefügt. Ist das festgelegte Speichervermögen erschöpft, wird der älteste Tweet überschrieben.
- Die Methode getTweets liefert alle gespeicherten Tweets zeitlich geordnet zurück. Der jüngste Tweet steht dabei an Position Null des Rückgabe-Arrays.

Aufgabenstellung
Schreibe die oben beschriebenen Klassen Tweet und TwitterWall und teste die programmierte Twitterwall mit entsprechenden Tweets.

Bitte bei der Implementierung darauf achten, dass die Kapselung der Instanzvariablen immer gewährleistet ist.

Testfälle
- Dieser Code in Java
  ```
  TwitterWall tw = new TwitterWall(2);
  tw.addTweet(new Tweet("Bot1", "Dies ist ein Tweet, der so viel "
  +"Text enthält, dass er über die erlaubten 140 Zeichen hinausragen "
  + "wird. Ehrlich wahr, so sollte es sein. #toomuchtext"));
  println(tw.getTweets());
  ```
  bzw. in Python
  ```
  tw = TwitterWall(2);
  tw.addTweet(Tweet("Bot1", "Dies ist ein Tweet, der so viel "
  +"Text enthält, dass er über die erlaubten 140 Zeichen hinausragen "
  + "wird. Ehrlich wahr, so sollte es sein. #toomuchtext"));
  println(tw.getTweets());
  ```

sollte zu dieser Ausgabe führen:

```
Bot1: Dies ist ein Tweet, der so viel Text enthält,
dass er über die erlaubten 140 Zeichen hinausragen wird.
Ehrlich wahr, so sollte es sein. #too
```

- Dieser Code in Java

```
TwitterWall tw = new TwitterWall(2);
tw.addTweet(new Tweet("Bot1", "Hallo"));
tw.addTweet(new Tweet("Bot2", "Auch_Hallo"));
tw.addTweet(new Tweet("Bot3", "Wie_geht's?"));
println(tw.getTweets());
```

bzw. in Python

```
tw = TwitterWall(2);
tw.addTweet(Tweet("Bot1", "Hallo"));
tw.addTweet(Tweet("Bot2", "Auch_Hallo"));
tw.addTweet(Tweet("Bot3", "Wie_geht's?"));
println(tw.getTweets());
```

sollte zu dieser Ausgabe führen:

```
Bot2: Auch Hallo
Bot3: Wie geht's?
```

Algorithmische Tipps

Wenn du stockst und nicht weiter weißt, dann versuch mal Folgendes:

- In Java und Python existieren entsprechende Funktionen oder Methoden, welche einen String auf eine entsprechende Länge kürzen.
- Dass wir es hier mit Referenzdatentypen zu tun haben, sollte einleuchten.
- Es könnte hilfreich sein, die Position für den nächsten Tweet zu speichern. Damit kannst du sowohl die Anzahl der Einträge bestimmen und auch ermitteln, ob der Array schon komplett gefüllt ist.

W.9.12 Fototagebuch

Schwierigkeit Zeitaufwand Kreativität

Themen
Mit dieser Aufgabe wollen wir Folgendes trainieren:
- Referenzdatentypen

Beschreibung
Mit einer Klasse wollen wir unser eigenes Fototagebuch realisieren.

Wird ein Foto dem Tagebuch hinzugefügt, wird dieses mit der aktuellen Zeit versehen und in das Tagebuch eingefügt. Einmal eingefügte Fotos lassen sich nicht mehr entfernen. Dem Tagebuch können beliebig viele Fotos hinzugefügt werden. Für den Umgang mit Fotos sollen wir die Klasse `Photo` verwenden, welche wir noch implementieren müssen und lediglich einen Namen enthält.

Die `PhotoDiary`-Klasse soll die folgenden Operationen unterstützen:

- Hinzufügen eines Bildes zum Tagebuch (`addPhoto`). Fügt das Foto sowie das aktuelle Datum und die aktuelle Uhrzeit dem Tagebuch hinzu. Das aktuelle Datum mit aktueller Uhrzeit kann durch den Aufruf des parameterlosen Konstruktors der `Date`-Klasse bestimmt werden. Die `Date`-Klasse gehört zum Standardumfang, muss aber ggf. importiert werden.

- Auslesen aller Bilder eines bestimmten Tages (`getPhotosByDay`). Hierzu muss die statische Methode

  `public static boolean isSameDay(java.util.Date d1, java.util.Date d2)` (Java)

  bzw.

  `isSameDay(d1, d2)` (Python)

  selber geschrieben werden.

Aufgabenstellung
Gebe eine Klasse mit dem Namen `PhotoDiary` an, mit der ein Fototagebuch geführt werden kann.

Schreibe eine passende Klassendefinition mit Instanzvariablen, geeignetem Konstruktor und den benötigten Methoden.

Implementiere ebenfalls fehlende Methoden und Klassen.

Testfall
- Probiere, ein Date-Element nachträglich mit einer Hilfsfunktion in deiner PhotoDiary-Klasse zu ändern. Prüfe dann, ob beim Aufruf von `getPhotosByDay` mit dem heutigen Tag das entsprechende Foto nicht mehr zurückgegeben wird.

Algorithmische Tipps

Wenn du stockst und nicht weiter weißt, dann versuch mal Folgendes:

- In Processing musst du bei der Java-Programmierung ausnahmsweise die Klasse `java.util.Date` importieren. Nutze dafür den `import`-Befehl am Anfang des Codes.

- Um zu prüfen, ob zwei Datumsobjekte den gleichen Tag beinhalten, kannst du die integrierten Methoden `getDay()`, `getMonth()` und `getYear()` vom `Date`-Objekt verwenden.

W.9.13 Partygäste

Schwierigkeit **Zeitaufwand** **Kreativität**

Themen
Mit dieser Aufgabe wollen wir Folgendes trainieren:
- Referenzdatentypen

Beschreibung
Um die nächste Party besser planen zu können, wollen wir ein Verwaltungsprogramm für eingeladene Partygäste schreiben. Dazu wollen wir folgende im UML-Diagramm dargestellte Klasse implementieren:

PartyInvitation
-invitations: string[]
-coming: string[]
-notComing: string[]
+coming(name: string): void
+notComing (name: string): void
+numberOfComingGuests(): integer
+numberofNotComingGuests():integer
-growAndAdd(array: string[], item: string): string[]
-findAndRemove(array: string[], item: string): boolean

Folgende Sachen sollten wir dabei beachten:

- Der Konstruktor bekommt ein String-Array mit den Namen der eingeladenen Gäste übergeben. Dieses wird in der Member-Variable `invitations` abgelegt.
- Die Member-Variablen `coming` und `notComing` verfügen beim Start über keine (0) Elemente.
- Die private und statische Methode `growAndAdd` bekommt ein String-Array und einen String übergeben. Die Methode erweitert das übergebene Array um ein Feld und fügt das übergebene Array an dieser Stelle ein. Das hierdurch um ein Feld gewachsene Array wird schließlich von der Methode zurückgegeben.
- Die private und statische Methode `findAndRemove` bekommt ein String-Array und einen String übergeben. Die Methode prüft, ob der übergebene String im übergebenen String-Array enthalten ist. Wenn dies der Fall ist, wird der gefundene Name im Array auf `null` gesetzt und `true` zurückgegeben. Ansonsten wird `false` zurückgegeben.
- Die Methode `coming` verschiebt einen eingeladenen Gast vom Array `invitations` in das Array `coming`. Dies soll nur erfolgen, wenn der Name des Gasts auch im `invitations`-Array enthalten ist.
- Die Methode `notComing` soll ähnlich wie die `coming`-Methode umgesetzt werden. Einziger Unterschied ist, dass der Name des Gasts gegebenenfalls in das `notComing`-Array verschoben wird.
- Die Methoden `numberOfComingGuests` und `numberOfNotComingGuests` sollen jeweils die Anzahl der Zu- bzw. Absagen zurückgeben.

Aufgabenstellung

Implementiere die Klasse `PartyInvitation` mit den geforderten Eigenschaften und schreibe ein Programm, mit der wir auf Basis der umgesetzten Klasse die Einladung zu Events organisieren können.

Testfall

- Von der Gästeliste soll keine lokale Kopie angelegt werden. Dies kannst du damit überprüfen, indem du diesen Array zunächst separat erzeugst und den Klassenkonstruktor danach mit dem Array als Argument aufrufst. Nach Eingabe aller Gäste sollten bei der Ausgabe dieses Arrays die eingeladenen Gäste nicht mehr vorhanden sein.

  Pseudocode:

```
gaesteliste = ["Hinz", "Kunz", "Harry", "Toto"]
invitations = PartyInvitation(gaesteliste)

invitations.coming("Hinz")
invitations.coming("Kunz")
invitations.notComing("Toto")

# Ausgabe: [Null, Null, 'Harry', Null]
print gaesteliste
```

Algorithmische Tipps

Wenn du stockst und nicht weiter weißt, dann versuch mal Folgendes:

- In Python sind Listen kein Referenzdatentyp. Mit einer eigenen Hilfsklasse kannst du diese Datenstruktur aber als Referenzdatentyp umsetzen. Ob deine Klasse funktioniert, kannst du mit Testausgaben im Terminal überprüfen.

  Dieser Pseudocode könnte dir weiterhelfen:

```
variable1 = neuer Referenzdatentyp mit Wert
variable2 = variable1
# Ausgabe: Wert, Wert
print variable1, variable2
Setze Wert von variable1 auf neuen Wert
# Ausgabe: neuer Wert, neuer Wert
print variable1, variable2
# Wird hier "neuer Wert, Wert" ausgegeben,
# wurde eine lokale Kopie angelegt
# -> Kein Referenzdatentyp bzw. falsche Umsetzung
```

- Setze am besten zunächst bzw. nach der Erstellung des eigenen Referenzdatentyps die statischen Methoden um und teste sie mit geeigneten Werten. Dann kannst du sicher sein, dass diese auch funktionsfähig sind.

- Es schadet nicht, sich den Inhalt des `invitations`-Arrays mit einer extra Methode testweise ausgeben zu lassen.

10 Vererbung

10.1 Warmup

In unserem letzten Kapitel beschäftigen sich unsere Übungsaufgaben mit dem Thema der **Vererbung**. Ein Designziel in der Objektorientierung liegt darin, die Welt und auch unsere Probleme in Objekten zu beschreiben. Daraus folgt, dass wir die naturgegebenen Hierarchien in unsere Betrachtung der Objekte mit einfließen lassen müssen. Vorstellen können wir uns das an einem Beispiel, was jeden von uns auch betrifft: die Vererbung bestimmter Eigenschaften von Eltern auf ihre Kinder.

Beim objektorientierten Ansatz geht es darum, Eigenschaften und Operationen von Problemfamilien zu erkennen und möglichst abstrakt zu beschreiben. Denken wir an das Beispiel von der Klasse `Mitarbeiter` aus dem vorletzten Kapitel. Dort haben wir den Bauplan für ein Objekt definiert und damit beschrieben, welche Eigenschaften und Operationen einen Mitarbeiter in unserem Problemfall charakterisieren. Wenn unser Programm nun aber zusätzlich auch noch Studenten verwalten soll, können wir Überschneidungen in den Attributen und ggf. auch Operationen feststellen: Auch ein Student hat einen Namen, einen Vornamen, eine Anrede und einen Geburtstag. Wie gehen wir also vor, wenn wir es mit scheinbar verwandten Objekten zu tun haben? Wie hilft uns der objektorientierte Ansatz hier weiter?

Ein wesentliches Merkmal der Objektorientierung ist die Möglichkeit, Eigenschaften vorhandener Klassen auf neue Klassen zu übertragen. Man spricht hierbei auch von der *Wiederverwendbarkeit*. Diese neuen Klassen, die auch als **Kindklassen** bezeichnet werden, können dann hinsichtlich ihrer Attribute und Methoden erweitert werden. Zudem ist es auch erlaubt, eine bereits vererbte Eigenschaft in einer Kindklasse neu zu definieren. In diesem Fall *überschreiben* wir eine Methode oder ein Attribut. Somit verfeinern wir die Baupläne für unsere Klassen immer weiter. Schließlich entsteht durch die immer weiterführende Vererbung eine Vererbungshierarchie, die man auch als **Spezialisierung** bezeichnet.

In unserem Beispiel definieren wir also eine Oberklasse `Person`. Sie enthält diejenigen Attribute und Operationen, die eine Person in unserem Anwendungsfall auszeichnet. Wir sollten uns also bei diesem Vorgang darauf konzentrieren, auch nur die Eigenschaften zu definieren, die für uns in der zu betrachtenden Problemdomäne wichtig sind. Anschließend leiten wir die Klassen `Angestellter` und `Student` von `Person` ab.

Eine Kindklasse erbt also die Attribute und Methoden seiner Elternklasse. Zusätzlich kann jedes Objekt der Kindklasse auch als Objekt der Elternklasse betrachtet werden. Ein Student ist also auch eine Person. Für den Mitarbeiter gilt natürlich dasselbe. Dies wird durch einen **Upcast** möglich, indem die Referenz einer Unterklasse bei einer Zuweisung auf eine Variable der Oberklasse automatisch in eine Referenz auf die Oberklasse umgewandelt wird. Über die Variable der Oberklasse ist dann nur noch der Zugriff auf die Eigenschaften der Oberklasse möglich. Wurde also die Kindklasse um zusätzliche Attribute erweitert, befinden sich diese nicht im Zugriff. Wird die Referenz zurück auf die Kindklasse umgewandelt, stehen wieder alle Attribute und deren Werte für einen Zugriff bereit. Dieses Verhalten wird als **dynamisches Binden** bezeichnet.

Konstruktoren (also die Methoden, die bei der Objekterstellung ausgeführt werden) folgen nicht dem Gesetz der Vererbung! Im Gegensatz zu normalen Methoden werden sie nicht an die Kindklassen weitergegeben. Vielmehr müssen für jede Klasse eigene Konstruktoren geschrieben werden. Sollte es aber nötig sein, den Konstruktor der Elternklasse aufzurufen, gibt es die Möglichkeit des Zugriffs über besondere Schlüsselwörter. In Java wird der Aufruf von `super()` genutzt, um einen Konstruktor der Elternklasse aufzurufen. Die Programmiersprache Python verwendet neben `super()` auch das Schlüsselwort `__init__`. In beiden Fällen wird der Standardkonstruktor der Oberklasse aufgerufen, wenn nicht weitere Parameter übergeben werden. Auf die gleiche Art ist auch der Zugriff auf versteckte Instanzvariablen und Methoden der Oberklasse möglich.

In manchen Programmiersprachen wie z.B. Java oder C# kann die Vererbung verhindert werden. In diesem Fall wird eine Klasse durch ein weiteres Schlüsselwort (`final` bei Java oder `sealed` bei C#) in der Signatur als nicht vererbbar gekennzeichnet.

Ein weiterer großer Unterschied zwischen objektorientierten Systemen besteht darin, dass manche Sprachen lediglich eine einfache und andere eine mehrfache Vererbung unterstützen. C++ oder Python beispielsweise unterstützen die **Mehrfachvererbung**, bei der eine Klasse mehrere Oberklassen haben kann. Ein Beispiel hierfür wäre die Klasse Maultier, die von den Elternklassen Pferd und Esel erbt. Die Mehrfachvererbung ist nicht ganz unproblematisch. Denn mit zunehmender Vererbung steigt die Verwechslungsgefahr von Methoden und Attributen, die aus den verschiedensten Oberklassen dieselben Namen erhalten, aber ein völlig abweichendes Verhalten aufzeigen. In anderen Programmiersprachen wie Java oder C# wird der Ansatz aus diesem Grund nicht unterstützt. Hier hat eine Kindklasse lediglich eine Elternklasse. Damit wird die **Einfachvererbung** unterstützt.

Auf zum letzten Aufgabenpaket!

10.2 Workout

W.10.1 Online-Shop

Schwierigkeit   Zeitaufwand   Kreativität

Themen
Mit dieser Aufgabe wollen wir Folgendes trainieren:
- Vererbung
- Dynamisches Binden, Polymorphie

Beschreibung
Für einen Online-Versandhandel sollen wir ein Programm entwickeln, welches verschiedene Artikel (Bücher, DVDs) verwaltet. Jeder Artikel besitzt eine Artikelnummer und einen Nettopreis. Bücher haben zusätzlich noch einen Autorennamen, einen Buchtitel und ein Erscheinungsjahr. DVDs haben zusätzlich einen Filmtitel, eine Dauer und einen DVD-Ländercode.

Beide Artikelarten haben einen unterschiedlichen Mehrwertsteuersatz, welcher zum Nettopreis hinzugerechnet wird. Auf Bücher kommen 7% und auf DVDs jeweils 19% Mehrwertsteuer.

Zur Implementierung liegen folgende Klassen als UML-Diagramm vor:

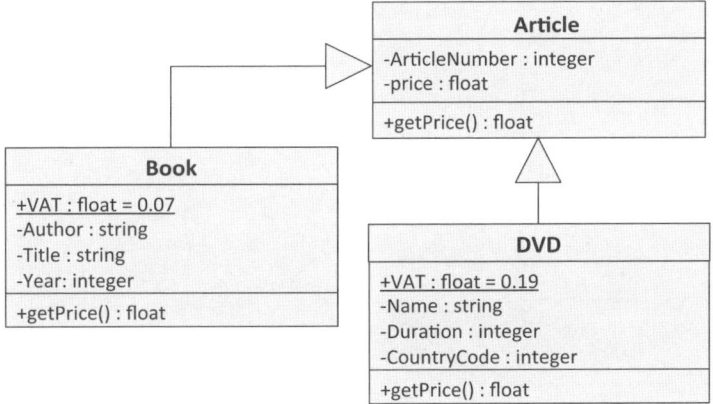

Aufgabenstellung
Implementiere die Klassen aus dem UML-Diagramm für den Online-Shop.

Schreibe darüber hinaus eine Klasse `ShoppingCart`, die einen Warenkorb realisiert. In diesem können Artikel hinzugefügt werden. Außerdem soll die Klasse in einer Funktion mit Namen `showBill` den Inhalt des Warenkorbs mit den einzelnen Preisen (Brutto) und den Gesamtpreis ausgeben. Nutze hierzu die Funktionen aus den vorhandenen Klassen und baue dort nach Bedarf zusätzlich noch eine `toString()`-Methode ein.

Testfälle

Eine Beispielrechnung könnte zum Beispiel so aussehen:

```
Buch - Luigi Lo Iacono: WebSockets (2015)    34.9997 Euro
DVD  - Spiel mir das Lied vom Tod            17.7905 Euro
DVD  - Casablanca, Classic Collection         9.996  Euro
------------------------------------
Gesamtpreis: 62.7862 Euro
```

Die Nettopreise im Beispiel:

- Luigi Lo Iacono: WebSockets (2015): 32,71 Euro
- Spiel mir das Lied vom Tod: 14,95 Euro
- Casablanca, Classic Collection: 8,40 Euro

Algorithmische Tipps

Wenn du stockst und nicht weiter weißt, dann versuch mal Folgendes:

- $Bruttopreis = Nettopreis + Nettopreis * Mehrwertsteuersatz$
- Für den Nettopreis kannst du die Überklasse der einzelnen Klasse aufrufen. In Java zum Beispiel mit `super.getPrice` bzw. in Python mit `super(Book, self).getPrice()` (Book-Klasse).
- Bei der Berechnung des Gesamtpreises reicht es aus, wenn du nur Elemente vom Typ `Article` in den Warenkorb legst. Die richtige Klasse wird automatisch gewählt.

W.10.2 Gewässer

Schwierigkeit   Zeitaufwand   Kreativität

Themen

Mit dieser Aufgabe wollen wir Folgendes trainieren:

- Vererbung

Beschreibung

Wir wollen Klassen zur Repräsentation von Gewässern, Flüssen und Meeren schreiben.

Dabei sollten wir beachten, dass jedes Gewässer einen Namen sowie Angaben zur Schiffbarkeit (ja/nein) und zur Schadstoffbelastung (reelle Zahl) hat. Meere verfügen zusätzlich über eine Fläche und sind immer schiffbar. Flüsse haben eine Länge. Weiterhin mündet jeder Fluss in genau ein Gewässer. Durch diese Mündungsbeziehung erreicht man von einem Fluss aus (evtl. über andere Flüsse) irgendwann ein Meer. Für Flüsse sollten wir eine Methode vorsehen, um dieses Gewässer zu ermitteln.

Aufgabenstellung

Schreibe Klassen zur Repräsentation von Gewässern, Flüssen und Meeren, wobei zu jeder Klasse die notwendigen Variablen, ein Konstruktor und für Flüsse die verlangte Methode anzugeben sind.

Benutze dabei auf sinnvolle Art abstrakte Klassen und Vererbung.

Testfälle

Hier sind reale Beispiele von Flussverbindungen mit ihrem endenden Meer:

- Berounka (nicht schiffbar) → Moldau → Elbe → Nordsee
- Havel → Elbe → Nordsee

Mit diesen Beispielen können wir testen, ob die Funktion zur Bestimmung des Endgewässers zu den richtigen Ergebnissen führt.

Algorithmische Tipps

Wenn du stockst und nicht weiter weißt, dann versuch mal Folgendes:

- Du könntest dir vorher überlegen, welche Relationen zwischen den verschiedenen Klassen bestehen und ob es vielleicht eine Oberklasse gibt.
- Zur Meerbestimmung könntest du in einer Schleife Schritt für Schritt die Flüsse herabgehen, bis du im Meer endest. Ein Meer kannst du daran erkennen, dass es in keinem Fluss endet, also eine entsprechende selbstgeschriebene Getter-Methode den Wert `null` liefert.
- Um den Namen des Gewässers zu ermitteln, benötigst du natürlich eine entsprechende Getter- oder `toString()`-Methode.

W.10.3 To-do-Liste

Schwierigkeit   Zeitaufwand   Kreativität

Themen

Mit dieser Aufgabe wollen wir Folgendes trainieren:

- Vererbung

Beschreibung

Wir wollen uns in dieser Aufgabe eine eigene To-do-Liste in zwei Varianten schreiben. Dazu wurde uns folgende Beschreibung gegeben.

> *„Eine To-do-Liste verwaltet mehrere Listeneinträge. Ein Listeneintrag wird durch einen kurzen Text und einen Wahrheitswert, der angibt, ob der Eintrag bereits erledigt ist, repräsentiert. Die To-do-Liste verfügt zudem über gängige Methoden, die das Hinzufügen und Abhaken von Listeneinträgen ermöglichen. Der abzuhakende Listeneintrag wird durch den Text identifiziert.“*

> *„Eine Shopping-Liste verwaltet ebenfalls mehrere Listeneinträge, wobei hierfür ein besonderer Listeneintrag benötigt wird. Ein Einkaufslisteneintrag muss zusätzlich zu einem einfachen Listeneintrag noch über ein Mengenattribut verfügen. Auch die Shopping-Liste verfügt über Methoden zum Hinzufügen und Abhaken von Einträgen.“*

Außerdem haben wir folgendes UML-Diagramm zur Verfügung:

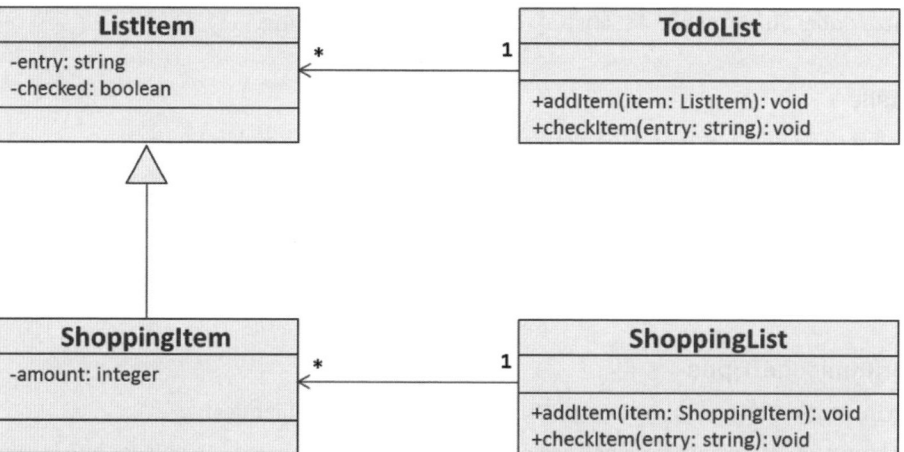

Aufgabenstellung

Schreibe die im UML-Diagramm dargestellten Klassen und teste sie mit Initialisierung einer Beispielliste. Baue entsprechende `toString()`-, Getter- und Setter-Methoden ein.

Testfälle

- Es kommt zu keiner Endlosschleife, wenn `checkItem` mit einem Suchbegriff ausgeführt wird, der nicht gefunden werden kann.
- Erstelle eine Einkaufsliste mit folgendem Inhalt:
  - 3x Äpfel
  - 1x Birnen
  - 2x Toastbrot
  - 2x Birnenbaum

  Gebe diese Liste zunächst aus, hake die Birnen ab und gebe sie anschließend nochmals aus. Prüfe, ob ausschließlich die Birnen in der Liste abgehakt worden sind.

Algorithmische Tipps

Wenn du stockst und nicht weiter weißt, dann versuch mal Folgendes:

- Nutze die `toString()`-Methoden der Klassen aus. Rufe beim Durchgehen der To-do-Liste zum Beispiel immer die `toString()`-Methode auf, um die Formatierungen beizubehalten.
- Bei Abhakmethoden kannst du deine Listenelemente durchgehen. Sobald ein Item den Namen des Suchstrings enthält, kannst du dieses abhaken. Achte dabei aber besonders darauf, den kompletten Stringinhalt von Anfang bis Ende zu prüfen.
- Die `ShoppingItem`-Klasse benötigt durch die Ableitung nicht viel Inhalt.

W.10.4 Lampen

Schwierigkeit   Zeitaufwand   Kreativität

Themen

Mit dieser Aufgabe wollen wir Folgendes trainieren:

- Vererbung

Beschreibung

Zur Repräsentierung von Lampen haben wir folgendes UML-Klassendiagramm bekommen:

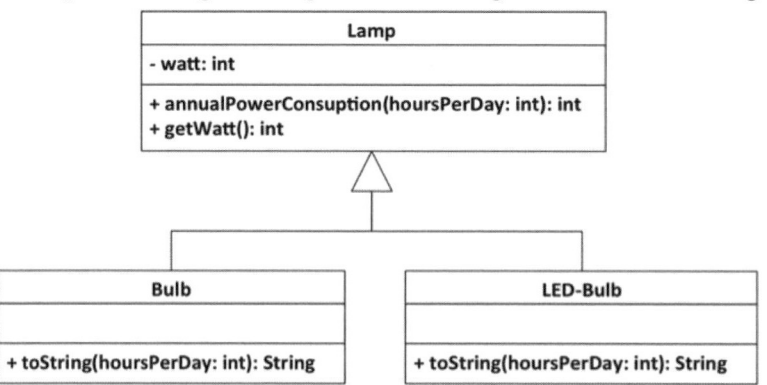

Mit der Methode annualPowerConsumption() können wir in Abhängigkeit des Parameters hoursPerDay, der die Anzahl an Betriebsstunden pro Tag angibt, den jährlichen Energieverbrauch in Kilowattstunden (KWh) wie folgt berechnen:

    (Leistung [Watt] * Betriebsstunden am Tag * 365) / 1000

Aufgabenstellung

Implementiere das dargestellte UML-Klassendiagramm.

Schreibe anschließend ein Programm, das den jährlichen Energieverbrauch einer 9-W-LED-Glühlampe und einer 60-W-Glühlampe berechnet und in der Konsole ausgibt. Als tägliche Betriebszeit werden 10 Stunden vorausgesetzt.

Testfälle

Korrekt implementiert sollte beim Aufruf der toString()-Methoden eine unterschiedliche Ausgabe in der Konsole erfolgen. Hier eine Beispielausgabe:

    A bulb consumes 219 KWh per year.
    A led bulb consumes 32 KWh per year.

Algorithmische Tipps

Wenn du stockst und nicht weiter weißt, dann versuch mal Folgendes:
- Prinzipiell sollten alle Gegebenheiten im UML-Diagramm beschrieben werden.
- Mit `super()` kannst du jeweils den Konstruktor der Oberklasse aufrufen.
- Die Unterklassen `Bulb` und `LEDBulb` sollten ausschließlich die Funktion `annualPowerConsumption()` implementieren.

W.10.5 Meeting-Protokoll

Schwierigkeit	Zeitaufwand	Kreativität

Themen

Mit dieser Aufgabe wollen wir Folgendes trainieren:

- Vererbung

Beschreibung

Ein Protokoll enthält das Datum und den Zeitraum, an dem ein Meeting stattgefunden hat. Zudem wird der Raum sowie die Namen der Teilnehmer vermerkt. Schließlich werden die wesentlichen Diskussionspunkte, Beschlüsse sowie Aktionspunkte im Protokoll festgehalten.

Folgende Methoden sollen wir implementieren:

- Der Konstruktor, der ein Protokoll initialisiert.
- Die Methode mit der Signatur `public void add(Item item)` fügt dem Protokoll ein Item hinzu. Diskussionspunkte, Beschlüsse sowie Aktionspunkte werden mithilfe von zugehörigen Unterklassen repräsentiert, welche von der Oberklasse `Item` erben. Jeder Diskussionspunkt, Beschluss und Aktionspunkt besteht aus einem Text, der den Inhalt des entsprechenden Punktes beschreibt.
- Die Methode mit der Signatur `public String toString()` gibt das vollständige Protokoll als String zurück. Bereitstehende Klassen sollen ebenfalls über geeignete `toString()`-Methoden verfügen.

Aufgabenstellung

Schreibe eine Klasse mit dem Namen `MeetingMinutes`, die Besprechungsprotokolle repräsentiert.

Bitte darauf achten, dass verwendete Arrays bedarfsgerecht wachsen und keinen Speicherplatz verschwenden.

Testfälle

- Testcode (Java):

```
String[] participants = {"Luigi_Lo_Iacono", "Michael_Schneider",
"Stephan_Wiefling"};
MeetingMinutes meeting = new MeetingMinutes("10.10.2017",
"10-12_Uhr", "R123", participants);

meeting.add(new DiscussionItem("Veröffentlichung Buch"));
meeting.add(new DecisionItem("Dem_Antrag_wurde_einstimmig_"+
"zugestimmt."));
meeting.add(new ActionItem("Bis_zum_nächsten Meeting muss Kapitel 9"+
"_fertig_gestellt_sein."));

println(meeting);
```

- Testcode (Python):
  ```
  participants = ["Luigi_Lo_Iacono", "Michael_Schneider",
  "Stephan_Wiefling"]
  meeting = MeetingMinutes("10.10.2017", "10-12_Uhr",
  "R123", participants)

  meeting.add(DiscussionItem("Veröffentlichung Buch"))
  meeting.add(DecisionItem("Dem_Antrag_wurde_einstimmig_"+
  "zugestimmt."))
  meeting.add(ActionItem("Bis_zum_nächsten Meeting muss Kapitel 9"+
  "_fertig_gestellt_sein."))

  print meeting
  ```

- Mögliches Ergebnis:
  ```
  Meeting: 10.10.2017 (10-12 Uhr), R123
  Participants: Luigi Lo Iacono, Michael Schneider, Stephan Wiefling
  ----------
  Discussion: Veröffentlichung Buch
  Decision: Dem Antrag wurde einstimmig zugestimmt.
  Action: Bis zum nächsten Meeting muss Kapitel 9 fertig gestellt sein
  ```

Algorithmische Tipps

Wenn du stockst und nicht weiter weißt, dann versuch mal Folgendes:

- Beim Hinzufügen solltest du den Item-Array um ein Element vergrößern. Dazu ein neues Array erzeugen und alle Elemente vom alten in das neue Array kopieren. Anschließend das letzte Element des neuen Arrays mit dem neuen Item belegen.
- Bei der toString()-Methode kannst du einen Ausgabestring definieren, in welchen du alle Inhalte bis zur Rückgabe reinschreibst. Beim Durchgehen der Teilnehmerliste kannst du bei allen Teilnehmern außer dem letzten jeweils ein Komma setzen.
- Zeilenumbrüche in Strings kannst du mit der Zeichenkombination \n realisieren.

W.10.6 E-Book

Schwierigkeit	Zeitaufwand	Kreativität

Themen

Mit dieser Aufgabe wollen wir Folgendes trainieren:

- Vererbung

Beschreibung

Mit E-Book-Readern können wir Bücher in digitaler Form darstellen. Hierfür wollen wir beispielhaft Klassen programmieren, mit denen wir ein digitales Buch (E-Book) beschreiben können.

Folgende Zusammenhänge sind uns bekannt:

> „Ein E-Book verfügt über einen Autor sowie über ein Erscheinungsjahr und kann als geordnete Ansammlung digitaler Medien angesehen werden. Es steht eine Operation bereit, mit der die Anzahl an Seiten als Integer-Wert berechnet werden kann.“

> „Die Medien, aus denen sich ein E-Book zusammensetzt, werden häufig auch als Media Assets bezeichnet. Alle Media Assets verfügen über einen Dateinamen, der den Speicherort im Dateisystem angibt, der Dateigröße in Byte und einer Angabe zur Sprache. Spezielle Media Assets für Texte, Bilder, Audios und Videos fassen Besonderheiten der jeweiligen Kategorie zusammen. Text Assets speichern zusätzlich die Anzahl an Zeichen; Bild und Video Assets die Pixeldimensionen; Audio und Video Assets die Spieldauer in Sekunden. Alle Assets enthalten eine Operation, die den Beitrag zur Seitenzahl als Float-Wert zurückgibt.“

Für die Berechnung der Seitenzahlen sollten wir Folgendes beachten:

- Bei Texten wird für 2000 Zeichen jeweils eine Seite abgeschätzt.
- Bei Bildern und Videos wird die Pixelbreite unter Beibehaltung der Seitenverhältnisse auf 960 Pixel skaliert. Liegt die skalierte Pixelhöhe über 600 Pixel, wird eine Seite abgeschätzt, andernfalls eine halbe Seite.
- Audiodaten tragen nicht zur Erhöhung der Seitenzahl bei.

Aufgabenstellung

Überlege dir zunächst ein UML-Klassendiagramm, das die beschriebenen Zusammenhänge entsprechend modelliert.

Implementiere anschließend die im UML-Diagramm modellierten Klassen und erzeuge eine Testklasse, die ein Beispiel-E-Book mit den Klassen erzeugt und die Informationen zum Buch im Terminal ausgibt.

Testfälle

So könnte die Ausgabe beispielsweise aussehen:

```
E-Book: Stephan Wiefling (2017)
Seiten: 7
-------
Aufgabe 1 (1.722 Seiten)
Audio 1 (0.0 Seiten)
Video 1 (1.0 Seiten)
Bild 1 (0.5 Seiten)
Aufgabe 2 (3.8275 Seiten)
```

Eingabedaten:

- Buch, Autor: Stephan Wiefling, Jahr: 2017
- Text, Dateiname: Aufgabe 1, 3444 Zeichen
- Audio, Dateiname: Audio 1, 95 Minuten
- Video, Dateiname: Video 1, 95 Minuten, 800x800 Pixel
- Bild, Dateiname: Bild 1, 2000x600 Pixel
- Text, Dateiname: Aufgabe 2, 7655 Zeichen

Algorithmische Tipps

Wenn du stockst und nicht weiter weißt, dann versuch mal Folgendes:

- Für die Gesamtseitenzahl kannst du alle Assets durchgehen und deren Seitenzahl abrufen. Es wird immer die richtige gleichnamige Unterklasse der entsprechenden Assetklasse aufgerufen. Natürlich muss es dafür eine Überklasse geben, von der alle Assetarten abgeleitet werden. Dementsprechend werden auch immer die toString()-Methoden der Unterklasse aufgerufen.
- Bildskalierung kannst du mithilfe von Division erreichen. Wenn du dafür sorgen möchtest, dass bei einem Bild mit den Abmaßen axb der Wert a immer den Wert 500 haben soll, müsste zum Beispiel die Rechnung so aussehen: $a_{neu} = a * \frac{500}{a}$. Die Division $\frac{500}{a}$ ist dann das Skalierungsverhältnis, welches du zur Berechnung des neuen skalierten Werts von b verwenden kannst.
- Achte bei Divisionen besonders darauf, dass du float-Werte zur Berechnung verwendest. Andernfalls wirst du dich wundern, wieso dein Programm falsche Berechnungen durchführt.

W.10.7 Zoo

Schwierigkeit   Zeitaufwand   Kreativität

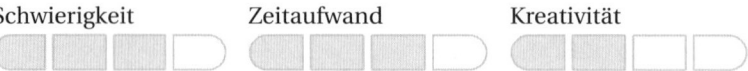 

Themen

Mit dieser Aufgabe wollen wir Folgendes trainieren:

▪ Vererbung

Beschreibung

Zur Verwaltung der Eintrittskasse eines Zoos wollen wir entsprechende Besucherklassen schreiben. Der Zoodirektor hat uns die Zusammenhänge so beschrieben:

„Jeder Besucher hat einen Eintrittspreis. Unter den Besuchern können sich Kinder, Erwachsene und Gruppen befinden. Kinder zahlen keinen Eintritt, Erwachsene zahlen 15 Euro Eintritt und Gruppen zahlen 50 Euro Eintritt. Jede Gruppe hat zusätzlich noch eine Angabe der Gruppengrößen. Alle Besucher und Besucherarten besitzen Funktionen zur Bestimmung der Personenanzahl.“

Darüber hinaus wollen wir eine Klasse `Entrance` schreiben, die das Tagesgeschehen des Zooeingangs repräsentiert. Die Klasse soll eine bestimmte Anzahl an Besuchern verwalten können. Besucher sollen wir über eine `addVisitor()`-Methode hinzufügen können. Zudem sollen Methoden bereitstehen, mit denen wir den Tagesumsatz (`computeTurnover()`) und die Anzahl an Besuchern (`computeVisitors()`) ermitteln können.

Aufgabenstellung

Schreibe die Klassen `Visitor`, `Group`, `Child` und `Adult`, die die verschiedenen Besucherklassen repräsentieren. Halte dabei alle Gegebenheiten ein.

Setze anschließend die `Entrance`-Klasse um und teste sie entsprechend.

Testfälle

Folgende Besucher betreten den Zoo:

▪ Gruppe mit 6 Personen

▪ Ein Erwachsener mit zwei Kindern

Daraus folgt:

▪ Besucherzahl: 9

▪ Umsatz: 65 Euro

Algorithmische Tipps

Wenn du stockst und nicht weiter weißt, dann versuch mal Folgendes:

▪ Es schadet nicht, sich zunächst ein UML-Diagramm mit allen Abhängigkeiten zu überlegen.

▪ Du könntest alle Zoobesucher in einem Array speichern.

▪ Bei der Umsatz- oder Besucherzahlberechnung könntest du dieses Array dann durchgehen und die entsprechende Methode der Unterklasse auswerten.

W.10.8 Audioeffekt-Player

Schwierigkeit Zeitaufwand Kreativität

Themen

Mit dieser Aufgabe wollen wir Folgendes trainieren:

- Vererbung

Beschreibung

Zur Wiedergabe von Audioeffekten wollen wir eine eigene Klasse realisieren. Für die Umsetzung kennen wir folgende Zusammenhänge:

> „Ein Audioeffekt verfügt über einen Dateinamen, der den Speicherort im Dateisystem angibt, in dem die Audiodaten des Effekts vorliegen. Es steht eine Operation bereit, mit der der Audioeffekt abgespielt werden kann. Spezielle Audioeffekt für die Formate MP3, OGG und WAV überschreiben insbesondere die Abspieloperation für das jeweilige Format. Eine Klasse mit dem Namen AudioEffectPlayer beinhaltet mehrere Audioeffekte und kann diese anhand einer eindeutigen Kennung abspielen. Das Hinzufügen und Entfernen von Audioeffekten wird über entsprechende Methodenaufrufe realisiert."

Aufgabenstellung

Schreibe die Klassen `AudioEffectPlayer`, `WAVEffect`, `MP3Effect` und `OGGEffect` sowie die abstrakte Klasse `AudioEffect` und setze damit den Audioeffekt-Player um.

Eine echte Wiedergabe von Audiodateien (WAV, MP3, AIFF) kann bei der Java-Variante von Processing umgesetzt werden[1], ist aber für die Lösung dieser Aufgabe nicht notwendig. „Abgespielte" Audiodateien sollen mit Namen und Dateityp in der Konsole ausgegeben werden.

Testfall

- Füge drei Effekte unterschiedlichen Typs und Namens hinzu. Lösche anschließend den mittleren Effekt mit der dafür vorgesehenen Funktion. Wird bei der Wiedergabe des letzten Elements (Element 1) nun das zuletzt hinzugefügte angezeigt?

Algorithmische Tipps

Wenn du stockst und nicht weiter weißt, dann versuch mal Folgendes:

- Die Aufgabe zum digitalen Bilderrahmen sollte dir bei der Funktion zum Entfernen weiterhelfen.
- Du könntest einen Index mit der nächsten Array-Nummer führen.
- Damit könntest du zum Beispiel auch prüfen, ob noch Platz im Array frei ist.

---

[1] Mit der Sound library von Processing : https://processing.org/reference/libraries/sound/

W.10.9 Fahrtenbuch

Schwierigkeit   Zeitaufwand   Kreativität

Themen

Mit dieser Aufgabe wollen wir Folgendes trainieren:

- Vererbung

Beschreibung

Wir sollen für einen innerstädtischen Kurierdienst eine Software entwickeln, mit der wir Fahrtenbücher der einzelnen Kuriere auswerten können.

Vorher haben wir uns mit dem Geschäftsführer getroffen, der uns folgenden Sachverhalt beschrieben hat:

> *„Ein Fahrtenbuch soll Fahrten verwalten können, die die Kurierfahrer mit den verschiedenen Fahrzeugen des Unternehmens zurücklegen. Jede Fahrt ist mit einem Fahrzeug assoziiert und speichert die zurückgelegten Kilometer einer Fahrt. Das Unternehmen verfügt als Fahrzeuge über Fahrräder, Motorroller und Kleintransporter. Diese Fahrzeugtypen verfügen wiederum über verschiedene Sätze pro gefahrenem Kilometer, mit denen die Transportentgelte ermittelt werden. Fahrrad: 1,00 EUR/km, Motorroller 2,00 EUR/km und Kleintransporter 5,50 EUR/km. Um den Umsatz bestimmen zu können, soll das Fahrtenbuch über eine entsprechende Operation zur Berechnung verfügen.“*

Aufgabenstellung

Entwickle zunächst ein UML-Klassendiagramm, das den vom Geschäftsführer beschriebenen Sachverhalt modelliert.

Implementiere anschließend die Klassen und schreibe ein Programm, das das Fahrtenbuch umsetzt. Denke daran, dass der Geschäftsführer natürlich alle Funktionalitäten aus dem Sachverhalt in seinem Programm haben möchte.

Beachte bei der Programmierung, dass die Kapselung der Instanzvariablen strikt durchgesetzt wird.

Testfälle

- Vier Kilometer Fahrt mit dem Fahrrad kosten 4 Euro.
- 3 km Fahrrad, 7,12 km Motorroller und 56,11 km mit dem Kleintransporter kosten zusammen 325.845 Euro.

Algorithmische Tipps

Wenn du stockst und nicht weiter weißt, dann versuch mal Folgendes:

- Vielleicht erkennst du in den Strukturen diverse Objekte, die im Aufbau gleich aufgebaut sind, aber sich nur in einem Variablenwert unterscheiden. Hier könnten abstrakte Klassen sehr praktisch sein.
- Die Fahrten könntest du in ein Array speichern und zur Auswertung einzeln durchgehen.
- Der Fahrpreis berechnet sich aus dem Kilometerpreis, multipliziert mit den gefahrenen Kilometern.

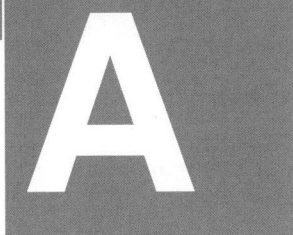

A Lösungen in Java

A.1 Download und Verwendung der elektronischen Lösungen

In diesem Anhang haben wir unsere Lösungsvorschläge in Java für alle Aufgaben abgedruckt. Vielleicht möchtest du deine Lösungen mit unseren Vorschlägen vergleichen. Damit du aber nicht alle Lösungen von Hand abtippen musst, haben wir alle Quelltexte für dich als Download bereitgestellt.

In diesem Kapitel findest du alles Wichtige zu Download und Verwendung der elektronischen Lösungen.

A.1.1 Download von GitHub

Die Quelltexte haben wir auf dem Online-Dienst **GitHub** hochgeladen. Dieser ist unter Programmierern besonders populär. Hierbei gibt es zwei Möglichkeiten, wie du die Quelltexte herunterladen kannst.

1. **Download über die Kommandozeile**

    Solltest du bereits die Versionsverwaltungs-Software *git*[1] auf deinem Computer installiert haben, kannst du das sogenannte Repository clonen. Ein Repository speichert jede Änderung an einem Quellcode, und das *Clonen* ist der Download eines angegebenen Zeitpunktes in der Programmentwicklung. Standardmäßig ist der Zeitpunkt immer der aktuellste Stand der Programmcodes.

    Zum Clonen der Quelltexte auf deinen Computer brauchen wir lediglich im Zielordner diese Zeile in der Kommandozeile eingeben und mit der Enter-Taste ausführen:

    ```
    git clone https://github.com/protrain/loesungen.git
    ```

    Die Quelltexte werden damit in den aktuellen Ordner, der in der Kommandozeile angegeben ist, kopiert.

---

[1] Zur Installation von *git* existieren viele Möglichkeiten. Hier ist jeweils eine für jedes Betriebssystem: Windows (https://git-for-windows.github.io/), OSX (https://sourceforge.net/projects/git-osx-installer), Linux (`sudo apt-get install git` in der Kommandozeile)

216   A Lösungen in Java

2. **Zip-Archiv von der Website**

Ganz ohne die Kommandozeile funktioniert diese Variante. Dazu öffnen wir einen Browser und rufen diese Website auf: https://github.com/protrain/loesungen

Anschließend wird uns der Projektordner mit den Lösungsvorschlägen angezeigt. Um uns das ganze Projekt als Zip-Datei herunterzuladen, klicken wir auf einen grünen Button auf der rechten Seite mit der Beschriftung *Clone or download* (siehe Bild A.1). Im dann erscheinenden Reiter klicken wir auf *Download ZIP*. Dieses Zip-Archiv laden wir uns herunter und entpacken ihn in einem Ordner unserer Wahl.

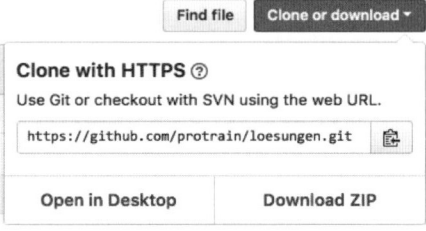

Bild A.1 Über diesen Button und einen Klick auf *Download ZIP* können wir die Lösungsvorschläge herunterladen.

Nach beiden Varianten sollten die Lösungen in einem Ordner auf der Festplatte liegen.

A.1.2   Öffnen der Programme

Die Ordnerstruktur ist nach diesem Schema aufgebaut:

- loesungen_in_java
  - 02-einfuehrung_in_die_programmierung
    * aufgabe_W_2_1_meinErstesProgramm
    * aufgabe_W_2_2_weihnachtsbaum
    * ... *weitere Aufgaben*
  - 03-variablen_datentypen_operatoren_und_ausdruecke
    * ... *Aufgaben*
  - 04-kontrollstrukturen
    * ... *Aufgaben*
  - ... *weitere Kapitel*
- loesungen_in_python
  - ...

Die erste Ordnerebene unterscheidet zwischen den Java- und Python-Lösungen, in der zweiten Ebene werden die Kapitel unterteilt, und in der dritten Ebene folgen dann die einzelnen Aufgaben zu den jeweiligen Kapiteln. In den Aufgabenordnern finden wir das Processing-Projekt zur entsprechenden Aufgabe mit der Dateiendung *.pde* (Java) bzw. *.pyde* (Python). Diese können wir in Processing über den Reiter *Datei → Öffnen ...* öffnen.

Wenn wir beispielsweise den Java-Lösungsvorschlag zur Aufgabe W.3.1 öffnen wollen, klicken wir zunächst *Datei* → *Öffnen* ..., gehen in den Ordner *loesungen_in_java/03-variablen[...]/aufgabe_W_3_1_[...]]* und öffnen darin die Datei *aufgabe_W_3_1_rechenaufgaben.pde* mit einem Doppelklick. Das Projekt haben wir damit geladen und können es mit einen Klick auf den Play-Button ausführen.

A.1.3 Tipp: Debugger

Wenn du die Funktionsweise des Codes besser verstehen möchtest, empfehlen wir den in Processing integrierten Debugger. Allerdings ist dieser nur im Java-Modus verfügbar.

Mit dem Debugger können wir die Code-Ausführung an bestimmten Stellen im Code stoppen und die Werte aller Variablen zu dem Zeitpunkt einsehen. So können wir Programme Anweisung für Anweisung nachvollziehen.

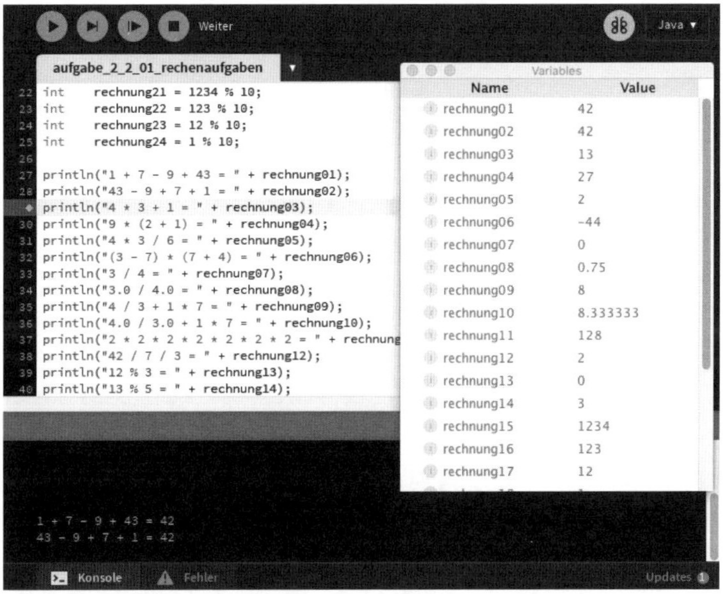

Bild A.2 Der Debugger in Processing

Wir testen den Debugger beispielhaft anhand der Aufgabe W.3.1. Um den Debugger zu aktivieren, klicken wir zunächst auf der linken Seite auf das Schmetterlingssymbol (siehe Bild A.2). Wenn wir den Code an der Zeile 29 stoppen wollen, klicken wir mit der linken Maustaste auf die Beschriftung der Zeile. Diese Beschriftung sollte sich nun zu einem Rautenzeichen verändern, womit wir einen Haltepunkt (Breakpoint) im Code gesetzt haben (siehe Bild A.2).

Den Debugging-Vorgang können wir jetzt mit dem zweiten Button von links oben starten. Der Code wird nun bis zur Zeile 29 ausgeführt und dann gestoppt. In dem dann geöffneten Fenster mit der Beschriftung *Variables* werden die Werte der verwendeten Variablen angezeigt (siehe Bild A.2). In diesem Beispiel sind dies die Ergebnisse der einzelnen Rechenaufgaben.

Zum weiteren Debuggen haben wir nun zwei Möglichkeiten:

1. Mit dem zweiten Button von links oben (Dreieck mit einem Strich rechts davon) können wir den Debugger bis zur nächsten Zeile (in diesem Fall Zeile 30) springen lassen. Hierbei müssen wir keinen Breakpoint für Zeile 30 gesetzt haben.

2. Mit dem dritten Button von links oben (Dreieck mit einem Strich links davon) können wir den Debugger bis zum nächsten Breakpoint springen lassen.

Mit diesem Vorgehen können wir nun zu Stellen im Code springen, die uns interessieren, und sie genauer analysieren. So können wir beispielsweise auch Processing-Grafiken beim Entstehen betrachten, wenn wir bei den Zeichenelementen den Debugger stoppen lassen.

A.2 Einführung in die Programmierung

A.2.1 Three-Two-One – Mein erstes Programm

```
// Zur Ausgabe eines feststehenden, einzeiligen Textes in der
// Konsole genügt eine Anweisung. Das geforderte Programm besteht
// folglich aus dieser einen print()-Anweisung, die den Text im
// Argument, eingebettetin doppelte Anführungszeichen, übergeben bekommt.
print("Three-Two-One - Takeoff!");
```

A.2.2 Weihnachtsbaum

```
// Das folgende Programm gibt die Silhouette einer Tanne mithilfe
// von "*"-Zeichen in der Konsole aus. Dazu sind mehrere Anweisungen
// in der vorgegebenen Reihenfolge erforderlich. Die Tanne wird
// zeilenweise ausgegeben. Zu beachten ist die dafür verwendete
// println()-Anweisung. Diese fügt am Ende der Ausgabe einen Zeilenumbruch
// hinzu. Die nächste Konsolenausgabe befinden sich damit eine Zeile darunter
// am linken Rand des Konsolenfensters.
println("      *");
println("     ***");
println("    *****");
println("   *******");
println("  *********");
println(" ***********");
println("*************");
println("     ***");
```

A.2.3 Perlenkette

```
// Die Größe des grafischen Ausgabefensters wird auf 550 Pixel
// in der Breite und 150 Pixel in der Höhe festgelegt.
size(550, 150);

// Die Perlen werden durch vier Kreise von links nach rechts gezeichnet.
// Zum Zeichnen von Kreisen stellt Processing keine explizite Anweisung
// zur Verfügung, zum Zeichnen von Ellipsen aber schon. Ellipsen haben
// zwei Durchmesser: einen für die Breite und einen für die Höhe der
// Ellipse. Sind beide Durchmesser gleich, ergibt sich ein Kreis.

// Vier Kreise mit 100 Pixel Durchmesser
ellipse(75, 70, 100, 100);
ellipse(175, 70, 100, 100);
ellipse(275, 70, 100, 100);
ellipse(375, 70, 100, 100);
ellipse(475, 70, 100, 100);
```

A.2.4 Die erste Zeichnung

```
// Die Größe des grafischen Ausgabefensters wird auf 450 Pixel
// in der Breite und 320 Pixel in der Höhe festgelegt.
// Die Hintergrundfarbe ist weiß.
size(450, 320);
background(255);

// Die grafischen Grundelemente im angegebenen Bild werden von links
// nach rechts gezeichnet. Dazu muss für jedes Element zuvor die
// Füllfarbe und Linienfarbe spezifiziert werden.

// Das rote Rechteck
stroke(255, 0, 0);          // Linienfarbe ist blau
fill(255, 0, 0);            // Füllfarbe ist blau
rect(10, 10, 100, 300);

// Der grüne Kreis
stroke(0, 255, 0);
fill(0, 255, 0);
ellipse(200, 160, 100, 100);

// Die blaue Linie
strokeWeight(10);           // Strichstärke auf 10 Pixel setzen
stroke(0, 0, 255);
line(310, 10, 310, 300);

// Das gelbe Dreieck
strokeWeight(1);
stroke(255, 255, 0);
fill(255, 255, 0);
triangle(400, 10,           // Punkt oben
    370, 310,               // Punkt unten links
    440, 310);              // Punkt unten rechts
```

A.2.5 Raupe Allzeitappetit

```
size(800, 400);
background(255);

// Alles, was gezeichnet wird, hat eine schwarze Linienumrandung der
// Strichstärke 2.
stroke(0);
strokeWeight(2);

// Kopf
fill(2, 153, 53);
ellipse(100, 100, 150, 150);
```

```
// Augen
fill(255);
ellipse(40, 60, 50, 50);
ellipse(80, 60, 50, 50);

// Die Schnittstelle, an der sich die Linienumrandungen beider Augen
// überlappen, muss überzeichnet werden. Damit die Ellipse, mit der dieser
// Bereich überzeichnet wird, nicht sichtbar ist, wird die Linienfarbe
// für die Anweisung auf weiß gesetzt.
stroke(255);
ellipse(60, 60, 25, 28);
stroke(0);

// Pupillen
fill(0);
ellipse(50, 60, 20, 20);
ellipse(70, 60, 20, 20);

// Restlicher Körper
fill(2, 153, 53);
ellipse(175, 210, 150, 150);
ellipse(275, 230, 150, 150);
ellipse(375, 210, 150, 150);
ellipse(475, 230, 150, 150);
ellipse(575, 210, 150, 150);
```

A.2.6 Klötzchen-Kunst

```
size(400, 500);
background(255);

// Alles, was gezeichnet wird, hat eine schwarze Linienumrandung der
// Strichstärke 2.
stroke(0);
strokeWeight(2);

// Kopf
fill(245, 235, 185);
rect(100, 100, 150, 100);

// Haare
fill(255, 252, 191);
rect(100, 70, -30, 140);
rect(100, 100, 150, -30);

// Augen
fill(0, 218, 255);
rect(170, 120, 15, 15);
rect(220, 120, 15, 15);
```

```
// Mund
fill(229, 169, 180);
rect(170, 160, 65, 15);

// Füße
fill(103, 154, 191);
rect(60, 370, 80, 80);
rect(200, 370, 140, 70);

// Körper
fill(94, 206, 255);
rect(90, 220, 170, 200);

// Arm
fill(84, 185, 229);
rect(90, 220, 100, 100);

// Hand
fill(245, 235, 185);
rect(195, 320, 40, -50);
rect(240, 320, 10, -50);
```

A.2.7 Nachteule

```
size(140, 140);

stroke(0);                    // Linienfarbe schwarz
strokeWeight(80);             // Strichstärke 80 Pixel
line(70, 50, 70, 90);         // Körper als dicke Linie

noStroke();                   // Keine Linie zeichnen
fill(255);                    // Füllfarbe ist Weiß
ellipse(50, 50, 40, 40);      // Linkes Auge
ellipse(90, 50, 40, 40);      // Rechtes Auge
arc(70, 50, 80, 80, 0, PI);   // Kinn als Halbkreis

fill(0);                      // Füllfarbe ist Schwarz
ellipse(58, 50, 8, 8);        // Linke Pupille
ellipse(82, 50, 8, 8);        // Rechte Pupille

quad(70, 58,                  // Oberer Punkt des Schnabels
     73, 64,                  // Rechter Punkt des Schnabels
     70, 70,                  // Unterer Punkt des Schnabels
     67, 64);                 // Linker Punkt des Schnabels
```

A.2.8 Ghettoblaster

```
size(400, 400);
background(255);

// Henkel
// Schwarze Fläche mit Rundungen oben
stroke(0);
strokeWeight(5);
fill(0);
rect(75, 45, 250, 65, 15, 15, 0, 0);

// Weiße Fläche ohne Rundungen
noStroke();
fill(255);
rect(85, 65, 230, 50);

// Körper (300x100 Pixel groß)
stroke(0);
fill(217);
rect(50, 100, 300, 180, 15);

// Frequenzanzeiger
// graue Grundfläche (280x40 Pixel)
fill(89);
noStroke();
rect(60, 120, 280, 40, 10);

// oranges Display links
fill(219, 106, 28);
rect(80, 125, 60, 30);

// weiße Frequenzlinien rechts
stroke(255);
strokeCap(SQUARE);
strokeWeight(2);
line(160, 138, 320, 138);
line(160, 142, 320, 142);

// grauer Trenner darunter
stroke(89);
strokeWeight(4);
line(75, 170, 330, 170);

// Blaue Lautsprecherboxen
stroke(65, 91, 139);
fill(90, 126, 187);
strokeWeight(10);

// X-Mitte der Box
// = 300 (Breite)/2 + 50 (X-Startposition)
// = 200
// Linke X-Hälftenmitte also 300/4+50 = 125
```

```
// Y-Mitte der Box: 180/2+100=190
// Linke untere Y-Hälftenmitte: 180/4*3+100=235
ellipse(125, 225, 80, 80);
ellipse(275, 225, 80, 80);
```

A.2.9 Hallo Bello!

```
size(800, 800);

// Grundeinstellungen für die Linienumrandungen (Blauton
// in der Strichstärke 20 sowie abgerundete Enden)
stroke(40, 71, 124);
strokeWeight(20);
strokeCap(ROUND);
strokeJoin(ROUND);

// Schwanz
fill(40, 71, 124);
triangle(500, 600,    // links
    780, 620,         // unten
    780, 580);        // oben

// Körper (Trapez in der Mitte)
fill(255);
quad(200, 300,        // oben links
    500, 300,         // oben rechts
    600, 700,         // unten rechts
    100, 700);        // unten links

// Kopf (Trapez oben)
quad(100, 10,         // oben links
    500, 10,          // oben rechts
    500, 300,         // unten rechts
    10, 300);         // unten links

// Schlappohr
fill(40, 71, 124);
triangle(500, 10,     // Oben
    700, 500,         // Rechts unten
    500, 500);        // Links unten
fill(255);

// Linke Pfote
quad(200, 670,        // oben links
    300, 660,         // oben rechts
    310, 750,         // unten rechts
    170, 750);        // unten links

// Krallen der linken Pfote
line(220, 730, 220, 760);
line(280, 730, 280, 760);
```

```
// Rechte Pfote
quad(400, 670,      // oben links
     520, 660,      // oben rechts
     560, 750,      // unten rechts
     380, 750);     // unten links

// Krallen der rechten Pfote
line(430, 730, 430, 770);
line(500, 730, 500, 760);

// Gesicht
fill(40, 71, 124);
// Mal links
quad(100, 10, 200, 10, 200, 110, 75, 90);
// Mund
rect(150, 175, 125, 50);
// Augenzwinkern
strokeJoin(MITER);
rect(400, 100, 100, 10);
```

A.3 Variablen, Datentypen, Operatoren und Ausdrücke

A.3.1 Einfache Rechenaufgaben

```
int rechnung01 = 1 + 7 - 9 + 43;
int rechnung02 = 43 - 9 + 7 + 1;
int rechnung03 = 4 * 3 + 1;
int rechnung04 = 9 * (2 + 1);
int rechnung05 = 4 * 3 / 6;
int rechnung06 = (3 - 7) * (7 + 4);
int rechnung07 = 3 / 4;
float rechnung08 = 3.0 / 4.0;
int rechnung09 = 4 / 3 + 1 * 7;
float rechnung10 = 4.0 / 3.0 + 1 * 7;
int rechnung11 = 2 * 2 * 2 * 2 * 2 * 2 * 2;
int rechnung12 = 42 / 7 / 3;
int rechnung13 = 12 % 3;
int rechnung14 = 13 % 5;

int rechnung15 = 12345 / 10;
int rechnung16 = 1234 / 10;
int rechnung17 = 123 / 10;
int rechnung18 = 12 / 10;
int rechnung19 = 1 / 10;
int rechnung20 = 12345 % 10;
int rechnung21 = 1234 % 10;
int rechnung22 = 123 % 10;
int rechnung23 = 12 % 10;
int rechnung24 = 1 % 10;

println("1 + 7 - 9 + 43 = " + rechnung01);
println("43 - 9 + 7 + 1 = " + rechnung02);
println("4 * 3 + 1 = " + rechnung03);
println("9 * (2 + 1) = " + rechnung04);
println("4 * 3 / 6 = " + rechnung05);
println("(3 - 7) * (7 + 4) = " + rechnung06);
println("3 / 4 = " + rechnung07);
println("3.0 / 4.0 = " + rechnung08);
println("4 / 3 + 1 * 7 = " + rechnung09);
println("4.0 / 3.0 + 1 * 7 = " + rechnung10);
println("2 * 2 * 2 * 2 * 2 * 2 * 2 = " + rechnung11);
println("42 / 7 / 3 = " + rechnung12);
println("12 % 3 = " + rechnung13);
println("13 % 5 = " + rechnung14);

println("12345 / 10 = " + rechnung15);
println("1234 / 10 = " + rechnung16);
println("123 / 10 = " + rechnung17);
println("12 / 10 = " + rechnung18);
println("1 / 10 = " + rechnung19);
```

```
println("12345 % 10 = " + rechnung20);
println("1234 % 10 = " + rechnung21);
println("123 % 10 = " + rechnung22);
println("12 % 10 = " + rechnung23);
println("1 % 10 = " + rechnung24);
```

A.3.2 Perlenkette 2.0

```
size(550, 150);

// x-Koordinate des Kreismittelpunkts des ersten Kreises
int x = 75;

// y-Koordinate des Kreismittelpunkts
int y = 70;

// Radius des Kreises
int r = 100;

// Zeichne vier Kreise mit Variablen und Operatoren
ellipse(x, y, r, r);
ellipse(x + r, y, r, r);
ellipse(x + r * 2, y, r, r);
ellipse(x + r * 3, y, r, r);
ellipse(x + r * 4, y, r, r);
```

A.3.3 Blutalkoholkonzentration

```
// Masse in kg
int m = 80;

// Verteilungsfaktor im Körper (Frauen: 0.6, Männer: 0.7, Kinder: 0.8)
float r = 0.7f;

// Volumen des Getränks in ml
int V = 500;

// Alkoholvolumenanteil in Prozent
float e = 0.05f;

// Führe Berechnung durch
float A = V * e * 0.8;
float c = A / (m * r);

println(c);
```

A.3.4 Stoffwechselrate

```java
// Körpergewicht in kg
int m = 58;

// Körpergröße in cm
int l = 180;

// Alter in Jahren
int t = 25;

// Formel Mann
float mrMale = 66.47 + 13.7 * m + 5 * l - 6.8 * t;

// Formel Frau
float mrFemale = 655.1 + 9.6 * m + 1.8 * l - 4.7 * t;

println("Mann: " + mrMale + " Kalorien pro Tag");
println("Frau: " + mrFemale + " Kalorien pro Tag");
```

A.3.5 Baumstammvolumen

```java
// Länge in Meter (m)
int length = 10;

// Durchmesser in Zentimeter (cm)
int diameter = 30;

// Baumstammvolumen (in Festmeter) berechnen
float volume = (float)(PI / 4 * (diameter * diameter)) * length / 10000.0;

println(volume);
```

A.3.6 Körperoberfläche

```java
// Körpergröße in cm
int height = 180;

// Körpergewicht in kg
int weight = 58;

// Berechnung der Körperoberfläche nach der Formel von Mosteller
// in Quadratmeter (m^2)
float a = height * weight / 3600.0;
float b = sqrt(a);

// Ausgabe des Ergebnisses
println(
  "Ein " + height + " cm großer und " + weight
  + " kg schwerer Mensch "+ "verfügt über ca " + b + " m^2 Haut."
);
```

A.3.7 RGB nach CMYK

```
// Definiere Variablen für RGB-Farbwert
int r = 75;
int g = 0;
int b = 130;

// Normiere die RGB-Farbe
float rNorm = r / 255.0f;
float gNorm = g / 255.0f;
float bNorm = b / 255.0f;

// Bestimme daraus w
float w = max(rNorm, gNorm, bNorm);

// Berechne CMYK
float c = (w - rNorm) / w;
float m = (w - gNorm) / w;
float y = (w - bNorm) / w;
float k = 1 - w;

// Gebe beide Farbwerte aus
println("RGB(" + r + ", " + g + ", " + b + ")");
println("CMYK(" + c + ", " + m + ", " + y + ", " + k + ")");
```

A.3.8 Tic-Tac-Toe-Spielfeld

```
size(170, 170);

// Initiale Startkoordinaten
int x = 10;
int y = 10;

// Breite und Höhe der Rechtecke
int w = 50;
int h = 50;

// Zeichne neun Rechtecke an die jeweiligen Stellen
rect(x, y, w, h);
rect(x, y + h, w, h);
rect(x, y + h * 2, w, h);
rect(x + w, y, w, h);
rect(x + w, y + h, w, h);
rect(x + w, y + h * 2, w, h);
rect(x + w * 2, y, w, h);
rect(x + w * 2, y + h, w, h);
rect(x + w * 2, y + h * 2, w, h);
```

■ A.4 Kontrollstrukturen

A.4.1 Maximum bestimmen

```
// Variablen deklarieren und initialisieren
int a = 1;
int b = 2;
int c = 3;

// Variable deklarieren, die den maximalen Wert halten soll
int maxi = -2147483648; // kleinste erlaubte Integer-Zahl

// Maximum bestimmen
if (a > b) {             // a > b
  if (a > c) {           // a > b > c
    maxi = a;
  }
  else {                 // c > a > b
    maxi = c;
  }
}
else {                   // b > a
  if (b > c) {           // b > a > c
    maxi = b;
  }
  else {                 // c > b > a
    maxi = c;
  }
}

// Ausgabe des Maximums in der Konsole
println(
  "Der größte Wert in der Menge {" + a + ", " + b + ", " + c +
    "} lautet: " + maxi
);
```

A.4.2 Summe berechnen

```
// Variable, die das Ergebnis halten soll
int summe = 0;

for (int i = 3; i < 28; i++) {
  // Addiere Zahl zur Summe dazu
  summe = summe + i;
}

// Gebe Ergebnis aus
println("SUM(3, 27): " + summe);
```

A.4.3 Tippspiel

```
// Tatsächliches Endergebnis des Spiels
int home = 3;
int guest = 2;

// Getipptes Endergebnis
int betHome = 3;
int betGuest = 2;

// Berechnete Punkte
int points = 0;

// Bestimme Punktzahl
if (home == betHome && guest == betGuest) { // exakter Tipp
  points = 3;
}
else if ((home - guest) > 0
  && (betHome - betGuest) > 0) {   // richtige Tendenz: Sieg Heim
  points = 1;
}
else if ((home - guest) < 0
  && (betHome - betGuest) > 0) {   // richtige Tendenz: Sieg Gast
  points = 1;
}
else if ((home - guest) == 0
  && (betHome - betGuest) == 0) {  // richtige Tendenz: Unentschieden
  points = 1;
}
else {                             // falscher Tipp
  points = 0;
}

// Gebe die durch den Tipp erreichte Punktzahl aus
println(
  "Ergebnis: " + home + ":" + guest + ", Tipp: " + betHome + ":" +
    betGuest + " -> Punkte: " + points
);
```

A.4.4 PIN-Code-Generator

```
// Gehe alle PIN-Zahlen durch
for (int i = 0; i <= 9999; i++) {
  // Füge je nach Zahlengröße fehlende Nullen hinzu
  if (i < 10) {
    print("000");
  }
  else if (i < 100) {
    print("00");
  }
  else if (i < 1000) {
    print("0");
  }
```

```
// Gebe PIN-Zahl aus (mit Zeilenumbruch)
println(i);

// Verlangsamung der Ausgabe (kann auch auskommentiert werden)
delay(1);
}
```

A.4.5 Dominosteine

```
for (int i = 0; i <= 6; i++) {
  // Erzeuge Leerzeichen
  for (int j = 0; j < i; j++) {
    print("      ");
  }

  // Gebe Dominosteine aus
  for (int j = i; j <= 6; j++) {
    print("(" + i + "|" + j + ")");
  }

  // Zeilenumbruch
  println();
}
```

A.4.6 Radialer Farbverlauf

```
size(800, 800);
background(255);
noStroke();

// Startwert für den Kreisradius
// Dieser muss ein Vielfaches von 255 sein, damit alle 255 Farbtöne in den
// Farbverlauf einfließen können.
int radius = 510;

// Gehe alle Grautöne von Weiß nach Schwarz durch
for (int c = 255; c > 0; c = c - 1) {
  // Ändere Farbe
  fill(c);

  // Zeichne einen Kreis
  ellipse(400, 400, radius, radius);

  // Verkleinere den Radius
  // Dadurch ergeben sich konzentrische Kreise, die immer kleiner werden
  // und dabei die Grautöne von Weiß (255) nach Schwarz (0) annehmen.
  radius = radius - 2;
}
```

A.4.7 Ladevorgang-Rädchen

```
size(400, 400);
background(255);
smooth();

strokeWeight(30);
strokeCap(ROUND);

// Verschiebe Nullpunkt des Koordinatensystems von der Ecke links oben
// des grafischen Ausgabefensters ins Zentrum.
translate(width / 2, height / 2);

for (int i = 0; i < 8; i++) {
  line(0, 60, 0, 100);
  rotate(PI / 4.0);
}
```

A.4.8 Windrad

```
size(800, 800);
background(255);
smooth();

fill(86, 135, 174, 175);
noStroke();

// Verschiebe Nullpunkt des Koordinatensystems von der Ecke links oben
// des grafischen Ausgabefensters ins Zentrum.
translate(width / 2, height / 2);

float radius = 350.0;
for (int i = 0; i < 8; i++) {
  arc(radius / 2, 0.0, radius, radius, 0, PI);
  rotate(PI / 4.0);
}
```

A.4.9 Rotierte Dreiecke

```
size(800, 800);
background(255);
smooth();

noFill();
strokeWeight(4);

// Verschiebe Nullpunkt des Koordinatensystems von der Ecke links oben
// des grafischen Ausgabefensters ins Zentrum.
translate(width / 2, height / 2);
```

```
// Halbe Größe des Dreiecks
int size = 250;

for (int i = 0; i < 20; i++) {
  // Wähle zufällige Farbe
  stroke(random(0, 255), random(0, 255), random(0, 255));

  // Male Dreieck um die Mitte
  triangle(0, -size, size, size, -size, size);

  // Rotiere um 360/20 Grad
  rotate(2 * PI / 20);
}
```

A.4.10 Moderne Kunst

```
size(800, 800);
background(255);
noStroke();

// Größe pro Kästchen
int size = 20;

// Gehe alle Spalten durch
for (int y = 0; y < height / size; y++) {
  // Gehe alle Zeilen durch
  for (int x = 0; x < width / size; x++) {
    // Zufällige Füllfarbe
    fill(random(0, 255), random(0, 255), random(0, 255));

    // Zufälliger Rotationswinkel
    float angle = random(-PI / 32, PI / 32);

    // Rotiere hin
    rotate(angle);

    // Zeichne Rechteck
    rect(0, 0, size, size);

    // Rotiere zurück
    rotate(-angle);

    // Bewege Koordinatensystem nach rechts
    translate(size, 0);
  }

  // Bewege Koordinatensystem nach unten und ganz nach links
  translate(-height, size);
}
```

A.4.11 Schachbrett

```
size(800, 800);
noStroke();

// Soll aktueller Kasten schwarz sein?
boolean black = true;

// Größe pro Feldelement
int size = 100;

// Gehe jede Spalte durch
for (int y = 0; y < height / size; y++) {
  // Gehe jede Zeile durch
  for (int x = 0; x < width / size; x++) {
    // Male Farbe abhängig von Variable
    if (black == true) {
      // setze Farbe auf Schwarz
      fill(0);
    }
    else {
      // setze Farbe auf Weiß
      fill(255);
    }

    // Kehre Variable um
    black = !black;

    // Male Element
    rect(0, 0, size, size);

    // "Wandere" ein Feld nach rechts
    translate(size, 0);
  }
  // Ende der Zeile erreicht
  // "Wandere" in nächste Zeile
  translate(-width, size);

  // Kehre Variable nochmals um, da Muster
  // immer mit letzter Farbe anfängt
  black = !black;
}
```

A.4.12 Sinuskurve

```
size(400, 400);
background(0);
strokeWeight(4);

// Skalierungsfaktor
int scale = 80;
```

```
// Koordinatensystem verschieben
translate(width / 2 - 180, height / 2);

// Zeichne Linien bei 0, 90, 180, 270 und 360 Grad
stroke(125);
for (int x = 0; x <= 360; x = x + 90) {
  line(x, -scale * 2, x, scale * 2);
}

// Zeichne horizontale Linie
stroke(255, 255, 0);
line(0, 0, 360, 0);

// Stelle Sinuskurve dar
stroke(255, 0, 0);
for (int x = 0; x < 360; x++) {
  // Sinus aus Gradzahl berechnen (Zahl von -1 bis 1)
  float y = sin(radians(x));

  // Punkt zeichnen
  point(x, -y * scale);
}
```

A.4.13 Zahlen-Palindrom

```
int number = 12321;
//int number = 12345;

// Zunächst bestimmen wir die Anzahl der Dezimalstellen der
// Palindrom-Zahl
int i = number;

// Anzahl der Dezimalstellen
int size = 0;
while (i > 0) {
  // Teile durch 10 (nehme letzte Zahl weg)
  i = i / 10;

  // Erhöhe Dezimalstellenzahl
  size = size + 1;
}

// Ist Zahl ein Palindrom?
boolean isPalindrom = false;

// Gehe size/2-Schritte durch (wenn wir vorne mit hinten vergleichen,
// sind wir ab der Hälfte durch)
for (i = size; i > size / 2; i = i - 1) {
  // Bestimme vordere Zahl
  // Schneide i Stellen vorne weg
  int firstDigit = number % int(pow(10, i));
```

```
    // Gehe Zahl so lange "hoch" (durch 10 teilen), bis nur noch eine
    // Ziffer da ist
    while (firstDigit / 10 != 0) {
      firstDigit = firstDigit / 10;
    }

    // Bestimme hintere Zahl
    // Schneide i Stellen vorne weg, hier allerdings in umgekehrter
    // Reihenfolge
    int lastDigit = number % int(pow(10, size - i + 1));

    // Gehe Zahl so lange "hoch" (durch 10 teilen), bis nur noch eine
    // Ziffer da ist
    while (lastDigit / 10 != 0) {
      lastDigit = lastDigit / 10;
    }

    // Prüfe, ob beide Ziffern übereinstimmen
    if (firstDigit == lastDigit) {
      isPalindrom = true;
    }
    else {
      isPalindrom = false;
      // Aus Schleife springen, damit Variable
      // nicht verändert werden kann
      break;
    }
  }
}

// Erzeuge Ausgabe je nach Fall
if (isPalindrom) {
  println("Die Zahl " + number + " ist ein Palindrom");
}
else {
  println("Die Zahl " + number + " ist kein Palindrom");
}
```

A.4.14 Interaktiver Button

```
public void setup() {
  size(800, 800);
}

public void draw() {
  // Position und Größe des Buttons
  int x = 200;
  int y = 300;
  int w = 400;
  int h = 200;

  // Färbe Rechteck von Mausposition ein
  // Wenn Maus direkt über Rechteck -> Grün
```

```java
  if (mouseX > x && mouseX < x + w && mouseY > y && mouseY < y + h) {
    fill(0, 255, 0);
  }
  // Sonst Blau
  else {
    fill(0, 0, 255);
  }

  // Zeichne Rechteck
  rect(x, y, w, h);
}
```

A.5 Funktionen

A.5.1 Endliches Produkt

```
// Die Funktion zur Berechnung endlicher Produkte erhält den
// Startwert s und den Endwert e als Integer-Werte und liefert
// als Ergebnis einen Integer-Wert zurück.
int product(int s, int e) {
  if (e < 0 || s < 0) {              // ist einer der beiden Werte kleiner 0
    return 0;                         // wird 0 zurückgegeben
  }
  else if (e == 0 || s == 0) {       // ist einer der beiden Werte gleich 0
    return 0;                         // wird 0 zurückgegeben
  }
  else if (e < s) {
    // Vertausche Werte, damit die for-Schleife
    // vom kleinsten zum größten Wert laufen kann
    int eTemp = e;                    // Temporäres Speichern von e
    e = s;                            // Tauschen...
    s = eTemp;
  }

  // Deklaration und Initialisierung der Variablen für das Ergebnis
  // Der Startwert muss 1 sein (wegen Multiplikation)
  int result = 1;
  for (int i = s; i <= e; i++) {     // Zähle vom Start- bis Endwert
    result = result * i;              // und multipliziere die Zahl mit dem
  }                                   // Ergebnis

  // Das Ergebnis zurückliefern
  return result;
}

// Startpunkt des Hauptprogramms
// Hier wird die implementierte Funktion zu Demonstrations- und
// Testzwecken aufgerufen.
void setup() {
  int result = product(4, 3);
  println("Prod(4, 3): " + result);
}
```

A.5.2 Fakultät

```
// Die Funktion zur Berechnung endlicher Produkte erhält den
// Startwert s und den Endwert e als Integer Werte und liefert
// als Ergebnis einen Integer-Wert zurück.
int product(int s, int e) {
  if (e < 0 || s < 0) {              // ist einer der beiden Werte < 0
    return 0;                         // wird 0 zurückgegeben
  }
  else if (e == 0 || s == 0) {       // ist einer der beiden Werte = 0
```

```java
    return 0; // wird 0 zurückgegeben
  }
  else if (e < s) {
    // Vertausche Werte, damit die for-Schleife
    // vom kleinsten zum größten Wert laufen kann
    int eTemp = e;                 // Temporäres Speichern von e
    e = s;                         // Tauschen...
    s = eTemp;
  }

  // Deklaration und Initialisierung der Variablen für das Ergebnis
  // Der Startwert muss 1 sein (wegen Multiplikation)
  int result = 1;
  for (int i = s; i <= e; i++) { // Zähle vom Start- bis Endwert
    result = result * i;           // und multipliziere die Zahl mit dem
  }                                // Ergebnis

  // Das Ergebnis zurückliefern
  return result;
}

// Die Funktion zur Berechnung der Fakultät
// verwendet die Funktion zur Berechnung endlicher Produkte.
// An die Funktion wird der Wert n übergeben, für die die
// Fakultät berechnet werden soll.
int factorial(int n) {
  int result = product(1, n);    // Aufruf der Funktion
  return result;
}

// Startpunkt des Hauptprogramms
// Hier wird die implementierte Funktion zu Demonstrations- und
// Testzwecken aufgerufen.
void setup() {
  int result = factorial(6);
  println(result);
}
```

A.5.3 Konfektionsgröße

```java
// Funktion zur Berechnung der Konfektionsgröße in Abhängigkeit
// des Geschlechts, der Körpergröße und des Brustumfangs.
// Die Werte werden an die Methode übergeben. Nach der Berechnung
// wird das Ergebnis als Integer zurückgegeben.
int computeGarmentSize(boolean isFemale, int bodyHeight, int bustline) {
  int garmentSize = bustline / 2;    // Berechnung der Konfektionsgröße

  // Sonderfälle für Frauen
  if (isFemale) {                    // Wird Berechnung für eine Frau?
    garmentSize = garmentSize - 6;   // Konfektionsgröße um 6 minimieren

    if (bodyHeight > 170) {          // Ist die Frau größer als 170cm
```

```
      garmentSize = garmentSize * 2; // Konfektionsgröße verdoppeln
    }
    else if (bodyHeight < 164) {      // und wenn Kleiner als 164cm
      garmentSize = garmentSize / 2;  // Konfektionsgröße halbieren
    }
  }

  return garmentSize;                 // Rückgabe der Konfektionsgröße
}

// Startpunkt des Hauptprogramms
// Hier wird die implementierte Funktion zu Demonstrations- und
// Testzwecken aufgerufen.
void setup() {
  println(computeGarmentSize(true, 167, 92));
}
```

A.5.4 Schaltjahr Prüfung

```
// Funktion zur Prüfung, ob ein angegebenes Jahr Schaltjahr ist
// Die Funktion erhält die Jahreszahl als Integer-Wert und gibt
// einen Wahrheitswert {true || false} als Ergebnis zurück.
boolean checkLeapYear(int yearInput) {
  if (yearInput % 400 == 0) { // Jahreszahl glatt durch 400 teilbar?
    return true;              // Rückgabe: es ist ein Schaltjahr!
  }
  else                        // sonst prüfe,
  // ob Jahreszahl glatt durch 4, aber nicht durch 100 teilbar
  if (yearInput % 4 == 0 && yearInput % 100 != 0) {
    return true;              // Rückgabe: es ist ein Schaltjahr!
  }
  else {                      // sonst nicht
    return false;             // Rückgabe: kein Schaltjahr!
  }
}

// Startpunkt des Hauptprogramms
// Hier wird die implementierte Funktion zu Demonstrations- und
// Testzwecken aufgerufen.
void setup() {
  println("War 1800 ein Schaltjahr? -> " + checkLeapYear(1800));
  println("War 2016 ein Schaltjahr? -> " + checkLeapYear(2016));
  println("Wird 2020 ein Schaltjahr sein? -> " + checkLeapYear(2020));
}
```

A.5.5 Literzahlen umwandeln

```
// Funktion zur Umrechnung von Volumenangaben
// Erhält das Volumen als Fließkommazahl und gibt den berechneten
// Wert mit der Einheit als String zurück
String volumeConverter(float volume) {
  if(volume >= 1.0f) {            // ist das Volumen größer oder gleich 1.0
    return volume + " l";         // dann Rückgabe Wert mit Einheit "l"
  }                               // sonst prüfe,
  else if(volume >= 0.1f) {       // ob Volumen größer oder gleich 0.1
    int result = (int)(volume * 100) / 1; // Umrechnen Wert auf cl
    return result + " cl";        // Rückgabe Wert mit Einheit "cl"
  }                               // ansonsten prüfe, ob Volumen größer
  else if(volume >= 0.001f) {     // oder gleich 0.001f
    int result = (int)(volume * 1000) / 1; // Umrechnen Wert auf ml
    return result + " ml";        // Rückgabe Wert mit Einheit "ml"
  }
  else                            // ansonsten gib Fehlermeldung als Wert
    return "Number too small!";   // der Umwandlung zurück
}


// Startpunkt des Hauptprogramms
// Hier wird die implementierte Funktion zu Demonstrations- und
// Testzwecken aufgerufen.
void setup() {
  println(volumeConverter(1.0));
  println(volumeConverter(0.42));
  println(volumeConverter(0.023));
  println(volumeConverter(0.00023));
}
```

A.5.6 LKW-Maut

```
// Funktion zur Berechnung der LKW-Maut in Abhängigkeit der
// Schadstoffklasse, der Anzahl an Achsen und der gefahrenen
// Kilometer. Die Werte werden an die Funktion übergeben. Das
// Ergebnis der Berechnung wird als Fließkommazahl in Euro-Cent zurückgegeben.
float LKWMaut(char schadstoffklasse, int numAchsen, float km) {
  float kmPreis = 0.0f; // Initialisierung mit dem Wert 0.0

  // Bestimme km-Preis
  if (numAchsen <= 3) { // Wenn die Anzahl der Achsen <= 3
    switch (schadstoffklasse) { // Schadstoffklasse abfragen
      case 'A':          // handelt es sich um die Schadstoffklasse 'A'?
        kmPreis = 12.5;  // setze den kmPreis auf 12.5
        break;           // und springe aus dem Switch-Block raus
      case 'B':          // analog zum Case 'A'...
        kmPreis = 14.6;
        break;
      case 'C':
        kmPreis = 15.7;
        break;
```

```
      case 'D':
        kmPreis = 18.8;
        break;
      case 'E':
        kmPreis = 19.8;
        break;
      case 'F':
        kmPreis = 20.8;
        break;
    }
  }
  else { // ab vier Achsen
    switch (schadstoffklasse) { // Schadstoffklasse abfragen
      case 'A':           // handelt es sich um die Schadstoffklasse 'A'?
        kmPreis = 13.1;   // setze den kmPreis = 13.1
        break;            // und springe aus dem Switch-Block raus
      case 'B':           // ...
        kmPreis = 15.2;
        break;
      case 'C':
        kmPreis = 16.3;
        break;
      case 'D':
        kmPreis = 19.4;
        break;
      case 'E':
        kmPreis = 20.4;
        break;
      case 'F':
        kmPreis = 21.4;
        break;
    }
  }

  return kmPreis * km; // gebe die berechnete LKW-Maut zurück
}

// Hier wird die implementierte Funktion zu Demonstrations- und
// Testzwecken aufgerufen.
void setup() {
  println(
    "LKW-Maut für 13 km eines 2-Achsers der Schadstoffklasse A: " +
    LKWMaut('A', 2, 13) + " Eurocent"
  );

  println(
    "LKW-Maut für 13 km eines 5-Achsers der Schadstoffklasse D: " +
    LKWMaut('D', 5, 13) + " Eurocent"
  );
}
```

A.5.7 Analoger Uhrzeiger

```
// Funktion zur Berechnung des Winkels für den Stundenzeiger
// Die Stunden- und Minutenzahl werden als Integer-Werte an
// die Funktion übergeben, die als Ergebnis den Winkel als
// ganzzahligen Wert zurückgibt
int computeHourHandAngle(int h, int m) {
  return (60 * h + m) / 2; // gibt Ergebnis der Berechnung zurück
}


// Funktion zur Berechnung des Winkels für den Minutenzeiger
// Die Minutenzahl wird als Ganzzahlwert an die Funktion übergeben.
// Die Funktion liefert den Winkel für den Minutenzeiger als
// Integer-Wert zurück.
int computeMinuteHandAngle(int m) {
  return 6 * m;
}


// Startpunkt des Hauptprogramms
// Hier wird die implementierte Funktion zu Demonstrations- und
// Testzwecken aufgerufen.
void setup() {
  // Uhrzeit in Stunden und Minuten festlegen
  int h = 3;
  int m = 33;

  // Bestimme die beiden Winkel
  int hAngle = computeHourHandAngle(h, m);
  int mAngle = computeMinuteHandAngle(m);

  // Gebe Winkel aus
  println(
    "Der Stundenzeiger steht um " + h + ":" + m + " Uhr auf " + hAngle +
    " Grad."
  );
  println(
    "Der Minutenzeiger steht um " + h + ":" + m + " Uhr auf " + mAngle +
    " Grad."
  );

  // Zeichne analoge Zeitangabe in grafisches Ausgabefenster
  size(200, 200);
  translate(width / 2, height / 2);
  ellipse(0, 0, 180, 180);
  rotate(radians(hAngle));
  line(0, 0, 0, -60);
  rotate(-radians(hAngle));
  rotate(radians(mAngle));
  line(0, 0, 0, -80);
}
```

A.5.8 Körperoberfläche 2.0

```
// Funktion zur Berechnung der Körperoberfläche. Das Gewicht
// und die Größe werden als Integer-Werte an die Funktion
// übergeben, die das Ergebnis der Berechnung als
// Fließkommazahl zurückliefert.
float kof(int height, int weight) {
  float a = height * weight / 3600.0;
  float b = sqrt(a);             // Berechnung der Wurzel von a
  return b;
}

// Startpunkt des Hauptprogramms
// Hier wird die implementierte Funktion zu Demonstrations- und
// Testzwecken aufgerufen.
void setup() {
  println(kof(180, 58));
}
```

A.5.9 Sportwetten

```
// Funktion zur Berechnung der Wettpunkte. Die dazu notwendigen
// Werte werden als Integer-Werte an die Funktion übergeben.
// Das Ergebnis wird als Ganzzahlwert zurückgegeben.
int computeBetScore(int home, int guest, int betHome, int betGuest) {
  // bei genauer Voraussage
  if (home == betHome && guest == betGuest) {
    // verlasse die Funktion und gib den Wert 3 als Ergebnis zurück
    return 3;
  }

  // Tendenz nach unten richtig
  if (home > betHome && guest > betGuest) {
    // verlasse die Funktion und gib den Wert 1 als Ergebnis zurück
    return 1;
  }

  // Tendenz nach oben richtig
  if (home < betHome && guest < betGuest) {
    // verlasse die Funktion und gib den Wert 1 als Ergebnis zurück
    return 1;
  }

  // Tendenz bei Unentschieden
  if (home == guest && betHome == betGuest) {
    // verlasse die Funktion und gib den Wert 1 als Ergebnis zurück
    return 1;
  }

  // ansonsten
  return 0;
}
```

```java
// Funktion zur Berechnung des Wettergebnisses für alle Wetten
// Als Eingabeparameter wird ein zweidimensionales Integer-Array
// angegeben. Das Ergebnis ist ebenfalls vom Typ Integer
int computeCompleteBetScore(int[][] data) {
  // Initialisierung der Variablen
  int result = 0;

  // Durchlaufe das Array
  for (int j = 0; j < data.length; j++) {
    // Berechne das Ergebnis als das bisherige Ergebnis + die
    // Wettpunkte für die aktuelle Wette, die mit Index [j]
    // angegeben werden.
    result = result + computeBetScore(
      data[j][0],
      data[j][1],
      data[j][2],
      data[j][3]
    );
  }

  // Gib die Summe aller erzielten Wettpunkte zurück.
  return result;
}


// Startpunkt des Hauptprogramms
// Hier wird die implementierte Funktion zu Demonstrations- und
// Testzwecken aufgerufen.
public void setup() {
  // Das zweidimensionale Array besteht aus drei Zeilen = Wetten
  // und jeweils den Werten home, guest, betHome, betGuest
  int[][] data = {
                {3, 2, 3, 2},
                {1, 1, 1, 0},
                {2, 2, 1, 1}
            };

  println(computeCompleteBetScore(data));
}
```

A.5.10   GPS-Luftlinie

```java
// Funktion zur Berechnung des Bogenmaßes
// Erhält die Gradzahl als Fließkommazahl und
// liefert das Bogenmaß zurück
float toRadians(float degree) {
  float radian = degree / 180 * PI;
  return radian;
}


// Funktion zur Berechnung der Distanz zwischen zwei GPS-
// Koordinaten. Übergeben werden Breitengrad und Längengrad der
// ersten und der zweiten Koordinate
```

```
float gpsDistance(float lat1, float lon1, float lat2, float lon2) {
  // Umrechnen in Bogenmaß
  lat1 = toRadians(lat1);
  lon1 = toRadians(lon1);
  lat2 = toRadians(lat2);
  lon2 = toRadians(lon2);

  // Berechne die Entfernung mithilfe vordefinierter
  // mathematischer Funktionen
  float c = acos(
    sin(lat1) * sin(lat2) + cos(lat1) * cos(lat2) * cos(lon2 - lon1)
  );
  float d = c * 6378.137;

  return d;
}

// Startpunkt des Hauptprogramms
// Hier wird die implementierte Funktion zu Demonstrations- und
// Testzwecken aufgerufen.
void setup() {
  // GPS-Koordinaten Kölner Dom
  float kdLat = 50.94157;
  float kdLon = 6.95821;

  // GPS-Koordinaten Düsseldorfer Fernsehturm
  float ftLat = 51.21795;
  float ftLon = 6.76165;

  println(gpsDistance(kdLat, kdLon, ftLat, ftLon));

  // GPS-Koordinaten Hamburger Elbphilharmonie
  float hhLat = 53.54125;
  float hhLon = 9.9841;

  // GPS-Koordinaten Münchener Frauenkirche
  float muLat = 48.13663;
  float muLon = 11.57715;

  println(gpsDistance(hhLat, hhLon, muLat, muLon));
}
```

A.5.11 IBAN-Generator

```
// Importieren des Typs BigInteger aus der
// java.math-Bibliothek
import java.math.BigInteger;

// Funktion zur Generierung der IBAN-Prüfziffer
// Die IBAN wird als String übergeben. Als Ergebnis
// wird die IBAN inklusive Prüfziffer als String
// zurückgegeben
```

```java
String generateIBANChecksum(String bigNum) {
  // Wandle in BigInteger um, damit solch eine lange
  // Zahl verarbeitet werden kann
  BigInteger number = new BigInteger(bigNum);

  // Berechne die Prüfziffer, indem die Nummer modulo 97
  // gerechnet wird. Für die Modulo-Rechnung muss der Wert
  // 97 vorher in ein BigInteger konvertiert werden
  int checksum = number
    .mod(new BigInteger("97"))
    .intValue();

  // Subtrahiere von 98
  checksum = 98 - checksum;

  // Ist Resultat kleiner 10, stelle 0 voran
  if (checksum < 10) {
    return "0" + checksum;
  }
  else { // ansonsten gib das Resultat zurück
    return "" + checksum;
  }
}


// Funktion zum Generieren der IBAN
// Die Kontonummer und Bankleitzahl werden als Strings an die
// Funktion übergeben. Das Ergebnis wird als String
// zurückgegeben.
String generateGermanIBAN(String kontonummer, String blz) {
  // Generiere Checksumme, indem zunächst ein String bestehend
  // aus Bankleitzahl, Kontonummer sowie der Zeichenfolge "131400"
  // aneinandergehängt werden, bevor die Prüfziffer hierfür
  // berechnet wird
  String checksum = generateIBANChecksum(
    blz + kontonummer + "131400"
  );

  // Gebe IBAN-Nummer zurück
  return "DE" + checksum + blz + kontonummer;
}

// Startpunkt des Hauptprogramms
// Hier wird die implementierte Funktion zu Demonstrations- und
// Testzwecken aufgerufen.
void setup() {
  println(generateGermanIBAN("1234567890", "70090100"));
}
```

A.5.12 Sanduhr

```
// Funktion zur Ausgabe einer Sanduhr auf der Konsole
// Die maximale Breite wird als Integer-Wert an die
// Funktion übergeben. Die Funktion hat keinen Rückgabewert
void printSandglass(int width) {
  if(width > 2) {              // nur wenn die Breite > 2 ist
    int height = width;        // Höhe wird mit Breite initialisiert
      if(width % 2 == 0)       // ist die Breite eine gerade Zahl
        height--;              // muss die Höhe um eins minimiert werden

    // wiederhole für alle Zeilen des oberen Dreiecks
    for (int i = 0; i < height / 2 + 1; i++)  { // mit der halben Höhe
      // Rücke mit zunehmender Zeilenzahl i ein
      for (int j = 0; j < i; j++)
        print(" ");            // Schreibe Leerzeichen

      // Die Variable width gibt die Anzahl an #-Zeichen an,
      // die mit jeder Zeile i um 2 verringert wird
      for (int j = 0; j < width - (2 * i); j++)
        print("#");            // Schreibe Lattenzaun-Zeichen

      println();               // wechsle in die nächste Zeile
    }

    // wiederhole für alle Zeilen des unteren Dreiecks
    for (int i = height / 2 - 1; i >= 0; i--)  {
      // Rücke mit zunehmender Zeilenzahl i ein
      for(int j=0; j<i; j++)
        print(" ");            // Schreibe Leerzeichen

      // Die Variable width gibt die Anzahl an #-Zeichen an,
      // die mit jeder Zeile um 2 erhöht wird
      for (int j = 0; j < width - (2 * i); j++)
        print("#");            // Schreibe Lattenzaun-Zeichen

      println();               // wechsle in die nächste Zeile
    }
  }
}

// Startpunkt des Hauptprogramms
// Hier wird die implementierte Funktion zu Demonstrations- und
// Testzwecken aufgerufen.
void setup() {
  printSandglass(8);
}
```

A.5.13 Der faire Würfel

```
// Wurf und Visualisierung eines 6-seitigen Würfels
int diceNumber = 1; // Würfelzahl, wird hier einmalig initialisiert

// Funktion zum Zeichnen einer gewürfelten Zahl, die als Integer-Wert
// übergeben wird.
void drawDice(int number) {
  // Größe des Würfelpunkts
  int dotSize = 40;

  // Zeichne Punkte in Abhängigkeit der Nummer
  // die Augenzahl
  if (number == 1) {
    ellipse(200, 200, dotSize, dotSize);
  }
  else if (number == 2) {
    ellipse(100, 100, dotSize, dotSize);
    ellipse(300, 300, dotSize, dotSize);
  }
  else if (number == 3) {
    ellipse(100, 100, dotSize, dotSize);
    ellipse(200, 200, dotSize, dotSize);
    ellipse(300, 300, dotSize, dotSize);
  }
  else if (number == 4) {
    ellipse(100, 100, dotSize, dotSize);
    ellipse(300, 300, dotSize, dotSize);
    ellipse(300, 100, dotSize, dotSize);
    ellipse(100, 300, dotSize, dotSize);
  }
  else if (number == 5) {
    ellipse(100, 100, dotSize, dotSize);
    ellipse(300, 300, dotSize, dotSize);
    ellipse(300, 100, dotSize, dotSize);
    ellipse(100, 300, dotSize, dotSize);
    ellipse(200, 200, dotSize, dotSize);
  }
  else if (number == 6) {
    ellipse(100, 100, dotSize, dotSize);
    ellipse(300, 300, dotSize, dotSize);
    ellipse(300, 100, dotSize, dotSize);
    ellipse(100, 300, dotSize, dotSize);
    ellipse(100, 200, dotSize, dotSize);
    ellipse(300, 200, dotSize, dotSize);
  }
}

// Funktion zum Generieren einer Zufallszahl,
// die dann als Integer-Wert zurückgeliefert wird
int throwDice() {
  // Mit dem Zufallszahlgenerator random wird eine
  // Zahl von 1-6 generiert.
```

```
  return int(random(1, 7));
}

// Diese Funktion wird ausgeführt, wenn eine Taste
// gedrückt wurde.
void keyPressed() {
  diceNumber = throwDice();
}

// Startpunkt des Hauptprogramms
// Hier wird die implementierte Funktion zu Demonstrations- und
// Testzwecken aufgerufen.
void setup() {
  size(400, 400);

  diceNumber = throwDice(); // Zur Initialisierung einmal werfen
}

// Funktion zum Zeichnen
void draw() {
  clear();
  stroke(0);
  fill(0);
  background(255, 255, 255);

  drawDice(diceNumber);
}
```

A.5.14 Quadrat mit Kreisausschnitten

```
// Funktion zum Zeichnen von Kreisausschnitten. Die
// Anzahl an Kreisen(= Spalten) wird als ganzzahliger
// Wert an die Funktion übergeben.
void drawArcs(int numArcsPerRow) {
  // Setze Radius für jeden Kreis,
  // nutze dabei gegebenen Platz bestmöglich aus.
  int radius = 0;

  // Den kleineren Wert des Ausgabebereichs bestimmen
  // und für diesen den Radius bestimmen.
  if (width > height) {
    radius = height / numArcsPerRow;
  }
  else {
    radius = width / numArcsPerRow;
  }

  // Winkelschritt pro Kreis (360 Grad entspricht 2*PI)
  float winkelStep = 2 * PI / (numArcsPerRow * numArcsPerRow);
  float winkel = 0; // Startwert

  // Durchlaufe nun alle Zeilen
```

```
      for (int y = 0; y < numArcsPerRow; y++) {
        // und pro Zeile für alle Spalten
        for (int x = 0; x < numArcsPerRow; x++) {
          // Setze zufällige Farbe
          int colorR = int(random(0, 255));
          int colorG = int(random(0, 255));
          int colorB = int(random(0, 255));
          fill(colorR, colorG, colorB);
          stroke(colorR, colorG, colorB);

          // Erhöhe Kreiswinkel um Winkelschritt
          winkel = winkel + winkelStep;

          // Zeichne Kreis
          arc(
            radius * x + (radius / 2),
            radius * y + (radius / 2),
            radius,
            radius,
            0,
            winkel
          );
        }
      }
}

// Startpunkt des Hauptprogramms
// Hier wird die implementierte Funktion zu Demonstrations- und
// Testzwecken aufgerufen.
void setup() {
  size(600, 600);
  background(255, 255, 255);

  drawArcs(16);
}
```

A.5.15 Wurfparabel

```
// Deklaration der Konstanten g für die Fallbeschleunigung
float g = 9.81;

// Funktion zum Zeichnen der Koordinaten der Wurfparabel für
// Anfangsgeschwindigkeit v0 und -winkel beta, die als
// Fließkommazahl an die Funktion übergeben werden. Da die
// Funktion das Berechnen und Zeichnen übernimmt, hat sie
// keinen Rückgabewert.
void drawTrajectory(float v0, float beta) {
  // Umwandlung von Grad in Radians
  beta = radians(beta);

  // Berechne und zeichne in einer Skalierung von 0.25
  for (float t = 0.0; t < 20.0; t = t + 0.25) {
```

```
    // Startpunkt für Zeichnung ist Fensterhöhe = unterer Rand
    int yStart = height;

    // Berechne Werte für x und y
    float x = v0 * t * cos(beta);
    float y = v0 * t * sin(beta) - (g / 2) * t * t;

    // Zeichne Parabelpunkte
    // y muss horizontal gedreht werden (s. Hinweise)
    ellipse(x, -y + yStart, 2, 2);
  }
}

// Startpunkt des Hauptprogramms
// Hier wird die implementierte Funktion zu Demonstrations- und
// Testzwecken aufgerufen.
void setup() {
  size(400, 400);
  stroke(255, 0, 0);
  fill(255, 0, 0);
  background(0, 0, 0);
  drawTrajectory(60, 45);
}
```

A.5.16 Bogenschießen-Spiel

```
// Konstanten
float g = 9.81;
int soilY = 520;        // Position, an dem der Boden beginnt
int grassY = 500;       // Position, an dem die Wiese beginnt

// Pfeilstartposition
int startX = 60;
int startY = grassY - 40;

int aimWidth = 30;
int aimHeight = 70;

// Globale Variablen setzen
int speed = 90;
float angle = 45;
float arrowX = startX;
float arrowY = startY;
float arrowDegrees = angle;
boolean arrowFire = false;   // Wurde Pfeil abgefeuert?
float arrowTime = 1;
int aimX = 0;
int aimY = 0;

// Funktion zum (Re-)Initialisieren von globalen Variablen
// Benötigt keinen Eingabewert und gibt auch keinen Wert
// zurück
```

```java
  public void reset() {
    speed = 90;
    angle = 45;
    arrowX = startX;
    arrowY = startY;
    arrowDegrees = angle;
    arrowFire = false;         // Wurde Pfeil abgefeuert?
    arrowTime = 1;
    aimX = int(random(width - 300, width));
    aimY = grassY - aimHeight;
  }


  // Funktion zur Ausgabe von Koordinaten der Wurfparabel zum
  // angeforderten Zeitpunkt.
  // An die Funktion wird die Geschwindigkeit als Integer-Wert
  // sowie der Winkel und den Zeitpunkt je als Fließkommazahl
  // gegeben. Die Rückgabe erfolgt als Fließkomma-Array
  float[] getTrajectory(int v0, float beta, float t) {
    beta = radians(beta);
    float x = v0 * t * cos(beta);
    float y = v0 * t * sin(beta) - (g / 2) * t * t;
    float[] output = {
      x,
      y
    };
    return output;
  }


  // Funktion zur Berechnung des Steigungswinkels des Pfeils
  // (1. Ableitung) als Fließkommazahl zurück
  float getDegrees(int v0, float beta, float t) {
    beta = radians(beta);
    float x1 = v0 * cos(beta);
    float y1 = v0 * sin(beta) - g * t;
    float winkel = atan(y1 / x1);
    return degrees(winkel);
  }


  // Funktion, die die Reaktion auf Tastatureingaben
  // verarbeitet. Der keyCode ist in einer globalen
  // Variable enthalten.
  void keyPressed() {
    if (keyCode == RIGHT) {
      increaseSpeed();
    }
    else if (keyCode == LEFT) {
      decreaseSpeed();
    }
    else if (keyCode == UP) {
      increaseAngle();
    }
    else if (keyCode == DOWN) {
      decreaseAngle();
```

```
  }
  else if (keyCode == 10) {
    arrowFire = true;
  }
  else if (key == 'r') {
    reset();
  }
}

// Funktion zum Erhöhen der Geschwindigkeit ohne
// Ein- oder Ausgabeparameter
void increaseSpeed() {
  if (arrowFire == false) {
    speed = speed + 1;
  }
}

// Funktion zum Verringern der Geschwindigkeit ohne
// Ein- oder Ausgabeparameter
void decreaseSpeed() {
  if (speed > 0 && arrowFire == false) {
    speed = speed - 1;
  }
}

// Funktion zum Erhöhen des Winkels ohne
// Ein- oder Ausgabeparameter
void increaseAngle() {
  if (angle < 90 && arrowFire == false) {
    angle = angle + 1;
    arrowDegrees = angle;
  }
}
// Funktion zum Verringern der Winkels ohne
// Ein- oder Ausgabeparameter
void decreaseAngle() {
  if (angle > -90 && arrowFire == false) {
    angle = angle - 1;
    arrowDegrees = angle;
  }
}

// Funktion zum Aktualisieren der Pfeilposition
// Keine Ein- oder Ausgabeparameter, da die Funktion
// auf den globalen Variablen rechnet.
void updateArrow() {
  // Nur aktualisieren, wenn Pfeil abgefeuert wurde
  if (arrowFire == true) {
    // Hole Wurfparabel
    float[] newPos = getTrajectory(speed, angle, arrowTime);
    arrowDegrees = getDegrees(speed, angle, arrowTime);

    // Berechne neue Pfeilposition mit Wurfparabel
```

```java
    arrowX = startX + newPos[0];
    arrowY = startY - newPos[1];

    // Erhöhe Berechnungszeit der Wurfparabel
    arrowTime = arrowTime + 0.1;
    checkCollision();
  }
}

// Funktion zur simplen Kollisionserkennung
// ohne Ein- und Ausgabeparameter
void checkCollision() {
  if (isInBounds(arrowX, arrowY)) {
    arrowFire = false;
  }
}

// Funktion zur Bestimmung, ob die aktuelle Koordinate
// im Kollisionsbereich liegt
boolean isInBounds(float x, float y) {
  if (y > soilY || x > aimX
    && x < aimX + aimWidth
    && y < aimY + aimHeight
    && y > aimY) {
    return true;
  }
  else {
    return false;
  }
}

// Startpunkt des Hauptprogramms
// Hier wird die implementierte Funktion zu Demonstrations- und
// Testzwecken aufgerufen.
void setup() {
  size(1200, 600);
  reset();
}

// Funktion, die immer wieder zum (Neu-)Zeichnen des
// Bildschirminhalts aufgerufen wird
void draw() {
  // zunächst Löschen des Bildschirms
  clear();
  // Hintergrundfarbe setzen
  background(255);
  // mit gesetzter Farbe füllen
  fill(0);
  // Textgröße setzen
  textSize(20);
  // zeichne Variablenangaben
  text("speed: " + speed, 5, 25);
  text("angle: " + angle, 5, 50);
```

```
  // Auf Kollision prüfen
  checkCollision();

  // Pfeil aktualisieren
  updateArrow();

  // Zeichne Wiese
  stroke(76, 178, 33);
  fill(76, 178, 33);
  rect(0, grassY, width, soilY - grassY);

  // Zeichne Boden
  stroke(125, 67, 22);
  fill(125, 67, 22);
  rect(0, soilY, width, width - soilY);

  // Zeichne Zielscheibe
  stroke(125, 0, 0);
  fill(125, 0, 0);
  rect(aimX, aimY, aimWidth, aimHeight);

  // Zeichne Pfeil
  stroke(125);
  fill(125);
  int radius = 80;
  float archW = cos(radians(arrowDegrees)) * radius;
  float archH = sin(radians(arrowDegrees)) * radius;
  line(arrowX, arrowY, arrowX - archW, arrowY + archH);
}
```

■ A.6 Arrays

A.6.1 Wochentag

```java
// Funktion zur Berechnung des Wochentags
// Erhält als Eingabeparameter ganzzahlige Werte für
// den Tag, den Montag und das Jahr
void calcDayOfWeek(int inputDay, int inputMonth, int inputYear) {
  // Letzten zwei Ziffern bestimmen, indem der Modulo-Operator ein-
  // gesetzt wird um den Rest zu berechnen.
  int dayOfWeek = inputYear % 100;

  // Ganzzahligen Anteil eines Viertels hinzuaddieren
  // Das Ergebnis einer Division mit Integer-Zahlen liefert
  // den ganzzahligen Wert der Division.
  dayOfWeek = dayOfWeek + (dayOfWeek / 4);

  // Zuweisung Additionswerte für Monat
  // Erster Wert = 0, um Zuweisung einfacher zu machen
  // Erster Monat ist also in monthAdd[1] gespeichert
  int[] monthAdd = { 0, 1, 4, 4, 0, 2, 5, 0, 3, 6, 1, 4, 6 };

  // Werte entsprechend des Monats addieren
  dayOfWeek = dayOfWeek + monthAdd[inputMonth];

  // Tag addieren
  dayOfWeek = dayOfWeek + inputDay;

  // Zuweisung Jahrzehnt zu Offset
  int centuryAdd = 0;
  int century = inputYear / 100;
  switch (century) {
    case 18:
      centuryAdd = 2;
      break;
    case 19:
      centuryAdd = 0;
      break;
    case 20:
      centuryAdd = 6;
      break;
    case 21:
      centuryAdd = 4;
      break;
  }

  // Addiere Offset
  dayOfWeek = dayOfWeek + centuryAdd;

  // Bei Schaltjahr wird für Januar und Februar 1 subtrahiert
  if (checkLeapYear(inputYear)) {
    if (inputMonth == 1 || inputMonth == 2) { // Monat = 1 oder 2?
```

```
    dayOfWeek = dayOfWeek - 1;
  }
}

// Wochentag ergibt sich aus Reduzieren Modulo 7
dayOfWeek = dayOfWeek % 7;

// Array mit Wochentagen
String[] dayOfWeekNames = {
  "Samstag",
  "Sonntag",
  "Montag",
  "Dienstag",
  "Mittwoch",
  "Donnerstag",
  "Freitag"
};

// Gebe Wochentag aus
println(dayOfWeekNames[dayOfWeek]);
}

// Funktion zur Schaltjahrprüfung (aus vorheriger Aufgabe)
boolean checkLeapYear(int yearInput) {
  // Ist Jahreszahl durch 400 teilbar?
  if (yearInput % 400 == 0) {
    return true;
  }
  else { // sonst prüfe,
    // ob Jahreszahl durch 4, aber nicht durch 100 teilbar ist
    if ((yearInput % 4 == 0) && (yearInput % 100 != 0)) {
      return true;
    }
  }
  // Wenn keine Bedingung zutrifft
  return false;
}

// Startpunkt des Hauptprogramms
// Hier wird die implementierte Funktion zu Demonstrations- und
// Testzwecken aufgerufen.
void setup() {
  calcDayOfWeek(1, 1, 1817);
}
```

A.6.2 Tankfüllung

```
// Funktion zur Berechnung des durchschnittlichen Verbrauchs
// An die Funktion wird ein Array mit Integer-Werten übergeben,
// die die gefahrenen Kilometer bis zum nächsten Tankstopp
// enthalten. Die Funktion gibt den Durchschnittswert als
// Fließkommazahl zurück.
```

```java
float averageFuelComsumption(int[] kilometersPerTankful) {
  // Initialisierung der Variablen
  float averageConsumption = 0.0f;
  int sumKilometers = 0;

  // Summiere alle Kilometer
  for (int i = 0; i < kilometersPerTankful.length; i++) {
    sumKilometers = sumKilometers + kilometersPerTankful[i];
  }

  // Teile durch Gesamtzahl
  averageConsumption = float(sumKilometers) / kilometersPerTankful.length;

  return averageConsumption;
}

// Startpunkt des Hauptprogramms
// Hier wird die implementierte Funktion zu Demonstrations- und
// Testzwecken aufgerufen.
void setup() {
  int[] kilometers = { 123, 134, 120, 122 };

  println(averageFuelComsumption(kilometers));
}
```

A.6.3   Rückwärtsausgabe

```java
// Funktion zur Ausgabe der Buchstaben in umgekehrter Reihenfolge
// An die Funktion wird ein Array mit char-Werten übergeben
void printBackwards(char[] charArray) {
  // Gehe Array rückwärts durch
  for (int i = charArray.length - 1; i >= 0; i = i - 1) {
    // Gebe Zeichen aus
    print(charArray[i]);
  }

  // Erzeuge Zeilenumbruch
  println();
}

// Startpunkt des Hauptprogramms
// Hier wird die implementierte Funktion zu Demonstrations- und
// Testzwecken aufgerufen.
void setup() {
  char[] palindrom =
    {'r', 'e', 'i', 'b', 'n', 'i', 'e', 'e', 'i', 'n', 'b', 'i', 'e', 'r'};
  char[] test = {'H', 'a', 'l', 'l', 'o'};

  printBackwards(palindrom);
  printBackwards(test);
}
```

A.6.4 Bildvergrößerung

```
// Funktion zum Vergrößern eines quadratisches Arrays um den
// Faktor f. Eingabe ist ein zweidimensionales Array mit
// boolean-Werten sowie der Faktor, um den das Array vergrößert
// werden soll.
boolean[][] magnify(boolean[][] input, int f) {
  // die aktuelle Größe entspricht der Anzahl an Array-Elementen
  // einer Dimension
  int inputSize = input.length;

  // Berechnen der Ergebnisgröße des Arrays
  int outputSize = f * inputSize;

  // Generiere leeren Output-Array in der neuen Größe
  boolean[][] output = new boolean[outputSize][outputSize];

  // Gehe jedes Element in Input durch und schreibe es in die skalierten
  // Felder im Output
  for (int y = 0; y < inputSize; y++) { // Iteration durch Zeilen
    for (int x = 0; x < inputSize; x++) { // Iteration durch Spalten
      for (int j = 0; j < f; j++) { // Iteration für den Zeilenfaktor
        for (int i = 0; i < f; i++) { // Iteration für den Spaltenfaktor
          output[x * f + j][y * f + i] = input[x][y]; // Schreiben des Werts
        }
      }
    }
  }

  return output;
}

// Funktion, die das Array grafisch im Ausgabefenster darstellt
// Als Eingabe erfolgt das Array.
void drawArray(boolean[][] input) {
  // Array-Größe. Da Array quadratisch sein soll, reicht die Höhe
  // des Arrays aus
  int inputSize = input.length;

  // Höhe und Breite jedes Rechtecks (definiert durch Fenstergröße)
  int rectWidth = width / inputSize;
  int rectHeight = height / inputSize;

  for (int y = 0; y < inputSize; y++) {
    for (int x = 0; x < inputSize; x++) {
      // Setze Farbe nach Array-Inhalt
      // Um einzelne Elemente sichtbar zu machen, ist die Linienfarbe
      // stets das Gegenteil der Füllfarbe
      if (input[y][x] == false) {
        stroke(0);
        fill(255);
      }
      else {
```

```
            stroke(255);
            fill(0);
        }
        // Zeichne Rechteck
        // startX,startY: Obere linke Ecke des Rechtecks
        // startX+rectWidth, startY+rectHeight: Untere linke Ecke
        // des Rechtecks
        int startX = x * rectWidth;
        int startY = y * rectHeight;
        rect(startX, startY, startX + rectWidth, startY + rectHeight);
    }
  }
}


// Startpunkt des Hauptprogramms
// Hier wird die implementierte Funktion zu Demonstrations- und
// Testzwecken aufgerufen.
void setup() {
  size(200, 200);
  background(255);
  boolean[][] eingabe = {{true, false}, {false, false}};
  drawArray(magnify(eingabe, 1));
}
```

A.6.5 Partnervermittlung

```
// Funktion zur Überprüfung von Übereinstimmungen
// Die Funktion erhält die Werte für Person a und b in einem
// Array mit Wahrheitswerten und gibt die prozentuale
// Überschneidung zurück
int interestsMatch(boolean[] a, boolean[] b) {
  // Abbruch, wenn beide Profile ungleich groß sind
  if (a.length != b.length) {
    return 0;
  }

  int numMatches = 0;

  // Gehe Liste durch
  for (int i = 0; i < a.length; i++) {
    // Erhöhe Zähler, wenn es Übereinstimmung gibt
    if (a[i] == b[i]) {
      numMatches = numMatches + 1;
    }
  }

  // Prozentzahl: Übereinstimmungen / Gesamtzahl * 100
  return (int)(numMatches / (float)a.length * 100);
}


// Startpunkt des Hauptprogramms
// Hier wird die implementierte Funktion zu Demonstrations- und
```

```
// Testzwecken aufgerufen.
void setup() {
  boolean[] personA = {true, true, false, false, false, true};
  boolean[] personB = {true, false, false, false, false, true};
  boolean[] personC = {false, false, true, true, true, false};
  boolean[] personD = {false, false, true, true, true};

  println(interestsMatch(personA, personA));
  println(interestsMatch(personA, personB));
  println(interestsMatch(personA, personC));
  println(interestsMatch(personA, personD));
}
```

A.6.6 Sitzplatzreservierung

```
// Globale Symbolkonstanten
char FREE = '_'; // Freier Sitz
char TAKEN = '#'; // Belegter Sitz

// Globale Arena
char[][] arena;
int minSeats = 3; // Anzahl der Sitze in der letzten Reihe

// Funktion zum Generieren einer neuen Arena. Als
// Eingabewert dient die Anzahl an Zeilen. Die Arena
// wird in einem Array von Chars zurückgegeben
char[][] createArena(int numRows) {
  // zu befüllendes Gesamt-Array
  arena = new char[numRows][numRows + (minSeats - 1)];

  // Gehe numerisch jede zu erzeugende Reihe durch
  for (int i = 0; i < numRows; i++) {
    // Anzahl der Sitze in aktueller Reihe
    int numSeats = numRows - i + (minSeats - 1);

    // Einzelne Reihe
    // Gehe numerisch jeden zu erzeugenden Sitz durch
    for (int x = 0; x < numSeats; x++) {
      // Füge Arrayelement hinzu
      arena[i][x] = FREE;
    }
  }

  return arena;
}

// Funktion, die die Arena grafisch darstellt
// Erhält ein zweidimensionales Char-Array
void visualizeArena(char[][] arena) {
  // Gehe jede Reihe durch
  for (int y = 0; y < arena.length; y++) {
    // Gehe jeden Sitz durch
```

```java
    // Arraybreite = arena[0].length
    for (int x = 0; x < arena[0].length; x++) {
      // Gebe Reihenelement aus
      print(arena[y][x]);
    }

    // Mache Zeilenumbruch (für die nächste Reihe)
    println();
  }
}

// Funktion zum Buchen eines einzelnen Sitzplatzes
// Als Eingabe wird die Reihe und der Platz angegeben
void bookSeat(int row, int seat) {
  // Setze Sitzplatz auf belegt
  arena[row][seat] = TAKEN;
}

// Funktion zum zufälligen Buchen von  Sitzplätzen
// in der gesamten Arena
void fillSeats() {
  // Anzahl der Reihen
  int numRows = arena.length;

  // Gehe jede Reihe durch (von Reihe 0 bis Gesamtzahl)
  for (int y = 0; y < numRows; y++) {
    // Stuhlanzahl in einer Reihe
    int numSeats = numRows - y + (minSeats - 1);
    // Gehe jeden Sitz durch
    for (int x = 0; x < numSeats; x++) {
      // Zufallszahl zwischen 0 und 1 (Random ist Zahl
      // von 0 bis 1,9999999...)
      int randomNumber = int(random(0, 2));
      // Wenn Zufallszahl eine 1 ist, soll Sitz gebucht
      // werden
      if (randomNumber == 1) {
        bookSeat(y, x);
      }
    }
  }
}

// Startpunkt des Hauptprogramms
// Hier wird die implementierte Funktion zu Demonstrations- und
// Testzwecken aufgerufen.
void setup() {
  arena = createArena(10);
  fillSeats();
  visualizeArena(arena);
}
```

A.6.7 Platztausch

```
// Funktion zum Tauschen von Sitzplätzen
int[] switchSeats(int[] seats) {
  // Anzahl der Sitze ergibt sich aus Array-Größe
  int numSeats = seats.length;

  // Gehe Array bis zur Hälfte durch (bei komplettem Durchgang
  // wäre die gleiche Reihenfolge wie vorher)
  for (int i = 0; i < numSeats / 2; i++) {
    // Hole zu tauschende Plätze
    int seatA = seats[i];
    int seatB = seats[numSeats - i - 1];

    // Vertausche beide Plätze
    seats[i] = seatB;
    seats[numSeats - (i + 1)] = seatA;
  }

  return seats;
}

// Startpunkt des Hauptprogramms
// Hier wird die implementierte Funktion zu Demonstrations- und
// Testzwecken aufgerufen.
void setup() {
  int[] seats = { 0, 1, 2, 3, 4, 5, 6 };
  int[] seatSwitched = switchSeats(seats);

  // Gebe Array aus
  for (int i = 0; i < seatSwitched.length; i++) {
    print(seatSwitched[i] + " ");
  }
  println();
}
```

A.6.8 Bestimmung minimale Distanz

```
// Funktion zur Bestimmung der minimalen Distanz zweier
// benachbarter Zahlen in einem eindimensionalen Array.
// Es wird das zu überprüfende Array in die Funktion hineingegeben,
// und der Index der ersten Zahl des Paares mit der minimalen
// Distanz soll zurückgegeben werden.
int minDist(int[] input) {
  // Die kleinste Distanz mit der größten erlaubten Integer-Zahl
  // initialisieren
  int smallestDist = 2147483647;

  // Ein Zeiger auf die kleinste Distanz initialisieren und der
  // noch auf kein Array-Element zeigt.
  int smallestDistPos = -1;
```

```java
  // Die aktuelle Array-Größe merken
  int arraySize = input.length;

  // Gehe jedes Element durch
  for (int i = 0; i < arraySize - 1; i++) {
    // Berechne Distanz zum Nachbarn
    int distTemp = abs(input[i] - input[i + 1]);

    // Wenn Distanz kleiner als aktuell kleinste Distanz
    if (distTemp < smallestDist) {
      // Dann ersetzen
      smallestDist = distTemp;
      // und die Position im Array merken
      smallestDistPos = i;
    }
  }

  return smallestDistPos;
}

// Startpunkt des Hauptprogramms
// Hier wird die implementierte Funktion zu Demonstrations- und
// Testzwecken aufgerufen.
void setup() {
  int[] array = { 4, 8, 6, 1, 2, 9, 4 };
  println(minDist(array));
}
```

A.6.9 Morsecode

```java
// Funktion, die die Position eines Buchstabens
// im Alphabet zurückgibt.
// Erhält ein Zeichen als String und gibt dessen
// Position im Alphabet zurück
int getPosInAlphabet(String letter) {
  // Wandle Eingabe in einen Kleinbuchstaben um
  letter = letter.toLowerCase();

  // String mit dem gesamten Alphabet
  String alphabet = "abcdefghijklmnopqrstuvwxyz1234567890";

  // Gebe Stelle zurück, an der der Buchstabe im String vorkommt
  // (= Stelle im Alphabets-Array der Aufgabe)
  return alphabet.indexOf(letter);
}

// Funktion zur Ausgabe des Morsecodes für einen Eingabetext
// Übergeben wird der Eingabetext
void printMorseCode(String input) {
  // Setze Eingabe auf Lowercase
  input = input.toLowerCase();
```

```
// Entferne alle Leerzeichen aus dem String
input = input.replace(" ", "");

// Entferne Punkt und Komma aus dem String
input = input.replace(",", "");
input = input.replace(".", "");

String output = "";
// Array für Morsezeichen (von Zeichen A bis 0)
// Reihenfolge legt Funktion getPosInAlphabet fest
String[] morsecode = {
    ".-",       // A
    "-...",     // B
    "-.-.",     // C
    "-..",      // D
    ".",        // E
    "..-.",     // F
    "--.",      // G
    "....",     // H
    "..",       // I
    ".---",     // J
    "-.-",      // K
    ".-..",     // L
    "--",       // M
    "-.",       // N
    "---",      // O
    ".--.",     // P
    "--.-",     // Q
    ".-.",      // R
    "...",      // S
    "-",        // T
    "..-",      // U
    "...-",     // V
    ".--",      // W
    "-..-",     // X
    "-.--",     // Y
    "--..",     // Z
    ".----",    // 1
    "..---",    // 2
    "...--",    // 3
    "....-",    // 4
    ".....",    // 5
    "-....",    // 6
    "--...",    // 7
    "---..",    // 8
    "----.",    // 9
    "-----"     // 0
};

// Gib den zu "morsenden" Text zunächst als Text aus
println(input);

// Lese Zeichen für Zeichen aus
```

```
  for (int i = 0; i < input.length(); i++) {
    // Hole Position in Alphabets-Array
    int pos = getPosInAlphabet("" + input.charAt(i));

    // gebe Zeichen aus
    print(morsecode[pos] + " ");
  }

  println();
}

// Startpunkt des Hauptprogramms
// Hier wird die implementierte Funktion zu Demonstrations- und
// Testzwecken aufgerufen.
void setup() {
  printMorseCode("Wozu Worte drucken, es gibt doch Schreiber");
}
```

A.6.10 Endlose Animation

```
// Array für die Bilder deklarieren und initialisieren
PImage[] animation = new PImage[6];

// Variable, die später als Zeiger auf das aktuell
// zu verwendende Bild verwendet wird
int pictureNo;

void setup() {
  // Grafischen Ausgabebereich initialisieren
  size(100, 100);
  background(255);

  // Bilder in Array einlesen
  animation[0] = loadImage("walk1.jpg");
  animation[1] = loadImage("walk2.jpg");
  animation[2] = loadImage("walk3.jpg");
  animation[3] = loadImage("walk4.jpg");
  animation[4] = loadImage("walk5.jpg");
  animation[5] = loadImage("walk6.jpg");

  // Aktuelle Bildnummer
  pictureNo = 0;

  // Setze Framerate auf 12 Bilder pro Sekunde
  frameRate(12);
}

void draw() {
  // Lösche das vorherige Bild
  background(255);

  // Zeige aktuelles Bild an
```

```
  image(animation[pictureNo], 10, 10);

  // Erhöhe Bilderzähler, solange das letzte Bild im Array
  // noch nicht erreicht wurde
  if (pictureNo < 5)
    pictureNo += 1;
  // sonst Zähler zurücksetzen
  else
    pictureNo = 0;
}
```

A.6.11 Spiegeln

```
// Funktion zum Spiegeln eines Arrays.
// Erhält das ursprüngliche zweidimensionale Array
// und gibt das gespiegelte Array zurück.
boolean[][] mirror(boolean[][] input) {
  // Ausgabe-Array gespiegelt
  boolean[][] output = new boolean[input.length][input[0].length];

  // Gehe jede Zeile im Input-Array zeilenweise durch
  for (int y = 0; y < input.length; y++) {
    // Gehe jedes Element spaltenweise durch
    for (int x = 0; x < input[0].length; x++) {
      // Schreibe Elemente umgekehrt in den Array
      output[y][x] = input[y][input[0].length - x - 1];
    }
  }

  return output;
}

// Funktion zur grafischen Darstellung eines zweidimensionalen
// Arrays, welches als Eingabewert in die Funktion verwendet wird
void displayArray(boolean[][] input) {
  // Höhe und Breite des Arrays bestimmen
  int iWidth = input[0].length;
  int iHeight = input.length;

  // Größe pro Rechteck, abhängig vom Bildschirmfenster
  int xSize = width / iWidth;
  int ySize = height / iHeight;

  // Gehe jede Zeile und Spalte durch
  for (int y = 0; y < iHeight; y++) {
    for (int x = 0; x < iWidth; x++) {
      // Bestimme Farbe
      // True = Setze Farbe auf Schwarz
      if (input[y][x] == true)
        fill(0);
      // Sonst setze Farbe auf Weiß
```

```
      else
        fill(255);

      // Male Kasten auf Bildschirm
      rect(x * xSize, y * ySize, xSize, ySize);
    }
  }
}


// Startpunkt des Hauptprogramms
// Hier wird die implementierte Funktion zu Demonstrations- und
// Testzwecken aufgerufen.
void setup() {
  size(800, 800);

  boolean[][] bwImage =
    {
      {false, false, false, false},
      {false, true,  false, false},
      {false, true,  false, true}
    };

  //displayArray(bwImage);
  displayArray(mirror(bwImage));
}
```

A.6.12 Reflexion

```
// Funktion zur Berechnung der angegebenen Reflexion
// An die Funktion wird das zu bearbeitende zwei-
// dimensionale Array übergeben. Das gespiegelte
// Ergebnis wird zurückgegeben
boolean[][] reflection(boolean[][] input) {
  // Höhe des Eingabe-Arrays
  int iHeight = input.length;

  // Kopie anlegen (ein Drittel größer)
  boolean[][] output = new boolean[iHeight + iHeight / 3][input[0].length];

  // Kopiere input in output:
  // Gehe alle Zeilen durch
  for (int y = 0; y < input.length; y++) {
    // Gehe alle Spalten durch
    for (int x = 0; x < input[0].length; x++) {
      // Kopiere Inhalt
      output[y][x] = input[y][x];
    }
  }

  // Gehe Rückwärts das letzte Drittel des Arrays durch
  int y = input.length;
  for (int i = 0; i < iHeight / 3; i++) {
    // Füge Zeile dem Array hinzu
```

```
    output[y] = input[iHeight - 1 - i];
    y = y + 1;
  }
  // Rückgabe
  return output;
}

// Funktion zur grafischen Darstellung eines zweidimensionalen
// Arrays
void displayArray(boolean[][] input) {
  // Höhe und Breite des Arrays bestimmen
  int iWidth = input[0].length;
  int iHeight = input.length;

  // Größe pro Rechteck, abhängig vom Bildschirmfenster
  int xSize = width / iWidth;
  int ySize = height / iHeight;

  // Gehe jede Zeile durch
  for (int y = 0; y < iHeight; y++) {
    // gehe jede Spalte durch
    for (int x = 0; x < iWidth; x++) {
      // Bestimme Farbe
      if (input[y][x] == true) {
        // true = Setze Farbe auf Weiß
        fill(255);
      }
      else {
        // Sonst setze Farbe auf Grau
        fill(125);
      }
      // Male Kasten auf Bildschirm
      rect(x * xSize, y * ySize, xSize, ySize);
    }
  }
}

// Startpunkt des Hauptprogramms
// Hier wird die implementierte Funktion zu Demonstrations- und
// Testzwecken aufgerufen.
void setup() {
  size(800, 800);

  boolean[][] bwImage =
    {
      {false, false, false, true,  true},
      {false, false, false, true,  true},
      {false, false, false, true,  true},
      {true,  true,  false, false, false},
      {true,  false, false, false, true},
      {false, false, false, true,  true}
    };
```

```
  //displayArray(bwImage);
  displayArray(reflection(bwImage));
}
```

A.6.13 Greenscreen

```
// Funktion zum Verschmelzen zweier Bilder, die
// der Funktion als Parameter übergeben werden
PImage mergeImages(PImage greenscreen, PImage scene) {
  // Erzeuge leeres Ergebnisbild
  PImage resultImage = new PImage(scene.width, scene.height);

  // Lade alle Bilder in den Speicher
  greenscreen.loadPixels();
  scene.loadPixels();
  resultImage.loadPixels();

  // Gehe jedes Pixel einzeln durch
  for (int x = 0; x < scene.width; x++) {
    for (int y = 0; y < scene.height; y++) {
      // Position im Bild als fortlaufenden Index berechnen
      int idx = y * greenscreen.width + x;

      // Wenn Grün im Bild
      if (red(greenscreen.pixels[idx]) == 0
          && green(greenscreen.pixels[idx]) == 255
          && blue(greenscreen.pixels[idx]) == 0) {
        resultImage.pixels[idx] = scene.pixels[idx];
      }
      else {
        resultImage.pixels[idx] = greenscreen.pixels[idx];
      }
    }
  }
  resultImage.updatePixels();

  return resultImage;
}

// Startpunkt des Hauptprogramms
// Hier wird die implementierte Funktion zu Demonstrations- und
// Testzwecken aufgerufen.
void setup() {
  size(800, 800);

  // Lade Bild mit Greenscreen
  PImage gs = loadImage("green.png");

  // Lade Bild mit Hintergrund
  PImage sc = loadImage("bg.png");

  // Kombiniere beide Bilder
```

```
  PImage result = mergeImages(gs, sc);

  // Gebe kombiniertes Bild im Fenster aus
  image(result, 0, 0);
}
```

A.6.14 Bild umdrehen und invertieren

```
// Funktion zum Umdrehen und Invertieren eines zwei-
// dimensionalen Arrays. An die Funktion wird das zu
// bearbeitende Array übergeben. Die Funktion selbst
// gibt das fertig bearbeitete Array zurück
boolean[][] flipAndInvert(boolean[][] in) {
  // Ausgabe-Array mit gleicher Größe
  boolean[][] out = new boolean[in.length][in[0].length];

  // Gehe jede Zeile und Spalte durch
  for (int i = 0; i < in.length; i++) {
    for (int j = 0; j < in[0].length; j++) {
      // Oben wird unten hingeschrieben und umgekehrt
      // Der Inhalt wird invertiert
      out[in.length - 1 - i][j] = ! in[i][j];
    }
  }

  return out;
}

// Funktion zur grafischen Darstellung eines
// zweidimensionalen Arrays, welches an die
// Funktion übergeben wird
void displayArray(boolean[][] input) {
  // Höhe und Breite des Arrays bestimmen
  int iWidth = input[0].length;
  int iHeight = input.length;

  // Größe pro Rechteck, abhängig vom Bildschirmfenster
  int xSize = width / iWidth;
  int ySize = height / iHeight;

  // Gehe jede Zeile und Spalte durch
  for (int y = 0; y < iHeight; y++) {
    for (int x = 0; x < iWidth; x++) {
      // Bestimme Farbe
      // True = Setze Farbe auf Weiß
      if (input[y][x] == true)
        fill(255);
      // Sonst setze Farbe auf Grau
      else
        fill(125);

      // Male Kasten auf Bildschirm
```

```
          rect(x * xSize, y * ySize, xSize, ySize);
    }
  }
}


// Startpunkt des Hauptprogramms
// Hier wird die implementierte Funktion zu Demonstrations- und
// Testzwecken aufgerufen.
void setup() {
  size(800, 800);

  boolean[][] bwImage =
    {
      {false, true,  true},
      {true,  false, true},
      {true,  true,  false},
      {true,  false, true}
    };


  //displayArray(bwImage);
  displayArray(flipAndInvert(bwImage));
}
```

A.6.15 Bild mit Schatten

```
// Funktion zum Erzeugen eines Schlagschattens in einem
// zweidimensionalen Array, welches an die Funktion
// übergeben wird. Als Ergebnis liefert die Funktion
// das Array mit dem erzeugten Schatten zurück
boolean[][] addShadow(boolean[][] in) {
  // Vergrößere Ausgabebild um jeweils einen Pixel
  // nach rechts und unten
  boolean[][] t = new boolean[in.length + 1][in[0].length + 1];

  // Kopiere alle Elemente des Eingabe-Arrays.
  // Durchlaufe das Array für jede Zeile
  for (int i = 0; i < in.length; i++) {
    // und jede Spalte
    for (int j = 0; j < in[i].length; j++) {
      // kopiere Inhalt
      t[i][j] = in[i][j];
    }
  }

  // Letzte Zeile: unten links auf Weiß
  t[t.length - 1][0] = true;

  // Setze den Rest der letzten Zeile auf Schwarz
  for (int i = 1; i < t[t.length - 1].length; i++) {
    t[t.length - 1][i] = false;
  }
```

```
  // Letzte Spalte: oben rechts auf Weiß
  t[0][t[0].length - 1] = true;

  // Setze den Rest der letzten Spalte auf Schwarz
  for (int i = 1; i < t.length - 1; i++) {
    t[i][t[i].length - 1] = false;
  }
  return t;
}

// Funktion zur grafischen Darstellung eines
// zweidimensionalen Arrays, welches an die
// Funktion übergeben wird
void displayArray(boolean[][] input) {
  // Höhe und Breite des Arrays bestimmen
  int iWidth = input[0].length;
  int iHeight = input.length;

  // Größe pro Rechteck, abhängig vom Bildschirmfenster
  int xSize = width / iWidth;
  int ySize = height / iHeight;

  // Gehe jede Zeile und Spalte durch
  for (int y = 0; y < iHeight; y++) {
    for (int x = 0; x < iWidth; x++) {
      // Bestimme Farbe
      // True = Setze Farbe auf Weiß
      if (input[y][x] == true)
        fill(255);
      // Sonst setze Farbe auf Grau
      else
        fill(125);

      // Male Kasten auf Bildschirm
      rect(x * xSize, y * ySize, xSize, ySize);
    }
  }
}

// Startpunkt des Hauptprogramms
// Hier wird die implementierte Funktion zu Demonstrations- und
// Testzwecken aufgerufen.
void setup() {
  size(800, 800);

  boolean[][] bwImage =
    {
      {false, true,  true},
      {true,  false, true},
      {true,  true,  false},
      {true,  false, true}
    };
```

```
  //displayArray(bwImage);
  displayArray(addShadow(bwImage));
}
```

A.6.16 Bild rotieren

```
// Funktion, die ein zweidimensionales rechteckiges
// boolean-Array um 90 Grad nach links dreht. An die
// Funktion wird das zu bearbeitende Array übergeben.
// Zum Schluss gibt die Funktion das gedrehte Array
// zurück.
boolean[][] negativeRotation(boolean[][] bwImage) {
  // Neues Array anlegen (Höhe und Breite vertauscht)
  boolean[][] rotatedImage = new boolean[bwImage[0].length][bwImage.length];

  // Gehe jedes Element durch
  // Zunächst in der Zeile
  for (int i = 0; i < bwImage.length; i++) {
    // dann in der Spalte
    for (int j = 0; j < bwImage[i].length; j++) {
      // Kopiere Quellinhalt der Zelle [i,j]
      // an die gedrehte Position
      rotatedImage[bwImage[i].length - 1 - j][i] = bwImage[i][j];
    }
  }

  return rotatedImage;
}

// Funktion zur grafischen Darstellung eines
// zweidimensionalen Arrays, welches an die
// Funktion übergeben wird
void displayArray(boolean[][] input) {
  // Höhe und Breite des Arrays bestimmen
  int iWidth = input[0].length;
  int iHeight = input.length;

  // Größe pro Rechteck, abhängig vom Bildschirmfenster
  int xSize = width / iWidth;
  int ySize = height / iHeight;

  // Gehe jede Zeile und Spalte durch
  for (int y = 0; y < iHeight; y++) {
    for (int x = 0; x < iWidth; x++) {
      // Bestimme Farbe
      // true = Setze Farbe auf Weiß
      if (input[y][x] == true)
        fill(255);
      // Sonst setze Farbe auf Grau
      else
        fill(125);
```

```
      // Male Kasten auf Bildschirm
      rect(x * xSize, y * ySize, xSize, ySize);
    }
  }
}

// Startpunkt des Hauptprogramms
// Hier wird die implementierte Funktion zu Demonstrations- und
// Testzwecken aufgerufen.
void setup() {
  size(800, 800);

  boolean[][] bwImage =
    {
      {false, true,  true},
      {true,  false, true},
      {true,  true,  false},
      {true,  false, true}
    };

  //displayArray(bwImage);
  displayArray(negativeRotation(bwImage));
}
```

A.6.17 Bildverkleinerung

```
// Funktion zum Verkleinern eines quadratischen
// Arrays. Das zu verkleinernde Array wird an die
// Funktion übergeben. Als Ergebnis wird das
// verkleinerte Array zurückgegeben.
boolean[][] shrink(boolean[][] in) {
  // Nur gültige Größen (gerade Anzahl an Feldern
  // und quadratisch) akzeptieren
  if ( in.length % 2 != 0 && in.length != in[0].length) {
    return null;
  }

  // Ausgabe-Array anlegen (halb so groß wie die Eingabe)
  boolean[][] out = new boolean[in.length / 2][in.length / 2];

  // Zähler, wie viele Schwarzwerte in dem 2x2-Element sind
  int numBlack = 0;

  // Für jedes Feld im Ausgabe-Array
  for (int i = 0; i < out.length; i++) {
    for (int j = 0; j < out.length; j++) {
      // Analyse: Gehe in Form von 2x2-Elementen das
      // Eingabe-Array durch und bestimme die Anzahl
      // an Schwarzwerten
      for (int k = 0; k < 2; k++) {
        for (int l = 0; l < 2; l++) {
          // Wenn kein Weißwert vorliegt,
```

```java
          // dann Schwarzzähler erhöhen
          if (! in[k + i * 2][l + j * 2]) {
            numBlack = numBlack + 1;
          }
        }
      }

      // Wenn mindestens zweimal Schwarz vorkommt
      // schwarz im Ausgabe-Array speichern
      if (numBlack > 1)
        out[i][j] = false; // sonst weiß
      else
        out[i][j] = true;

      // Zähler resetten für nächstes 2x2-Element
      numBlack = 0;
    }
  }

  return out;
}

// Funktion zur grafischen Darstellung eines
// zweidimensionalen Arrays, welches an die
// Funktion übergeben wird
void displayArray(boolean[][] input) {
  // Höhe und Breite des Arrays bestimmen
  int iWidth = input[0].length;
  int iHeight = input.length;

  // Größe pro Rechteck, abhängig vom Bildschirmfenster
  int xSize = width / iWidth;
  int ySize = height / iHeight;

  // Gehe jede Zeile und Spalte durch
  for (int y = 0; y < iHeight; y++) {
    for (int x = 0; x < iWidth; x++) {
      // Bestimme Farbe
      // true = Setze Farbe auf Weiß
      if (input[y][x] == true)
        fill(255);
      // Sonst setze Farbe auf Grau
      else
        fill(125);

      // Male Kasten auf Bildschirm
      rect(x * xSize, y * ySize, xSize, ySize);
    }
  }
}

// Startpunkt des Hauptprogramms
// Hier wird die implementierte Funktion zu Demonstrations- und
```

```
// Testzwecken aufgerufen.
void setup() {
  size(800, 800);

  boolean[][] bwImage =
    {
      {false, true,  false, false, true,  false},
      {true,  true,  false, false, true,  true},
      {true,  false, true,  true,  false, true},
      {true,  true,  true,  true,  true,  true},
      {false, true,  false, false, true,  false},
      {true,  false, false, false, false, true}
    };

  //displayArray(bwImage);
  displayArray(shrink(bwImage));
}
```

A.6.18 Minimale Punktdistanz

```
// Funktion zur Ermittlung der minimalen Distanz
// zwischeen zweier Punkte. An die Funktion wird ein
// zweidimensionales Array mit Koordinaten übergeben.
// Als Ergebnis liefert die Funktion ein eindimensionales
// Array mit der Angabe der Indizes der kleinsten Distanz.
int[] minDistance(int[][] c) {
  // Ergebnis-Array für zwei Elemente initialisieren
  int[] result = new int[2];

  // Minimale Distanz soll hier am Ende stehen
  float minD = sqrt(pow(c[0][0] - c[1][0], 2) + pow(c[0][1] - c[1][1], 2));

  // Gehe jede Spalte durch (Referenzpunkt)
  for (int i = 0; i < c.length - 1; i++) {
    // Gehe jede Spalte durch ab dem Referenzpunkt (Vergleichspunkt)
    for (int j = i + 1; j < c.length; j++) {
      // Berechne Distanz dieser Spalte
      float d = sqrt(pow(c[i][0] - c[j][0], 2) + pow(c[i][1] - c[j][1], 2));

      // Wenn kleiner als aktuell minimale Distanz, dann übernehmen
      if (d < minD) {
        // Speichere Distanz
        minD = d;

        // Speichere Referenzpunkt
        result[0] = i;

        // Speichere Vergleichspunkt
        result[1] = j;
      }
    }
  }
```

```
    return result;
}

// Startpunkt des Hauptprogramms
// Hier wird die implementierte Funktion zu Demonstrations- und
// Testzwecken aufgerufen.
void setup() {
  int[][] c =
    {
      {  3,   7},
      { 30,  80},
      { 80, 320},
      { 15, 276},
      { 84, 298},
      { 19,  29},
      {200, 200},
      {191, 919}
    };

  println(minDistance(c));
}
```

A.6.19 Glatte Kurven

```
// Funktion zur Glättung eines Audiosignals
// Erhält das Signal als double-Array
double[] smoothAudio(double[] signal) {
  // leeres Array erzeugen
  double[] output = new double[signal.length];

  // Für das erste Element wird der Wert
  // als Durchschnitt der ersten beiden Werte berechnet
  double average = (signal[0] + signal[1]) / 2;

  output[0] = average;

  // Für alle weiteren Elemente (bis auf das letzte...)
  for (int n = 1; n < signal.length - 1; n = n + 1) {
    // Durchschnitt berechnen
    average = (signal[n - 1] + signal[n] + signal[n + 1]) / 3;

    // Wert dem Output hinzufügen
    output[n] = average;
  }

  // ... das wird nochmal gesondert berechnet
  average = (signal[signal.length - 2] + signal[signal.length - 1]) / 2;
  output[signal.length - 1] = average;

  return output;
}
```

```
// Funktion zum Zeichnen des Signals
// An die Funktion wird das Signal als eindimensionales Array sowie
// der Startpunkt für die Zeichnung (ist Fensterhöhe = unterer Rand)
// übergeben.
void displayAudio(double[] signal, int yStart) {
  int xScale = 8;          // Skalierung der Punkte untereinander
  int yScale = 3;          // Skalierung der Punkte untereinander
  int xSize = 7;           // Punktgröße
  int x = 0;

  for (int i = 0; i < signal.length; i++) {
    float element = (float)signal[i];
    ellipse(x * xScale, -element * yScale + yStart, xSize, xSize);
    x = x + 1;
  }
}

// Startpunkt des Hauptprogramms
// Hier wird die implementierte Funktion zu Demonstrations- und
// Testzwecken aufgerufen.
void setup() {
  size(500, 500);
  background(255);
  fill(255, 0, 0);

  // Generiere Sinussignal (20 Elemente)
  double[] audio = new double[20];

  for (int i = 0; i < 20; i++) {
    audio[i] = int(sin(2 * PI / 20 * i) * 20);
  }

  // Baue anschließend Störungen im Signal ein
  audio[10] = audio[8] - 8;
  audio[15] = audio[15] - 7;

  double[] audioSmooth = smoothAudio(audio);
  displayAudio(audio, 100);

  fill(0, 255, 0, 255);
  displayAudio(audioSmooth, 300);
}
```

A.6.20 Bildausschnitt

```
// Funktion zum Heraustrennen eines Teilbereichs aus
// einem Array. An die Funktion wird ein zweidimensionales
// Array sowie Ausschnitthöhe und -weite übergeben
boolean[][] extractCenter(boolean[][] in, int w, int h) {
  // Startreihe im Array
  // Gehe von Mitte h/2-Schritte zurück
  int startRow = ( in.length - h) / 2;
```

```java
  // Startspalte im Array
  // Gehe von Mitte w/2-Schritte zurück
  int startColumn = ( in[0].length - w ) / 2;

  // Generiere Ausgabe-Array
  boolean[][] out = new boolean[h][w];

  // Gehe jedes Element im Ziel-Array durch
  for (int y = 0; y < h; y++) {
    // pro Zeile
    for (int x = 0; x < w; x++) {
      // pro Spalte
      // kopiere Elemente aus Quellbereich
      out[y][x] = in[startRow + y][startColumn + x];
    }
  }

  // Gebe Bildausschnitt zurück
  return out;
}

// Funktion zur grafischen Darstellung eines
// zweidimensionalen Arrays, welches an die
// Funktion übergeben wird
void displayArray(boolean[][] input) {
  // Höhe und Breite des Arrays bestimmen
  int iWidth = input[0].length;
  int iHeight = input.length;

  // Größe pro Rechteck, abhängig vom Bildschirmfenster
  int xSize = width / iWidth;
  int ySize = height / iHeight;

  // Gehe jede Zeile und Spalte durch
  for (int y = 0; y < iHeight; y++) {
    for (int x = 0; x < iWidth; x++) {
      // Bestimme Farbe
      // true = setze Farbe auf Weiß
      if (input[y][x] == true)
        fill(255);
      // Sonst setze Farbe auf Grau
      else
        fill(125);

      // Male Kasten auf Bildschirm
      rect(x * xSize, y * ySize, xSize, ySize);
    }
  }
}

// Startpunkt des Hauptprogramms
// Hier wird die implementierte Funktion zu Demonstrations- und
// Testzwecken aufgerufen.
```

```
void setup() {
  size(800, 800);

  boolean[][] bwImage =
    {
      {false, false, false, true,  true},
      {false, false, false, true,  true},
      {false, false, false, true,  true},
      {true,  true,  false, false, false},
      {true,  false, false, false, true},
      {false, false, false, true,  true}
    };

  //displayArray(bwImage);
  displayArray(extractCenter(bwImage, 3, 2));
}
```

A.6.21 Bild mit Rahmen

```
// Funktion zum Hinzufügen einer schwarzen Umrandung um
// ein Array. An die Funktion wird das zweidimensionale
// Quell-Array sowie die Zielgröße inkl. Rahmen übergeben.
// Die Funktion gibt das neu berechnete Array zurück.
boolean[][] addFrame(boolean[][] in, int width) {
  boolean[][] out
    = new boolean[in.length + 2 * width][in[0].length + 2 * width];

  // Setze zunächst alle Array-Werte auf false
  // Damit wird das Array komplett "eingeschwärzt"
  for (int x = 0; x < out.length; x++) {
    for (int y = 0; y < out[0].length; y++) {
      out[x][y] = false;
    }
  }

  // Kopiere die Array-Werte vom Quell-Array herüber in das
  // größere Array, beginnend ab Rand
  for (int x = 0; x < in.length; x++) {
    for (int y = 0; y < in[0].length; y++) {
      out[x + width][y + width] = in[x][y];
    }
  }

  return out;
}

// Funktion zur grafischen Darstellung eines
// zweidimensionalen Arrays, welches an die
// Funktion übergeben wird
void displayArray(boolean[][] input) {
  // Höhe und Breite des Arrays bestimmen
  int iWidth = input[0].length;
```

```
    int iHeight = input.length;

    // Größe pro Rechteck, abhängig vom Bildschirmfenster
    int xSize = width / iWidth;
    int ySize = height / iHeight;

    // Gehe jede Zeile und Spalte durch
    for (int y = 0; y < iHeight; y++) {
      for (int x = 0; x < iWidth; x++) {
        // Bestimme Farbe
        // true = setze Farbe auf Weiß
        if (input[y][x] == true)
          fill(255);
        // Sonst setze Farbe auf Grau
        else
          fill(125);

        // Male Kasten auf Bildschirm
        rect(x * xSize, y * ySize, xSize, ySize);
      }
    }
}


// Startpunkt des Hauptprogramms
// Hier wird die implementierte Funktion zu Demonstrations- und
// Testzwecken aufgerufen.
void setup() {
  size(800, 800);

  boolean[][] bwImage =
  {
    {true,  false, true},
    {false, false, true},
    {true,  false, false},
    {false, false, true}
  };

  //displayArray(bwImage);
  displayArray(addFrame(bwImage, 1));
}
```

A.6.22 Memory-Spielfeldgenerator

```
// Funktion zum Erzeugen eines Memory-Felds
// An die Funktion wird die zu erstellende
// Größe übergeben. Die Funktion gibt als Ergebnis
// das generierte Spielfeld als zweidimensionales Array
// zurück.
int[][] generateMemoryField(int fieldSize) {
  // Anzahlnummer der Karten
  int numElements = fieldSize * fieldSize;
```

```
  // Gültige Spielfeldgröße?
  if (numElements % 2 == 0 && numElements > 0) {
    // Erzeuge leeres Spielfeld (fieldSize x fieldSize)
    int[][] memoryField = new int[fieldSize][fieldSize];

    int numPaare = numElements / 2;

    // Belege Feld mit möglichen Zahlen
    for (int number = 1; number < numPaare + 1; number = number + 1) {
      // Immer zweimal (= 1 Paar) durchführen
      for (int j = 0; j < 2; j++) {
        // Wähle zufällige Position
        int randomX = int(random(0, fieldSize));
        int randomY = int(random(0, fieldSize));

        // Solange Position schon belegt, neue Position wählen
        while (memoryField[randomX][randomY] != 0) {
          randomX = int(random(0, fieldSize));
          randomY = int(random(0, fieldSize));
        }

        // Setze Zahl
        memoryField[randomX][randomY] = number;
      }
    }

    return memoryField;
  }
  else {
    // ungültige Spielfeldgröße
    return new int[0][0];
  }
}

// Funktion zur Visualisierung des berechneten Spielfelds
// An die Funktion wird das generierte Spielfeld als
// zweidimensionales Array übergeben.
void visualizeMemoryField(int[][] memoryField) {
  int fieldSize = memoryField.length;

  if (fieldSize != 0) {
    // Pixel pro Schritt
    int stepSize = width / fieldSize;

    // Halbe Größe einer Karte
    int stepMiddle = stepSize / 2;

    int x = 0;
    int y = 0;
    for (int i = 0; i < fieldSize; i++) {
      int[] row = memoryField[i];
      x = 0;
      for (int j = 0; j < row.length; j++) {
```

```
        int element = row[j];

        // Karte als Rechteck zeichnen
        fill(255);
        stroke(0);
        rect(x, y, x + stepSize, y + stepSize);

        // Zahlen einzeichnen
        fill(0);
        textSize(stepMiddle);
        text(element, x + stepMiddle / 2, y + stepMiddle + stepMiddle / 4);
        x = x + stepSize;
      }
      y = y + stepSize;
    }
  }
}

// Startpunkt des Hauptprogramms
// Hier wird die implementierte Funktion zu Demonstrations- und
// Testzwecken aufgerufen.
void setup() {
  size(600, 600);
  background(255, 255, 255);

  int[][] memoryField = generateMemoryField(4);
  visualizeMemoryField(memoryField);
}
```

A.6.23 Sudoku-Check

```
// Funktion zur Überprüfung einer Sudoku-Lösung auf Korrektheit.
// Als Eingabe an die Funktion wird die Sudoku-Lösung in Form
// eines zweidimensionalen Arrays übergeben. Die Funktion gibt
// als Ergebnis einen Wahrheitswert zurück.
boolean checkSudoku(int[][] sudoku) {
  // Array, das die Anzahl der Vorkommnisse jeder Zahl aufschreibt.
  // Position: Zahl
  // Inhalt an Position: Anzahl der Zahl
  int[] occurrences = {0, 0, 0, 0, 0, 0, 0, 0, 0, 0};

  // Aktuelle Nummer im Sudoku
  int number;

  // Aktuelle Anzahl (aus Occurrences-Array)
  int count;

  // Prüfe Zeilen
  // Gehe jede Zeile durch
  for (int y = 0; y < sudoku.length; y++) {
    // Gehe jedes Element in der Zeile durch
    int[] row = sudoku[y];
```

```java
  for (int x = 0; x < row.length; x++) {
    // Erhöhe Zähler für Zahl um 1
    number = row[x];
    occurrences[number] = occurrences[number] + 1;
  }

  // Gehe Zähler-Array durch
  for (int i = 0; i < occurrences.length; i++) {
    // Hole gezählte Anzahl aus Array
    count = occurrences[i];

    // Wenn Zahl häufiger als einmal vorkommt -> Keine gültige Lösung
    if (count > 1) {
      return false;
    }
  }

  // Zähler-Array wieder auf 0 setzen
  occurrences = new int[10];
}

// Prüfe Spalten
// Gehe jede Spalte durch
for (int x = 0; x < 8; x++) {
  // Gehe jedes Element in der Spalte durch
  for (int y = 0; y < 8; y++) {
    // Hole Zahl aus Position in Sudoku
    number = sudoku[y][x];

    // Erhöhe Zähler für Zahl um 1
    occurrences[number] = occurrences[number] + 1;
  }

  // Gehe Zähler-Array durch
  for (int i = 0; i < occurrences.length; i++) {
    // Hole gezählte Anzahl aus Array
    count = occurrences[i];

    // Wenn Zahl häufiger als einmal vorkommt -> Keine gültige Lösung
    if (count > 1) {
      return false;
    }
  }

  // Zähler-Array wieder auf 0 setzen
  occurrences = new int[10];
}

// Prüfe 3x3 Blöcke
// Bestimme Blocknummer
for (int i = 0; i < 3; i++) {          // Blocknummer in x-Richtung
  for (int j = 0; i < 3; i++) {        // Blocknummer in y-Richtung
    // Gehe inneren Block durch
```

```java
    for (int y = 0; y < 3; y++) {
      for (int x = 0; x < 3; x++) {
        // Bestimme globale Position
        int posX = 3 * i + x;
        int posY = 3 * j + y;

        // Bestimme Zahl
        number = sudoku[posY][posX];

        // Erhöhe Zähler für Zahl um 1
        occurrences[number] = occurrences[number] + 1;
      }
    }

    // Gehe Zähler-Array durch
    for (int k = 0; k < occurrences.length; k++) {
      // Hole gezählte Anzahl aus Array
      count = occurrences[i];

      // Wenn Zahl häufiger als einmal vorkommt -> keine gültige Lösung
      if (count > 1 && count != 0) {
        return false;
      }
    }

    // Zähler-Array wieder auf 0 setzen
    occurrences = new int[10];
  }
}

// Wenn das Programm bis an diese Stelle kommt, wurde keine "return"-
// Anweisung ausgeführt. Das bedeutet, die Prüfung ist erfolgreich!
return true;
}

// Startpunkt des Hauptprogramms
// Hier wird die implementierte Funktion zu Demonstrations- und
// Testzwecken aufgerufen.
void setup() {
  // Test-Sudoku
  int[][] sudoku =
    {
      {8, 3, 5, 4, 1, 6, 9, 2, 7},
      {2, 9, 6, 8, 5, 7, 4, 3, 1},
      {4, 1, 7, 2, 9, 3, 6, 5, 8},
      {5, 6, 9, 1, 3, 4, 7, 8, 2},
      {1, 2, 3, 6, 7, 8, 5, 4, 9},
      {7, 4, 8, 5, 2, 9, 1, 6, 3},
      {6, 5, 2, 7, 8, 1, 3, 9, 4},
      {9, 8, 1, 3, 4, 5, 2, 7, 6},
      {3, 7, 4, 9, 6, 2, 8, 1, 5}
    };
```

```
  println(checkSudoku(sudoku));
}
```

A.6.24 Medianfilter

```
// Funktion zur Anwendung eines Medianfilters
// auf ein übergebenes Bild. Das Ergebnisbild
// wird von der Funktion zurückgegeben.
PImage MedianFilter(PImage input) {
  // Bildausschnittsarray mit 9 Werten
  int[] area = new int[9];
  int[] grey = new int[9];

  PImage output = new PImage(input.width, input.height);

  // Gehe für jedes Pixel einzeln durch
  for (int y = 1; y < input.height - 1; y++) {
    for (int x = 1; x < input.width - 1; x++) {
      // Hole Ausschnitt aus Input
      int num = 0;

      // x,y-Zähler für 3x3-Block
      for (int j = -1; j <= 1; j++) {
        for (int k = -1; k <= 1; k++) {
          // speichere die umliegenden Elemente
          // im area-Array
          area[num] = input.get(x + k, y + j);
          num = num + 1;
        }
      }

      // Berechne Grauwerte aus den extrahierten
      // umliegenden Punkten (area-Array)
      for (int i = 0; i < area.length; i++) {
        grey[i] = int(
          red(area[i]) * 0.299
            + green(area[i]) * 0.581
            + blue(area[i]) * 0.114
        );
      }

      // Sortiere Pixel
      grey = sort(grey);

      // Nehme mittleren Wert
      int median = grey[4];

      // Schreibe Median in Ausgangspixel
      output.set(x, y, color(median, median, median));
    }
  }
```

```java
    return output;
}

// Startpunkt des Hauptprogramms
// Hier wird die implementierte Funktion zu Demonstrations- und
// Testzwecken aufgerufen.
void setup() {
  size(1000, 1000);

  PImage image = loadImage("image.png");
  PImage imageFiltered = MedianFilter(image);

  image(imageFiltered, 0, 0);
}
```

A.7 Strings und Stringverarbeitung

A.7.1 String-Kompression

```
// Funktion zur einfachen Komprimierung von Strings. Als Eingabe-
// parameter wird der zu komprimierende String übergeben.
// Die Funktion liefert das Ergebnis der Komprimierung zurück.
String simpleCompression(String input) {
  int cCount = 0; // Gezählte gleiche Zeichen
  char lastChar = input.charAt(0); // Letztes Zeichen
  String output = ""; // Komprimierter String

  // Gehe alle Zeichen im String durch
  for (int i = 0; i < input.length(); i++) {
    // Bestimmen des aktuellen Zeichens
    char currentChar = input.charAt(i);

    // Wenn Zeichen übereinstimmen
    if (currentChar == lastChar) {
      // Erhöhe Zähler
      cCount = cCount + 1;
    }
    else {
      // Anzahl + Zeichen an Ausgabestring schreiben
      output = output + "" + cCount + lastChar;

      // Zeichenzähler zurücksetzen
      cCount = 1;
    }

    // Letztes Zeichen aktualisieren
    lastChar = currentChar;
  }

  // Letztes Zeichen noch hinzufügen (wurde in Schleife nicht
  // verarbeitet)
  output = output + "" + cCount + lastChar;

  return output;
}

// Startpunkt des Hauptprogramms
// Hier wird die implementierte Funktion zu Demonstrations- und
// Testzwecken aufgerufen.
void setup() {
  String bwImageStringA = "WWWWBBBWBBBBBWW"; // compressed: "4W3B1W6B2W"
  String bwImageStringB = "BBBBWWWWWWWWB";   // compressed: "4B9W1B"
  String bwImageStringC = "WBBBBWWWWWB";     // compressed: "1W4B6W1B"

  println(simpleCompression(bwImageStringA));
  println(simpleCompression(bwImageStringB));
  println(simpleCompression(bwImageStringC));
}
```

A.7.2 Split-Funktion

```java
// Funktion zum Zerteilen eines Eingabestrings, der an
// die Funktion übergeben wird. Als Ergebnis wird ein
// Array mit den Teilstrings zurückgegeben.
String[] split(String input) {
  int stringLength = input.length();
  String[] output = new String[2];

  // Aktueller ausgelesener String (bis Semikolon)
  String word = "";

  for (int i = 0; i < stringLength; i++) {
    // Semikolon entdeckt oder Ende des Strings
    if (input.charAt(i) == ';') {
      // Füge Wort hinzu
      // Da Arrays nicht dynamisch vergrößert werden können, muss
      // eine eigene Funktion diese Anforderung ermöglichen
      output = addToArray(word, output);

      // Lösche aktuelles Wort
      word = "";
    }
    // Letztes Element im String -> Wort ergänzen + hinzufügen
    else if (i == stringLength - 1) {
      word = word + input.charAt(i);
      output = addToArray(word, output);
    }
    // Sonst String um aktuellen Character ergänzen
    else {
      word = word + input.charAt(i);
    }
  }

  return output;
}


// Funktion zum Hinzufügen eines neuen Stringteils an ein Array.
// Die Funktion erhält den hinzuzufügenden String sowie das Array,
// an das der String angefügt werden soll.
String[] addToArray(String element, String[] array) {
  // Position, an der Element hinzugefügt werden soll
  int addPos = -1;

  // Finde leere Stelle
  // Gehe Array von vorne durch
  for (int i = 0; i < array.length; i++) {
    if (array[i] == null) {
      // leere Stelle gefunden
      addPos = i;

      // Springe aus Schleife
      break;
```

```
      }
    }

    // Wenn nichts gefunden -> Erweitern
    if (addPos == -1) {
      String[] arrayTemp = new String[array.length + 1];

      // Kopiere alle Elemente
      for (int i = 0; i < array.length; i++) {
        arrayTemp[i] = array[i];
      }

      // Setze kopiertes, vergrößertes Array als
      // neues Array
      array = arrayTemp;

      // Hinzufügeposition ist letzte Stelle
      addPos = array.length - 1;
    }

    // Füge Element hinzu
    array[addPos] = element;
    return array;
}

// Startpunkt des Hauptprogramms
// Hier wird die implementierte Stringverarbeitungsfunktion zu
// Demonstrations- und Testzwecken aufgerufen.
void setup() {
  println(split("ab;cde;fghi;jklm"));
}
```

A.7.3 Geldschein-Blütencheck

```
// Funktion, die die Position eines Buchstabens im Alphabet
// zurückliefert. An die Funktion wird der Buchstabe übergeben,
// für den die Position bestimmt und am Ende der Funktion
// zurückgeliefert wird.
int getPositionInAlphabet(char letter) {
  // String mit dem Alphabet
  String alphabet = "ABCDEFGHIJKLMNOPQRSTUVWXYZ";

  // Hole Position aus Alphabet
  // (Position im String + 1, da von 0 losgezählt wird)
  int pos = alphabet.indexOf(letter) + 1;
  return pos;
}

// Funktion zur Berechnung der Prüfsumme einer Seriennummer
// eines Euro-Geldscheins. Die Funktion erhält die Serien-
// nummer als String und liefert die Prüfzahl zurück.
int computeCheckDigit(String serialnumber) {
```

```java
  char letter = serialnumber.charAt(0);
  // Hole Position im lateinischen Alphabet
  int posNumber = getPositionInAlphabet(letter);

  // Berechne Summe
  int sum = 0;

  // Addiere Quersumme
  while (posNumber != 0) {
    sum = sum + posNumber % 10;
    posNumber = posNumber / 10;
  }

  // Addiere restliche Ziffern
  // Wandle dabei die Ziffern in Integer-Werte um
  for (int i = 1; i < 11; i++) {
    sum = sum + Integer.parseInt("" + serialnumber.charAt(i));
  }

  // Ganzzahligen Rest der Division durch 9 bestimmen (Modulo)
  int rest = sum % 9;

  // Berechne Prüfziffer
  // Subtrahiere Rest von 8
  int checkDigit = 8 - rest;

  // Wenn Ergebnis = 0, dann ist Prüfziffer = 9
  if (rest == 0) {
    checkDigit = 9;
  }
  return checkDigit;
}


// Funktion, die die Prüfziffer einer Seriennummer
// eines Geldscheins zurückliefert. Die Seriennummer
// wird an die Funktion übergeben. Die Funktion liefert
// die Prüfziffer der Seriennummer zurück.
int getCheckDigit(String serialnumber) {
  return Integer.parseInt("" + serialnumber.charAt(11));
}


// Funktion zur Überprüfung der Gültigkeit einer Seriennummer
// eines Geldscheins. Die Seriennummer wird als String an die
// Funktion übergeben und liefert einen Wahrheitswert zurück.
boolean isCheckDigitValid(String serialnumber) {
  return getCheckDigit(serialnumber) == computeCheckDigit(serialnumber);
}


// Funktion zum Zerteilen eines Eingabestrings, der an
// die Funktion übergeben wird. Als Ergebnis wird ein
// Array mit den Teilstrings zurückgegeben.
String[] split(String input) {
  int stringLength = input.length();
```

```java
  String[] output = new String[2];

  // Aktueller ausgelesener String (bis Semikolon)
  String word = "";

  for (int i = 0; i < stringLength; i++) {
    // Semikolon entdeckt oder Ende des Strings
    if (input.charAt(i) == ';') {
      // Füge Wort hinzu
      output = addToArray(word, output);

      // Lösche aktuelles Wort
      word = "";
    }
    // Letztes Element im String -> Wort ergänzen + hinzufügen
    else if (i == stringLength - 1) {
      word = word + input.charAt(i);
      output = addToArray(word, output);
    }
    // Sonst String um aktuellen Character ergänzen
    else {
      word = word + input.charAt(i);
    }
  }

  return output;
}

// Funktion zum Hinzufügen eines neuen Stringteils an ein Array.
// Die Funktion erhält den hinzuzufügenden String sowie das Array,
// an das der String angefügt werden soll.
String[] addToArray(String element, String[] array) {
  // Position, an der Element hinzugefügt werden soll
  int addPos = -1;

  // Finde leere Stelle
  // Gehe Array von vorne durch
  for (int i = 0; i < array.length; i++) {
    if (array[i] == null) {
      // leere Stelle gefunden
      addPos = i;

      // Springe aus Schleife
      break;
    }
  }

  // Wenn nichts gefunden -> Erweitern
  if (addPos == -1) {
    String[] arrayTemp = new String[array.length + 1];

    // Kopiere alle Elemente
    for (int i = 0; i < array.length; i++) {
```

```
      arrayTemp[i] = array[i];
    }

    // Setze kopiertes, vergrößertes Array als
    // neues Array
    array = arrayTemp;

    // Hinzufügeposition ist letzte Stelle
    addPos = array.length - 1;
  }

  // Füge Element hinzu
  array[addPos] = element;
  return array;
}


// Startpunkt des Hauptprogramms
// Hier wird die implementierte Stringverarbeitungsfunktion zu
// Demonstrations- und Testzwecken aufgerufen.
void setup() {
  println(isCheckDigitValid("S00630387745"));
}
```

A.7.4 Starkes Passwort

```
// Funktion prüft, ob ein als String übergebenes Passwort
// die Regeln für ein starkes Passwort erfüllt. Die Funktion
// gibt einen Wahrheitswert mit dem Ergebnis der Prüfung zurück.
boolean isStrong(String password) {
  // Enthält mindestens acht Zeichen
  if (password.length() < 8) {
    return false;
  }

  // Zähle einzelne Zeichentypen
  int lowercase = 0;
  int uppercase = 0;
  int number = 0;
  int special = 0;

  // Gehe String durch
  for (int i = 0; i < password.length(); i++) {
    char c = password.charAt(i);

    // Bestimme Character-Code
    int charCode = charToNumber(c);

    // ist ein Kleinbuchstabe
    if (charCode >= charToNumber('a') && charCode <= charToNumber('z'))
      lowercase += 1;
    // ist ein Großbuchstabe
    else if (charCode >= charToNumber('A') && charCode <= charToNumber('Z'))
```

```
      uppercase += 1;
    // ist eine Ziffer
    else if (charCode >= charToNumber('0') && charCode <= charToNumber('9'))
      number += 1;
    // ist ein Sonderzeichen (! oder *)
    else if (charCode == charToNumber('!') || charCode == charToNumber('*'))
      special += 1;
  }

  // Sind alle Zeichen gezählt, werte aus
  // Gebe true zurück, wenn alle Bedingungen erfüllt sind
  if (lowercase > 0 && uppercase > 0 && number > 0 && special > 0) {
    return true;
  }
  else {
    return false;
  }
}

// Funktion zum Konvertieren eines Buchstabens in Character-Code. Die
// Funktion erhält das Zeichen, für den der Code zurückgeliefert wird.
int charToNumber(char c) {
  return (int)c;
}

// Startpunkt des Hauptprogramms
// Hier wird die implementierte Stringverarbeitungsfunktion zu
// Demonstrations- und Testzwecken aufgerufen.
void setup() {
  //println(isStrong("eVJo2!8IrRo"));
  //println(isStrong("aH6*LauTp21u"));
  //println(isStrong("o1hKeaZG*!o"));
  //println(isStrong("Passwort123"));
  println(isStrong("!2Bcv"));
}
```

A.7.5 E-Mail-Check

```
// Funktion zur Überprüfung eines Strings auf eine gültige
// E-Mail-Adresse. Die Funktion erhält die E-Mail-Adresse und
// liefert als Ergebnis einen Wahrheitswert zurück.
boolean isEmail(String email) {
  int stage = 0;
  int cCount = 0; // gezählte Characters im Bereich

  // Gehe jedes Zeichen durch
  for (int i = 0; i < email.length(); i++) {
    char c = email.charAt(i);
    if (c == '@') {
      // Nur erhöhen, wenn kein vorheriges @ erkannt wurde
      if (stage == 0 && cCount > 0) {
        stage = 1;
```

```
        cCount = 0;
      }
      else {
        // Sonst ungültige Mail-Adresse
        return false;
      }
    }
    else if (c == '.') {
      // Nur erhöhen, wenn bereits @ erkannt wurde
      if (stage == 1 && cCount > 0) {
        stage = 2;
        cCount = 0;
      }
      else {
        // Sonst ungültige Mail-Adresse
        return false;
      }
    }
    else {
      // Sonst Zeichenzähler erhöhen
      cCount = cCount + 1;
    }
  }

  // Alle Zeichen durchgegangen
  // Endergebnis ist wahr, wenn Zeichen am Ende 2 oder 3 sind
  return (cCount == 2 || cCount == 3);
}

// Startpunkt des Hauptprogramms
// Hier wird die implementierte Stringverarbeitungsfunktion zu
// Demonstrations- und Testzwecken aufgerufen.
void setup() {
  //println(isEmail("john@doe.net"));
  //println(isEmail("john@doe.de"));
  //println(isEmail("john@doe.shop"));
  //println(isEmail("john@.net"));
  println(isEmail("@.net"));
}
```

A.7.6 Prüfen auf eine korrekten Klammerung

```
// Funktion zur Überprüfung eines Strings auf eine gültige
// Klammerung. Der String wird an die Funktion übergeben.
// Diese liefert am Ende einen Wahrheitswert, der angibt,
// ob eine korrekte Klammerung vorliegt.
boolean checkBrackets(String input) {
  // Anzahl der noch geöffneten Klammern
  int openBrackets = 0;
  // Ist die letzte Klammer eine geschlossene?
  boolean lastBracketClosed = true;
```

```
  // Gehe Zeichen für Zeichen durch
  for (int i = 0; i < input.length(); i++) {
    // Hole Zeichen
    char c = input.charAt(i);

    // Offene Klammer gefunden
    if (c == '(') {
      // Offene Klammeranzahl erhöhen
      openBrackets = openBrackets + 1;

      // Letzte Klammer ist somit nicht geschlossen
      lastBracketClosed = false;
    }

    // Geschlossene Klammer gefunden
    if (c == ')') {
      // gibt es eine geöffnete Klammer hierzu
      if (openBrackets > 0) {
        // Offene Klammeranzahl reduzieren
        openBrackets = openBrackets - 1;
      }
      else { // sonst ist Klammerung nicht korrekt
        return false;
      }

      // Letzte Klammer ist damit geschlossen
      lastBracketClosed = true;
    }
  }

  // Wenn keine offenen Klammern mehr vorhanden sind und die
  // letzte Klammer geschlossen ist, wird true zurückgegeben
  return openBrackets == 0 && lastBracketClosed == true;
}

// Startpunkt des Hauptprogramms
// Hier wird die implementierte Stringverarbeitungsfunktion zu
// Demonstrations- und Testzwecken aufgerufen.
void setup() {
  println(checkBrackets("(()(a)(()((c))))"));
}
```

A.7.7 Sternchenmuster

```
// Funktion zum Zeichnen von Sternchenmustern in der Kommandozeile
// An die Funktion wird die Anzahl an Zeilen übergeben.
void drawStars(int rows) {
  // Zeilen von oben bis Mitte
  for (int numStars = 1; numStars < rows; numStars = numStars + 1) {
    // Anzahl der auszugebenden Sternchen wächst
    // mit jedem Schleifendurchlauf
    printStars(numStars);
```

```java
  }

  // In der Mitte werden (fast) doppelt so viele
  // ausgegeben
  printStars(rows * 2 - 1);

  // Für die nachfolgenden Zeilen ...
  for (int i = 1; i < rows; i++) {
    // ... immer ein Sternchen weniger ausgeben
    int numStars = rows - i;
    // Aufruf mit zwei Parametern, damit die Leerzeichen
    // berücksichtigt werden
    printStars(numStars, rows);
  }
}

// Zeichnet angegebene Nummer an Sternchen in eine Reihe
// Funktion zum Zeichnen der Anzahl angegebener Sternchen
// mit Berücksichtigung von Leerzeichen.
// Die Funktion erhält die Anzahl der auszugebenden Sternchen
// sowie die Anzahl von Leerzeichen.
void printStars(int numStars, int numSpace) {
  // Füge ggf. Leerzeichen hinzu
  for (int i = 0; i < numSpace; i++) {
    print(" ");
  }

  for (int i = 0; i < numStars; i++) {
    print("*");
  }

  println();
}

// Überladung der Funktion, falls printStars nur mit
// einem Parameter aufgerufen wird. Die Funktion erhält
// die Anzahl zu druckender Sterne und verwendet die
// Basis-Funktion mit geeigneten Werten.
void printStars(int numStars) {
  printStars(numStars, 0);
}

// Startpunkt des Hauptprogramms
// Hier wird die implementierte Stringverarbeitungsfunktion zu
// Demonstrations- und Testzwecken aufgerufen.
void setup() {
  drawStars(4);
}
```

A.7.8 URL-Encoding

```
// Funktion zum Durchführen eines URL-Encodings. An die Funktion
// wird der Originalstring eingegeben. Der konvertierte String
// wird von der Funktion zurückgeliefert.
static String urlEncode(String s) {
  String encoded = "";
  // Alle Zeichen im String durchgehen
  for (int i = 0; i < s.length(); i++) {
    char c = s.charAt(i);
    // Schreibe Zeichen in Ausgabestring
    if (c == ' ') {
      encoded = encoded + "%20";
    }
    else if (c == '*') {
      encoded = encoded + "%2A";
    }
    else if (c == '+') {
      encoded = encoded + "%2B";
    }
    else if (c == ',') {
      encoded = encoded + "%2C";
    }
    else if (c == '/') {
      encoded = encoded + "%2F";
    }
    else if (c == ':') {
      encoded = encoded + "%3A";
    }
    else if (c == ';') {
      encoded = encoded + "%3B";
    }
    else if (c == '=') {
      encoded = encoded + "%3D";
    }
    else if (c == '?') {
      encoded = encoded + "%3F";
    }
    else {
      encoded = encoded + c;
    }
  }
  return encoded;
}

// Startpunkt des Hauptprogramms
// Hier wird die implementierte Stringverarbeitungsfunktion zu
// Demonstrations- und Testzwecken aufgerufen.
void setup() {
  println(
    urlEncode("http://www.hanser-fachbuch.de/buch/WebSockets/9783446443716")
  );
}
```

A.7.9 Telefonbuch bearbeiten

```java
// Funktion zum Einlesen eines Telefonbuchs in Form einer
// CSV-Datei. Als Parameter wird die Angabe des Pfades zur
// Datei an die Funktion übergeben. Diese liefert den Inhalt
// der Datei als String-Array zurück.
String[] readPhonebook(String filename) {
  String[] phonebook = loadStrings(filename);
  String[][] output = new String[phonebook.length][5];

  // Telefonbuch einlesen
  for (int i = 0; i < phonebook.length; i++) {
    // Trenne CSV-Einträge
    String[] entryArray = split(phonebook[i]);

    // Ergänze Festnetznummer, wenn erste Ziffer = "0"

    // Wurde eine Nummer angegeben
    if (!entryArray[2].equals("")) {
      // Beginnt die Nummer mit einer '0'
      if (entryArray[2].charAt(0) == '0') {
        // Tauschen
        entryArray[2] = "+49" + entryArray[2].substring(1);
      }
    }

    // Ergänze Handynummer, wenn erste Nummer "0"

    // Wurde eine Nummer angegeben
    if (!entryArray[3].equals("")) {
      // Beginnt die Nummer mit einer '0'
      if (entryArray[3].charAt(0) == '0') {
        // Tauschen
        entryArray[3] = "+49" + entryArray[3].substring(1);
      }
    }
    // Füge Array an Ausgabe an
    output[i] = entryArray;
  }

  return combine(output);
}

// Funktion zum Zerteilen eines Eingabestrings, der an
// die Funktion übergeben wird. Als Ergebnis wird ein
// Array mit den Teilstrings zurückgegeben.
String[] split(String input) {
  int stringLength = input.length();
  String[] output = new String[2];
  String word = ""; // Aktueller ausgelesener String (bis Semikolon)
  for (int i = 0; i < stringLength; i++) {
    // Semikolon entdeckt oder Ende des Strings
    if (input.charAt(i) == ';') {
```

```
      // Füge Wort hinzu
      output = addToArray(word, output);
      // Lösche aktuelles Wort
      word =// Letztes Element im String -> Wort ergänzen + hinzufügen
      "";
    }
    else if (i == stringLength - 1) {
      word = word + input.charAt(i);
      output = addToArray(
        word,
        output// Sonst String um aktuellen Character ergänzen
      );
    }
    else {
      word = word + input.charAt(i);
    }
  }
  return output;
}

// Funktion zum Hinzufügen eines neuen Stringteils an ein Array.
// Die Funktion erhält den hinzuzufügenden String sowie das Array,
// an das der String angefügt werden soll.
String[] addToArray(String element, String[] array) {
  // Position, an der Element hinzugefügt werden soll
  int addPos = -1;

  // Finde leere Stelle
  // Gehe Array von vorne durch
  for (int i = 0; i < array.length; i++) {
    if (array[i] == null) {
      // leere Stelle gefunden
      addPos = i;

      // Springe aus Schleife
      break;
    }
  }

  // Wenn nichts gefunden -> Erweitern
  if (addPos == -1) {
    String[] arrayTemp = new String[array.length + 1];

    // Kopiere alle Elemente
    for (int i = 0; i < array.length; i++) {
      arrayTemp[i] = array[i];
    }

    // Setze kopiertes, vergrößertes Array als neues Array
    array = arrayTemp;

    // Hinzufügeposition ist letzte Stelle
    addPos = array.length - 1;
```

```
  }
  // Füge Element hinzu
  array[addPos] = element;
  return array;
}


// Funktion zum Zusammensetzen eines zweidimensionalen Arrays
// zurück in ein String-Array mit kommaseparierten Werten
String[] combine(String[][] inputArray) {
  String[] output = new String[inputArray.length];

  // Gehe jede Zeile durch
  for (int i = 0; i < inputArray.length; i++) {
    String[] element = inputArray[i];

    // Erstes Element bereits übernehmen
    String row = element[0];

    // Jedes Element in der Zeile durchgehen
    for (int j = 1; j < element.length; j++) {
      // Füge restlichen Elemente der Zeile hinzu
      row = row + ";" + element[j];
    }

    // Spalte hinzufügen
    output[i] = row;
  }
  return output;
}


// Startpunkt des Hauptprogramms
// Hier wird die implementierte Stringverarbeitungsfunktion zu
// Demonstrations- und Testzwecken aufgerufen.
void setup() {
  // Array ausgeben. Datei telefonbuch.csv im Projektordner wird
  // dabei eingelesen.
  String[] phonebook = readPhonebook("telefonbuch.csv");

  for (int i = 0; i < phonebook.length; i++) {
    println(phonebook[i]);
  }
}
```

A.7.10 Webserver-Antwort verarbeiten

```
// Funktion zum Filtern von Content-Type- und Content-Length-Werten
// in einer Webserver-Status-Nachricht. Die Status-Nachricht wird in
// einem String-Array an die Funktion übergeben und liefert die
// relevanten Informationen zurück.
String filterContentHeader(String[] response) {
  String type = null;
  String length = null;
```

```
  // Gehe jede Response-Zeile durch
  for (int i = 1; i < response.length; i++) {
    // Trenne String nach Zeichenkette ": " in einzelne Array-Elemente auf
    String[] temp = response[i].split(": ");

    // Springe zu nächster For-Iteration, wenn mehr als 2x ": " in einer
    // Zeile (dann kann nichts gefunden werden)
    if (temp.length != 2) {
      continue;
    }

    // Setze Variablen nach Werten
    // Springe aus Schleife, wenn beide Werte schon gesetzt sind
    if (type != null && length != null) {
      break;
    }
    // Setze Content-Type, wenn Wert in Zeile ist
    else if (temp[0].equalsIgnoreCase("Content-Type")) {
      type = temp[1];
    }
    // Setze Content-Length, wenn Wert in Zeile ist
    else if (temp[0].equalsIgnoreCase("Content-Length")) {
      length = temp[1];
    }
  }

  // Erzeuge Ausgabe
  if (type != null && length != null) {
    return "The response contains: " + type + " (" + length + ")";
  }
  else {
    return "The response does not contain any content.";
  }
}

// Startpunkt des Hauptprogramms
// Hier wird die implementierte Stringverarbeitungsfunktion zu
// Demonstrations- und Testzwecken aufgerufen.
void setup() {
  String[] header = {
    "HTTP/1.1 200 OK",
    "Server: Apache",
    "Content-Length: 14188",
    "Connection: close",
    "Content-Type: image/jpg",
    "..."
  };

  println(filterContentHeader(header));
}
```

A.7.11 IMDB-Einträge verarbeiten

```java
// Funktion zum Konvertieren eines IMDB-Texteintrags
// in eine tabellarische String-Array-Darstellung.
// An die Funktion wird ein eindimensionales String-Array
// mit den zeilenweisen IMDB-Einträgen übergeben. Als
// Ergebnis wird ein zweidimensionales Array mit Zeilen und
// Spalten für die Einträge generiert und zurückgegeben.
String[][] toTable(String[] imdbList) {
  // Leere Tabelle erzeugen mit
  // so vielen Zeilen wie im Eingabe-Array und mit je drei Spalten
  // für die Werte <Score><Filmtitel>(<Erscheinungsjahr>)
  String[][] t = new String[imdbList.length][3];

  // Jede Zeile der Liste durchgehen
  for (int i = 0; i < imdbList.length; i++) {
    // Zeile aus IMDB-Liste auslesen
    String s = imdbList[i];

    // Inhalte auslesen
    // das erste Leerzeichen trennt <Score> und <Filmtitel>
    String score = s.substring(0, s.indexOf(' '));

    // Die letzten 7 Zeichen eines IMDB-Eintrags bestehen aus
    // Leerzeichen + (<Erscheinungsjahr). Damit können wir den
    // <Filmtitel> ausschneiden, wenn wir bedenken, dass der Titel
    // nach dem <Score> angegeben wird:
    String title = s.substring(s.indexOf(' ') + 1, s.length() - 7);

    // Ausschneiden des <Erscheinungsjahr>s ohne Klammern. Da der
    // IMDB-String zuletzt aus der Jahreszahl und einer schließenden
    // Klammer besteht...
    String year = s.substring(s.length() - 5, s.length() - 1);

    // Reihen der Zeile hinzufügen
    t[i][0] = score;
    t[i][1] = title;
    t[i][2] = year;
  }

  return t;
}

// Startpunkt des Hauptprogramms
// Hier wird die implementierte Stringverarbeitungsfunktion zu
// Demonstrations- und Testzwecken aufgerufen.
void setup() {
  String[] liste = {
    "8.7 The Lord of the Rings: The Fellowship of the Ring (2001)"
  };

  String[][] listeConverted = toTable(liste);
```

```
  for (int y = 0; y < listeConverted.length; y++) {
    for (int x = 0; x < listeConverted[0].length; x++) {
      print(listeConverted[y][x] + "\t");
    }

    println();
  }
}
```

A.7.12 Geheimsprache

```
// Statische Funktion zum Überführen eines englischen
// Texts in eine Geheimsprache. Der Text wird an die
// Funktion übergeben, und das überführte Ergebnis wird
// am Ende von der Funktion zurückgeliefert.
public static String pigLatin(String text) {
  // Packe jedes Wort in ein Array-Element
  String[] words = text.split(" ");

  // Temporärer String zur Verarbeitung
  String temp = "";

  for (int i = 0; i < words.length; i++) {
    // übernehme Wort ab dem 2. Buchstaben
    temp = temp + words[i].substring(1);

    // Setze 1. Buchstaben ans Ende
    temp = temp + words[i].charAt(0);

    // Füge "ay" hinzu
    temp = temp + "ay ";
  }

  // Gebe Satz ohne letztes Leerzeichen zurück
  return temp.substring(0, temp.length() - 1);
}

// Startpunkt des Hauptprogramms
// Hier wird die implementierte Stringverarbeitungsfunktion zu
// Demonstrations- und Testzwecken aufgerufen.
void setup() {
  println(pigLatin("top secret"));
}
```

A.7.13 Ähnlich klingende Wörter

```java
// Funktion zur Bestimmung eines Zeichens auf einen Vokal
// Das Zeichen wird an die Funktion übergeben. Die Funktion
// gibt einen Wahrheitswert zurück.
public static boolean isVowel(char c) {
  // Gebe true zurück, wenn Buchstabe ein Vokal ist
  if (c == 'A' || c == 'E' || c == 'I' || c == 'O' || c == 'U') {
    return true;
  }
  else {
    return false;
  }
}


// Funktion zur Umsetzung des MRA-Algorithmus. Die Funktion
// erhält ein Wort als String und liefert den Match Rating
// Approach
public static String mra(String word) {
  // Wandle Buchstaben in Großbuchstaben um
  word = word.toUpperCase();

  String temp = "";
  char c;

  // Gehe alle Zeichen durch
  for (int i = 0; i < word.length(); i++) {
    c = word.charAt(i);

    // Der erste Buchstabe darf ein Vokal sein,
    // also springe in nächste Schleifeniteration
    if (isVowel(c) && i > 0) {
      continue;
    }

    // Wenn es nicht der erste Buchstabe ist, prüfe,
    // ob es eine Buchstabenwiederholung ist.
    if (i > 0 && c == word.charAt(i - 1)) {
      // Springe in nächste Schleifeniteration
      continue;
    }

    // Übernehme Buchstaben, wenn die
    // beiden Fälle oben nicht zutreffen
    temp = temp + word.charAt(i);
  }

  // Kürzen bei zu langem Wort
  if (temp.length() > 6) {
    // die ersten drei Buchstaben
    String start = temp.substring(0, 3);
    // die letzten drei Buchstaben
    String end = temp.substring(temp.length() - 3);
```

```
    temp = start + end;
  }
  
  return temp;
}

// Startpunkt des Hauptprogramms
// Hier wird die implementierte Stringverarbeitungsfunktion zu
// Demonstrations- und Testzwecken aufgerufen.
void setup() {
  //println("Basketball");
  println(mra("Armbanduhr"));
}
```

A.7.14 Textrahmen

```
// Funktion zum Erzeugen eines umrahmten Texts.
// Die Funktion erhält den Text zeilenweise als Array
// vom Typ String. Der fertig gerahmte Text wird auf
// der Konsole ausgegeben.
public static void frameWordlist(String[] wl) {
  // Maximale Textbreite
  int maxWidth = 0;
  
  // Bestimme maximale Textbreite
  // Gehe alle Wörter durch
  for (int i = 0; i < wl.length; i++) {
    // Wenn die Länge des Wortes größer als bisheriges Maximum
    // ist, dann überschreiben
    if (wl[i].length() > maxWidth) {
      maxWidth = wl[i].length();
    }
  }
  
  // Schreibe oberen Rahmenrand
  // 2 Sternchen + 2 Leerzeichen länger als maximale Wortlänge
  for (int i = 0; i < maxWidth + 4; i++) {
    print("*");
  }
  println();
  
  // Textzeilen
  // Gehe jedes Wort durch
  for (int i = 0; i < wl.length; i++) {
    print("* ");
    print(wl[i]);
    // Schreibe restliche Leerzeichen, je nach Wortlänge
    for (int j = 0; j < maxWidth - wl[i].length(); j++) {
      print(" ");
    }
    println(" *");
  }
```

```
  // Schreibe unteren Rahmenrand
  for (int i = 0; i < maxWidth + 4; i++) {
    print("*");
  }
  println();
}


// Startpunkt des Hauptprogramms
// Hier wird die implementierte Stringverarbeitungsfunktion zu
// Demonstrations- und Testzwecken aufgerufen.
void setup() {
  String[] test = {
    "Rahmen",
    "sind",
    "toll!"
  };

  frameWordlist(test);
}
```

A.7.15   JSON-Array

```
// Funktion zum Konvertieren eines JSON-Strings in ein
// Java-Array. Die Funktion erhält den JSON-String in der
// Übergabe und liefert das Ergebnis-Array zurück.
public static String[] toStringArray(String jsonArray) {
  String[] stringArray = new String[0];

  // Alle Leerzeichen entfernen
  jsonArray = jsonArray.replaceAll(" ", "");

  // sind wir gerade mitten in einem JSON-String?
  boolean stringOpen = false;

  String word = "";

  // Gehe jedes Zeichen durch
  for (int i = 0; i < jsonArray.length(); i++) {
    // Sind wir jetzt bei einem Anführungsstrich (ganz wichtig: Backslash
    // vor dem Anführungsstrich, sonst interpretiert Java es als Ende des
    // Strings)
    if (jsonArray.charAt(i) == '\"') {
      // Waren wir in einem String, sind wir jetzt am Ende
      if (stringOpen == true) {
        // Füge hinzu
        // neues Array anlegen (ein Element größer)
        String[] newArray = new String[stringArray.length + 1];

        // Kopiere alle alten Elemente rüber
        for (int j = 0; j < stringArray.length; j++) {
          newArray[j] = stringArray[j];
        }
```

```
      // neues Element hinzufügen
      newArray[newArray.length - 1] = word;

      // Setze neues Array zum Ausgabe-Array
      stringArray = newArray;

      // Word resetten
      word = "";
      stringOpen = false;
    }
    else {
      // Jetzt sind wir im JSON-String
      stringOpen = true;
      // Ansonsten Zeichen hinzufügen, solange wir
      // im JSON-String sind
    }
  }

  else if (stringOpen == true) {
    word = word + jsonArray.charAt(i);
  }
}

return stringArray;
}

// Startpunkt des Hauptprogramms
// Hier wird die implementierte Stringverarbeitungsfunktion zu
// Demonstrations- und Testzwecken aufgerufen.
void setup() {
  String jsonArray = "[ 'Null', 'Eins', 'Zwei', 'Drei', 'Vier' ]";
  String[] stringArray = toStringArray(jsonArray);

  for (int i = 0; i < stringArray.length; i++) {
    println(stringArray[i]);
  }
}
```

A.7.16 Barcode-Generator

```
// Funktion zum Zeichnen von Linien für ein übergebenes
// Ziffern-Array. Der Funktion wird die codierte String-
// sowie die Startkoordinate übergeben.
void drawDigitLines(String coding, int startX) {
  // Variablen zum Zeichnen der Linien
  int x = startX;
  int y1 = 10;
  int y2 = 130;
  int lineWidth = 3;      // Breite für eine Linie

  // Linienbreite festlegen
  strokeWeight(lineWidth);
```

```java
  // Linientyp festlegen
  strokeCap(SQUARE);

  for (int i = 0; i < coding.length(); i++) {
    // Farbe setzen
    if (coding.charAt(i) == '1') {
      stroke(0);
    }
    else {
      stroke(255);
    }
    line(x, y1, x, y2);
    x = x + lineWidth;      // Eine Linie weiterspringen
  }
}


// Überladung der Funktion, falls drawDigitLines nur mit
// einem Parameter aufgerufen wird. Die Funktion erhält
// den codierten String. Die Startkoordinate wird von
// der Funktion geeignet gewählt und damit die Basisfunktion
// aufgerufen.
void drawDigitLines(String coding) {
  drawDigitLines(coding, 20);
}


// Funktion, die eine codierte Nummer als Ziffern-Array zurück-
// gibt. Die Funktion erhält als Parameter den darzustellenden
// Zahlenwert sowie eine boolesche Variable für die Steuerung der
// Seitencodierung:
// leftside == true => linke Seite
// leftside == false => rechte Seite
String getNumberCode(int number, boolean leftSide) {
  // Generiere Nummern für rechte Seite
  String output = "";
  if (number == 0) {
    output = "0001101";
  }
  else if (number == 1) {
    output = "0011001";
  }
  else if (number == 2) {
    output = "0010011";
  }
  else if (number == 3) {
    output = "0111101";
  }
  else if (number == 4) {
    output = "0100011";
  }
  else if (number == 5) {
    output = "0110001";
  }
  else if (number == 6) {
```

```
    output = "0101111";
  }
  else if (number == 7) {
    output = "0111011";
  }
  else if (number == 8) {
    output = "0110111";
  }
  else if (number == 9) {
    output = "0001011";
  }

  // Wenn für rechte Seite bestimmt, dann invertieren
  if (leftSide == false) {
    // Gehe alle Array-Elemente durch
    String temp = "";
    for (int i = 0; i < output.length(); i++) {
      if (output.charAt(i) == '1') {
        temp = temp + "0";
      }
      else {
        temp = temp + "1";
      }
    }
    output = temp;
  }

  return output;
}

// Überladung der Funktion, die eine codierte Nummer als
// Ziffern-Array zurückgibt. Die Funktion erhält als
// Parameter nur den darzustellenden Zahlenwert für die linke
// Codierungsseite
String getNumberCode(int number) {
  return getNumberCode(number, true);
}

// Funktion zum Generieren eines Barcodes aus 11 Ziffern.
// An die Funktion wird ein String mit den Nummern übergeben.
// Die Funktion liefert den Barcode als String zurück.
// Die Prüfziffer wird in der Funktion berechnet
String getBarcode(String numbers) {
  final String QUIET_ZONE = "0000000";
  final String START_END_PATTERN = "101";
  final String MIDDLE_PATTERN = "01010";

  if (numbers.length() != 11) {
    println("Die angegebene Nummernfolge hat nicht genau 11 Zeichen.");
    println("Der Barcode ist daher nicht korrekt.");
  }

  // Prüfziffer berechnen
```

```java
    int checksum = 0;
    int temp = 0;
    for (int i = 0; i < 10; i = i + 2) {
      temp = temp + Integer.parseInt("" + numbers.charAt(i));
    }

    checksum = temp * 3;
    temp = 0;

    for (int i = 1; i < 10; i = i + 2) {
      temp = temp + Integer.parseInt("" + numbers.charAt(i));
    }

    checksum = checksum + temp;
    checksum = checksum % 10;

    if (checksum > 0) {
      checksum = 10 - checksum;
    }

    println("Code: " + numbers + checksum);

    // Generiere Barcode
    String barcode = QUIET_ZONE + START_END_PATTERN;
    int i = 1; // Anzahl bearbeiteter Ziffern
    boolean leftSide = true;

    for (int pos = 0; i <= numbers.length(); pos = pos + 1) {
      if (i == 12) {
        break;
      }

      int number = Integer.parseInt("" + numbers.charAt(pos));
      barcode = barcode + getNumberCode(number, leftSide);

      // Wenn an der Mitte angekommen, dann Mitte-Muster anfügen
      // und Codierung für rechte Seite aktivieren
      if (i == 6) {
        leftSide = false;
        barcode = barcode + MIDDLE_PATTERN;
      }
      i = i + 1;
    }
    // Zusammensetzen des Barcodes
    barcode = barcode + getNumberCode(checksum, false) +
        START_END_PATTERN + QUIET_ZONE;
    println(barcode);
    return barcode;
}

// Funktion zum Zeichnen des Barcodes. Der Funktion wird
// die Nummer als String übergeben.
public void drawBarcode(String numbers) {
```

```
  drawDigitLines(getBarcode(numbers));
}

// Startpunkt des Hauptprogramms
// Hier wird die implementierte Stringverarbeitungsfunktion zu
// Demonstrations- und Testzwecken aufgerufen.
void setup() {
  size(400, 200);
  stroke(0);
  fill(0);
  background(255, 255, 255);

  drawBarcode("98765432110");
}
```

A.8 Objektorientierung

A.8.1 Schrittzähler

```java
// Klasse, die den Schrittzähler realisiert
public class StepCounter {
  // private Variablen deklarieren
  private String date;
  private int steps;

  // Initialisierung
  // Alle Instanzvariablen werden im Konstruktor initialisiert
  // Die Klasse kann nur mit der Angabe eines Schrittzählers initialisiert
  // werden, wenn es sich bei diesem Konstruktor NICHT um einen Standardkonstruktor
  // handelt
  public StepCounter(String date) {
    this.date = date;
    this.steps = 0;
  }

  // Öffentliche Methode, um den Schrittzähler um 1 zu erhöhen
  public void incrementSteps() {
    this.steps = this.steps + 1;
  }

  // Öffentliche Methode zur Erzeugung einer Statusnachricht, die
  // zurückgegeben wird
  public String toString() {
    return "Am " + this.date + " bin ich " + this.steps +
      " Schritte gegangen";
  }
}

// Startpunkt des Hauptprogramms
// Hier wird die implementierte Klasse zu Demonstrations- und Testzwecken
// instanziiert und verwendet.
public void setup() {
  // Objekt der Klasse StepCounter durch Konstruktoraufruf erzeugen
  // Das Datum wird auf den 11.11.2011 gesetzt
  StepCounter sc = new StepCounter("11.11.2011");

  // Gehe 1111 Schritte
  for (int i = 0; i < 1111; i++) {
    sc.incrementSteps();
  }

  // Gebe Schritte aus
  println(sc);
}
```

A.8.2 Body-Mass-Index

```
// Klasse zur Berechnung des BMI
public static class Health {
  // Statische Methode zur Berechnung der Kategorie in
  // Abhängigkeit des BMI, der an die Methode übergeben wird
  // Die Kategorie wird als Text zurückgegeben
  public static String getCategory(float bmi) {
    // Gebe Kategorie in Abhängigkeit zum Wert zurück
    if (bmi < 18.5) {
      return "untergewichtig";
    }
    else if (bmi >= 18.5 && bmi <= 25) {
      return "normalgewichtig";
    }
    else if (bmi > 25 && bmi <= 30) {
      return "übergewichtig";
    }
    else {
      return "fettleibig";
    }
  }

  // Statische Methode zur Berechnung des BMI.
  // Die Methode erhält die Körpergröße sowie das Gewicht
  // als Eingabe und gibt den berechneten BMI als
  // Fließkommazahl zurück
  public static float computeBMI(int weight, float height) {
    return weight / (height * height);
  }
}

// Startpunkt des Hauptprogramms
// Hier wird die implementierte Klasse zu Demonstrations- und Testzwecken
// instanziiert und verwendet.
public void setup() {
  // Testwerte
  int tWeight = 57;
  float tHeight = 1.80;

  // Werte berechnen
  float bmi = Health.computeBMI(tWeight, tHeight);
  String category = Health.getCategory(bmi);

  println("Mit einem BMI von " + bmi + " sind Sie " + category + ".");
}
```

A.8.3 Songtextsuche

```java
// Statische Klasse, die nur aus statischen Methoden besteht
public static class Lyrics {
  // Statische Methode, die die URL zu einem Songtext aufbaut.
  // Als Eingabewerte werden Musiker und Titel an die Methode
  // übergeben. Als Ergebnis wird der generierte URL zurückgegeben
  public static String getLyricsURL(String artist, String title) {
    // Konvertiere artist und title in Kleinschreibung
    artist = artist.toLowerCase();
    title = title.toLowerCase();

    // Ersetze Leerzeichen mit Unterstrich
    artist = artist.replaceAll(" ", "_");
    title = title.replaceAll(" ", "_");

    // Baue URL
    String url = "http://lyrics.wikia.com/api.php?func=getSong&artist=";
    url = url + artist + "&song=" + title;

    // Gebe URL zurück
    return url;
  }
}


// Startpunkt des Hauptprogramms
// Zu Demonstrations- und Testzwecken werden die oben programmierten
// statischen Klassenmethoden verwendet.
public void setup() {
  // Lese Interpret und Titel ein
  String interpret = "Die Fantastischen Vier";
  String titel = "MFG";

  println(Lyrics.getLyricsURL(interpret, titel));
}
```

A.8.4 Passwortklasse

```java
// Klasse zur Repräsentation eines Passworts
public class Password {
  // private Variablen
  private char[] password;

  // Konstruktor der Klasse, der die Objektgenerierung
  // nur unter Angabe eines Passworts in Form eines Char-Arrays
  // ermöglicht.
  public Password(char[] password) {
    // Reservieren des nötigen Speicherbereichs
    this.password = new char[password.length];

    // Kopiere Char-Array in den separaten Speicher
    // der internen Variablen
```

```java
    for (int i = 0; i < password.length; i++) {
      this.password[i] = password[i];
    }
  }

  // Öffentliche Methode zur Prüfung auf ein starkes Passwort. Die Methode
  // erhält als Eingangsparameter ein Passwort als Char-Array.
  // Das Ergebnis der Prüfung wird am Ende zurückgegeben.
  public boolean isStrong(char[] password) {
    if (password.length < 8) {
      return false;
    }

    // Variablen zur Prüfung der nötigen Voraussetzung deklarieren und
    // mit dem Wert 'false' initialisieren.
    boolean lower = false,
    upper = false,
    figure = false,
    special = false;

    // Prüfen
    for (int i = 0; i < password.length; i++) {
      if (password[i] >= 'a' && password[i] <= 'z') {
        lower = true;
      }
      else if (password[i] >= 'A' && password[i] <= 'Z') {
        upper = true;
      }
      else if (password[i] >= '0' && password[i] <= '9') {
        figure = true;
      }
      else if (password[i] == '!' || password[i] == '*') {
        special = true;
      }
    }

    // Sind alle Voraussetzungen erfüllt, gib das Ergebnis zurück
    if (lower && upper && figure && special) {
      return true;
    }
    else {
      return false;
    }
  }

  // Öffentliche Methode zum Ändern eines Passworts. Sowohl
  // das bisherige wie auch das neue Passwort werden an die
  // Methode als String-Array übergeben. Das Ergebnis der
  // Änderung wird am Ende zurückgegeben
  public boolean change(char[] oldPwd, char[] newPwd) {
    // Handelt es sich nicht um ein starkes Passwort,
    // folgt ein Abbruch, und es wird 'false' zurückgegeben
    if (!isStrong(newPwd)) {
```

```java
      return false;
    }

    // Entspricht das eingegebene alte Passwort hinsichtlich
    // der Länge nicht dem im Speicher, erfolgt
    // der Abbruch.
    if (oldPwd.length != password.length) {
      return false;
    }

    // Entspricht das eingegebene alte Passwort (Buchstabe
    // für Buchstabe) nicht dem Passwort aus dem Speicher,
    // erfolgt ebenfalls ein Abbruch.
    for (int i = 0; i < oldPwd.length; i++) {
      if (password[i] != oldPwd[i]) {
        return false;
      }
    }

    // Ansonsten wird das neu eingegebene Passwort übernommen
    // und dazu das Char-Array kopiert
    this.password = new char[newPwd.length];
    for (int i = 0; i < newPwd.length; i++) {
      password[i] = newPwd[i];
    }
    return true;
  }

  // Methode zum Zurücksetzen des Passworts
  public void delete() {
    password = null;
  }
}

// Startpunkt des Hauptprogramms
// Hier wird die implementierte Klasse zu Demonstrations- und Testzwecken
// instanziiert und verwendet.
public void setup() {
  char[] testPW = "PassW15!!".toCharArray();

  Password pw = new Password("Passwort123".toCharArray());

  // Neues Passwort unsicher -> Passwort nicht geändert
  println(
    pw.change("Passwort123".toCharArray(), "Passwort1234".toCharArray())
  );

  // Altes Passwort falsch -> Passwort nicht geändert
  println(pw.change("AnderesPasswort".toCharArray(), testPW));

  // Altes Passwort korrekt -> Ändere Passwort
  println(pw.change("Passwort123".toCharArray(), testPW));
```

```
  // Ändere ein Element im testPW-Array
  // Sollte Referenz übergeben worden sein, wird ein Fehler auftreten
  testPW[0] = 's';

  println(pw.change("PassW15!!".toCharArray(), "NewPW!16".toCharArray()));
}
```

A.8.5 Kopffitness

```
// Klasse, die das Quiz realisiert
public class MultiplicationQuiz {
  // private Variablen deklarieren
  private int a, b;

  // Konstruktor der Klasse
  public MultiplicationQuiz() {
    // Initialisiere Zahlen für Multiplikation
    this.a = 0;
    this.b = 0;
  }

  // Generiert neue Aufgabe
  public String getExercise() {
    // Generiere zufällige Zahlen für Multiplikation
    a = int(random(1, 20));
    b = int(random(1, 20));

    // Gebe String mit Aufgabe zurück
    return a + " * " + b + " = ?";
  }

  // Gebe Ergebnis zurück
  public int getResult() {
    return a * b;
  }
}

// Startpunkt des Hauptprogramms
// Hier wird die implementierte Klasse zu Demonstrations- und Testzwecken
// instanziiert und verwendet.
public void setup() {
  // Testfunktion
  MultiplicationQuiz quiz = new MultiplicationQuiz();
  println(quiz.getExercise());
  println("Result: " + quiz.getResult());

  println(quiz.getExercise());
  println("Result: " + quiz.getResult());
}
```

A.8.6 Fernbedienung

```java
// Klasse, die eine Fernbedienung realisiert
public class RemoteControl {
  // private Variablen deklarieren
  private String[] programs;
  private int currentProgramNumber;

  // Konstruktor, der die maximale Anzahl an Programm-
  // speicherplätzen zur Initialisierung übergeben
  // bekommt. Ohne diese Angabe kann kein Objekt der
  // Fernbedienung angelegt werden.
  public RemoteControl(int numPrograms) {
    this.programs = new String[numPrograms];

    // Initialisiere angegebene Anzahl an Programmen
    for (int i = 0; i < numPrograms; i++) {
      this.programs[i] = "Programm " + (i + 1);
    }
    this.currentProgramNumber = 0;
  }

  // Methode zum Wechsel zum nächsten Programm
  public void nextProgram() {
    // Gehe um ein Programm nach oben,
    // wenn noch nicht am Ende der Liste
    if (currentProgramNumber < programs.length - 1) {
      this.currentProgramNumber += 1;
    }
    // Sonst beim ersten Programm wieder starten
    else {
      this.currentProgramNumber = 0;
    }
  }

  // Methode zur Benennung des aktuellen Programms
  public void setProgramName(String name) {
    programs[currentProgramNumber] = name;
  }

  // Methode, um aktuelles Programm mit Sendernummer
  // auszugeben
  public void printProgramName() {
    println("Sendernummer: " + currentProgramNumber);
    println("Programm: " + programs[currentProgramNumber]);
    println();
  }
}

// Startpunkt des Hauptprogramms
// Hier wird die implementierte Klasse zu Demonstrations- und Testzwecken
// instanziiert und verwendet.
public void setup() {
```

```java
  // Testdurchlauf
  RemoteControl rc = new RemoteControl(5);
  rc.setProgramName("ARD");
  rc.printProgramName();

  // Gehe drei Sender weiter und gebe jeden aus
  for (int i = 0; i < 3; i++) {
    rc.nextProgram();
  }

  // Setze Sendername
  rc.setProgramName("RTL");
  rc.printProgramName();

  // Gehe sechs Mal nach vorne
  for (int i = 0; i < 6; i++) {
    rc.nextProgram();
    rc.printProgramName();
  }
}
```

A.8.7 Stoppuhr

```java
// Klasse zur Realisierung einer Stoppuhr
class StopWatch {
  // Deklarieren privater Variablen
  // Zeitpunkte zum Messen (Start + Stop)
  private long startTime;
  private long stopTime;

  // Wird gerade Zeit gestoppt
  private boolean running;

  // Konstruktor zur Initialisierung der Member-Variablen
  public StopWatch() {
    this.startTime = 0;
    this.stopTime = 0;
    this.running = false;
  }

  // Methode zum Starten eines Vorgangs.
  // Es werden keine Werte an die Funktion übergeben
  // oder von der Funktion zurückgegeben. Nur interne
  // Member werden gesetzt
  public void start() {
    if (this.running == false) {
      this.startTime = System.currentTimeMillis();
      this.running = true;
    }
  }

  // Methode zum Stoppen eines Vorgangs.
```

```java
    // Es werden keine Werte an die Funktion übergeben
    // oder von der Funktion zurückgegeben. Nur interne
    // Member werden gesetzt
    public void stop() {
      if (this.running == true) {
        this.stopTime = System.currentTimeMillis();
        this.running = false;
      }
    }

    // Methode zum Berechnen der vergangenen Zeit. Da
    // die Berechnung auf Basis der internen Variablen
    // stattfindet, werden keine Werte an die Methode
    // übergeben. Als Ergebnis wird die vergangene Zeit
    // als String zurückgegeben
    public String elapsedTime() {
      long time;
      if (this.running == true) {
        // Zeit läuft noch
        // nehme aktuelle Zeit
        time = System.currentTimeMillis() - this.startTime;
      }
      else {
        // Zeit läuft nicht (mehr)
        // nehme gestoppte Zeit
        time = this.stopTime - this.startTime;
      }

      // Bestimme Sekunden und Hundertstel
      long seconds = time / 1000;
      long hundreds = time % 1000;

      // Gebe Zeit formatiert aus
      return "" + seconds + "." + hundreds;
    }
}

// Startpunkt des Hauptprogramms
// Hier wird die implementierte Klasse zu Demonstrations- und Testzwecken
// instanziiert und verwendet.

StopWatch sw = new StopWatch();

void setup() {
  size(400, 50);
}

void draw() {
  background(255);
  textSize(32);
  text(sw.elapsedTime(), 10, 30);
  fill(0, 102, 153);
}
```

```
void keyTyped() {
  if (key == '1') {
    sw.start();
  }
  else if (key == '2') {
    sw.stop();
  }
}
```

A.8.8 Druckerwarteschlange

```
// Klasse zur Realisierung einer Druckerwarteschlange
public class PrinterQueue {
  // Deklaration privater Variablen
  private String[] jobs;
  private int nextSlot;
  private int nextJob;
  private int numJobs;
  private int maxJobs;

  // Konstruktor mit der Angabe der maximalen Warte-
  // schlangengröße. Ohne diese Angabe kann später keine
  // Instanz (= Objekt) erzeugt werden.
  // Die internen Werte werden initialisiert
  public PrinterQueue(int maxJobs) {
    jobs = new String[maxJobs];
    nextSlot = 0;
    nextJob = 0;
    numJobs = 0;
    this.maxJobs = maxJobs;
  }

  // Methode, um einen Druckauftrag der Warteschlange
  // hinzuzufügen. Der Job wird als String übergeben.
  // Die Methode hat keinen Rückgabewert, kann aber eine
  // Exception auslösen, wenn die Anzahl der Jobs überschritten
  // wird
  public void addJob(String job) throws Exception {
    // Wenn voll besetzt, gebe Fehler zurück
    // und springe damit aus der Funktion
    if (numJobs >= maxJobs) {
      throw new Exception("Exception: Number of Jobs exceeded");
    }

    jobs[nextSlot] = job;

    // Sorge dafür, dass nächste Position immer im Array-Bereich bleibt
    nextSlot = (nextSlot + 1) % maxJobs;
    numJobs = numJobs + 1;
  }
```

```
        // Methode, die den nächsten Job zurückliefert, sofern noch
        // einer in der Pipe steht. Es wird kein Parameter an die Funktion
        // übergeben. Als Ergebnis wird der Job als String zurückgeliefert.
        public String nextJob() {
          String job = null;
          if (numJobs > 0) {
            numJobs = numJobs - 1;
            job = jobs[nextJob];
            // bestimme nächste Jobnummer
            nextJob = (nextJob + 1) % maxJobs;
          }
          return job;
        }
    }

    // Startpunkt des Hauptprogramms
    // Hier wird die implementierte Klasse zu Demonstrations- und Testzwecken
    // instanziiert und verwendet.
    public void setup() {
      PrinterQueue pq = new PrinterQueue(1);

      try {
        pq.addJob("Hallo");
        // Warteschlange voll. Jetzt sollte Exception kommen
        pq.addJob("Weiter");
      } catch (Exception e) {
        e.printStackTrace();
      }

      // Arbeite Warteschlange ab
      println(pq.nextJob());
      println(pq.nextJob());
      try {
        // Jetzt ist Speicher leer, sollte also wieder gehen
        pq.addJob("Weiter");
      } catch (Exception e) {
        e.printStackTrace();
      }

      println(pq.nextJob());
    }
```

A.8.9 Tic Tac Toe

```
// Klasse zur Realisierung eines Tic-Tac-Toe-Spiels
public class TicTacToe {
  // Deklaration interner Variablen
  private int[] field;
  private int mark;

  // Konstruktor, der das Spielfeld initialisiert
  public TicTacToe() {
```

```java
    field = new int[9];
    reset();
  }

  // Methode, die alle Felder eines Spielfelds
  // mit 0-Werten initialisiert.
  public void reset() {
    // Gehe alle Felder durch und lösche Inhalt
    for (int i = 0; i < field.length; i++) {
      field[i] = 0;
    }

    // Setze Startsymbol
    mark = 1;
  }

  // Methode zum Setzen einer Marke. Die Methode
  // erhält die x,y-Koordinate und setzt die Marke.
  // Wenn die Voraussetzungen dies ermöglichen, wird
  // 'true' zurückgegeben, ansonsten 'false'.
  public boolean setMark(int x, int y) {
    // nur gültige Spielfeldgrößen akzeptieren
    if (x < 0 || x > 2 || y < 0 || y > 2) {
      return false;
    }

    // Bestimme Position im Array
    int pos = 3 * y + x;

    // Feld schon belegt? Dann aus Funktion springen
    if (field[pos] > 0) {
      return false;
    }

    // Sonst setze Markierung an Position
    field[pos] = mark;

    // Setze neues Zeichen (O oder X)
    mark = (mark % 2) + 1;

    return true;
  }

  // Methode zum Generieren der Ausgabe des Spielfelds.
  // Die Methode bekommt keine Parameter übergeben und liefert
  // einen String mit der Repräsentation des Spielfelds zurück.
  public String toString() {
    String temp = "";

    // Gehe Spielfeld durch
    for (int i = 0; i < field.length; i++) {
      // Setze Symbol in Abhängigkeit vom Feldinhalt
      switch (field[i]) {
```

```java
        case 0:
          temp = temp + " ";
          break;
        case 1:
          temp = temp + "X";
          break;
        case 2:
          temp = temp + "O";
          break;
        default:
          temp = temp + " ";
      }

      // Wenn aktuelle Feldnummer nicht durch 3
      // teilbar ist, Spalte malen
      if ((i + 1) % 3 != 0) {
        temp = temp + "|";
      }

      // nach drei Elementen neue Zeile malen
      if ((i + 1) % 3 == 0 && i < 6) {
        temp = temp + "\n";
        temp = temp + "-+-+-";
        temp = temp + "\n";
      }
    }

    // Gebe Spielfeld mit Zeilenumbruch zurück
    return temp = temp + "\n";
  }
}


// Startpunkt des Hauptprogramms
// Hier wird die implementierte Klasse zu Demonstrations- und Testzwecken
// instanziiert und verwendet.
public void setup() {
  TicTacToe t = new TicTacToe();

  println(t);

  t.setMark(2, 2);
  println(t);

  t.setMark(2, 0);
  println(t);

  t.setMark(1, 1);
  println(t);
}
```

A.8.10 Zwischenablage

```java
// Klasse, die eine Zwischenablage repräsentiert
public class Clipboard {
  // Deklaration privater Variablen
  private String[] clipboard;
  private int position;

  // Konstruktor, der die internen Werte initialisiert
  // Um eine Instanz dieser Klasse erzeugen zu können, muss
  // die Größe angegeben werden.
  public Clipboard(int size) {
    // Initialisiere mit n Speicherplätzen
    this.clipboard = new String[size];
    // Aktuelle Schreibposition
    // Mit erster Erhöhung wird an Position 0 gestartet, daher -1
    this.position = -1;
  }

  // Öffentliche Methode zum Hinzufügen einer Zeichenkette
  // in die Zwischenablage. Die Zeichenkette wird an die
  // Methode übergeben.
  public void copy(String string) {
    // Wenn Schreibposition noch innerhalb der
    // Speichergröße
    if (position < clipboard.length - 1) {
      // Erhöhe Positionszähler
      position = position + 1;
      // Schreibe String an aktuelle Position
      clipboard[position] = string;
    }
    // Wenn keine freie Stelle gefunden
    else {
      // Lösche ältesten Eintrag (= erster Eintrag)
      clipboard[0] = null;
      // Kopiere die Einträge im Array um
      // gehe Einträge von 1 bis Ende durch
      for (int i = 1; i < clipboard.length; i++) {
        // Kopiere Eintrag eine Stelle nach vorne
        clipboard[i - 1] = clipboard[i];
      }
      // setze String ans Ende
      clipboard[position] = string;
    }
  }

  // Methode zum Einfügen (Rückgabe) des letzten Eintrags
  // aus der Zwischenablage. Die Methode benötigt keine
  // Parametereingabe und gibt den letzten Eintrag wieder
  // zurück.
  public String paste() {
    // Nehme Eintrag von letzter Schreibposition
    String string = clipboard[position];
```

```
        // Lösche Eintrag an der Stelle
        clipboard[position] = null;
        // Reduziere Zähler
        if (this.position > 0) {
          position = position - 1;
        }
        // Wenn negative Position, dann wieder zurücksetzen
        else {
          position = 0;
        }
        return string;
      }

      // Methode zur Ausgabe der aktuellen Zwischenablage
      public String toString() {
        String output = "[";
        int i = 0;
        for (; i < clipboard.length - 1; i++) {
          output = output + clipboard[i] + ", ";
        }
        output = output + clipboard[i] + "]";
        return output;
      }
    }

    // Startpunkt des Hauptprogramms
    // Hier wird die implementierte Klasse zu Demonstrations- und Testzwecken
    // instanziiert und verwendet.
    public void setup() {
      Clipboard cb = new Clipboard(2);

      // Schreibe in Zwischenablage absichtlich mehr Inhalt als möglich
      cb.copy("Hallo");
      cb.copy("Wie");
      cb.copy("Geht");
      cb.copy("Es");

      // Leere Zwischenablageninhalt
      println(cb.paste());
      println(cb.paste());
      println(cb.paste());
      println(cb.paste());
      println(cb);
    }
```

A.8.11 Temperaturgraph

```
// Klasse zur Realisierung eines Temperaturgraphen
public class TemperatureGraph {
  // Deklaration interner Variablen
  private int year;
  private int[] temperatures;
```

```java
// Konstruktor, der vorschreibt, dass Instanzen dieser
// Klasse nur mit Angabe der Jahreszahl generiert werden
// können.
public TemperatureGraph(int year) {
  this.year = year;
  temperatures = new int[12];

  // Initialisiere alle Monate mit unmöglichen
  // Temperaturen (für Vollständigkeitscheck)
  for (int i = 0; i < temperatures.length; i++) {
    temperatures[i] = -1000;
  }
}

// Methode, die das Hinzufügen einer Temperatur in
// Verbindung mit dem Monat ermöglicht.
// Dazu werden Monat und Wert an die Methode übergeben.
public void addTemperature(int month, int value) {
  // Nur arbeiten, wenn gültiger Monat angegeben wurde
  if (month > 0 && month < 13) {
    // Füge Temperatur hinzu
    temperatures[month - 1] = value;
  }
}

// Funktion zur Ausgabe des Graphen. Die Ausgabe erfolgt
// direkt auf der Konsole.
public void plotGraph() {
  // Nur arbeiten, wenn alle Monate ausgefüllt sind
  if (isComplete()) {
    // Hole minimale und maximale Temperaturwerte
    // zur Höhenbestimmung
    int maxTemperature = getMaxTemperature();
    int minTemperature = getMinTemperature();

    // Nutze i zum Temperaturvergleich und Balkenzeichnen.
    // Beginne mit höchster Temperatur (oberste Raute) bis
    // zur niedrigsten (unterster Balkenwert)
    for (int i = maxTemperature; i >= minTemperature; i = i - 1) {
      // Gehe alle Monate durch
      for (int j = 0; j < temperatures.length; j++) {
        // Wenn Temperatur über den Vergleichswert,
        // dann Balken zeichnen
        if (temperatures[j] >= i)
          print(" #");
          // Sonst nur Leerzeile zeichnen
        else
          print("  ");
      }
      // Nach Monatsvergleich Zeilenumbruch für
      // nächstniedrigere Temperaturstufe
      println();
    }
```

```java
      }
    }

    // Methode zur Prüfung auf Vollzähligkeit der Werte
    // Als Ergebnis wird ein 'true' oder 'false' ausgegeben.
    private boolean isComplete() {
      // Prüfe, ob alle Monatswerte über dem
      // Initialwert -1000 liegen
      for (int i = 0; i < temperatures.length; i++) {
        if (temperatures[i] == -1000) {
          return false;
        }
      }
      return true;
    }

    // Methode zur Bestimmung und Rückgabe der maximalen
    // Temperatur
    private int getMaxTemperature() {
      int max = -1000;
      // Gehe alle Monate durch
      for (int i = 0; i < temperatures.length; i++) {
        // Liegt aktuelle Temperatur über dem aktuellen
        // Maximum, ist es das neue Maximum
        if (temperatures[i] > max) {
          max = temperatures[i];
        }
      }
      // Am Ende liegt das Maximum vor
      return max;
    }

    // Methode zur Bestimmung und Rückgabe der minimalen
    // Temperatur
    private int getMinTemperature() {
      // Wähle unrealistischen Startwert, der immer
      // unterboten werden kann
      int min = 1000;
      // Gehe alle Monate durch
      for (int i = 0; i < temperatures.length; i++) {
        // Liegt aktuelle Temperatur über dem aktuellen
        // Minimum, ist es das neue Minimum
        if (temperatures[i] < min) {
          min = temperatures[i];
        }
      }
      // Am Ende liegt das Minimum vor
      return min;
    }
}

// Startpunkt des Hauptprogramms
// Hier wird die implementierte Klasse zu Demonstrations- und Testzwecken
```

```
// instanziiert und verwendet.
public void setup() {
  // Erzeuge Temperaturanzeige
  TemperatureGraph tg = new TemperatureGraph(2017);

  // Füge Werte aus Beispiel hinzu
  tg.addTemperature(1, 2);
  tg.addTemperature(2, -3);
  tg.addTemperature(3, 7);
  tg.addTemperature(4, 8);
  tg.addTemperature(5, 14);
  tg.addTemperature(6, 16);
  tg.addTemperature(7, 17);
  tg.addTemperature(8, 18);
  tg.addTemperature(9, 14);
  tg.addTemperature(10, 9);
  tg.addTemperature(11, 5);
  tg.addTemperature(12, 2);

  // Zeichne Graphen
  tg.plotGraph();
}
```

A.8.12 Ambient Light

```
// Importieren der AWT-Bibliothek
import java.awt.*;

// Klasse, die die Ansteuerung einer LED realisiert
class AmbiLight {
  // Deklaration privater Variablen
  private int h, s, l;

  // Konstruktor, der die Werte für Hue, Saturation und Lightness
  // erwartet.
  public AmbiLight(int h, int s, int l) {
    this.h = h;
    this.s = s;
    this.l = l;
  }

  // Öffentliche Methode zum Erhöhen der Farbsättigung
  public void increaseSaturation() {
    if (s < 100) {
      s = s + 1;
    }
    else {
      s = 100;
    }
  }

  // Öffentliche Methode zum Herabsetzen der Farbsättigung
```

```java
public void decreaseSaturation() {
  if (s > 0) {
    s = s - 1;
  }
  else {
    s = 0;
  }
}

// Öffentliche Methode zur Erhöhung der Helligkeit
public void increaseLightness() {
  if (l < 100) {
    l = l + 1;
  }
  else {
    l = 100;
  }
}

// Öffentliche Methode zum Herabsetzen der Helligkeit
public void decreaseLightness() {
  if (l > 0) {
    l = l - 1;
  }
  else {
    l = 0;
  }
}

// Öffentliche Methode, um die Werte für die nächstmögliche
// Farbe zu generieren
public int[] getNextColor() {
  // Erhöhe Farbwert
  h = h + 1;

  // Wenn Hue den maximalen Farbwert (360 Grad) überschreitet,
  // beginne bei 0 Grad
  if (h > 360) {
    h = 0;
  }

  // gebe Farbe als RGB-Farbwert zurück
  return hslToRgb(h, s, l);
}

// Öffentliche Methode zum Generieren einer Zufallsfarbe
public int[] getRandomColor() {
  h = int(random(0, 360));
  s = int(random(0, 100));
  l = int(random(0, 100));
  return hslToRgb(h, s, l);
}
```

```
  // Private Funktion zur Umrechnung von HSL nach RGB-Werten
  // An die Funktion werden die Werte für die Farbe, die
  // Sättigung und die Helligkeit übergeben.
  // Die Funktion liefert ein Array mit den RGB-Werten zurück.
  private int[] hslToRgb(int h, int s, int l) {
    // Wandle HSL in RGB um
    // Dividiere die hsl-Werte, damit die Werte zwischen
    // 0 und 1 liegen (notwendig zur Java-Berechnung)
    int rgb = Color.HSBtoRGB(h, s / 100.0, l / 100.0);
    // Erzeuge Color-Objekt
    Color c = new Color(rgb);
    // Gebe Farbbestandteile zurück
    int[] output = {
      c.getRed(),
      c.getGreen(),
      c.getBlue()
    };
    return output;
  }
}

// Startpunkt des Hauptprogramms
// Hier wird die implementierte Klasse zu Demonstrations- und Testzwecken
// instanziiert und verwendet.
public void setup() {
  AmbiLight al = new AmbiLight(0, 0, 50);

  for (int i = 0; i < 50; i++) {
    al.increaseLightness();
    println(al.getNextColor());
  }
}
```

A.8.13 Verschlüsselung

```
// Klasse, die die Schiebeverschlüsselung realisiert
public class ShiftCipher {
  // Deklaration privater Variablen
  private int key;

  // Konstruktor, der den Schlüssel zur Voraussetzung
  // der Instanziierung eines Objekts macht. Der an die
  // Funktion übergebene Schlüssel wird für die Lebens-
  // dauer intern gespeichert.
  public ShiftCipher(int key) {
    this.key = key;
  }

  // Öffentliche Methode zum Verschlüsseln eines übergebenen
  // Texts. Das Ergebnis der Verschlüsselung wird von der
  // Methode zurückgeliefert.
  public String encipher(String plain) {
```

```java
// Hier wird verschlüsselter String gespeichert
String enciphered = "";

// Gehe jeden Buchstaben durch
for (int i = 0; i < plain.length(); i++) {
  // Hole Buchstaben
  char c = plain.charAt(i);

  // bestimme Position
  int pos = getPositionInAlphabet("" + c);

  // Addiere mit Key
  int newPos = pos + this.key;

  // Wenn neue Position kleiner als Alphabet ist,
  // addiere mit 26 (= innerhalb von 1 bis 26)
  if (newPos >= 26) {
    newPos = (newPos + 26) % 26;
  }

  // Hole neuen Buchstaben
  char newC = getLetterInPosition(newPos);

  // Füge dem String hinzu
  enciphered = enciphered + newC;
}

// Gebe verschlüsselten String zurück
return enciphered;
}

// Öffentliche Methode zum Entschlüsseln eines Texts, der
// an die Methode übergeben wird. Mithilfe
// des intern gespeicherten Schlüssels liefert
// die Methode das Ergebnis (den Klartext) wieder
// zurück.
public String decipher(String input) {
  String output = "";

  // Gehe jeden Buchstaben durch
  for (int i = 0; i < input.length(); i++) {
    char c = input.charAt(i);

    // Bestimme Position
    int pos = getPositionInAlphabet("" + c);

    // Subtrahiere mit Key
    int newPos = pos - this.key;

    // Wenn neue Position kleiner als Alphabet ist,
    // addiere mit 26 (= innerhalb von 0 bis 25)
    if (newPos < 0) {
      newPos = (newPos + 26) % 26;
```

```
    }

    // Hole neuen Buchstaben
    char newC = getLetterInPosition(newPos);

    // Füge dem String hinzu
    output = output + newC + " ";
  }

  // Gebe entschlüsselten String zurück
  return output;
}

// Private Methode, die zu einem Buchstaben die Position
// im Alphabet berechnet und zurückgibt.
private int getPositionInAlphabet(String letter) {
  // Wandle Buchstabe in Kleinbuchstaben um
  letter = letter.toLowerCase();

  // String zur Zuordnung von Buchstaben
  // zu ihrer Alphabetsposition
  String letterPosition = "abcdefghijklmnopqrstuvwxyz";
  // Hole Position im lateinischen Alphabet
  int posNumber = letterPosition.indexOf(letter);
  return posNumber;
}

// Private Methode, um einen Buchstaben von der angegebenen
// Position des Alphabets zurückzuliefern.
private char getLetterInPosition(int position) {
  // String zur Zuordnung von
  // Alphabetsposition zu Buchstaben
  String alphabet = "abcdefghijklmnopqrstuvwxyz";
  // Gebe Buchstaben zurück
  return alphabet.charAt(position);
  }
}

// Startpunkt des Hauptprogramms
// Hier wird die implementierte Klasse zu Demonstrations- und Testzwecken
// instanziiert und verwendet.
public void setup() {
  ShiftCipher sc = new ShiftCipher(3);
  String encrypted = sc.encipher("abcdefghijklmnopqrstuvwxyz");
  println(encrypted);
  println(sc.decipher(encrypted));

  sc = new ShiftCipher(3);
  encrypted = sc.encipher("DieserTextIstVerschluesselt");
  println(encrypted);
  println(sc.decipher(encrypted));
}
```

A.8.14 Mastermind

```java
// Öffentliche Klasse, die das Spiel Mastermind realisiert
public class Mastermind {
  // Konstanten für Farbcodes
  public static final int RED = 0;
  public static final int GREEN = 1;
  public static final int BLUE = 2;
  public static final int WHITE = 3;
  public static final int ORANGE = 4;
  public static final int GREY = 5;

  // Deklaration der internen Variablen
  private int[] code;
  private int numMove;

  // Öffentlicher Konstruktor, der den aktuellen Farbcode
  // als Übergabeparameter erwartet
  public Mastermind(int c1, int c2, int c3, int c4) {
    // Initialisiere Array
    this.code = new int[4];

    // Setze Farben
    code[0] = c1;
    code[1] = c2;
    code[2] = c3;
    code[3] = c4;

    // Initialisiere Zähler der Spielzüge
    this.numMove = 0;
  }

  // Private Methode, die berechnet, wie viele richtige Farben
  // an den richtigen Positionen liegen. Die Farben werden
  // in der entsprechenden Reihenfolge ausgewertet. Die Anzahl
  // der korrekten Farben an den Positionen wird zurückgeliefert.
  private int correctColorsAndPositions(int[] colors) {
    // Anzahl richtiger Farben und Positionen
    int count = 0;
    for (int i = 0; i < code.length; i++) {
      if (code[i] == colors[i]) {
        count = count + 1;
      }
    }

    return count;
  }

  // Private Methode, die berechnet, wie viele Farben korrekt
  // angegeben wurden. Dazu werden die angegebenen Farben
  // auf ihr Vorkommen geprüft und das Ergebnis zurückgeliefert.
  private int correctColors(int[] colors) {
    // Anzahl richtiger Farben, die an falscher
```

```java
    // Position stehen
    int count = 0;

    // Bereits geprüfte Positionen des Codes
    boolean[] checked = { false, false, false, false };

    // Hake zunächst alle Farben ab, die die richtige Farbe und
    // Position haben
    for (int i = 0; i < code.length; i++) {
      // Wenn an identischer Position
      if (code[i] == colors[i]) {
        // Position als geprüft abhaken
        checked[i] = true;
      }
    }

    // Zähle jetzt alle Farben
    // Gehe jede Codenummer durch
    for (int i = 0; i < code.length; i++) {
      for (int j = 0; j < colors.length; j++) {
        // Wenn Position mit gleicher Farbe gefunden, die noch
        // nicht abgehakt ist, dann zählen (und abhaken)
        if (code[i] == colors[j] && checked[j] == false) {
          checked[j] = true;
          count = count + 1;
          // Aus Schleife springen
          break;
        }
      }
    }

    return count;
  }

  // Öffentliche Methode, die den Spielzug entgegennimmt und
  // auswertet. Als Elemente eines zweidimensionalen Arrays
  // werden die korrekten Farbpositionen und die Anzahl der
  // korrekten Farben zurückgeliefert.
  public int[] guess(int c1, int c2, int c3, int c4) {
    int[] output = new int[2];
    // Baue Spielzug zu Array um
    int[] colors = { c1, c2, c3, c4 };

    // Werte private Methoden für Spielzug aus
    output[0] = correctColorsAndPositions(colors);
    output[1] = correctColors(colors);

    // Erhöhe Spielzugzähler
    numMove = numMove + 1;
    return output;
  }
}
```

```java
// Startpunkt des Hauptprogramms
// Hier wird die implementierte Klasse zu Demonstrations- und Testzwecken
// instanziiert und verwendet.
public void setup() {
  Mastermind mm = new Mastermind(
    Mastermind.RED,
    Mastermind.BLUE,
    Mastermind.GREY,
    Mastermind.BLUE
  );

  int[] guess = mm.guess(
    Mastermind.GREEN,
    Mastermind.GREY,
    Mastermind.BLUE,
    Mastermind.BLUE
  );

  println("correctColorsAndPositions: \t" + guess[0]);
  println("correctColors: \t\t" + guess[1]);
}
```

A.9 Referenzdatentypen

A.9.1 Kreis-Klasse

```
// Öffentliche Klasse zur Repräsentation eines Kreises
public class Circle {
  // Deklaration privater Variablen
  private Coordinate position;
  private int radius;

  // Konstruktor, der die Position im Koordinatensystem
  // sowie den Radius erwartet
  public Circle(int x, int y, int radius) {
    // Die Position wird als Koordinate gespeichert.
    this.position = new Coordinate(x, y);
    this.radius = radius;
  }

  // Öffentliche Methode zur Berechnung des Flächeninhalts
  public float area() {
    // PI*r^2
    return PI * radius * radius;
  }

  // Methode zur Ausgabe
  public void toConsole() {
    float area = this.area();
    println(
      "Ich stehe bei " + this.position + " und bin " + area + " gross."
    );
  }
}

// Interne Klasse zur Repräsentation einer Koordinate
class Coordinate {
  // Deklaration interner Variablen
  private int x;
  private int y;

  // Konstruktor, der die Angabe von x- und y-Werten
  // übernimmt und intern speichert
  public Coordinate(int x, int y) {
    this.x = x;
    this.y = y;
  }

  // Öffentliche Methode zur Rückgabe einer generierten
  // Koordinatenangabe
  public String toString() {
    return "(" + x + ", " + y + ")";
  }
}
```

```
// Startpunkt des Hauptprogramms
// Hier werden die implementierten Klassen zu Demonstrations- und
// Testzwecken instanziiert und verwendet.
public void setup() {
  // Testfunktion
  Circle kreis = new Circle(10, 43, 4);
  kreis.toConsole();
}
```

A.9.2 Mathematischer Bruch

```
// Öffentliche Klasse zur Repräsentation eines Bruchs
public class Fraction {
  // Deklaration interner Variablen
  private int numerator;
  private int denominator;

  // Konstruktor, der Zähler und Nenner eines Bruchs
  // anfordert
  public Fraction(int numerator, int denominator) {
    this.numerator = numerator;
    this.denominator = denominator;
  }

  // Öffentliche Methode zum Addieren eines Bruchs.
  // Zum aktuellen Bruch wird der an die Methode über-
  // gebene Bruch addiert und als eigenständiges Objekt
  // zurückgegeben.
  public Fraction add(Fraction f) {
    int z1 = numerator * f.getDenominator();
    int z2 = denominator * f.getNumerator();
    return new Fraction(z1 + z2, denominator * f.getDenominator());
  }

  // Öffentliche Methode zum Multiplizieren eines Bruchs.
  // Der aktuelle Bruch wird mit dem an die Methode über-
  // gebenen Bruch multipliziert und als eigenständiges
  // Objekt zurückgegeben.
  public Fraction multiply(Fraction f) {
    return new Fraction(
      numerator * f.getNumerator(),
      denominator * f.getDenominator()
    );
  }

  // Öffentliche Methode, die den Zähler zurückliefert
  public int getNumerator() {
    return numerator;
  }

  // Öffentliche Methode, die den Nenner zurückliefert
  public int getDenominator() {
```

```
    return denominator;
  }

  // Öffentliche Methode zur Ausgabe eines Bruchs
  public String toString() {
    return numerator + "/" + denominator;
  }
}

// Startpunkt des Hauptprogramms
// Hier werden die implementierten Klassen zu Demonstrations- und
// Testzwecken instanziiert und verwendet.
public void setup() {
  // 1/2
  Fraction f1 = new Fraction(1, 2);

  // 1/4
  Fraction f2 = new Fraction(1, 4);

  // 1/2 + 1/4 = 6/8
  Fraction sum = f1.add(f2);
  println(f1 + " + " + f2 + " = " + sum);

  // 1/2 + 1/4 = 1/8
  Fraction mult = f1.multiply(f2);
  println(f1 + " * " + f2 + " = " + mult);
}
```

A.9.3 Highscore-Liste

```
// Klasse zur Realisierung eines Highscore-Eintrags
class HighscoreEntry {
  // Deklaration privater Variablen
  private String nickname;
  private int points;

  // Konstruktor, der als Eingabewerte den Nickname und
  // die erreichten Punkte erwartet.
  public HighscoreEntry(String nickname, int points) {
    this.nickname = nickname;
    this.points = points;
  }

  // Öffentliche Methode zur Ausgabe eines Strings mit der
  // Angabe von Nickname und der erreichten Punkte.
  public String toString() {
    return this.nickname + " - " + this.points + " Punkte";
  }
}

// Klasse zur Realisierung einer Highscore-Tabelle
class HighscoreTable {
```

```java
// Deklaration interner Variablen
private HighscoreEntry[] entries;

// Konstruktor der Klasse, der die Initialisierung vornimmt.
public HighscoreTable() {
  // Lege leere Highscore-Liste mit 10 Platzierungen an
  this.entries = new HighscoreEntry[10];
  for (int i = 0; i < 10; i++) {
    this.entries[i] = new HighscoreEntry("Name" + i, 0);
  }
}

// Öffentliche Methode zum Hinzufügen eines neuen Eintrags in die
// Highscore-Liste. Übergeben werden der Nickname, die erreichten
// Punkte sowie die Position innerhalb der Liste
public void addEntry(String nickname, int points, int position) {
  // Nutze die HighscoreEntry-Klasse
  HighscoreEntry entry = new HighscoreEntry(nickname, points);

  // Gehe alte Liste bis zur Position durch
  HighscoreEntry[] entriesTemp = new HighscoreEntry[entries.length + 1];
  for (int i = 0; i < position - 1; i++) {
    // Füge altes Element hinzu
    entriesTemp[i] = entries[i];
  }

  // Füge jetzt neues Element hinzu
  entriesTemp[position - 1] = entry;

  // Gehe Rest der Liste durch
  for (int i = position - 1; i < entries.length; i++) {
    // Füge altes Element hinzu
    entriesTemp[i + 1] = entries[i];
  }

  // Setze temporäre Liste als neue Liste
  this.entries = entriesTemp;
}

// Öffentliche Methode zur Ausgabe der Highscore-Liste
public void printList() {
  int pos = 1;
  for (int i = 0; i < entries.length; i++) {
    println("Platz " + pos + ": " + entries[i]);
    pos = pos + 1;
  }
}
}

// Startpunkt des Hauptprogramms
// Hier werden die implementierten Klassen zu Demonstrations- und
// Testzwecken instanziiert und verwendet.
public void setup() {
```

```java
  HighscoreTable hs = new HighscoreTable();
  hs.addEntry("Dieter", 666, 1);
  hs.addEntry("Thomas", 12, 6);
  hs.printList();
}
```

A.9.4 Adressbuch

```java
// Klasse zur Repräsentation eines Kontakts
public class Contact {
  // Deklaration interner Variablen
  private int id;
  private String name;
  private String email;
  private String phone;
  private String twitter;

  // Konstruktor der zur Initialisierung der Klassen-
  // variablen die Id, Name, E-Mail-Adresse, Telefonnummer
  // und Twitter-Adresse vorschreibt.
  public Contact(
    int id,
    String name,
    String email,
    String phone,
    String twitter
  ) {
    this.name = name;
    this.email = email;
    this.phone = phone;
    this.twitter = twitter;
    this.id = id;
  }

  // Öffentliche Methode zur Generierung eines
  // Strings mit den Kontaktdaten. Der generierte String
  // wird von der Methode zurückgeliefert.
  public String toString() {
    return id + " { " + name + "\t" + email + "\t" + phone + "\t" +
        twitter;
  }

  // Öffentliche Methode zur Rückgabe des Namens
  public String getName() {
    return name;
  }

  // Öffentliche Methode zur Rückgabe der Id
  public int getID() {
    return id;
  }
}
```

```java
// Öffentliche Klasse, die ein Adressbuch realisiert
public class Adressbook {
  // Deklaration interner Variablen
  private String name;
  private Contact[] contacts;

  // Konstruktor, der für die Instanziierung den
  // Namen erfordert.
  public Adressbook(String name) {
    this.name = name;
    this.contacts = new Contact[0];
  }

  // Öffentliche Methode zur Generierung eines Strings
  // mit allen Adressbucheinträgen. Der String wird von
  // der Methode zurückgeliefert.
  public String showAll() {
    String output = "Adressbuch { " + name + "\n";

    // Gehe jeden Kontakt durch
    for (int i = 0; i < contacts.length; i++) {
      // Schreibe Inhalt der toString-Methode in
      // Ausgabe-Variable mit Zeilenumbruch
      output = output + contacts[i].toString() + "\n";
    }
    return output;
  }

  // Öffentliche Methode zur Suche und Rückgabe des
  // Kontakts. Der Name der zu suchenden Person
  // wird an die Methode übergeben. Der generierte
  // String des Kontakts wird im Erfolgsfall zurück-
  // geliefert, ansonsten ein leerer String.
  public String showByName(String name) {
    // Gehe Kontaktliste durch und suche den Namen
    for (int i = 0; i < contacts.length; i++) {
      // Stimmt der Name überein
      if (contacts[i].getName() == name) {
        // Gebe den Eintrag als String zurück und
        // springe aus Funktion
        return contacts[i].toString();
      }
    }
    return "";
  }

  // Öffentliche Methode zum Hinzufügen eines Kontakts.
  // Der Kontakt muss als Contact-Objekt an die Methode
  // übergeben werden.
  public void addContact(Contact contact) {
    // Vergrößertes Array anlegen
    Contact[] contactsNew = new Contact[contacts.length + 1];
    // Elemente kopieren
```

```java
    for (int i = 0; i < contacts.length; i++) {
      contactsNew[i] = contacts[i];
    }
    // Neues Element hinzufügen
    contactsNew[contactsNew.length - 1] = contact;
    // Neues Array übernehmen
    contacts = contactsNew;
  }

  // Öffentliche Methode zum Suchen eines Kontakts nach
  // der Id. Diese muss an die Funktion übergeben werden.
  // Der Kontakt wird im Erfolgsfall zurückgeliefert -
  // ansonsten wird null zurückgeliefert.
  public Contact getContact(int id) {
    // Gehe Kontaktliste durch und suche die ID
    for (int i = 0; i < contacts.length; i++) {
      // Stimmt die ID überein
      if (contacts[i].getID() == id) {
        // Gebe den Eintrag zurück und
        // springe aus Funktion
        return contacts[i];
      }
    }
    return null;
  }

  // Methode zum Entfernen eines Kontakts aus dem Adressbuch.
  // An die Methode muss die eindeutige Id übergeben werden.
  public void removeContact(int id) {
    // Lege Rückgabeliste an
    Contact[] contactsCopy = new Contact[0];
    // Gehe Kontaktliste durch und suche die ID
    for (int i = 0; i < contacts.length; i++) {
      // Stimmt die ID nicht überein
      if (contacts[i].getID() != id) {
        // füge Kontakt hinzu
        // neue Liste erzeugen und Elemente rüberkopieren
        Contact[] contactsCopyNew = new Contact[contactsCopy.length + 1];
        // Kopiere alte Inhalte rüber
        for (int j = 0; j < contactsCopy.length; j++) {
          contactsCopyNew[j] = contactsCopy[j];
        }
        contactsCopyNew[contactsCopyNew.length - 1] = contacts[i];
        contactsCopy = contactsCopyNew;
        // Wenn ID übereinstimmt, wird Kontakt
        // nicht hinzugefügt (= gelöscht)
      }
    }
    // Übernehme neue Liste
    this.contacts = contactsCopy;
  }
}
```

```java
// Startpunkt des Hauptprogramms
// Hier werden die implementierten Klassen zu Demonstrations- und
// Testzwecken instanziiert und verwendet.
public void setup() {
  // Privates Adressbuch
  Adressbook privat = new Adressbook("Privat");
  privat.addContact(new Contact(1, "Ken Tern", "ken.tern@mail.de",
          "+49 221 3982781", "@kentern"));
  privat.addContact(new Contact(2, "Bill Iger", "bill.iger@gmx.de",
          "+49 211 9821348", "@billiger"));
  privat.addContact(new Contact(3, "Flo Kati", "flo.kati@web.de",
          "+49 251 9346441", "@flokati"));
  privat.addContact(new Contact(4, "Ingeborg Mirwas", "inge.mirwas@post.de",
          "+49 228 4663289", "@borgmirwas"));
  privat.addContact(new Contact(5, "Ann Schweigen", "ann.schweigen@gmx.de",
          "+49 231 6740921", "@annschweigen"));
  privat.addContact(new Contact(6, "Mark Enschuh", "mark.enschuh@gmail.com",
          "+49 234 4565657", "@markenschuh"));
  privat.addContact(new Contact(7, "Lee Köhr", "lee.koehr@mail.de",
          "+49 561 8976761", "@leekoehr"));
  privat.addContact(new Contact(8, "Pit Schnass", "pit.schnass@post.de",
          "+49 721 4545754", "@pitschnass"));

  // Geschäftliches Adressbuch
  Adressbook arbeit = new Adressbook("Arbeit");
  arbeit.addContact(new Contact(1, "Phil Tertüte", "phil.tertuete@company.de",
          "+49 177 1786756", "@philtertuete"));
  arbeit.addContact(new Contact(2, "Flo Kati", "flo.kati@laden.com",
          "+49 161 2336541", "@ibm.kati"));
  arbeit.addContact(new Contact(3, "Andreas Kreuz", "andreas.kreuz@bazaar.de",
          "+49 163 3442889", "@asbazaar"));
  arbeit.addContact(new Contact(4, "Erkan Alles", "erkan.alles@solver.de",
          "+49 171 1442553", "@easolver"));
  arbeit.addContact(new Contact(5, "Mark Reele", "mark.reele@media.de",
          "+49 151 5345612", "@mrmedia"));
  arbeit.addContact(new Contact(6, "Roy Bär", "roy.baer@media.de",
          "+49 151 5477889", "@rbmedia"));
  arbeit.addContact(new Contact(7, "Mario Nette", "mario.nette@media.de",
          "+49 151 5113341", "@mnmedia"));
  arbeit.addContact(new Contact(8, "Klaus Uhr", "klaus.uhr@media.de",
          "+49 151 6743431", "@kumedia"));

  println(privat.showAll());
  println(privat.getContact(5));
  privat.removeContact(5);
  println(privat.showAll());

  println(arbeit.showByName("Flo Kati"));
}
```

A.9.5 Digitaler Bilderrahmen

```java
// Klasse, die einen digitalen Bilderrahmen darstellt
public class DigitalPictureFrame {
  // Deklaration privater Variablen
  private Picture[] pics;
  private int amount;
  private int current;

  // Konstruktor, der dafür sorgt, dass ein Objekt dieses
  // Typs (Klasse) nur mit der Angabe der maximal zu
  // verwaltenden Bilder erzeugt werden kann.
  public DigitalPictureFrame(int size) {
    // Initialisierung
    pics = new Picture[size];
    amount = 0;
    current = 0;
  }

  // Öffentliche Methode zum Hinzufügen eines neuen Bilds.
  // Das Bild wird der Methode übergeben.
  public void addPicture(Picture pic) {
    // Sind noch Speicherplätze frei, dann hinzufügen
    if (amount < pics.length) {
      pics[amount] = pic;

      // Erhöhe Zähler
      amount = amount + 1;
    }
  }

  // Methode zum Löschen eines Bilds aus dem Bilderrahmen.
  // Der Index des Bilds im Rahmen wird der Methode über-
  // geben.
  public void deletePicture(int index) {
    // Nur arbeiten, wenn angegebener Index im
    // gültigen Bereich
    if (index >= 0 && index <= amount) {
      // Kopiere nachfolgende Bilder nach vorne
      for (int i = index; i < amount - 1; i++) {
        pics[i] = pics[i + 1];
      }
      // Reduziere Zähler, da Bild gelöscht
      amount = amount - 1;
    }
  }

  // Öffentliche Methode zum Abholen des nächsten Bilds
  public Picture getNext() {
    int pos = current;

    // Sorge mit Modulo dafür, dass maximale Anzahl nicht über-
    // schritten werden kann (erspart if-else-Anweisungen)
```

```java
      current = (current + 1) % amount;
      return pics[pos];
    }

    // Öffentliche Methode, die ein Zufallsbild aus der
    // Menge der im Rahmen enthaltenen Bilder auswählt
    // und zurückliefert.
    public Picture getNextRandom() {
      return pics[(int)(Math.random() * amount)];
    }
}

// Öffentliche Klasse Picture, die ein Bild repräsentiert.
public class Picture {
    // Deklaration privater Variable
    private String name;

    // Konstruktor, der erzwingt, dass bei der Objektgenerierung
    // der Name des Bilds angegeben werden muss.
    public Picture(String name) {
      this.name = name;
    }

    // Öffentliche Methode, die einen String (in diesem Fall
    // den intern gespeicherten Namen) zurückliefert.
    public String toString() {
      return this.name;
    }
}

// Startpunkt des Hauptprogramms
// Hier werden die implementierten Klassen zu Demonstrations- und
// Testzwecken instanziiert und verwendet.
public void setup() {
    DigitalPictureFrame dpf = new DigitalPictureFrame(3);
    dpf.addPicture(new Picture("Bild 1"));
    dpf.addPicture(new Picture("Bild 2"));
    dpf.addPicture(new Picture("Bild 3"));

    // Gebe alle Bilder aus
    println(dpf.getNext());
    println(dpf.getNext());
    println(dpf.getNext());
    println();
    println(dpf.getNextRandom());
    dpf.deletePicture(3);

    // Hier darf kein Bild 3 auftauchen
    println(dpf.getNextRandom());
}
```

A.9.6 Musikalbenanwendung

```
// Öffentliche Klasse, die einen einzelnen Song repräsentiert
public class Song {
  // Deklaration privater Variablen
  private String title,
  duration;

  // Konstruktor, der die Angabe des Titelnamens
  // sowie eine Dauer erwartet
  public Song(String title, String duration) {
    this.title = title;
    this.duration = duration;
  }

  // Öffentliche Methode, die den Titel mit der
  // Angabe der Dauer als String zurückliefert.
  public String toString() {
    return title + " -- " + duration;
  }
}

// Öffentliche Klasse für ein Musikalbum
public class Album {
  // Deklaration privater Variablen
  private String artist,
  country,
  album;

  // Deklaration öffentlicher Variablen
  public Song[] songs;

  // Konstruktor, der die Angabe des Künstlers,
  // das Land sowie den Albumtitel und die einzelnen
  // Songs erwartet
  public Album(String artist, String country, String album, Song[] songs) {
    this.artist = artist;
    this.country = country;
    this.album = album;
    this.songs = songs;
  }

  // Öffentliche Methode, die ein komplettes Album
  // mit allen nötigen Informationen zurückliefert
  public String toString() {
    // Generiere Ausgabe
    String output = "Künstler: " + artist + "\n";
    output = output + "Land: " + country + "\n";
    output = output + "Album: " + album + "\n";
    output = output + "--------------------\n";

    // Gehe jeden Song durch
    int tracknummer = 1; // Tracknummer
```

```java
    for (int i = 0; i < songs.length; i++) {
      output = output + tracknumber + ". " + songs[i] + "\n";

      // Erhöhe Tracknummer um 1
      tracknumber = tracknumber + 1;
    }

    return output;
  }
}

// Öffentliche Klasse zur Verwaltung eines Music Store
public class MusicStore {
  // Deklaration privater Variablen
  private Album[] albums;

  // Standardkonstruktor, der die Initialisierung
  // des Album-Arrays übernimmt.
  public MusicStore() {
    this.albums = new Album[0];
  }

  // Methode zum Hinzufügen eines Albums
  public void addAlbum(Album album) {
    Album[] albumsNew = new Album[albums.length + 1];
    int i = 0;
    for (; i < albums.length; i++) {
      albumsNew[i] = albums[i];
    }
    albumsNew[i] = album;
    albums = albumsNew;
  }

  // Öffentliche Methode zur Ausgabe aller Alben
  // auf der Konsole
  public void printAll() {
    for (int i = 0; i < albums.length; i++) {
      println(albums[i]);
    }
  }
}

// Startpunkt des Hauptprogramms
// Hier werden die implementierten Klassen zu Demonstrations- und
// Testzwecken instanziiert und verwendet.
public void setup() {
  // Erstelle Album-Songarray
  Song[] fanta4Songs = {
    new Song("Und Täglich Grüßen Fanta Vier / Romantic Fighters", "1:23"),
    new Song("30 Mark", "0:42"),
    new Song("MfG", "3:35"),
    new Song("Hammer", "4:59"),
    new Song("Die Stadt Die Es Nicht Gibt", "4:29"),
```

```
    new Song("0:29", "0:30"),
    new Song("Alles Schon Gesehen", "4:25"),
    new Song("Michi Beck In Hell", "5:12"),
    new Song("Home Again", "0:44")
  };

  // Erstelle Album
  Album fanta4 = new Album(
    "Die Fantastischen Vier",
    "Deutschland",
    "4:99",
    fanta4Songs
  );

  // Erstelle Album-Songarray
  Song[] astleySongs = {
    new Song("Never Gonna Give You Up", "3:36"),
    new Song("Whenever You Need Somebody", "3:56"),
    new Song("Together Forever", "3:29"),
    new Song("It Would Take A Strong Strong Man", "3:44"),
    new Song("The Love Has Gone", "4:20"),
    new Song("Don't Say Goodbye", "4:11"),
    new Song("Slipping Away", "3:56"),
    new Song("No More Looking For Love", "3:15"),
    new Song("You Move Me", "3:45"),
    new Song("When I Fall In Love", "3:03")
  };

  // Erstelle Album
  Album astley = new Album(
    "Rick Astley",
    "England",
    "Whenever You Need Somebody",
    astleySongs
  );

  // Erstelle MusicStore und füge Alben hinzu
  MusicStore ms = new MusicStore();
  ms.addAlbum(fanta4);
  ms.addAlbum(astley);

  // Gebe kompletten Music-Store aus
  ms.printAll();
}
```

A.9.7 Koch-Website

```
// Öffentliche Klasse für die Repräsentation einer Zutat
public class Zutat {
  // Deklaration privater Variablen
  private String name;
  private int menge;
```

```java
  private String einheit;

  // Konstruktor, der die Angabe der Zutat, Menge und Einheit
  // erwartet
  public Zutat(String name, int menge, String einheit) {
    this.name = name;
    this.menge = menge;
    this.einheit = einheit;
  }

  // Öffentliche Methode zur Generierung eines geeigneten
  // Strings zur Repräsentation der Zutat
  public String toString() {
    return menge + einheit + " " + name;
  }
}

// Öffentliche Klasse für die Repräsentation einer
// Koch-Anweisung
public class Anweisung {
  // Deklaration privater Variablen
  private String text;
  private int position;

  // Öffentlicher Konstruktor, der regelt, dass eine Instanz
  // dieser Klasse nur unter Angabe des Anweisungstexts und
  // der Positionsnummer angelegt werden kann.
  public Anweisung(String text, int position) {
    this.text = text;
    this.position = position;
  }

  // Öffentliche Methode zur Generierung eines geeigneten
  // Strings zur Ausgabe
  public String toString() {
    return position + ". " + text;
  }
}

// Öffentliche Klasse für ein ganzes Rezept
public class Kochrezept {
  // Deklaration interner Variablen
  private String name;
  private int zeit;
  private Anweisung[] anweisungen;
  private Zutat[] zutaten;
  private String anweisungHerd;

  // Öffentlicher Konstruktor. Ein Objekt der Klasse kann
  // nur dann instanziiert werden, wenn der Name, die
  // vermeintliche Zeit, die Zutaten, Anweisungen und eine
  // generelle Herdanweisung angegeben werden.
  public Kochrezept(
```

```
    String name,
    int zeit,
    Zutat[] zutaten,
    Anweisung[] anweisungen,
    String anweisungHerd
  ) {
    this.name = name;
    this.zeit = zeit;
    this.anweisungen = anweisungen;
    this.zutaten = zutaten;
    this.anweisungHerd = anweisungHerd;
  }

  // Öffentliche Methode zum Generieren eines repräsentativen
  // Strings für das Kochrezept
  public String toString() {
    String output = "";
    output = output + "- " + name + " (" + zeit + " Minuten) -\n";
    output = output + "\nZutaten:\n";

    // Alle Zutaten durchgehen
    for (int i = 0; i < zutaten.length; i++) {
      output = output + "- " + zutaten[i].toString() + "\n";
    }

    output = output + "\nZubereitung:\n";

    // Alle Anweisungen durchgehen
    for (int i = 0; i < anweisungen.length; i++) {
      output = output + anweisungen[i].toString() + "\n";
    }

    output = output + (anweisungen.length + 1) + ". " +
        anweisungHerd;

    return output;
  }
}

// Startpunkt des Hauptprogramms
// Hier werden die implementierten Klassen zu Demonstrations- und
// Testzwecken instanziiert und verwendet.
public void setup() {
  Zutat[] zutaten = new Zutat[6];
  zutaten[0] = new Zutat("Kartoffelmehl", 80, "g");
  zutaten[1] = new Zutat("Maisstärke", 80, "g");
  zutaten[2] = new Zutat("Eier", 3, "");
  zutaten[3] = new Zutat("Milch", 400, "ml");
  zutaten[4] = new Zutat("Traubenzucker", 5, "EL");
  zutaten[5] = new Zutat("Pflanzenöl", 5, "EL");

  Anweisung[] anweisungen = new Anweisung[5];
  anweisungen[0] = new Anweisung("Die Mehle vermischen und sieben.", 1);
```

```java
anweisungen[1] = new Anweisung("Eier, Zucker und Milch dazugeben.", 2);
anweisungen[2] = new Anweisung(
  "Alles mit dem Schneebesen gut verquirlen.",
  3
);
anweisungen[3] = new Anweisung("10 Minuten quellen lassen.", 4);
anweisungen[4] = new Anweisung("Noch einmal verrühren.", 5);

String anweisungHerd = "Pfanne auf hoher Stufe erhitzen und Teig " +
  "portionsweise im heißen Öl ausbacken.";

Kochrezept pfannkuchen = new Kochrezept(
  "Pfannkuchen",
  30,
  zutaten,
  anweisungen,
  anweisungHerd
);

println(pfannkuchen);
}
```

A.9.8 Hotelzimmerverwaltung

```java
// Öffentliche Klasse zur Repräsentation eines Hotelzimmers
public class Room {
  // Deklaration privater Variablen
  private int number;
  private boolean available;

  // Konstruktor, der vorschreibt, dass die Zimmer-
  // nummer angegeben wird
  public Room(int number) {
    this.number = number;
    this.available = true;
  }

  // Öffentliche Methode zur Prüfung, ob das Zimmer
  // noch frei ist.
  public boolean isAvailable() {
    return this.available;
  }

  // Öffentliche Methode, um den Status der Zimmer-
  // belegung zu ändern. Der zu setzende Status
  // wird der Methode übergeben.
  public void setAvailable(boolean available) {
    this.available = available;
  }

  // Methode, die die Zimmernummer zurückliefert.
  public int getNumber() {
```

```java
    return this.number;
  }
}

// Öffentliche Klasse zur Zimmerverwaltung eines Hotels
public class Hotel {
  // Deklaration interner Variablen
  private Room[] rooms;
  private String name;
  private int stars;

  // Öffentlicher Konstruktor, der den Hotelnamen, die
  // Anzahl der Sterne sowie die Räume übergeben bekommt
  public Hotel(String name, int stars, Room[] rooms) {
    this.rooms = rooms;
    this.name = name;
    this.stars = stars;
  }

  // Öffentliche Methode, die den Index des nächsten freien Raums
  // zurückliefert
  public int checkIn() {
    // Gehe Räume nacheinander durch
    for (int i = 0; i < rooms.length; i++) {
      // Sobald ein Raum frei ist
      if (rooms[i].isAvailable()) {
        // Raum belegen
        rooms[i].setAvailable(false);
        // Aus der Funktion mit Nummer springen
        return rooms[i].getNumber();
      }
    }

    return 0;
  }

  // Öffentliche Methode, die einen Checkout-Vorgang simuliert. Die
  // Zimmernummer, für die der Checkout-Vorgang durchgeführt werden
  // soll wird an die Methode übergeben.
  public void checkOut(int number) {
    // Zähler außerhalb von for-Schleife definieren,
    // da wir sie danach noch brauchen könnten
    int i = 0;

    // Gehe Räume nacheinander durch
    for (; i < rooms.length; i++) {
      // Stimmt Raumnummer überein und ist Raum noch belegt
      if (rooms[i].getNumber() == number && !rooms[i].isAvailable()) {
        // Aus Schleife springen
        break;
      }
    }
```

```
      // Sollten wir vor Array-Ende aus Schleife
      // gesprungen sein (= Raum gefunden + belegt),
      // dann Raum auf verfügbar stellen
      if (i < rooms.length) {
        rooms[i].setAvailable(true);
      }
    }
  }

  // Startpunkt des Hauptprogramms
  // Hier werden die implementierten Klassen zu Demonstrations- und
  // Testzwecken instanziiert und verwendet.
  public void setup() {
    Room[] rooms = new Room[9];
    rooms[0] = new Room(101);
    rooms[1] = new Room(102);
    rooms[2] = new Room(103);
    rooms[3] = new Room(201);
    rooms[4] = new Room(202);
    rooms[5] = new Room(203);
    rooms[6] = new Room(301);
    rooms[7] = new Room(302);
    rooms[8] = new Room(303);

    Hotel hotel = new Hotel("Seeblick", 4, rooms);

    println(hotel.checkIn());
    println(hotel.checkIn());
    println(hotel.checkIn());
    hotel.checkOut(102);
    println(hotel.checkIn());
    println(hotel.checkIn());
  }
```

A.9.9   Flughafen-Check-in

```
// Öffentliche Klasse, die einen Passagier repräsentiert
public class Passagier {
  // Deklaration privater Variablen
  private String firstname;
  private String lastname;
  private String title;
  private boolean checkIn;

  // Ist Passagier am Gate?
  private boolean atGate;

  // Konstruktor, der dafür sorgt, dass Objekte dieser Klasse nur
  // unter Angabe von Vor- und Zunamen sowie Titel angelegt werden
  // können.
  public Passagier(String firstname, String lastname, String title) {
    this.firstname = firstname;
```

```java
    this.lastname = lastname;
    this.title = title;
    this.checkIn = false;
    this.atGate = false;
  }

  // Öffentliche Methode zum Durchführen des Check-ins
  public void checkIn() {
    this.checkIn = true;
  }

  // Öffentliche Methode zur Prüfung, ob dieser Passagier bereits
  // eingecheckt ist
  public boolean isCheckedIn() {
    return checkIn;
  }

  // Öffentliche Methode zum Setzen des Status: Passagier am Gate
  public void onGate() {
    this.atGate = true;
  }

  // Öffentliche Methode zur Ermittlung, ob der Passagier am Gate ist
  public boolean isAtGate() {
    return atGate;
  }

  // Öffentliche Methode zum Generieren eines aussagekräftigen
  // Strings zur Repräsentation des Passagiers.
  public String toString() {
    // Nur Titel ausgeben, wenn auch angegeben
    if (title.equals("")) {
      return firstname + " " + lastname;
    }
    else {
      return title + " " + firstname + " " + lastname;
    }
  }
}

// Öffentliche Klasse, die einen Flug repräsentieren soll
public class Flug {
  // Deklaration privater Variablen
  private String id;
  private String startAirport;
  private String endAirport;
  private String startTime;
  private String gate;
  private Passagier[] passengers;

  // Öffentlicher Konstruktor, der die Daten vorgibt, die für
  // die Erzeugung eines Objekts dieser Klasse notwendig sind.
  public Flug(
```

```java
    String id,
    String startAirport,
    String endAirport,
    String startTime,
    String gate,
    Passagier[] passengers
  ) {
    this.id = id;
    this.startAirport = startAirport;
    this.endAirport = endAirport;
    this.startTime = startTime;
    this.gate = gate;
    this.passengers = passengers;
  }

  // Öffentliche Methode, die einen Passagier aufruft, wenn
  // dieser nicht am Gate ist.
  public void ausrufen() {
    // Gehe Passagierliste durch
    for (int i = 0; i < passengers.length; i++) {
      // Wenn Passagier eingecheckt und noch
      // nicht am Gate
      if (passengers[i].isCheckedIn() && !passengers[i].isAtGate()) {
        // Ausrufen
        println("Last call for passenger " + passengers[i]);
      }
    }
  }
}

// Startpunkt des Hauptprogramms
// Hier werden die implementierten Klassen zu Demonstrations- und
// Testzwecken instanziiert und verwendet.
public void setup() {
  Passagier[] passagiere = {
    new Passagier("Martin", "Krause", "Dr."),
    new Passagier("Simone", "Krause", ""),
    new Passagier("Herr", "Kules", ""),
    new Passagier("Frau", "Kules", ""),
    new Passagier("Kranke", "Person", "")
  };

  // Checke alle Fluggäste außer Kranke Person ein
  for (int i = 0; i < passagiere.length - 1; i++) {
    passagiere[i].checkIn();
    // Außer den Krauses sind davon alle am Gate
    if (i > 1) {
      passagiere[i].onGate();
    }
  }

  Flug flug = new Flug(
    "MH123",
```

```
      "Köln-Bonn",
      "München",
      "9:10",
      "C12",
      passagiere
  );
  flug.ausrufen();
}
```

A.9.10 Polygonzug

```
// Öffentliche Klasse, die einen Punkt im Koordinatensystem
// repräsentiert
public class Point {
  // Deklaration privater Variablen
  private int x;
  private int y;

  // Konstruktor, der die Angabe von x und y bei der Objekt-
  // generierung vorschreibt.
  public Point(int x, int y) {
    this.x = x;
    this.y = y;
  }

  // Getter-Methode zur Rückgabe des X-Werts
  public int getX() {
    return x;
  }

  // Getter-Methode zur Rückgabe des Y-Werts
  public int getY() {
    return y;
  }
}

// Öffentliche Klasse, die einen Polygonzug repräsentiert
public class PolyLine {
  // Deklaration privater Variablen
  private Point[] points;
  private int nextFree;

  // Öffentlicher Konstruktor, der bei der Objekterzeugung
  // zur Angabe der Größe des Polygonzugs benötigt wird
  public PolyLine(int size) {
    points = new Point[size];
    nextFree = 0;
  }

  // Öffentliche Methode zum Hinzufügen eines weiteren
  // Punkts in Form eines x- und  y-Werts
  public void append(int x, int y) {
```

```java
      if (nextFree < points.length) {
        points[nextFree] = new Point(x, y);
        nextFree = nextFree + 1;
      }
    }


    // Öffentliche Methode zum Hinzufügen eines weiteren
    // Punkts, der durch ein Point-Objekt repräsentiert
    // wird
    public void append(Point p) {
      append(p.getX(), p.getY());
    }


    // Öffentliche Methode, die den Polygonzug in einem
    // String repräsentiert. Der erzeugte String wird
    // am Ende der Funktion zurückgegeben.
    public String toString() {
      String temp = "{ ";

      for (int i = 0; i < nextFree; i++) {
        temp = temp + "(" + points[i].getX() + "," + points[i].getY() + ")";
      }

      return temp + " }";
    }
  }

// Startpunkt des Hauptprogramms
// Hier werden die implementierten Klassen zu Demonstrations- und
// Testzwecken instanziiert und verwendet.
public void setup() {
  // Neuen Polygonzug erzeugen
  PolyLine poly = new PolyLine(3);
  println(poly);

  // Füge Punkt hinzu
  poly.append(2, 4);
  println(poly);

  // Füge Punkt hinzu (andere Methode)
  poly.append(new Point(10, 5));
  poly.append(4, 4);
  println(poly);

  // Füge ein Element zu viel hinzu
  poly.append(1, 1);
  println(poly);
}
```

A.9.11 Twitterwall

```java
// Klasse, die einen Tweet repräsentiert
public class Tweet {
  // Deklaration privater Variablen
  private String username;
  private String text;

  // Öffentlicher Konstruktor, der vorschreibt, dass ein
  // Tweet zwangsläufig aus einem Benutzernamen und dem
  // textuellen Inhalt besteht.
  public Tweet(String username, String text) {
    this.username = username;

    // Beschneide Tweet auf 140 Zeichen,
    // wenn er zu groß ist
    if (text.length() > 140) {
      text = text.substring(0, 140);
    }
    this.text = text;
  }

  // Öffentliche Methode, die den Tweet in geeigneter
  // Weise zurückliefert.
  public String toString() {
    return "\n" + username + ": " + text;
  }
}

// Öffentliche Klasse, die eine Twitterwall repräsentiert
public class TwitterWall {
  // Deklaration privater Variablen
  private Tweet[] tweets;

  // nächste Schreibposition im Array
  private int nextTweet;

  // Konstruktor, der die Anzahl maximal zu verwaltender
  // Tweets erwartet.
  public TwitterWall(int maxTweets) {
    this.tweets = new Tweet[maxTweets];
    this.nextTweet = 0;
  }

  // Öffentliche Methode zum Hinzufügen eines Tweets
  public void addTweet(Tweet tweet) {
    // Wenn kein Platz im Array
    if (nextTweet >= tweets.length) {
      // umkopieren nach vorne
      for (int i = 0; i < tweets.length - 1; i++) {
        tweets[i] = tweets[i + 1];
      }
```

```
        // Letzter Eintrag = neuer Tweet
        nextTweet = tweets.length - 1;
      }

      // Füge Tweet hinzu
      tweets[nextTweet] = tweet;

      // erhöhe Zähler
      nextTweet = nextTweet + 1;
    }

    // Öffentliche Methode, die alle Tweets in Form
    // eines Tweet-Arrays in der Reihenfolge der Erzeugung
    // zurückliefert.
    public Tweet[] getTweets() {
      Tweet[] output = new Tweet[nextTweet];
      // Gehe bis letzten Eintrag durch
      for (int i = 0; i < nextTweet; i++) {
        // Kopiere Einträge
        output[i] = tweets[i];
      }

      return output;
    }
}

// Startpunkt des Hauptprogramms
// Hier werden die implementierten Klassen zu Demonstrations- und
// Testzwecken instanziiert und verwendet.
public void setup() {
  TwitterWall tw = new TwitterWall(2);

  tw.addTweet(new Tweet(
    "Bot1",
    "Dies ist ein Tweet, der so viel Text enthält, dass er über die " +
        "erlaubten 140 Zeichen hinausragen wird. Ehrlich wahr, so " +
        "sollte es sein. #toomuchtext"
  ));
  tw.addTweet(new Tweet("Bot2", "Auch Hallo"));
  tw.addTweet(new Tweet("Bot3", "Wie geht's?"));

  println(tw.getTweets());
}
```

A.9.12 Fototagebuch

```
// Import von Bibliotheksfunktionen für den Umgang
// mit dem Datum
import java.util.Date;

// Öffentliche Klasse, die ein Foto repräsentiert
public class Photo {
```

```java
  // Deklaration privater Variablen
  private String name;

  // Konstruktor, der vorschreibt, dass ein Foto
  // einen Namen haben muss.
  public Photo(String name) {
    this.name = name;
  }

  // Öffentliche Methode zum Generieren einer
  // geeigneten String-basierten Ausgabe
  public String toString() {
    return name;
  }
}

// Öffentliche Klasse, die ein Fototagebuch repräsentiert
public class PhotoDiary {
  // Deklaration privater Variablen
  private Photo[] photos;
  private Date[] dates;

  // Standardkonstruktor, der keine Angaben benötigt
  // und die internen Variablen initialisiert
  public PhotoDiary() {
    photos = new Photo[0];
    dates = new Date[0];
  }

  // Öffentliche Methode zum Hinzufügen eines Fotos,
  // das an die Methode übergeben wird.
  public void addPhoto(Photo p) {
    // Erzeuge um ein Element größeres Array
    Photo[] tPhotos = new Photo[photos.length + 1];
    Date[] tDates = new Date[dates.length + 1];

    // Kopiere bestehende Einträge in das gerade generierte
    // Array rüber
    for (int i = 0; i < photos.length; i++) {
      tPhotos[i] = photos[i];
      tDates[i] = dates[i];
    }

    // Setze letztes Photo mit neuem Foto
    tPhotos[photos.length] = p;

    // Setze letztes Datum mit aktueller Zeit
    tDates[dates.length] = new Date();

    // Übernehme neue Arrays
    photos = tPhotos;
    dates = tDates;
  }
```

```java
    // Öffentliche Methode, die alle Fotos eines Tages zurückliefert.
    public Photo[] getPhotosByDay(Date day) {
      int count = 0;
      for (int i = 0; i < dates.length; i++) {
        if (DateUtils.isSameDay(dates[i], day)) {
          count = count + 1;
        }
      }

      if (count > 0) {
        Photo[] tPhotos = new Photo[count];
        count = 0;

        for (int i = 0; i < dates.length; i++) {
          if (DateUtils.isSameDay(dates[i], day)) {
            tPhotos[count++] = photos[i];
          }
        }
        return tPhotos;
      }
      else {
        return null;
      }
    }
  }

  // Öffentliche Hilfsklasse, die eine statische Methode
  // enthält.
  public static class DateUtils {
    // Methode zur Überprüfung auf Gleichheit eines Tags
    public static boolean isSameDay(Date a, Date b) {
      // Stimmen Tag, Jahr und Monat überein, ist es der gleiche Tag
      if (a.getDay() == b.getDay() && a.getMonth() == b.getMonth()
          && a.getYear() == b.getYear()) {
        return true;
      }
      else {
        return false;
      }
    }
  }

  // Startpunkt des Hauptprogramms
  // Hier werden die implementierten Klassen zu Demonstrations- und
  // Testzwecken instanziiert und verwendet.
  public void setup() {
    PhotoDiary pd = new PhotoDiary();
    pd.addPhoto(new Photo("Foto 1"));
    pd.addPhoto(new Photo("Foto 2"));
    // Heutiges Datum
    Date today = new Date();
    println(pd.getPhotosByDay(today));
  }
```

A.9.13 Partygäste

```java
// Öffentliche Klasse zur Repräsentation einer Partyverwaltung
public class PartyInvitation {
  // Deklaration privater Variablen
  private String[] invitations;
  private String[] coming;
  private String[] notComing;

  // Öffentlicher Konstruktor, der vorschreibt, dass Instanzen
  // dieser Klasse nur mit Angabe der Einladungen erfolgen können.
  public PartyInvitation(String[] invitations) {
    this.invitations = invitations;
    this.coming = new String[0];
    this.notComing = new String[0];
  }

  // Öffentliche Methode, die die Teilnahme einer eingeladenen
  // Person vermerkt. Der Name der eingeladenen Person wird
  // an die Funktion übergeben.
  public void coming(String name) {
    // Wenn die Person unter den eingeladenen Personen
    // gefunden wird,
    if (findAndRemove(invitations, name)) {
      // vergrößere das Teilnehmer-Array, speichere
      // diesen Gast als Teilnehmer und ersetze die bisherige
      // Liste durch die um den gerade zugesagten Teilnehmer
      // erweiterte Liste
      coming = growAndAdd(coming, name);
    }
  }

  // Öffentliche Methode, die die Nichtteilnahme einer
  // eingeladenen Person vermerkt. Der Name der eingeladenen
  // Person wird an die Funktion übergeben.
  public void notComing(String name) {
    // Wenn die Person unter den eingeladenen Personen
    // gefunden wird,
    if (findAndRemove(this.invitations, name)) {
      // vergrößere das Nichtteilnehmer-Array, speichere
      // diesen Gast als Nichtteilnehmer und ersetze die
      // bisherige Liste durch die um den gerade zugesagten
      // Teilnehmer erweiterten Liste
      notComing = growAndAdd(notComing, name);
    }
  }

  // Öffentliche Methode, die die Anzahl der Teilnehmer
  // zurückliefert.
  public int numberOfComingGuests() {
    return coming.length;
  }
```

```java
// Öffentliche Methode, die die Anzahl der Absager
// zurückliefert.
public int numberOfNotComingGuests() {
  return notComing.length;
}


// Private Methode, die das übergebene Array um einen Teilnehmer
// vergrößert und die an die Methode übergebene Person
// dieser Liste hinzufügt.
private String[] growAndAdd(String[] arrayIn, String item) {
  String[] arrayOut = new String[arrayIn.length + 1];

  // Kopiere Elemente rüber
  for (int i = 0; i < arrayIn.length; i++) {
    arrayOut[i] = arrayIn[i];
  }

  // Setze neues Element
  arrayOut[arrayOut.length - 1] = item;

  return arrayOut;
}


// Private Methode, die in der übergebenen Liste nach dem
// ebenfalls übergebenen Namen sucht und zurückliefert, ob
// der Name in der Liste gefunden wurde.
private boolean findAndRemove(String[] liste, String item) {
  // Gehe Liste durch
  for (int i = 0; i < liste.length; i++) {
    // Wenn Inhalt mit Erwartung übereinstimmt,
    // setze auf null
    if (liste[i] != null && liste[i].equals(item)) {
      liste[i] = null;
      return true;
    }
  }

  // Wenn nichts gefunden, dann false zurückgeben
  return false;
}

  // Öffentliche Testfunktion, um Array-Inhalt zu testen
  public String[] getInvitationsArray() {
    return this.invitations;
  }
}

// Startpunkt des Hauptprogramms
// Hier werden die implementierten Klassen zu Demonstrations- und
// Testzwecken instanziiert und verwendet.
public void setup() {
  String[] gaesteliste = {
    "Hinz",
```

```
        "Kunz",
        "Dirty",
        "Harry"
    };
    PartyInvitation invitations = new PartyInvitation(gaesteliste);

    // Hinz und Kunz kommen
    invitations.coming("Hinz");
    invitations.coming("Kunz");

    // Harry kommt nicht
    invitations.notComing("Harry");

    // Gebe kommende und nicht kommende Gäste aus
    println(invitations.numberOfComingGuests());
    println(invitations.numberOfNotComingGuests());

    // Kontrolle, ob wirklich alle Elemente außer Dirty
    // mit null ersetzt wurden
    println(invitations.getInvitationsArray());
}
```

370   A Lösungen in Java

■ A.10   Vererbung

A.10.1   Online-Shop

```java
// Öffentliche Klasse zur Repräsentation eines Artikels
public class Article {
  // Deklaration privater Variablen
  private int articleNumber;
  private float price;

  // Konstruktor, der die Artikelnummer und den Preis
  // erforderlich macht.
  public Article(int articleNumber, float price) {
    this.articleNumber = articleNumber;
    this.price = price;
  }

  // Getter-Methode, die den Preis zurückliefert.
  public float getPrice() {
    return price;
  }
}


// Öffentliche Klasse, die ein Buch repräsentiert.
// Die Klasse erbt von der Klasse Artikel
public class Book extends Article {
  // Deklaration eigener privater Variablen
  private String author;
  private String title;
  private int year;

  // Der Mehrwertsteuersatz für Bücher (7 %) wird durch die
  // statische Konstante VAT repräsentiert.
  public static final float VAT = 0.07f;

  // Öffentlicher Konstruktor mit der Vorschrift
  // zum Anlegen eines Buchobjekts.
  public Book(
    int articleNumber,
    float price,
    String author,
    String title,
    int year
  ) {
    // Aufruf des Konstruktors der Basisklasse Article
    super(articleNumber, price);

    // Zusätzlich werden die charakterisierenden
    // Eigenschaften eines Buchs gesetzt.
    this.author = author;
    this.title = title;
    this.year = year;
```

```java
  }

  // Öffentliche Methode zur Berechnung des Bruttopreises
  public float getPrice() {
    // Rufe für Nettopreis die Methode in der Superklasse auf
    // und addiere die für Bücher geltende Mehrwertsteuer
    return super.getPrice() + super.getPrice() * Book.VAT;
  }

  // Öffentliche Methode, die einen geeigneten String generiert
  // und zurückliefert.
  public String toString() {
    return "Buch - " + author + ": " + title + " (" + year + ")";
  }
}

// Klasse, die eine DVD repräsentiert und von der Klasse
// Article ableitet.
class DVD extends Article {
  // Deklaration privater Variablen, die spezifisch für eine
  // DVD sind
  private String name;
  private String duration;
  private int countryCode;

  // Statische Konstante für Mehrwertsteuersatz für DVDs (19 %)
  public static final float VAT = 0.19f;

  // Öffentlicher Konstruktor der Klasse DVD. Zum Generieren eines
  // Objekts der Klasse DVD werden die angegebenen Werte verlangt.
  public DVD(
    int articleNumber,
    float price,
    String name,
    String duration,
    int countryCode
  ) {
    // Aufruf des Basisklassenkonstruktors
    super(articleNumber, price);

    // Zusätzliche Daten werden in den internen Variablen abgelegt.
    this.name = name;
    this.duration = duration;
    this.countryCode = countryCode;
  }

  // Öffentliche Methode zur Berechnung des Bruttopreises
  public float getPrice() {
    // Rufe für Nettopreis die Methode in der Superklasse auf
    // und addiere die für Bücher geltende Mehrwertsteuer
    return super.getPrice() + super.getPrice() * DVD.VAT;
  }
```

```java
    // Öffentliche Methode, die einen DVD-repräsentativen String
    // zurückliefert.
    public String toString() {
      return "DVD - " + name;
    }
}


// Klasse, die einen Warenkorb realisiert
public class ShoppingCart {
  // Deklaration privater Variablen
  private Article[] cart;

  // Öffentlicher Konstruktor, der den internen
  // Warenkorb initialisiert
  public ShoppingCart() {
    // Noch leerer Warenkorb
    this.cart = new Article[0];
  }

  // Öffentliche Methode zum Hinzufügen eines Artikels
  // zum Warenkorb. Der Artikel wird in Form eines
  // Article-Objekts realisiert. Da sowohl Bücher als
  // auch DVDs von der Klasse Article erben, sind beide
  // Typen hier erlaubt und werden dafür auf die Basis-
  // implementierung zurückgecastet.
  public void addToCart(Article article) {
    // Vergrößere Array um ein Element
    Article[] cartNew = new Article[cart.length + 1];

    // Kopiere alle Artikel rüber
    for (int i = 0; i < cart.length; i++) {
      cartNew[i] = cart[i];
    }

    // Setze neuen Artikel ans Ende der Liste
    cartNew[cartNew.length - 1] = article;

    // Übernehme neue Liste
    cart = cartNew;
  }

  // Öffentliche Methode, die eine Rechnung auf der
  // Konsole druckt
  public void showBill() {
    // Gesamtpreis
    float sum = 0.0f;

    // Jeden Artikel durchgehen
    for (int i = 0; i < cart.length; i++) {
      Article article = cart[i];

      // Gebe Namen und Preis aus
      println(article + "\t " + article.getPrice() + " Euro");
```

```
      // Addiere zu Gesamtpreis
      sum = sum + article.getPrice();
    }
    println("------------------------------------");

    // Gebe Gesamtpreis aus
    println("Gesamtpreis: " + str(sum) + " Euro");
  }
}

// Startpunkt des Hauptprogramms
// Hier werden die implementierten Klassen zu Demonstrations- und
// Testzwecken instanziiert und verwendet.
public void setup() {
  Book book = new Book(
    122767676,
    32.71,
    "Luigi Lo Iacono",
    "WebSockets",
    2015
  );

  DVD dvd1 = new DVD(
    122767676,
    14.95,
    "Spiel mir das Lied vom Tod",
    "99:12",
    1
  );
  DVD dvd2 = new DVD(
    122767676,
    8.40,
    "Casablanca, Classic Collection",
    "99:12",
    1
  );

  ShoppingCart wk = new ShoppingCart();
  wk.addToCart(book);
  wk.addToCart(dvd1);
  wk.addToCart(dvd2);
  wk.showBill();
}
```

A.10.2 Gewässer

```
// Öffentliche, abstrakte Klasse zur Basisimplementierung eines
// Gewässers. Die Klasse ist nicht instanziierbar; es können
// also keine Objekte dieser Klasse direkt erzeugt werden.
public abstract class Gewaesser {
  // Deklaration privater Variablen
```

```java
  private String name;
  private boolean schiffbar;
  private float schadstoffbelastung;

  // Öffentlicher Konstruktor, der die Angabe des Namens,
  // der Schiffbarkeit sowie der Schadstoffbelastung erfordert.
  public Gewaesser(
    String name,
    boolean schiffbar,
    float schadstoffbelastung
  ) {
    this.name = name;
    this.schiffbar = schiffbar;
    this.schadstoffbelastung = schadstoffbelastung;
  }

  // Getter-Methode zur Abfrage, in welches andere Gewässer
  // dieses mündet. Diese Methode wird in ableitenden Klassen
  // überschrieben.
  public Gewaesser getMuendetIn() {
    return null;
  }

  // Getter-Methode zur Rückgabe des Gewässernamens
  public String getName() {
    return name;
  }

  // Öffentliche Methode zum Generieren eines repräsentativen
  // Strings.
  public String toString() {
    return name;
  }
}

// Öffentliche Klasse, die ein Meer repräsentiert und dazu von
// der abstrakten Klasse Gewässer ableitet.
public class Meer extends Gewaesser {
  // Deklaration privater Variablen
  private int flaeche;

  // Konstruktor, der Name, Schadstoffbelastung sowie Fläche
  // einfordert
  public Meer(String name, float schadstoffbelastung, int flaeche) {
    // und damit den Konstruktor der Basisklasse (Gewaesser) aufruft.
    // Da ein Meer immer schiffbar ist, wird beim Aufruf des Basisklassen-
    // konstruktors für schiffbar direkt der Wert 'true' gesetzt.
    super(name, true, schadstoffbelastung);

    // und zusätzlich noch die Fläche in der selbst erzeugten Variablen
    // speichert. Denn die Basisklasse hat hierfür keine Variable vor-
    // gesehen.
    this.flaeche = flaeche;
```

```
  }
}

// Klasse, die einen Fluss repräsentiert und von der Klasse Gewaesser
// ableitet.
public class Fluss extends Gewaesser {
  // Deklaration privater Variablen, die typisch für einen
  // Fluss sind
  private int laenge;
  private Gewaesser muendetIn;

  // Öffentlicher Konstruktor, der die benötigten Werte
  // entgegennimmt. Ein Fluss mündet in einem anderen
  // Gewässer und wird zusätzlich verlangt.
  public Fluss(
    String name,
    boolean schiffbar,
    float schadstoffbelastung,
    int laenge,
    Gewaesser muendetIn
  ) {
    // Aufruf und Übergabe der Werte an den Konstruktor der
    // Basisklasse Gewaesser
    super(name, schiffbar, schadstoffbelastung);

    // Speichern der zusätzlichen Parameter, die für einen
    // Fluss charakteristisch sind.
    this.laenge = laenge;
    this.muendetIn = muendetIn;
  }

  // Öffentliche Methode, um das nächste erreichbare Meer
  // zu bestimmen.
  public Gewaesser bestimmeMeer() {
    // Gehe ins nächste Gewässer
    Gewaesser gewaesser = this.muendetIn;

    // Solange wir noch weitere Gewässer haben,
    while (gewaesser.getMuendetIn() != null) {
      // gehe Gewässerkette solange durch, bis wir auf Meer stoßen
      // (also kein muendetIn mehr vorhanden ist)
      gewaesser = gewaesser.getMuendetIn();
    }

    return gewaesser;
  }

  // Überschreiben der Basisklassenmethode, die
  // hier aber einen konkreten Wert zurückliefert
  public Gewaesser getMuendetIn() {
    return muendetIn;
  }
```

```java
  // Öffentliche Methode zur Repräsentation eines Flusses
  public String toString() {
    return super.name + ", mündet in " + getMuendetIn().getName()
        + ", endet" + " in " + bestimmeMeer();
  }
}


// Startpunkt des Hauptprogramms
// Hier werden die implementierten Klassen zu Demonstrations- und
// Testzwecken instanziiert und verwendet.
public void setup() {
  Meer nordsee = new Meer("Nordsee", 12.2, 842000);
  Fluss elbe = new Fluss("Elbe", true, 12.3, 1094, nordsee);
  Fluss moldau = new Fluss("Moldau", true, 12.3, 430, elbe);
  Fluss berounka = new Fluss("Berounka", false, 12.3, 138, moldau);
  Fluss havel = new Fluss("Havel", true, 12.3, 334, elbe);

  println(berounka);
  println(moldau);
  println(havel);
}
```

A.10.3 To-do-Liste

```java
// Öffentliche Klasse zur Repräsentation eines Listeneintrags
public class ListItem {
  // Deklaration privater Variablen
  private String entry;
  private boolean checked;

  // Öffentlicher Konstruktor, der einen Eintrag als String
  // erwartet und als nicht überprüft voreinstellt.
  public ListItem(String entry) {
    this.entry = entry;
    this.checked = false;
  }

  // Getter-Methode zur Abfrage des Entry-Strings
  public String getEntry() {
    return entry;
  }

  // Getter-Methode zur Abfrage des Überprüfungsstatus
  public boolean getChecked() {
    return checked;
  }

  // Setter-Methode mit dem Status als Parameter
  public void setChecked(boolean checked) {
    this.checked = checked;
  }
```

```java
    // Öffentliche Methode zur Repräsentation eines
    // beschreibenden ListItem
    public String toString() {
      return getEntry() + " (" + getChecked() + ")";
    }
}

// Öffentliche Klasse zur Verwaltung einer To-do-Liste
public class TodoList {
  // Deklaration privater Variablen
  private ListItem[] list;

  // Öffentlicher Konstruktor mit der Initialisierung
  // der internen Liste.
  public TodoList() {
    this.list = new ListItem[0];
  }

  // Öffentliche Methode zum Hinzufügen eines neuen
  // ListItems-Objekts.
  public void addItem(ListItem item) {
    // Array vergrößern
    ListItem[] listNew = new ListItem[list.length + 1];

    // Elemente kopieren
    for (int i = 0; i < list.length; i++) {
      listNew[i] = list[i];
    }

    // letztes Element setzen
    listNew[listNew.length - 1] = item;

    // Liste übernehmen
    this.list = listNew;
  }

  // Öffentliche Methode zum Setzen des Status eines
  // Listeneintrags
  public void checkItem(String entry) {
    // Gehe Liste durch
    for (int i = 0; i < list.length; i++) {
      // Wenn Eintrag mit Gesuchtem übereinstimmt, dann abhaken.
      if (list[i].getEntry().equals(entry)) {
        list[i].setChecked(true);

        // Springe aus Schleife
        break;
      }
    }
  }

  // Methode zur Repräsentation aller Einträge in der
  // To-do-Liste. Das Ergebnis wird von der Methode zurück-
```

```java
  // gegeben.
  public String toString() {
    // Rückgabestring
    String output = "";

    // Gehe jedes Element durch
    for (int i = 0; i < list.length; i++) {
      // Packe toString-Methode in Rückgabe
      // und füge Zeilenumbruch hinzu
      output = output + list[i].toString() + "\n";
    }
    return output;
  }
}


// Öffentliche Klasse zur Repräsentation eines Einkaufslisten-
// eintrags. Hierzu wird von der Klasse ListItem abgeleitet und
// die für einen Einkaufslisteneintrag charakterisierenden Merkmale
// hinzugefügt.
public class ShoppingItem extends ListItem {
  // Deklaration privater Variablen
  private String entry;
  private int amount;

  // Öffentlicher Konstruktor, der einen Eintrag als String sowie
  // die Menge dieses Eintrags verlangt
  public ShoppingItem(String entry, int amount) {
    // Aufruf des Basisklassenkonstruktors
    super(entry);

    // zusätzlich wird noch die Menge festgehalten
    this.amount = amount;
  }

  // Öffentliche Methode zur Repräsentation eines
  // aussagekräftigen Strings für einen Einkaufslisteneintrag
  public String toString() {
    // rufe toString-Methode der Superklasse auf
    return amount + "x " + getEntry() + " (" + getChecked() + ")";
  }
}

// Klasse zur Verwaltung einer Shoppingliste
public class ShoppingList {
  // Deklaration der privaten Variablen
  private ListItem[] list;

  // Öffentlicher Konstruktor, der die Liste initialisiert
  public ShoppingList() {
    this.list = new ListItem[0];
  }

  // Öffentliche Methode, die einen Listeneintrag in Form
```

```java
    // eines ListItem-Objekts entgegennimmt, um diesen dann
    // in die Einkaufsliste zu setzen
    public void addItem(ListItem item) {
      // Array vergrößern
      ListItem[] listNew = new ListItem[list.length + 1];

      // Elemente kopieren
      for (int i = 0; i < list.length; i++) {
        listNew[i] = list[i];
      }

      // letztes Element setzen
      listNew[listNew.length - 1] = item;

      // Liste übernehmen
      this.list = listNew;
    }

    // Öffentliche Methode zum Setzen des Status eines
    // Eintrags, der an die Methode übergeben wird.
    public void checkItem(String entry) {
      // Gehe Liste durch
      for (int i = 0; i < list.length; i++) {
        // Wenn Eintrag mit Gesuchtem übereinstimmt,
        // dann abhaken
        if (list[i].getEntry().equals(entry)) {
          list[i].setChecked(true);

          // Springe aus Schleife
          break;
        }
      }
    }

    // Öffentliche Methode zur Repräsentation der Shoppingliste.
    public String toString() {
      // Rückgabestring
      String output = "";

      // gehe jedes Element durch
      for (int i = 0; i < list.length; i++) {
        // Packe toString Methode in Rückgabe
        // und füge Zeilenumbruch hinzu
        output = output + list[i].toString() + "\n";
      }
      return output;
    }
}

// Startpunkt des Hauptprogramms
// Hier werden die implementierten Klassen zu Demonstrations- und
// Testzwecken instanziiert und verwendet.
public void setup() {
```

```java
    TodoList tdl = new TodoList();
    tdl.addItem(new ListItem("Erster Eintrag"));
    tdl.addItem(new ListItem("Zweiter Eintrag"));
    tdl.checkItem("Zweiter Eintrag");
    println(tdl);

    ShoppingList sl = new ShoppingList();
    sl.addItem(new ShoppingItem("Aepfel", 3));
    sl.addItem(new ShoppingItem("Birnen", 1));
    sl.addItem(new ShoppingItem("Toastbrot", 2));
    sl.addItem(new ShoppingItem("Birnenbaum", 2));
    println(sl);
    sl.checkItem("Birnen");
    println(sl);
}
```

A.10.4 Lampen

```java
// Öffentliche Klasse zur Repräsentation einer Lampe
public class Lamp {
  // Deklaration interner Variablen
  private int watt;

  // Konstruktor, der die Angabe der Wattzahl verlangt.
  public Lamp(int watt) {
    this.watt = watt;
  }

  // Methode zur Berechnung des jährlichen Energieverbrauchs
  public int annualPowerConsumption(int hoursPerDay) {
    // Formel aus Aufgabe
    return (watt * hoursPerDay * 365) / 1000;
  }

  // Getter-Methode zur Rückgabe der Wattzahl
  public int getWatt() {
    return watt;
  }
}

// Öffentliche Klasse, die von der Klasse Lamp ableitet
public class Bulb extends Lamp {
  // Konstruktor verlangt ebenfalls die Angabe der Wattzahl
  public Bulb(int watt) {
    // Aufruf des Basisklassenkonstruktors
    super(watt);
  }

  // Methode zur Rückgabe eines repräsentativen Strings
  public String toString(int hoursPerDay) {
    return "A bulb consumes " + annualPowerConsumption(hoursPerDay)
        + " KWh " + "per year.";
```

```
  }
}

// Öffentliche Klasse, die von der Klasse Lamp ableitet
public class LEDBulb extends Lamp {
  // Konstruktor verlangt die Angabe der Wattzahl
  public LEDBulb(int watt) {
    // Aufruf des Basisklassenkonstruktors
    super(watt);
  }

  // Methode zur Rückgabe eines repräsentativen Strings
  public String toString(int hoursPerDay) {
    return "A led bulb consumes " +
        annualPowerConsumption(hoursPerDay) + " KWh per year.";
  }
}

// Startpunkt des Hauptprogramms
// Hier werden die implementierten Klassen zu Demonstrations- und
// Testzwecken instanziiert und verwendet.
public void setup() {
  Bulb b = new Bulb(60);
  LEDBulb l = new LEDBulb(9);

  println(b.toString(10));
  println(l.toString(10));
}
```

A.10.5 Meeting-Protokoll

```
// Klasse zur Repräsentation eines Meeting-Protokolls
public class MeetingMinutes {
  // Deklaration privater Variablen
  private String date;
  private String timeframe;
  private String room;
  private String[] participants;
  private Item[] items;

  // Konstruktor, der die benötigten Daten per
  // Vorschrift beim Anlegen eines neuen Objekts
  // erforderlich macht.
  public MeetingMinutes(
    String date,
    String timeframe,
    String room,
    String[] participants
  ) {
    this.date = date;
    this.timeframe = timeframe;
    this.room = room;
```

```java
      this.participants = participants;

      // Leere Liste erzeugen
      this.items = new Item[0];
    }

    // Methode zum Hinzufügen eines Item-Objekts
    public void add(Item item) {
      // Erzeuge vergrößertes Array
      Item[] newItems = new Item[items.length + 1];

      // Kopiere Elemente rüber
      for (int i = 0; i < items.length; i++) {
        newItems[i] = items[i];
      }

      // Belege letztes Element mit neuem Item
      newItems[newItems.length - 1] = item;

      // Ersetze alte mit neuer Liste
      items = newItems;
    }

    // Methode zur Repräsentation eines Meetings
    public String toString() {
      String output = "Meeting: " + date + " (" + timeframe + "), "
                      + room + "\n";
      output = output + "Participants: ";

      // Gehe Teilnehmerliste durch
      for (int i = 0; i < participants.length; i++) {
        output = output + participants[i];

        // Komma bis zum letzten Element setzen
        if (i < participants.length - 1) {
          output = output + ", ";
        }
      }
      output = output + "\n-----------\n";

      // Alle Diskussionspunkte durchgehen
      for (int i = 0; i < items.length; i++) {
        output = output + items[i].toString() + "\n";
      }
      return output;
    }
}

// Abstrakte Klasse Item
public abstract class Item {
  // Deklaration privater Variablen
  String content;
```

```java
  // Konstruktor, der den Content verlangt
  public Item(String content) {
    this.content = content;
  }

  // Methode zur Repräsentation des Items
  public String toString() {
    return this.content;
  }
}

// Öffentliche Klasse zur Repräsentation eines Diskussionsbeitrags.
// Es wird von der Klasse Item geerbt.
public class DiscussionItem extends Item {
  // Der Konstruktor erwartet den Inhalt
  public DiscussionItem(String content) {
    // und übergibt diesen an die Basisklasse
    super(content);
  }

  // Überschreiben der Repräsentation mit der spezifischen Version
  // für einen Diskussionsbeitrag.
  public String toString() {
    return "Discussion: " + super.toString();
  }
}

// Klasse, die eine Entscheidung repräsentiert und von der Klasse
// Item erbt.
public class DecisionItem extends Item {
  // Konstruktor, der den Content verlangt
  public DecisionItem(String content) {
    // und die Basisklasse damit aufruft
    super(content);
  }

  // Überschreiben der Repräsentation mit der spezifischen Version
  // für einen Entscheidungsbeitrag.
  public String toString() {
    return "Decision: " + super.toString();
  }
}

// Klasse zur Repräsentation einer Aktion, die von der Klasse
// Item ableitet.
public class ActionItem extends Item {
  // Öffentlicher Konstruktor, der zur Angabe des Inhalts verpflichtet.
  public ActionItem(String content) {
    // und an die Basisklasse weiterleitet
    super(content);
  }

  // Überschreiben der Repräsentation mit der spezifischen Version
```

```java
    // für einen Aktionsbeitrag.
    public String toString() {
      return "Action: " + super.toString();
    }
  }


  // Startpunkt des Hauptprogramms
  // Hier werden die implementierten Klassen zu Demonstrations- und
  // Testzwecken instanziiert und verwendet.
  public void setup() {
    String[] participants = {
      "Luigi Lo Iacono",
      "Michael Schneider",
      "Stephan Wiefling"
    };

    MeetingMinutes meeting = new MeetingMinutes(
      "10.10.2017",
      "10-12 Uhr",
      "R123",
      participants
    );

    meeting.add(new DiscussionItem("Veröffentlichung Buch"));
    meeting.add(
      new DecisionItem("Dem Antrag wurde einstimmig zugestimmt.")
    );
    meeting.add(
      new ActionItem("Bis zum nächsten Meeting muss Kapitel 9 fertig "
        +"gestellt sein.")
    );

    println(meeting);
  }
```

A.10.6   E-Book

```java
// Öffentliche Klasse zur Repräsentation eines E-Books
public class Ebook {
  // Deklaration privater Variablen
  private MediaAsset[] assets;
  private String author;
  private int year;

  // Öffentlicher Konstruktor, der zur Angabe von
  // Autor und Jahreszahl verpflichtet
  public Ebook(String author, int year) {
    this.assets = new MediaAsset[100];
    this.author = author;
    this.year = year;
  }
```

```java
  // Getter-Methode zur Rückgabe der Seitenanzahl
  public int numPages() {
    float sum = 0.0f;

    // Gehe Assets-Array durch
    for (int i = 0; i < assets.length; i++) {
      // Ist Eintrag in Array vorhanden, dann Summe errechnen
      if (assets[i] != null) {
        sum = sum + assets[i].numPages();
      }
    }

    return Math.round(sum);
  }

  // Methode, über die ein MediaAsset hinzugefügt werden kann
  // Das Asset muss an die Methode übergeben werden.
  public void addAsset(MediaAsset asset) {
    // Gehe Assets-Array durch
    for (int i = 0; i < assets.length; i++) {
      // Ist kein Eintrag in Array vorhanden, dann einmal hinzufügen
      if (assets[i] == null) {
        assets[i] = asset;

        // Springe aus Schleife
        break;
      }
    }
  }

  // Methode, die eine String-Repräsentation dieses
  // E-Books zurückliefert.
  public String toString() {
    String output = "Ebook: " + author + " (" + year + ")\nSeiten: " +
        numPages() + "\n-------\n";

    // Gehe Array-Inhalte durch
    for (int i = 0; i < assets.length; i++) {
      // Füge toString-Ausgabe hinzu
      if (assets[i] != null) {
        output = output + assets[i].toString();
      }
    }

    return output;
  }
}

// Klasse zur Beschreibung eines MediaAsset
public class MediaAsset {
  // Deklaration privater Variablen
  private String file;
  private int size;
```

```java
  private String language;

  // Konstruktor, der zur Angabe diverser Informationen verpflichtet
  public MediaAsset(String file, int size, String language) {
    this.file = file;
    this.size = size;
    this.language = language;
  }

  // Methode zur Rückgabe der Seitenanzahl ist hierbei nicht möglich
  public float numPages() {
    // Ein undefiniertes Asset trägt nicht zur Seitenzahl bei
    return 0.0f;
  }

  // Methode zur Repräsentation des Assets
  public String toString() {
    return file + " (" + numPages() + " Seiten)\n";
  }
}

// Öffentliche Klasse zur Repräsentation eines TextAssets, die
// von der Klasse MediaAsset ableitet.
public class TextAsset extends MediaAsset {
  // Deklaration privater Variablen
  private int numChars;

  // Konstruktor, der zur Angabe von Werten für Dateinamen, -größe,
  // Sprache sowie Anzahl an Zeichen verpflichtet
  public TextAsset(String file, int size, String language, int numChars) {
    // Aufruf der Basisklasse und Übergabe der Werte
    super(file, size, language);

    // Spezifische Werte werden lokal gespeichert
    this.numChars = numChars;
  }

  // Methode zur Abfrage der Anzahl an Seiten
  public float numPages() {
    return numChars / 2000.0f;
  }
}

// Öffentliche Klasse zur Repräsentation eines PictureAssets, die
// von der Klasse MediaAsset ableitet.
public class PictureAsset extends MediaAsset {
  // Deklaration privater Variablen
  private int w;
  private int h;

  // Öffentlicher Konstruktor, der zur Angabe der folgenden Werte
  // verpflichtet
  public PictureAsset(
```

```java
    String file,
    int size,
    String language,
    int w,
    int h
  ) {
    // Aufruf und Übergabe der von der Basisklasse verwalteten Werte
    super(file, size, language);

    // Übrige Werte werden lokal festgehalten
    this.w = w;
    this.h = h;
  }

  // Methode zur Berechnung und Rückgabe der Anzahl von Seiten
  public float numPages() {
    float height = h * (960 / (float)w);
    if (height > 600) {
      return 1.0f;
    }
    else {
      return 0.5f;
    }
  }
}

// Öffentliche Klasse zur Repräsentation eines PictureAssets, die
// von der Klasse MediaAsset ableitet.
public class AudioAsset extends MediaAsset {
  // Deklaration privater Variablen
  private int duration;

  // Öffentlicher Konstruktor, der zur Angabe der folgenden Werte
  // verpflichtet
  public AudioAsset(String file, int size, String language, int duration) {
    // Aufruf und Übergabe der von der Basisklasse verwalteten Werte
    super(file, size, language);

    // Übrige Werte werden lokal festgehalten
    this.duration = duration;
  }

  // Methode zur Berechnung und Rückgabe der Anzahl von Seiten
  public float numPages() {
    return 0.0f;
  }
}

// Öffentliche Klasse zur Repräsentation eines VideoAssets, die
// von der Klasse MediaAsset ableitet.
public class VideoAsset extends MediaAsset {
  // Deklaration privater Variablen
  private int duration;
```

```java
  private int w;
  private int h;

  // Konstruktor, der zur Angabe der folgenden Werte verpflichtet
  public VideoAsset(
    String file,
    int size,
    String language,
    int duration,
    int w,
    int h
  ) {
    // Aufruf und Übergabe der von der Basisklasse verwalteten Werte
    super(file, size, language);

    // Übrige Werte werden lokal festgehalten
    this.duration = duration;
    this.w = w;
    this.h = h;
  }

  // Methode zur Berechnung und Rückgabe der Anzahl von Seiten
  public float numPages() {
    float height = h * (960 / (float)w);
    if (height > 600) {
      return 1.0f;
    }
    else {
      return 0.5f;
    }
  }
}

// Startpunkt des Hauptprogramms
// Hier werden die implementierten Klassen zu Demonstrations- und
// Testzwecken instanziiert und verwendet.
public void setup() {
  Ebook testBook = new Ebook("Stephan Wiefling", 2017);
  testBook.addAsset(new TextAsset("Aufgabe 1", 12, "Deutsch", 3444));
  testBook.addAsset(new AudioAsset("Audio 1", 12, "Deutsch", 95));
  testBook.addAsset(
    new VideoAsset("Video 1", 12, "Deutsch", 95, 800, 800)
  );
  testBook.addAsset(new PictureAsset("Bild 1", 12, "Deutsch", 2000, 600));
  testBook.addAsset(new TextAsset("Aufgabe 2", 12, "Deutsch", 7655));
  println(testBook);
}
```

A.10.7 Zoo

```java
// Klasse, die einen Besucher repräsentiert
public class Visitor {
  // Deklaration privater Variablen
  private double prize;

  // Konstruktor, der die Angabe eines Preises
  // erforderlich macht
  public Visitor(double prize) {
    this.prize = prize;
  }

  // Getter-Methode zur Abfrage des Preises
  public double getPrize() {
    return prize;
  }

  // Getter-Methode zur Rückgabe der Anzahl von Personen
  public int getCount() {
    return 0;
  }
}

// Öffentliche Klasse, die eine Personengruppe repräsentiert
// und von der Klasse Visitor erbt
public class Group extends Visitor {
  // Deklaration privater Variablen
  private int size;

  // Konstruktor mit der Angabe der Gruppengröße
  public Group(int size) {
    // Aufruf der Basisklasse
    super(50.0);

    // Speichern der Gruppengröße lokal
    this.size = size;
  }

  // Getter-Methode zur Rückgabe der Gruppengröße
  public int getCount() {
    return size;
  }
}

// Öffentliche Klasse, die ein Kind repräsentiert
// und von der Klasse Visitor erbt
public class Child extends Visitor {
  public Child() {
    // Aufruf der Basisklasse
    super(0.0);
  }
```

```java
    // Getter-Methode zur Rückgabe der Gruppengröße
    public int getCount() {
      return 1;
    }
}

// Öffentliche Klasse, die einen Erwachsenen repräsentiert
// und von der Klasse Visitor erbt
public class Adult extends Visitor {
  public Adult() {
    // Aufruf der Basisklasse
    super(15.0);
  }

  // Getter-Methode zur Rückgabe der Gruppengröße
  public int getCount() {
    return 1;
  }
}

// Öffentliche Klasse, die den Eingang repräsentiert
public class Entrance {
  // Deklaration privater Variablen
  private Visitor[] visitors;
  private int visitorCount;

  // Öffentlicher Konstruktor, der die Gesamtzahl an
  // Gästen erwartet.
  public Entrance(int size) {
    visitors = new Visitor[size];
  }

  // Methode zum Hinzufügen von Besucher(n) vom
  // Typ 'Visitor'. Instanzen aller von Visitor abgeleiteten
  // Klassen können hier übergeben werden.
  public void addVisitor(Visitor v) {
    visitors[visitorCount++] = v;
  }

  // Methode zur Ermittlung der gesamten Einnahmen
  public double computeTurnover() {
    double to = 0.0;

    // Gehe jeden Besucher durch
    for (int i = 0; i < visitorCount; i++) {
      // Addiere Preis von Besucher zum Gesamtpreis
      to = to + visitors[i].getPrize();
    }

    return to;
  }

  // Methode, die die Gesamtzahl an Besuchern bestimmt
```

```
  // sowie zurückliefert.
  public int computeVisitors() {
    int v = 0;

    // Gehe jeden Besucher durch
    for (int i = 0; i < visitorCount; i++) {
      // Addiere Besucheranzahl zur Gesamtzahl
      v = v + visitors[i].getCount();
    }

    return v;
  }
}

// Startpunkt des Hauptprogramms
// Hier werden die implementierten Klassen zu Demonstrations- und
// Testzwecken instanziiert und verwendet.
public void setup() {
  Entrance entrance = new Entrance(100);
  entrance.addVisitor(new Group(6));
  entrance.addVisitor(new Adult());
  entrance.addVisitor(new Child());
  entrance.addVisitor(new Child());

  println("Besucher: " + entrance.computeVisitors());
  println("Umsatz: " + entrance.computeTurnover() + " Euro");
}
```

A.10.8 Audioeffekt-Player

```
// Abstrakte Klasse zur Repräsentation eines Audioeffekts.
// Von dieser Klasse kann keine Instanz (= Objekt) erzeugt werden.
public abstract class AudioEffect {
  // Deklaration privater Variablen
  private String filename;

  // Konstruktor, der zur Angabe eines Dateinamens auffordert
  public AudioEffect(String filename) {
    this.filename = filename;
  }

  // Methode zum Abspielen
  public void play() {
    println("Not implemented!");
  }

  // Getter-Methode zur Rückgabe des Dateinamens
  public String getFilename() {
    return filename;
  }
}
```

```java
// Öffentliche Klasse für den Wave-Effekt leitet
// von der Klasse AudioEffect ab.
public class WAVEffect extends AudioEffect {
  // Konstruktor erwartet ebenfalls den Dateinamen
  public WAVEffect(String filename) {
    // um diesen an die Basisklasse zu übergeben
    super(filename);
  }

  // Methode zum Abspielen
  public void play() {
    println("PlayWAV: " + getFilename());
  }
}

// Öffentliche Klasse für den MP3Effect-Effekt leitet
// von der Klasse AudioEffect ab.
public class MP3Effect extends AudioEffect {
  public MP3Effect(String filename) {
    super(filename);
  }

  // Methode zum Abspielen
  public void play() {
    println("PlayMp3: " + getFilename());
  }
}

// Öffentliche Klasse für den OGGEffect-Effekt leitet
// von der Klasse AudioEffect ab.
public class OGGEffect extends AudioEffect {
  public OGGEffect(String filename) {
    super(filename);
  }

  // Methode zum Abspielen
  public void play() {
    println("PlayOGG: " + getFilename());
  }
}

// Öffentliche Klasse zur Repräsentation des AudioEffectPlayers
public class AudioEffectPlayer {
  // Deklaration privater Variablen
  private AudioEffect[] effects;
  private int indexToAdd;

  // Konstruktor, der keine zusätzlichen Angaben vorschreibt
  // und die Initialisierung vornimmt.
  public AudioEffectPlayer() {
    this.effects = new AudioEffect[100];
    this.indexToAdd = 0;
  }
```

```
  // Methode zum Hinzufügen eines neuen Audioeffekts
  // Der Effekt wird übergeben.
  public void addEffect(AudioEffect effect) {
    // Wenn noch Platz frei, dann hinzufügen
    if (indexToAdd < effects.length) {
      effects[indexToAdd] = effect;
      indexToAdd = indexToAdd + 1;
    }
  }

  // Methode zum Entfernen eines übergebenen
  // Audioeffekts
  public void removeEffect(AudioEffect effect) {
    // Gehe Liste durch
    for (int i = 0; i < effects.length; i++) {
      // Wenn gefunden
      if (effects[i] == effect) {
        // Lösche Element
        effects[i] = null;

        // Kopiere dahinter folgende Elemente nach vorne
        for (int j = i; i < indexToAdd; i++) {
          effects[j] = effects[j + 1];
        }

        // Verringere indexToAdd um eins
        indexToAdd = indexToAdd - 1;

        // Springe aus Schleife
        break;
      }
    }
  }

  // Methode zum Abspielen eines Effekts
  public void play(int id) {
    if (id < indexToAdd) {
      effects[id].play();
    }
  }
}

// Startpunkt des Hauptprogramms
// Hier werden die implementierten Klassen zu Demonstrations- und
// Testzwecken instanziiert und verwendet.
public void setup() {
  AudioEffectPlayer player = new AudioEffectPlayer();
  MP3Effect mp3 = new MP3Effect("Testfile");

  player.addEffect(new WAVEffect("Testfile"));
  player.addEffect(mp3);
  player.addEffect(new OGGEffect("Testfile"));
```

```
    player.play(0);
    player.play(1);
    player.removeEffect(mp3);
    player.play(1);
}
```

A.10.9   Fahrtenbuch

```java
// Basisklasse für alle Fahrzeuge
public class Fahrzeug {
  private float kmSatz;

  // Konstruktor, der vorgibt, dass ein
  // Kilometersatz angegeben werden muss
  public Fahrzeug(float kmSatz) {
    this.kmSatz = kmSatz;
  }

  // Getter zur Rückgabe des Kilometersatzes
  public float getKmSatz() {
    return kmSatz;
  }
}

// Klasse Fahrrad, die von der Klasse Fahrzeug erbt
public class Fahrrad extends Fahrzeug {
  // Rufe Superklasse auf und setze Fahrpreis auf 1,00 EUR fest
  public Fahrrad() {
    super(1.00f);
  }
}

public class Motorroller extends Fahrzeug {
  // Rufe Superklasse auf und setze Fahrpreis auf 2,00 EUR fest
  public Motorroller() {
    super(2.00f);
  }
}

public class Kleintransporter extends Fahrzeug {
  // Rufe Superklasse auf und setze Fahrpreis auf 5,50 EUR fest
  public Kleintransporter() {
    super(5.50);
  }
}

// Klasse, die eine Fahrt repräsentiert
public class Fahrt {
  private Fahrzeug fahrzeug;
  private float km;

  // Konstruktor, der die Angabe eines Fahrzeugs
```

```java
  // und die gefahrenen Kilometer vorschreibt.
  public Fahrt(Fahrzeug fahrzeug, float km) {
    this.fahrzeug = fahrzeug;
    this.km = km;
  }

  // Methode zur Berechnung des Fahrpreises
  // (Kilometersatz * Kilometer)
  public float getPrice() {
    return fahrzeug.getKmSatz() * km;
  }
}

// Klasse, die ein Fahrtenbuch repräsentiert
public class Fahrtenbuch {
  private Fahrt[] fahrten;

  // Konstruktor, der die Fahrten initialisiert
  public Fahrtenbuch() {
    this.fahrten = new Fahrt[0];
  }

  // Öffentliche Methode zum Hinzufügen einer Fahrt,
  // die als Fahrtobjekt an die Methode übergeben wird
  public void addFahrt(Fahrt fahrt) {
    Fahrt[] fahrtenNew = new Fahrt[fahrten.length + 1];

    for (int i = 0; i < fahrten.length; i++) {
      fahrtenNew[i] = fahrten[i];
    }

    fahrtenNew[fahrtenNew.length - 1] = fahrt;
    fahrten = fahrtenNew;
  }

  // Getter-Methode, die den Preis zurückliefert
  public float getPrice() {
    // Gesamtpreis
    float price = 0.0f;

    // Gehe jede Fahrt durch
    for (int i = 0; i < fahrten.length; i++) {
      // Berechne Preis
      price = price + fahrten[i].getPrice();
    }

    return price;
  }
}

// Startpunkt des Hauptprogramms
// Hier werden die implementierten Klassen zu Demonstrations- und
// Testzwecken instanziiert und verwendet.
```

```java
public void setup() {
  // Erstelle Fahrtenbuch
  Fahrtenbuch fb = new Fahrtenbuch();

  // Füge Fahrten hinzu
  fb.addFahrt(new Fahrt(new Fahrrad(), 3));
  fb.addFahrt(new Fahrt(new Motorroller(), 7.12));
  fb.addFahrt(new Fahrt(new Kleintransporter(), 56.11));

  // Berechne Gesamtpreis
  println(fb.getPrice());
}
```

B Lösungen in Python

B.1 Download und Verwendung der elektronischen Lösungen

In diesem Anhang haben wir unsere Lösungsvorschläge in Python für alle Aufgaben abgedruckt. Vielleicht möchtest du deine Lösungen mit unseren Vorschlägen vergleichen. Damit du aber nicht alle Lösungen von Hand abtippen musst, haben wir alle Quelltexte für dich als Download bereitgestellt.

In diesem Kapitel findest du alles Wichtige zu Download und Verwendung der elektronischen Lösungen.

B.1.1 Download von GitHub

Da die Python- und Java-Quelltexte alle in einem Projektordner gespeichert sind, kannst du hier die gleichen Schritte wie in Kapitel A.1.1 durchführen.

B.1.2 Öffnen der Programme

Die Ordnerstruktur ist nach diesem Schema aufgebaut:

- loesungen_in_java
  - ...
- loesungen_in_python
  - 02-einfuehrung_in_die_programmierung
    * aufgabe_W_2_1_meinErstesProgramm
    * aufgabe_W_2_2_weihnachtsbaum
    * ... *weitere Aufgaben*
  - 03-variablen_datentypen_operatoren_und_ausdruecke
    * ... *Aufgaben*
  - 04-kontrollstrukturen
    * ... *Aufgaben*
  - ... *weitere Kapitel*

Die erste Ordnerebene unterscheidet zwischen den Java- und Python-Lösungen, in der zweiten Ebene werden die Kapitel unterteilt, und in der dritten Ebene folgen die einzelnen Aufgaben zu den jeweiligen Kapiteln. In den Aufgabenordnern findest du dann das Processing-Projekt zu der entsprechenden Aufgabe mit der Dateiendung *.pde* (Java) bzw. *.pyde* (Python). Diese kannst du in Processing über den Reiter *Datei → Öffnen . . .* öffnen.

Wenn wir beispielsweise den Python-Lösungsvorschlag zur Aufgabe W.3.1 öffnen wollen, klicken wir zunächst *Datei → Öffnen . . .*, gehen in den Ordner *loesungen_in_python/03-variablen[. . .]/aufgabe_W_3_1_[. . .]]* und öffnen darin die Datei *aufgabe_W_3_1_[. . .].pyde* mit einem Doppelklick. Das Projekt haben wir damit geladen und können es mit einen Klick auf den Play-Button ausführen.

B.2 Einführung in die Programmierung

B.2.1 Three-Two-One – Mein erstes Programm

```
# Zur Ausgabe eines feststehenden, einzeiligen Textes in der
# Konsole genügt eine Anweisung. Das geforderte Programm besteht
# folglich aus dieser einen print()-Anweisung, die den Text im
# Argument, eingebettet in doppelten Anführungszeichen,
# übergeben bekommt.
print "Three-Two-One - Takeoff!"
```

B.2.2 Weihnachtsbaum

```
# Das folgende Programm gibt die Silhouette einer Tanne mithilfe
# von "*"-Zeichen in der Konsole aus. Dazu sind mehrere Anweisungen
# in der vorgegeben Reihenfolge erforderlich. Die Tanne wird
# zeilenweise ausgegeben. Zu beachten ist die dafür verwendete
# println()-Anweisung. Diese fügt am Ende der Ausgabe einen Zeilenumbruch hinzu.
# Die nächste Konsolenausgabe befindet sich damit eine Zeile unter dieser am
# linken Rand des Konsolenfensters.
print "      *"
print "     ***"
print "    *****"
print "   *******"
print "  *********"
print " ***********"
print "*************"
print "     ***"
```

B.2.3 Perlenkette

```
# Die Größe des grafischen Ausgabefensters wird auf 550 Pixel
# in der Breite und 150 Pixel in der Höhe festgelegt.
size(550, 150)

# Die Perlen werden durch vier Kreise von links nach rechts gezeichnet.
# Zum Zeichnen von Kreisen stellt Processing keine explizite Anweisung
# zur Verfügung, zum Zeichnen von Ellipsen aber schon. Ellipsen haben
# zwei Durchmesser: einen für die Breite und einen für die Höhe der
# Ellipse. Sind beide Durchmesser gleich, ergibt sich ein Kreis.

# Vier Kreise mit 100 Pixel Durchmesser
ellipse(75, 70, 100, 100)
ellipse(175, 70, 100, 100)
ellipse(275, 70, 100, 100)
ellipse(375, 70, 100, 100)
ellipse(475, 70, 100, 100)
```

B.2.4 Die erste Zeichnung

```
# Die Größe des grafischen Ausgabefensters wird auf 450 Pixel
# in der Breite und 320 Pixel in der Höhe festgelegt.
# Die Hintergrundfarbe ist weiß.
size(450, 320)
background(255)


# Die grafischen Grundelemente im angegebenen Bild werden von links
# nach rechts gezeichnet. Dazu muss für jedes Element zuvor die
# Füllfarbe und Linienfarbe spezifiziert werden.

# Das rote Rechteck
stroke(255, 0, 0)        # Linienfarbe ist blau
fill(255, 0, 0)          # Füllfarbe ist blau
rect(10, 10, 100, 300)

# Der grüne Kreis
stroke(0, 255, 0)
fill(0, 255, 0)
ellipse(200, 160, 100, 100)

# Die blaue Linie
strokeWeight(10)         # Strichstärke auf 10 Pixel setzen
stroke(0, 0, 255)
line(310, 10, 310, 300)

# Das gelbe Dreieck
strokeWeight(1)
stroke(255, 255, 0)
fill(255, 255, 0)
triangle(400, 10,        # Punkt oben
         370, 310,       # Punkt unten links
         440, 310)       # Punkt unten rechts
```

B.2.5 Raupe Allzeitappetit

```
size(800, 400)
background(255)

# Alles, was gezeichnet wird, hat eine schwarze
# Linienumrandung der Strichstärke 2.
stroke(0)
strokeWeight(2)

# Kopf
fill(2, 153, 53)
ellipse(100, 100, 150, 150)
```

```
# Augen
fill(255)
ellipse(40, 60, 50, 50)
ellipse(80, 60, 50, 50)

# Die Schnittstelle, an der sich die Linienumrandungen beider Augen
# überlappen, muss überzeichnet werden. Damit die Ellipse, mit der dieser
# Bereich überzeichnet wird, nicht sichtbar ist, wird die Linienfarbe
# für die Anweisung auf weiß gesetzt.
stroke(255)
ellipse(60, 60, 25, 28)
stroke(0)

# Pupillen
fill(0)
ellipse(50, 60, 20, 20)
ellipse(70, 60, 20, 20)

# Restlicher Körper
fill(2, 153, 53)
ellipse(175, 210, 150, 150)
ellipse(275, 230, 150, 150)
ellipse(375, 210, 150, 150)
ellipse(475, 230, 150, 150)
ellipse(575, 210, 150, 150)
```

B.2.6 Klötzchenkunst

```
size(400, 500)
background(255)

# Alles, was gezeichnet wird, hat eine schwarze Linienumrandung der
# Strichstärke 2.
stroke(0)
strokeWeight(2)

# Kopf
fill(245, 235, 185)
rect(100, 100, 150, 100)

# Haare
fill(255, 252, 191)
rect(100, 70, -30, 140)
rect(100, 100, 150, -30)

# Augen
fill(0, 218, 255)
rect(170, 120, 15, 15)
rect(220, 120, 15, 15)
```

402   B Lösungen in Python

```
# Mund
fill(229, 169, 180)
rect(170, 160, 65, 15)

# Füße
fill(103, 154, 191)
rect(60, 370, 80, 80)
rect(200, 370, 140, 70)

# Körper
fill(94, 206, 255)
rect(90, 220, 170, 200)

# Arm
fill(84, 185, 229)
rect(90, 220, 100, 100)

# Hand
fill(245, 235, 185)
rect(195, 320, 40, -50)
rect(240, 320, 10, -50)
```

B.2.7   Nachteule

```
size(140, 140)

stroke(0)                    # Linienfarbe Schwarz
strokeWeight(80)             # Strichstärke 80 Pixel
line(70, 50, 70, 90)         # Körper als dicke Linie

noStroke()
fill(255)
ellipse(50, 50, 40, 40)      # Linkes Auge
ellipse(90, 50, 40, 40)      # Rechtes Auge
arc(70, 50, 80, 80, 0, PI)   # Kinn als Halbkreis

fill(0)
ellipse(58, 50, 8, 8)        # Linke Pupille
ellipse(82, 50, 8, 8)        # Rechte Pupille
quad(70, 58,                 # Oberer Punkt des Schnabels
     73, 64,                 # Rechter Punkt des Schnabels
     70, 70,                 # Unterer Punkt des Schnabels
     67, 64)                 # Linker Punkt des Schnabels
```

B.2.8 Ghettoblaster

```
size(400, 400)
smooth()

background(255)

# Henkel
# Schwarze Fläche mit Rundungen oben
stroke(0)
strokeWeight(5)
fill(0)
rect(75, 45, 250, 65, 15, 15, 0, 0)
# Weiße Fläche ohne Rundungen
noStroke()
fill(255)
rect(85, 65, 230, 50)

# Körper (300x100 Pixel groß)
stroke(0)
fill(217)
rect(50, 100, 300, 180, 15)

# Frequenzanzeiger
# graue Grundfläche (280x40 Pixel)
fill(89)
noStroke()
rect(60, 120, 280, 40, 10)

# oranges Display links
fill(219, 106, 28)
rect(80, 125, 60, 30)

# weiße Frequenzlinien rechts
stroke(255)
strokeCap(SQUARE)
strokeWeight(2)
line(160, 138, 320, 138)
line(160, 142, 320, 142)

# grauer Trenner darunter
stroke(89)
strokeWeight(4)
line(75, 170, 330, 170)

# Blaue Lautsprecherboxen
stroke(65, 91, 139)
fill(90, 126, 187)
strokeWeight(10)

# X-Mitte der Box
# = 300 (Breite)/2 + 50 (X-Startposition)
# = 200
```

```
# Linke X-Hälftenmitte also 300/4+50 = 125
# Y-Mitte der Box: 180/2+100=190
# Linke untere Y-Hälftenmitte: 180/4*3+100=235
ellipse(125, 225, 80, 80)
ellipse(275, 225, 80, 80)
```

B.2.9 Hallo Bello!

```
size(800, 800)

# Grundeinstellungen für die Linienumrandungen (Blauton in der
# Strichstärke 20 sowie abgerundete Enden)
stroke(40, 71, 124)
strokeWeight(20)
strokeCap(ROUND)
strokeJoin(ROUND)

# Schwanz
fill(40, 71, 124)
triangle(500, 600,    # links
         780, 620,    # unten
         780, 580)    # oben

# Körper (Trapez in der Mitte)
fill(255)
quad(200, 300,        # oben links
     500, 300,        # oben rechts
     600, 700,        # unten rechts
     100, 700)        # unten links

# Kopf (Trapez oben)
quad(100, 10,         # oben links
     500, 10,         # oben rechts
     500, 300,        # unten rechts
     10, 300)         # unten links

# Schlappohr
fill(40, 71, 124)
triangle(500, 10,     # Oben
         700, 500,    # Rechts unten
         500, 500)    # Links unten
fill(255)

# Linke Pfote
quad(200, 670,        # oben links
     300, 660,        # oben rechts
     310, 750,        # unten rechts
     170, 750)        # unten links

# Krallen der linken Pfote
line(220, 730, 220, 760)
line(280, 730, 280, 760)
```

```
# Rechte Pfote
quad(400, 670,       # oben links
     520, 660,       # oben rechts
     560, 750,       # unten rechts
     380, 750)       # unten links

# Krallen der rechten Pfote
line(430, 730, 430, 770)
line(500, 730, 500, 760)

# Gesicht
fill(40, 71, 124)
# Mal links
quad(100, 10,
     200, 10,
     200, 110,
     75, 90)
# Mund
rect(150, 175, 125, 50)
# Augenzwinkern
strokeJoin(MITER)
rect(400, 100, 100, 10)
```

B.3 Variablen, Datentypen, Operatoren und Ausdrücke

B.3.1 Einfache Rechenaufgaben

```
rechnung01 = 1 + 7 - 9 + 43
rechnung02 = 43 - 9 + 7 + 1
rechnung03 = 4 * 3 + 1
rechnung04 = 9 * (2 + 1)
rechnung05 = 4 * 3 / 6
rechnung06 = (3 - 7) * (7 + 4)
rechnung07 = 3 / 4
rechnung08 = 3.0 / 4.0
rechnung09 = 4 / 3 + 1 * 7
rechnung10 = 4.0 / 3.0 + 1 * 7
rechnung11 = 2 * 2 * 2 * 2 * 2 * 2 * 2
rechnung12 = 42 / 7 / 3
rechnung13 = 12 % 3
rechnung14 = 13 % 5


rechnung15 = 12345 / 10
rechnung16 = 1234 / 10
rechnung17 = 123 / 10
rechnung18 = 12 / 10
rechnung19 = 1 / 10
rechnung20 = 12345 % 10
rechnung21 = 1234 % 10
rechnung22 = 123 % 10
rechnung23 = 12 % 10
rechnung24 = 1 % 10


print "1 + 7 - 9 + 43 = " + str(rechnung01)
print "43 - 9 + 7 + 1 = " + str(rechnung02)
print "4 * 3 + 1 = " + str(rechnung03)
print "9 * (2 + 1) = " + str(rechnung04)
print "4 * 3 / 6 = " + str(rechnung05)
print "(3 - 7) * (7 + 4) = " + str(rechnung06)
print "3 / 4 = " + str(rechnung07)
print "3.0 / 4.0 = " + str(rechnung08)
print "4 / 3 + 1 * 7 = " + str(rechnung09)
print "4.0 / 3.0 + 1 * 7 = " + str(rechnung10)
print "2 * 2 * 2 * 2 * 2 * 2 * 2 = " + str(rechnung11)
print "42 / 7 / 3 = " + str(rechnung12)
print "12 % 3 = " + str(rechnung13)
print "13 % 5 = " + str(rechnung14)

print "12345 / 10 = " + str(rechnung15)
print "1234 / 10 = " + str(rechnung16)
print "123 / 10 = " + str(rechnung17)
print "12 / 10 = " + str(rechnung18)
print "1 / 10 = " + str(rechnung19)
```

```
print "12345 % 10 = " + str(rechnung20)
print "1234 % 10 = " + str(rechnung21)
print "123 % 10 = " + str(rechnung22)
print "12 % 10 = " + str(rechnung23)
print "1 % 10 = " + str(rechnung24)
```

B.3.2 Perlenkette 2.0

```
size(550, 150)

# x-Koordinate des Kreismittelpunkts des ersten Kreises
x = 75

# y-Koordinate des Kreismittelpunkts
y = 70

# Radius des Kreises
r = 100

# Zeichne vier Kreise mit Variablen und Operatoren
ellipse(x, y, r, r)
ellipse(x + r, y, r, r)
ellipse(x + r * 2, y, r, r)
ellipse(x + r * 3, y, r, r)
ellipse(x + r * 4, y, r, r)
```

B.3.3 Blutalkoholkonzentration

```
# Masse in kg
m = 80.0

# Verteilungsfaktor im Körper (Frauen: 0.6, Männer: 0.7, Kinder: 0.8)
r = 0.7

# Volumen des Getränks in ml
V = 500

# Alkoholvolumenanteil in Prozent
e = 0.05

# Führe Berechnung durch
A = V * e * 0.8
c = A / (m * r)

print c
```

B.3.4 Stoffwechselrate

```
# Körpergewicht in kg
m = 58

# Körpergröße in cm
l = 180

# Alter in Jahren
t = 25

# Formel Mann
mrMale = 66.47 + 13.7 * m + 5 * l - 6.8 * t

# Formel Frau
mrFemale = 655.1 + 9.6 * m + 1.8 * l - 4.7 * t

print "Mann: " + str(mrMale) + " Kalorien pro Tag"
print "Frau: " + str(mrFemale) + " Kalorien pro Tag"
```

B.3.5 Baumstammvolumen

```
# Länge in Meter (m)
length = 15

#  Durchmesser in Zentimeter (cm)
diameter = 32

#  Baumstammvolumen (in Festmeter) berechnen
volume = (float)(PI / 4 * (diameter * diameter)) * length / 10000.0

print volume
```

B.3.6 Körperoberfläche

```
# Körpergröße in cm
height = 180

# Körpergewicht in kg
weight = 58

# Berechnung der Körperoberfläche nach der Formel von Mosteller
# in Quadratmeter (m^2)
a = height * weight / 3600.0
b = sqrt(a)

# Ausgabe des Ergebnisses
output = "Ein " + str(height) + " cm großer und " + str(weight)
output += " kg schwerer Mensch verfügt über ca " + str(b) + " m^2 Haut."
print output
```

B.3.7 RGB nach CMYK

```
# Definiere Variablen für RGB-Farbwert
r = 75
g = 0
b = 130

# Normiere die RGB-Farbe
rNorm = r / 255.0
gNorm = g / 255.0
bNorm = b / 255.0

# Bestimme daraus w
w = max(rNorm, gNorm, bNorm)

# Berechne CMYK
c = (w - rNorm) / w
m = (w - gNorm) / w
y = (w - bNorm) / w
k = 1 - w

# Gebe beide Farbwerte aus
print "RGB(" + str(r) + ", " + str(g) + ", " + str(b) + ")"
print "CMYK(" + str(c) + ", " + str(m) + ", " + str(y) + ", " + str(k) + ")"
```

B.3.8 Tic-Tac-Toe-Spielfeld

```
size(170, 170)

# Initiale Startkoordinaten
x = 10
y = 10

# Breite und Höhe der Rechtecke
w = 50
h = 50

# Zeichne neun Rechtecke an die jeweiligen Stellen
rect(x, y, w, h)
rect(x, y + h, w, h)
rect(x, y + h * 2, w, h)
rect(x + w, y, w, h)
rect(x + w, y + h, w, h)
rect(x + w, y + h * 2, w, h)
rect(x + w * 2, y, w, h)
rect(x + w * 2, y + h, w, h)
rect(x + w * 2, y + h * 2, w, h)
```

■ B.4 Kontrollstrukturen

B.4.1 Maximum bestimmen

```
# Variablen deklarieren und initialisieren
a = 1
b = 2
c = 3

# Variable deklarieren, die den maximalen Wert halten soll
maxi = -2147483648  # kleinste erlaubte Integer-Zahl

# Maximum bestimmen
if a > b:              # a > b
    if a > c:          # a > b > c
        maxi = a
    else:              # c > a > b
        maxi = c
else:                  # b > a
    if b > c:          # b > a > c
        maxi = b
    else:              # c > b > a
        maxi = c

# Ausgabe des Maximums in der Konsole
output = "Der größte Wert in der Menge {" + str(a) + ", "
output += str(b) + ", " + str(c) + "} lautet: " + str(maxi)
print output
```

B.4.2 Summe berechnen

```
# Variable, die das Ergebnis halten soll
summe = 0
for i in range(3, 28):
    # Addiere Zahl zur Summe dazu
    summe += i
# Gebe Ergebnis aus
print "SUM(3, 27): " + str(summe)
```

B.4.3 Tippspiel

```
# Tatsächliches Endergebnis des Spiels
home = 3
guest = 2

# Getipptes Endergebnis
betHome = 3
betGuest = 2
```

```
# Berechnete Punkte
points = 0

# Bestimme Punktzahl
if home == betHome and guest == betGuest:    # exakter Tipp
    points = 3
elif home > betHome and guest > betGuest:    # richtige Tendenz: Sieg Heim
    points = 1
elif home < betHome and guest < betGuest:    # richtige Tendenz: Sieg Gast
    points = 1
elif home == betHome and guest == betGuest:  # richtige Tendenz: Unentschieden
    points = 1
else:                                         # falscher Tipp
    points = 0

# Gebe die durch den Tipp erreichte Punktzahl aus
output = "Ergebnis: " + str(home) + ":" + str(guest)
output += ", Tipp: " + str(betHome) + ":" + str(betGuest)
output += " -> Punkte: " + str(points)
print output
```

B.4.4 PIN-Code-Generator

```
# Gehe alle PIN-Zahlen durch
for i in range(0, 10000):
    # Füge je nach Zahlengröße fehlende Nullen hinzu und
    # gebe PIN-Zahl aus (mit Zeilenumbruch)
    if i < 10:
        print "000" + str(i)
    elif i < 100:
        print "00" + str(i)
    elif i < 1000:
        print "0" + str(i)
    else:
        print str(i)

    # Verlangsamung der Ausgabe (kann auch auskommentiert werden)
    delay(1)
```

B.4.5 Dominosteine

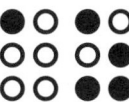

```
for i in range(0, 7):
    row = ""

    # Erzeuge Leerzeichen
    for j in range(0, i):
        row += "   "

    # Füge Dominosteine hinzu
    for j in range(i, 7):
```

```
            row += "(" + str(i) + "|" + str(j) + ")"

        # Gebe Zeile mit Dominosteinen aus
        print row
```

B.4.6 Radialer Farbverlauf

```
size(800, 800)
background(255)
noStroke()

# Startwert für den Kreisradius
# Dieser muss ein Vielfaches von 255 sein, damit alle 255 Farbtöne in den
# Farbverlauf einfließen können.
radius = 510

# Gehe alle Grautöne von Weiß nach Schwarz durch
for c in range(255, 0, -1):
    # Ändere Farbe
    fill(c)

    # Zeichne einen Kreis
    ellipse(400, 400, radius, radius)

    # Verkleinere den Radius
    # Dadurch ergeben sich konzentrische Kreise, die immer kleiner werden
    # und dabei die Grautöne von Weiß (255) nach Schwarz (0) annehmen.
    radius -= 2
```

B.4.7 Ladevorgang-Rädchen

```
size(400, 400)
background(255)
smooth()

strokeWeight(30)
strokeCap(ROUND)

# Verschiebe Nullpunkt des Koordinatensystems von der Ecke links oben des
# grafischen Ausgabefensters ins Zentrum.
translate(width / 2, height / 2)

for i in range(0, 8):
    line(0, 60, 0, 100)
    rotate(PI / 4.0)
```

B.4.8 Windrad

```
size(800, 800)
background(255)
smooth()

fill(86, 135, 174, 175)
noStroke()

# Verschiebe Nullpunkt des Koordinatensystems von der Ecke links oben des
# grafischen Ausgabefensters ins Zentrum.
translate(width / 2, height / 2)

radius = 350.0
for i in range(0, 8):
    arc(radius / 2, 0.0, radius, radius, 0, PI)
    rotate(PI / 4.0)
```

B.4.9 Rotierte Dreiecke

```
size(800, 800)
background(255)
smooth()

noFill()
strokeWeight(4)

# Verschiebe Nullpunkt des Koordinatensystems von der Ecke links oben des
# grafischen Ausgabefensters ins Zentrum.
translate(width / 2, height / 2)

# Halbe Größe des Dreiecks
size = 250

for i in range(0, 20):
    # Wähle zufällige Farbe
    stroke(random(0, 255), random(0, 255), random(0, 255))
    
    # Male Dreieck um die Mitte
    triangle(0, -size, size, size, -size, size)
    
    # Rotiere um 360/20 Grad
    rotate(2 * PI / 20)
```

B.4.10 Moderne Kunst

```
size(800, 800)
background(255)
noStroke()

# Größe pro Kästchen
size = 20

# Gehe alle Spalten durch
for y in range(0, height / size):
    # Gehe alle Zeilen durch
    for x in range(0, width / size):
        # Zufällige Füllfarbe
        fill(random(0, 255), random(0, 255), random(0, 255))

        # Zufälliger Rotationswinkel
        angle = random(-PI / 32, PI / 32)

        # Rotiere hin
        rotate(angle)

        # Zeichne Rechteck
        rect(0, 0, size, size)

        # Rotiere zurück
        rotate(-angle)

        # Bewege Koordinatensystem nach rechts
        translate(size, 0)

    # Bewege Koordinatensystem nach unten und ganz nach links
    translate(-height, size)
```

B.4.11 Schachbrett

```
size(800, 800)
noStroke()

# Soll aktueller Kasten schwarz sein?
black = True

# Größe pro Feldelement
size = 100

# Gehe jede Spalte durch
for y in range(0, height / size):
    # Gehe jede Zeile durch
    for x in range(0, width / size):
        # Male Farbe abhängig von Variable
        if black:
            # setze Farbe auf Schwarz
```

```
            fill(0)
        else:
            # setze Farbe auf Weiß
            fill(255)

        # Kehre Variable um
        if black:
            black = False
        else:
            black = True

        # Male Element
        rect(0, 0, size, size)

        # "Wandere" ein Feld nach rechts
        translate(size, 0)

    # Ende der Zeile erreicht
    # "Wandere" in nächste Zeile
    translate(-width, size)

    # Kehre Variable nochmals um, da Muster
    # immer mit letzter Farbe anfängt
    if black:
        black = False
    else:
        black = True
```

B.4.12 Sinuskurve

```
size(400, 400)
background(0)
strokeWeight(4)

# Skalierungsfaktor
scale = 80

# Koordinatensystem verschieben
translate(width / 2 - 180, height / 2)

# Zeichne Linien bei 0, 90, 180, 270 und 360 Grad
stroke(125)
for x in range(0, 361, 90):
    line(x, -scale * 2, x, scale * 2)

# Zeichne horizontale Linie
stroke(255, 255, 0)
line(0, 0, 360, 0)

# Stelle Sinuskurve dar
stroke(255, 0, 0)
for x in range(0, 360):
```

```python
    # Sinus aus Gradzahl berechnen (Zahl von -1 bis 1)
    y = sin(radians(x))

    # Punkt zeichnen
    point(x, -y * scale)
```

B.4.13 Zahlen-Palindrom

```python
number = 12321
#number = 12345

# Zunächst bestimmen wir die Anzahl der Dezimalstellen der
# Palindrom-Zahl
i = number

# Anzahl der Dezimalstellen
size = 0
while i > 0:
    # Teile durch 10 (nehme letzte Zahl weg)
    i = i / 10

    # Erhöhe Dezimalstellenzahl
    size += 1

# ist Zahl ein Palindrom?
isPalindrom = False

# Gehe size/2-Schritte durch (wenn wir vorne mit hinten vergleichen, sind
# wir ab der Hälfte durch)
for i in range(size, size / 2, -1):
    # Bestimme vordere Zahl
    # Schneide i Stellen vorne weg
    firstDigit = number % int(pow(10, i))

    # Gehe Zahl so lange "hoch" (durch 10 teilen), bis nur noch eine
    # Ziffer da ist
    while firstDigit / 10 != 0:
        firstDigit /= 10

    # Bestimme hintere Zahl
    # Schneide i Stellen vorne weg, hier allerdings in umgekehrter
    # Reihenfolge
    lastDigit = number % int(pow(10, size - i + 1))

    # Gehe Zahl so lange "hoch" (durch 10 teilen), bis nur noch eine
    # Ziffer da ist
    while lastDigit / 10 != 0:
        lastDigit /= 10

    # Prüfe, ob beide Ziffern übereinstimmen
    if firstDigit == lastDigit:
        isPalindrom = True
```

```
    else:
        isPalindrom = False
        # Aus Schleife springen, damit Variable
        # nicht verändert werden kann
        break

# Erzeuge Ausgabe je nach Fall
if isPalindrom:
    print "Die Zahl " + str(number) + " ist ein Palindrom"
else:
    print "Die Zahl " + str(number) + " ist kein Palindrom"
```

B.4.14   Interaktiver Button

```
def setup():
    size(800, 800)

def draw():
    # Position, Breite und Höhe des Buttons
    x = 200
    y = 300
    w = 400
    h = 200

    # Färbe Rechteck von Mausposition ein
    # Wenn Maus direkt über Rechteck -> Grün
    if mouseX > x and mouseX < x + w and mouseY > y and mouseY < y + h:
        fill(0, 255, 0)
    # Sonst Blau
    else:
        fill(0, 0, 255)

    # Zeichne Rechteck
    rect(x, y, w, h)
```

■ B.5 Funktionen

B.5.1 Endliches Produkt

```
# Die Funktion zur Berechnung endlicher Produkte erhält den
# Startwert s und den Endwert e als Integer-Werte und liefert
# als Ergebnis einen Integer-Wert zurück.
def product(s, e):
    if e < 0 or s < 0:          # ist einer der beiden Werte kleiner 0,
        return                  # wird 0 zurückgegeben

    elif e == 0 or s == 0:      # ist einer der beiden Werte gleich 0,
        return 0                # wird 0 zurückgegeben

    elif e < s:
        # Vertausche Werte, damit die for-Schleife
        # vom kleinsten zum größten Wert laufen kann
        eTemp = e
        e = s
        s = eTemp

    # Deklaration und Initialisierung der Variablen für das Ergebnis
    # Der Startwert muss 1 sein (wegen Multiplikation)
    result = 1
    for i in range(s, e + 1):   # Zähle vom Start- bis Endwert
        result *= i             # und multipliziere die Zahl mit dem
                                # Ergebnis

    # Das Ergebnis zurückliefern
    return result

# Startpunkt des Hauptprogramms
# Hier wird die implementierte Funktion zu Demonstrations- und
# Testzwecken aufgerufen.
def setup():
    result = product(4, 3)
    print "Prod(4, 3): " + str(result)
```

B.5.2 Fakultät

```
# Die Funktion zur Berechnung endlicher Produkte erhält den
# Startwert s und den Endwert e als Integer-Werte und liefert
# als Ergebnis einen Integer-Wert zurück.
def product(s, e):
    if e < 0 or s < 0:          # ist einer der beiden Werte < 0,
        return 0                # wird 0 zurückgegeben

    elif e == 0 or s == 0:      # ist einer der beiden Werte = 0,
        return 0                # wird 0 zurückgegeben

    # Vertausche Werte, damit die for-Schleife vom kleinsten
    # zum größten Wert laufen kann
```

```
    elif e < s:
        # Vertausche Werte, damit die for-Schleife
        # vom kleinsten zum größten Wert laufen kann
        eTemp = e              # Temporäres Speichern von e
        e = s                  # Tauschen..
        s = eTemp

    # Deklaration und Initialisierung der Variablen für das Ergebnis
    # Der Startwert muss 1 sein (wegen Multiplikation)
    result = 1
    for i in range(s, e + 1):  # Zähle vom Start- bis Endwert
        result *= i            # und multipliziere die Zahl mit dem
                               # Ergebnis

    # Das Ergebnis zurückliefern
    return result

# Die Funktion zur Berechnung der Fakultät
# verwendet die Funktion zur Berechnung endlicher Produkte.
# An die Funktion wird der Wert n übergeben, für die die
# Fakultät berechnet werden soll.
def factorial(n):
    return product(1, n)

# Startpunkt des Hauptprogramms
# Hier wird die implementierte Funktion zu Demonstrations- und
# Testzwecken aufgerufen.
print factorial(6)
```

B.5.3 Konfektionsgröße

```
# Funktion zur Berechnung der Konfektionsgröße in Abhängigkeit
# des Geschlechts, der Körpergröße und des Brustumfangs. Die
# Werte werden an die Methode übergeben. Nach der Berechnung
# wird das Ergebnis als Integer zurückgegeben.
def computeGarmentSize(isFemale, bodyHeight, bustline):
    garmentSize = bustline / 2
    # Sonderfälle für Frauen
    if isFemale:               # Wird Berechnung für eine Frau?
        garmentSize -= 6       # Konfektionsgröße um 6 minimieren

        if bodyHeight > 170:   # Ist die Frau größer als 170cm,
            garmentSize *= 2   # Konfektionsgröße verdoppeln
        elif bodyHeight < 164: # und wenn kleiner als 164cm,
            garmentSize /= 2   # Konfektionsgröße halbieren

    return garmentSize         # Rückgabe der Konfektionsgröße

# Startpunkt des Hauptprogramms
# Hier wird die implementierte Funktion zu Demonstrations- und
# Testzwecken aufgerufen.
print computeGarmentSize(True, 167, 92)
```

B.5.4 Schaltjahr Prüfung

```python
# Funktion zur Prüfung, ob ein angegebenen Jahr ein Schaltjahr ist
# Die Funktion erhält die Jahreszahl als Integer-Wert und gibt
# einen Wahrheitswert {True || False} als Ergebnis zurück.
def checkLeapYear(yearInput):
    if yearInput % 400 == 0:  # Jahreszahl glatt durch 400 teilbar?
        return True           # Rückgabe: es ist ein Schaltjahr!

        # sonst prüfe, ob Jahreszahl glatt durch 4, aber nicht durch
        # 100 teilbar
    elif yearInput % 4 == 0 and yearInput % 100 != 0:
        return True

        # ansonsten Rückgabe: kein Schaltjahr!
    else:
        return False

# Startpunkt des Hauptprogramms
# Hier wird die implementierte Funktion zu Demonstrations- und
# Testzwecken aufgerufen.

print "War 1800 ein Schaltjahr? -> " + str(checkLeapYear(1800))
print "War 2016 ein Schaltjahr? -> " + str(checkLeapYear(2016))
print "Wird 2020 ein Schaltjahr sein? -> " + str(checkLeapYear(2020))
```

B.5.5 Literzahlen umwandeln

```python
# Funktion zur Umrechnung von Volumenangaben
# Erhält das Volumen als Fließkommazahl und gibt den berechneten
# Wert mit der Einheit als String zurück

def volumeConverter(volume):
    # ist das Volumen größer oder gleich 1.0
    if volume >= 1.0:
        return str(volume) + " l"  # dann Rückgabe Wert mit Einheit "l"

    # sonst prüfe, ob Volumen größer oder gleich 0.1
    elif volume >= 0.1:
        # Umrechnen Wert auf cl
        result = int(volume * 100) / 1
        return str(result) + " cl"     # Rückgabe Wert mit Einheit "cl"

    # ansonsten prüfe, ob Volumen größer oder gleich 0.001
    elif volume >= 0.001:
        # Umrechnen Wert auf ml
        result = int(volume * 1000) / 1
        return str(result) + " ml"     # Rückgabe Wert mit Einheit "ml"

    # ansonsten gib Fehlermeldung als Wert der Umwandlung zurück
    else:
        return "Number too small!"
```

```python
# Startpunkt des Hauptprogramms
# Hier wird die implementierte Funktion zu Demonstrations- und
# Testzwecken aufgerufen.
print volumeConverter(1.0)
print volumeConverter(0.42)
print volumeConverter(0.023)
print volumeConverter(0.00023)
```

B.5.6 LKW-Maut

```python
# Funktion zur Berechnung der LKW-Maut in Abhängigkeit der
# Schadstoffklasse, der Anzahl an Achsen und der gefahrenen
# Kilometer. Die Werte werden an die Funktion übergeben. Das
# Ergebnis der Berechnung wird als Fließkommazahl in Euro-Cent zurückgegeben
def LKWMaut(schadstoffklasse, numAchsen, km):
    # Lege Python-Dictionary zur Bestimmung des Preises an
    preisTabelle = [{"A": 12.5,     # Wenn die Anzahl der Achsen <= 3
                     "B": 14.6,
                     "C": 15.7,
                     "D": 18.8,
                     "E": 19.8,
                     "F": 20.8},
                    {"A": 13.1,     # ab vier Achsen
                     "B": 15.2,
                     "C": 16.3,
                     "D": 19.4,
                     "E": 20.4,
                     "F": 21.4}]

    # Bestimme Km-Preis
    # Wenn die Anzahl der Achsen <= 3
    if numAchsen <= 3:
        # Schadstoffklasse aus Dictionary holen
        kmPreis = preisTabelle[0][schadstoffklasse]
    # Sonst ab 4 Achsen
    else:
        # Schadstoffklasse aus Dictionary holen
        kmPreis = preisTabelle[1][schadstoffklasse]

    # gebe die berechnete LKW-Maut zurück
    return kmPreis * km

# Hier wird die implementierte Funktion zu Demonstrations- und
# Testzwecken aufgerufen.

zeile = "LKW-Maut für 13 km eines 2-Achsers der Schadstoffklasse A: "
zeile += str(LKWMaut("A", 2, 13)) + " Euro-Cent"
print zeile

zeile = "LKW-Maut für 13 km eines 5-Achsers der Schadstoffklasse D: "
zeile += str(LKWMaut("D", 5, 13)) + " Euro-Cent"
print zeile
```

B.5.7 Analoger Uhrzeiger

```python
# Funktion zur Berechnung des Winkels für den Stundenzeiger
# Die Stunden- und Minutenzahl werden als Integer-Werte an
# die Funktion übergeben, die als Ergebnis den Winkel als
# ganzzahligen Wert zurückgibt
def computeHourHandAngle(h, m):
    return (60 * h + m) / 2    # gibt Ergebnis der Berechnung zurück


# Funktion zur Berechnung des Winkels für den Minutenzeiger
# Die Minutenzahl wird als Ganzzahlwert an die Funktion übergeben.
# Die Funktion liefert den Winkel für den Minutenzeiger als
# Integer-Wert zurück.
def computeMinuteHandAngle(m):
    return 6 * m


# Startpunkt des Hauptprogramms
# Hier wird die implementierte Funktion zu Demonstrations- und
# Testzwecken aufgerufen.
def setup():
    # Uhrzeit in Stunden und Minuten festlegen
    h = 3
    m = 33

    # Bestimme die beiden Winkel
    hAngle = computeHourHandAngle(h, m)
    mAngle = computeMinuteHandAngle(m)

    # Gebe Winkel aus
    zeile = "Der Stundenzeiger steht um " + str(h) + ":" + str(m)
    zeile += " Uhr auf " + str(hAngle) + " Grad."
    print zeile
    zeile = "Der Minutenzeiger steht um " + str(h) + ":" + str(m)
    zeile += " Uhr auf " + str(mAngle) + " Grad."
    print zeile

    # Zeichne analoge Zeitangabe in grafisches Ausgabefenster
    size(200, 200)
    translate(width / 2, height / 2)
    ellipse(0, 0, 180, 180)
    rotate(radians(hAngle))
    line(0, 0, 0, -60)
    rotate(-radians(hAngle))
    rotate(radians(mAngle))
    line(0, 0, 0, -80)
```

B.5.8 Körperoberfläche 2.0

```
# Funktion zur Berechnung der Körperoberfläche
# Das Gewicht und die Größe werden als Integer-Werte an
# die Funktion übergeben, die das Ergebnis der Berechnung
# als Fließkommazahl zurückliefert
def kof(height, weight):
    a = height * weight / 3600.0
    b = sqrt(a)                        # Berechnung der Wurzel von a
    return b

# Startpunkt des Hauptprogramms
# Hier wird die implementierte Funktion zu Demonstrations- und
# Testzwecken aufgerufen.

print kof(180, 58)
```

B.5.9 Sportwetten

```
# Funktion zur Berechnung der Wettpunkte. Die dazu notwendigen
# Werte werden als Integer-Werte an die Funktion übergeben.
# Das Ergebnis wird als Ganzzahlwert zurückgegeben.
def computeBetScore(home, guest, betHome, betGuest):
    # bei genauer Voraussage
    if home == betHome and guest == betGuest:
        # verlasse die Funktion und gib den Wert 3 als Ergebnis zurück
        return 3

    # Tendenz nach unten richtig
    if home > betHome and guest > betGuest:
        # verlasse die Funktion und gib den Wert 1 als Ergebnis zurück
        return 1

    # Tendenz nach oben richtig
    if home < betHome and guest < betGuest:
        # verlasse die Funktion und gib den Wert 1 als Ergebnis zurück
        return 1

    # Tendenz bei Unentschieden
    if home == betHome and guest == betGuest:
        # verlasse die funktion und gib Wert 1 als Ergebnis zurück
        return 1

    # ansonsten
    return 0

# Funktion zur Berechnung des Wettergebnisses für alle Wetten
# Als Eingabeparameter wird ein zweidimensionales Integer-Array
# angegeben. Das Ergebnis ist ebenfalls vom Typ Integer
def computeCompleteBetScore(data):
    # Initialisierung der Variablen
    result = 0
```

424   B Lösungen in Python

```python
    # Durchlaufe das Array
    for d in data:
        # Berechne das Ergebnis als das bisherige Ergebnis + den
        # Wettpunkte für die aktuelle Wette, die mit Index [j]
        # angegeben  wird.
        result += computeBetScore(d[0], d[1], d[2], d[3])
    # Gib die Summe aller erzielten Wettpunkte zurück.
    return result


# Startpunkt des Hauptprogramms
# Hier wird die implementierte Funktion zu Demonstrations- und
# Testzwecken aufgerufen.

# Das zweidimensionale Array besteht aus drei Zeilen = Wetten
# und jeweils den Werten home, guest, betHome, betGuest
data = [[3, 2, 3, 2],
        [1, 1, 1, 0],
        [2, 2, 1, 1]]


print computeCompleteBetScore(data)
```

B.5.10   GPS-Luftlinie

```python
# Funktion zur Berechnung des Bogenmaß
# Erhält die Gradzahl als Fließkommazahl und
# liefert das Bogenmaß zurück
def toRadians(degree):
    radian = degree / 180 * PI
    return radian


# Funktion zur Berechnung der Distanz zwischen zwei GPS-
# Koordinaten. Übergeben werden Breitengrad und Längengrad der
# ersten und der zweiten Koordinate
def gpsDistance(lat1, lon1, lat2, lon2):
    # Umrechnen in Bogenmaß
    lat1 = toRadians(lat1)
    lon1 = toRadians(lon1)
    lat2 = toRadians(lat2)
    lon2 = toRadians(lon2)

    # Berechne die Entfernung mithilfe vordefinierter
    # mathematischer Funktionen
    c = acos(sin(lat1) * sin(lat2) + cos(lat1) * cos(lat2)
            * cos(lon2 - lon1))
    d = c * 6378.137

    return d

# Startpunkt des Hauptprogramms
# Hier wird die implementierte Funktion zu Demonstrations- und
# Testzwecken aufgerufen.
def setup():
```

```
# GPS-Koordinaten Kölner Dom
kdLat = 50.94157
kdLon = 6.95821

# GPS-Koordinaten Düsseldorfer Fernsehturm
ftLat = 51.21795
ftLon = 6.76165

print gpsDistance(kdLat, kdLon, ftLat, ftLon)

# GPS-Koordinaten Hamburger Elbphilharmonie
hhLat = 53.54125
hhLon = 9.9841

# GPS-Koordinaten Münchener Frauenkirche
muLat = 48.13663
muLon = 11.57715

print gpsDistance(hhLat, hhLon, muLat, muLon)
```

B.5.11 IBAN-Generator

```
# Funktion zur Generierung der IBAN-Prüfziffer
# Die IBAN wird als String übergeben. Als Ergebnis
# wird die IBAN inklusive Prüfziffer als String
# zurückgegeben
def generateIBANChecksum(bigNum):
    # Berechne die Prüfziffer, indem die Nummer modulo 97
    # gerechnet wird.
    checksum = bigNum % 97

    # Subtrahiere von 98
    checksum = 98 - checksum
    # Ist Resultat kleiner 10, füge 0 voran
    if(checksum < 10):
        return "0" + str(checksum)
    # ansonsten gib das Resultat zurück
    else:
        return str(checksum)

# Funktion zum Generieren der IBAN
# Die Kontonummer und Bankleitzahl werden als Strings an die
# Funktion übergeben. Das Ergebnis wird als String
# zurückgegeben.
def generateGermanIBAN(kontonummer, blz):
    # Wandle Strings in große Zahl um
    bigNum = int(blz + kontonummer + "131400")

    # Generiere Checksumme, indem zunächst ein String, bestehend
    # aus Bankleitzahl, Kontonummer sowie der Zeichenfolge "131400",
    # aneinandergehängt werden, bevor die Prüfziffer hierfür
    # berechnet wird
```

```
        checksum = generateIBANChecksum(bigNum)

    # Gebe IBAN-Nummer zurück
    return "DE" + str(checksum) + str(blz) + str(kontonummer)

# Startpunkt des Hauptprogramms
# Hier wird die implementierte Funktion zu Demonstrations- und
# Testzwecken aufgerufen.

print generateGermanIBAN("1234567890", "70090100")
```

B.5.12 Sanduhr

```python
# Funktion zur Ausgabe einer Sanduhr auf der Konsole
# Die maximale Breite wird als Integer-Wert an die
# Funktion übergeben. Die Funktion hat keinen Rückgabewert
def printSandglass(sWidth):
    if(sWidth > 2):            # nur wenn die Bereite > 2 ist
        sHeight = sWidth       # Höhe wird mit Breite initialisiert
        if sWidth % 2 == 0:    # ist die Breite eine gerade Zahl,
            sHeight -= 1        # muss die Höhe um eins minimiert werden

        # wiederhole für alle Zeilen des oberen Dreiecks
        for i in range(0, sHeight / 2 + 1):
            output = ""
            # Rücke mit zunehmender Zeilenzahl i ein
            for j in range(0, i):
                output += " "  # Schreibe Leerzeichen in Variable

            # Die Variable width gibt die Anzahl an #-Zeichen an, die
            # mit jeder Zeile i um 2 verringert wird
            for j in range(0, sWidth - (2 * i)):
                output += "#"  # Schreibe Lattenzaun-Zeichen in Variable
            # Gebe Zeile mit der Variable aus und wechsele in nächste
            # Zeile
            print output

        # wiederhole für alle Zeilen des unteren Dreiecks
        for i in range(sHeight / 2 - 1, -1, -1):
            # Rücke mit zunehmender Zeilenzahl i ein
            output = ""
            for j in range(0, i):
                output += " "  # Schreibe Leerzeichen in Variable

            # Die Variable width gibt die Anzahl an #-Zeichen an, die
            # mit jeder Zeile i um 2 verringert wird
            for j in range(0, sWidth - (2 * i)):
                output += "#"  # Schreibe Lattenzaun-Zeichen in Variable
            # Gebe Zeile mit der Variable aus und wechsele in nächste
            # Zeile
            print output
```

```
# Startpunkt des Hauptprogramms
# Hier wird die implementierte Funktion zu Demonstrations- und
# Testzwecken aufgerufen.

printSandglass(8)
```

B.5.13 Der faire Würfel

```
# Wurf und Visualisierung eines 6-seitigen Würfels
diceNumber = 1  # Würfelzahl, wird hier einmalig initialisiert

# Funktion zum Zeichnen einer gewürfelten Zahl, die als Integer-Wert
# übergeben wird.
def drawDice(number):
    # Größe des Würfelpunkts
    dotSize = 40

    # Zeichne Punkte in Abhängigkeit der Nummer
    if(number == 1):
        ellipse(200, 200, dotSize, dotSize)
    elif(number == 2):
        ellipse(100, 100, dotSize, dotSize)
        ellipse(300, 300, dotSize, dotSize)
    elif(number == 3):
        ellipse(100, 100, dotSize, dotSize)
        ellipse(200, 200, dotSize, dotSize)
        ellipse(300, 300, dotSize, dotSize)
    elif(number == 4):
        ellipse(100, 100, dotSize, dotSize)
        ellipse(300, 300, dotSize, dotSize)
        ellipse(300, 100, dotSize, dotSize)
        ellipse(100, 300, dotSize, dotSize)
    elif(number == 5):
        ellipse(100, 100, dotSize, dotSize)
        ellipse(300, 300, dotSize, dotSize)
        ellipse(300, 100, dotSize, dotSize)
        ellipse(100, 300, dotSize, dotSize)
        ellipse(200, 200, dotSize, dotSize)
    elif(number == 6):
        ellipse(100, 100, dotSize, dotSize)
        ellipse(300, 300, dotSize, dotSize)
        ellipse(300, 100, dotSize, dotSize)
        ellipse(100, 300, dotSize, dotSize)
        ellipse(100, 200, dotSize, dotSize)
        ellipse(300, 200, dotSize, dotSize)

# Funktion zum Generieren einer Zufallszahl
# die dann als Integer-Wert zurückgeliefert wird
def throwDice():
    return int(random(1, 7))

# Diese Funktion wird ausgeführt, wenn eine Taste
```

428   B Lösungen in Python

```python
# gedrückt wurde
def keyPressed():
    global diceNumber
    diceNumber = throwDice()


# Startpunkt des Hauptprogramms
# Hier wird die implementierte Funktion zu Demonstrations- und
# Testzwecken aufgerufen.
def setup():
    size(400, 400)
    global diceNumber
    diceNumber = throwDice()  # Zur Initialisierung einmal werfen


# Funktion zum Zeichnen
def draw():
    clear()
    stroke(0)
    fill(0)
    background(255, 255, 255)
    drawDice(diceNumber)
```

B.5.14   Quadrat mit Kreisausschnitten

```python
# Funktion zum Zeichnen von Kreisausschnitten. Die
# Anzahl an Kreisen(= Spalten) wird als ganzzahliger
# Wert an die Funktion übergeben.
def drawArcs(numArcsPerRow):
    # Setze Radius für jeden Kreis,
    # nutze dabei gegebenen Platz bestmöglich aus

    # Den kleineren Wert des Ausgabebereichs bestimmen
    # und für diesen den Radius bestimmen
    if width > height:
        radius = height / numArcsPerRow
    else:
        radius = width / numArcsPerRow

    # Winkelschritt pro Kreis (360 Grad entspricht 2*PI)
    winkelStep = 2 * PI / (numArcsPerRow * numArcsPerRow)
    winkel = 0  # Startwert

    # Durchlaufe nun alle Zeilen
    for y in range(0, numArcsPerRow):
        # und pro Zeile für alle Spalten
        for x in range(0, numArcsPerRow):
            # Setze zufällige Farbe
            colorR = int(random(0, 255))
            colorG = int(random(0, 255))
            colorB = int(random(0, 255))
            fill(colorR, colorG, colorB)
            stroke(colorR, colorG, colorB)
```

```
        # Erhöhe Kreiswinkel um Winkelschritt
        winkel = winkel + winkelStep

        # Zeichne Kreis
        arc(radius * x + (radius / 2), radius * y +
            (radius / 2), radius, radius, 0, winkel)

# Startpunkt des Hauptprogramms
# Hier wird die implementierte Funktion zu Demonstrations- und
# Testzwecken aufgerufen.

size(600, 600)
background(255, 255, 255)
drawArcs(16)
```

B.5.15 Wurfparabel

```
# Zusätzliche Iteratorfunktion
import decimal

def drange(dStart, dEnd, dStep):
    x = dStart
    while x < dEnd:
        yield float(x)
        x += decimal.Decimal(dStep)

# Deklaration der Konstanten g für die Fallbeschleunigung
g = 9.81

# Funktion zum Zeichnen der Koordinaten der Wurfparabel für
# Anfangsgeschwindigkeit v0 und -winkel beta, die als
# Fließkommazahl an die Funktion übergeben werden. Da die
# Funktion das Berechnen und Zeichnen übernimmt, hat sie
# keinen Rückgabewert.
def drawTrajectory(v0, beta):
    # Umwandlung von Grad in Radians
    beta = radians(beta)
    # Berechne und zeichne in einer Skalierung von 0.25
    for t in drange(0, 20, 0.25):
        # Startpunkt für Zeichnung ist Fensterhöhe = unterer Rand
        yStart = height

        # Berechne Werte für x und y
        x = v0 * t * cos(beta)
        y = v0 * t * sin(beta) - (g / 2) * t * t

        # Zeichne Parabelpunkte
        # y muss horizontal gedreht werden (s. Hinweise)
        ellipse(x, -y + yStart, 2, 2)

# Startpunkt des Hauptprogramms
# Hier wird die implementierte Funktion zu Demonstrations- und
```

```
# Testzwecken aufgerufen.

size(400, 400)
stroke(255, 0, 0)
fill(255, 0, 0)
background(0, 0, 0)
drawTrajectory(60, 45)
```

B.5.16 Bogenschießen-Spiel

```
# Konstanten
g = 9.81
soilY = 520              # Position, an dem der Boden beginnt
grassY = 500             # Position, an dem die Wiese beginnt

# Pfeilstartposition
startX = 60
startY = grassY - 40

aimWidth = 30
aimHeight = 70

# Funktion zum (Re-)Initialisieren von globalen Variablen
# Benötigt keinen Eingabewert und gibt auch keinen Wert
# zurück
def reset():
    global speed, angle, arrowX, arrowY, arrowFire, arrowTime
    global arrowDegrees, aimX, aimY
    speed = 90
    angle = 45
    arrowX = startX
    arrowY = startY
    arrowDegrees = angle
    arrowFire = False  # Ist Pfeil abgefeuert worden?
    arrowTime = 1
    aimX = int(random(width - 300, width))
    aimY = grassY - aimHeight

# Funktion zur Ausgabe von Koordinaten der Wurfparabel zum angeforderten
# Zeitpunkt
# An die Funktion wird die Geschwindigkeit als Integer-Wert sowie der
# Winkel und den Zeitpunkt je als Fließkommazahl gegeben. Die Rückgabe
# erfolgt als Fließkomma-Array.
def getTrajectory(v0, beta, t):
    beta = radians(beta)
    x = v0 * t * cos(beta)
    y = v0 * t * sin(beta) - (g / 2) * t * t
    return [x, y]

# Funktion zur Berechnung des Steigungswinkels des Pfeils (1. Ableitung)
# als Fließkommazahl zurück
def getDegrees(v0, beta, t):
```

```
        beta = radians(beta)
        x1 = v0 * cos(beta)
        y1 = v0 * sin(beta) - g * t
        winkel = atan(y1 / x1)
        return degrees(winkel)

# Funktion, die die Reaktion auf Tastatureingaben verarbeitet. Der
# keyCode ist in einer globalen Variable enthalten.
def keyPressed():
    if keyCode == RIGHT:
        increaseSpeed()
    elif keyCode == LEFT:
        decreaseSpeed()
    elif keyCode == UP:
        increaseAngle()
    elif keyCode == DOWN:
        decreaseAngle()
    elif keyCode == 10:
        global arrowFire
        arrowFire = True
    elif key == "r":
        reset()

# Funktion zum Erhöhen der Geschwindigkeit ohne Ein- oder
# Ausgabeparameter
def increaseSpeed():
    global speed
    if not arrowFire:
        speed = speed + 1

# Funktion zum Verringern der Geschwindigkeit ohne Ein- oder
# Ausgabeparameter
def decreaseSpeed():
    global speed
    if speed > 0 and arrowFire == False:
        speed = speed - 1

# Funktion zum Erhöhen der Winkels ohne Ein- oder Ausgabeparameter
def increaseAngle():
    global angle, arrowDegrees
    if angle < 90 and arrowFire == False:
        angle = angle + 1
        arrowDegrees = angle

# Funktion zum Verringern der Winkels ohne Ein- oder Ausgabeparameter
def decreaseAngle():
    global angle, arrowDegrees
    if angle > -90 and arrowFire == False:
        angle = angle - 1
        arrowDegrees = angle

# Aktualisiere Pfeilposition
def updateArrow():
```

```python
        # Nur aktualisieren, wenn Pfeil abgefeuert wurde
        if arrowFire:
            global arrowX, arrowY, arrowXBefore, arrowYBefore
            global arrowTime, arrowDegrees

            # Hole Wurfparabel
            newPos = getTrajectory(speed, angle, arrowTime)
            arrowDegrees = getDegrees(speed, angle, arrowTime)

            # Berechne neue Pfeilposition mit Wurfparabel
            arrowX = startX + newPos[0]
            arrowY = startY - newPos[1]

            # Erhöhe Berechnungszeit der Wurfparabel
            arrowTime = arrowTime + 0.1
            checkCollision()

# Funktion zur simplen Kollisionserkennung ohne Ein- und Ausgabeparameter
def checkCollision():
    if isInBounds(arrowX, arrowY):
        global arrowFire
        arrowFire = False
        return

# Funktion zur Bestimmung, ob die aktuelle Koordinate im
# Kollisionsbereich liegt
def isInBounds(x, y):
    if y > soilY or x > aimX and x < aimX + aimWidth and \
        y < aimY + aimHeight and y > aimY:
        return True
    else:
        return False

# Startpunkt des Hauptprogramms
# Hier wird die implementierte Funktion zu Demonstrations- und
# Testzwecken aufgerufen.
def setup():
    size(1200, 600)
    reset()

# Funktion, die immer wieder zum (Neu-)Zeichnen des Bildschirminhalts
# aufgerufen wird
def draw():
    # zunächst Löschen des Bildschirms
    clear()
    # Hintergrundfarbe setzen
    background(255)
    # mit gesetzter Farbe füllen
    fill(0)
    # Textgröße setzen
    textSize(20)
    # zeichne Variablenangaben
    text("speed: " + str(speed), 5, 25)
```

```
text("angle: " + str(angle), 5, 50)

# Auf Kollision prüfen
checkCollision()

# Pfeil aktualisieren
updateArrow()

# Zeichne Wiese
stroke(76, 178, 33)
fill(76, 178, 33)
rect(0, grassY, width, soilY - grassY)

# Zeichne Boden
stroke(125, 67, 22)
fill(125, 67, 22)
rect(0, soilY, width, width - soilY)

# Zeichne Zielscheibe
stroke(125, 0, 0)
fill(125, 0, 0)
rect(aimX, aimY, aimWidth, aimHeight)

# Zeichne Pfeil
stroke(125)
fill(125)
radius = 80
archW = cos(radians(arrowDegrees)) * radius
archH = sin(radians(arrowDegrees)) * radius
line(arrowX, arrowY, arrowX - archW, arrowY + archH)
```

434   B Lösungen in Python

■ B.6 Arrays

B.6.1 Wochentag

```python
# Funktion zur Berechnung des Wochentags
# Erhält als Eingabeparameter ganzzahlige Werte für
# den Tag, den Montag und das Jahr
def calcDayOfWeek(inputDay, inputMonth, inputYear):
    # Letzte zwei Ziffern bestimmen, indem der Modulo-Operator ein-
    # gesetzt wird, um den Rest zu berechnen.
    dayOfWeek = inputYear % 100

    # Ganzzahliger Anteil eines Viertels dazu addieren
    # Das Ergebnis einer Division mit Integer-Zahlen liefert
    # den ganzzahligen Wert der Division.
    dayOfWeek = dayOfWeek + (dayOfWeek / 4)

    # Zuweisung Additionswerte für Monat
    monthAdd = {1: 1,
                2: 4,
                3: 4,
                4: 0,
                5: 2,
                6: 5,
                7: 0,
                8: 3,
                9: 6,
                10: 1,
                11: 4,
                12: 6}

    # Werte entsprechend des Monats addieren
    dayOfWeek = dayOfWeek + monthAdd[inputMonth]

    # Tag addieren
    dayOfWeek = dayOfWeek + inputDay

    # Zuweisung Jahrzehnt zu Offset
    centuryAdd = {18: 2,
                  19: 0,
                  20: 6,
                  21: 4}

    # Addiere Offset
    century = inputYear / 100
    dayOfWeek = dayOfWeek + centuryAdd[century]

    # Bei Schaltjahr wird für Januar und Februar 1 subtrahiert
    if checkLeapYear(inputYear):
        if inputMonth == 1 or inputMonth == 2:
            dayOfWeek -= 1
```

```python
    # Wochentag ergibt sich aus Reduzieren Modulo 7
    dayOfWeek = dayOfWeek % 7

    # Array mit Wochentagen
    dayOfWeekNames = ["Samstag", "Sonntag", "Montag",
                      "Dienstag", "Mittwoch", "Donnerstag",
                      "Freitag"]

    # gebe Wochentag aus
    print dayOfWeekNames[dayOfWeek]

# Funktion zur Schaltjahrprüfung (aus vorheriger Aufgabe)
def checkLeapYear(yearInput):
    # Ist Jahreszahl durch 400 teilbar?
    if yearInput % 400 == 0:
        return True
    # sonst prüfe, ob Jahreszahl durch 4, aber nicht durch 100
    # teilbar ist
    elif yearInput % 4 == 0 and yearInput % 100 != 0:
        return True
    # Wenn keine Bedingung zutrifft
    else:
        return False

# Startpunkt des Hauptprogramms
# Hier wird die implementierte Funktion zu Demonstrations- und
# Testzwecken aufgerufen.

calcDayOfWeek(1, 1, 1817)
```

B.6.2 Tankfüllung

```python
# Funktion zur Berechnung des durchschnittlichen Verbrauchs
# An die Funktion wird ein Array mit Integer-Werten übergeben,
# die die gefahrenen Kilometer bis zum nächsten Tankstopp
# enthalten. Die Funktion gibt den Durchschnittswert als Fließkommazahl zurück.
def averageFuelComsumption(kilometersPerTankful):
    # Initialisierung der Variablen
    averageConsumption = 0.0
    sumKilometers = 0

    # Summiere alle Kilometer
    for kilometer in kilometersPerTankful:
        sumKilometers += kilometer

    # Teile durch Gesamtzahl
    averageConsumption = float(sumKilometers) / len(kilometersPerTankful)

    return averageConsumption

# Startpunkt des Hauptprogramms
# Hier wird die implementierte Funktion zu Demonstrations- und
```

```
# Testzwecken aufgerufen.

kilometers = [123, 134, 120, 122]

print averageFuelComsumption(kilometers)
```

B.6.3 Rückwärtsausgabe

```
# Funktion zur Ausgabe der Buchstaben in umgekehrter Reihenfolge
# An die Funktion wird ein Array mit char-Werten übergeben
def printBackwards(charArray):
    # Ausgabestring
    # in Python notwendig, da print immer einen
    # Zeilenumbruch setzt
    output = ""

    # Gehe jedes Zeichen durch
    for element in charArray:
        # Schreibe Zeichen an erste Stelle des Arrays
        output = element + output

    # Schreibe umgekehrtes Array in die Konsole und erzeuge Zeilenumbruch
    print output

# Startpunkt des Hauptprogramms
# Hier wird die implementierte Funktion zu Demonstrations- und
# Testzwecken aufgerufen.

palindrom = ['r', 'e', 'i', 'b', 'n', 'i', 'e', 'e', 'i', 'n',
             'b', 'i', 'e', 'r']
test = ['H', 'a', 'l', 'l', 'o']

printBackwards(palindrom)
printBackwards(test)
```

B.6.4 Bildvergrößerung

```
# Funktion zum Vergrößern eines quadratisches Array um den
# Faktor f. Eingabe ist ein zweidimensionales Array mit
# boolean-Werten sowie der Faktor, um den das Array vergrößert
# werden soll.
def magnify(input, f):
    # Die aktuelle Größe entspricht der Anzahl an Array-Elementen
    # einer Dimension
    inputSize = len(input)

    # Berechnen der Ergebnisgröße des Arrays
    outputSize = f * inputSize

    # Generiere leeren Output-Array in der neuen Größe
```

```
        output = createArray(outputSize)

    # Gehe jedes Element in Input durch und schreibe es in die skalierten
    # Felder im Output
        for y in range(0, inputSize):        # Iteration durch Zeilen
            for x in range(0, inputSize):    # Iteration durch Spalten
                for j in range(0, f):        # Iteration für den Zeilenfaktor
                    for i in range(
                            0, f):   # Iteration für den Spaltenfaktor
                        # Schreiben des Werts
                        output[x * f + j][y * f + i] = input[x][y]

        return output

# Funktion, die ein leeres 2D-Array in den Dimensionen
# arraySize x arraySize erzeugt und zurückgibt
def createArray(arraySize):
    output = []
    for y in range(0, arraySize):
        row = []
        for x in range(0, arraySize):
            row = row + [False]
        output = output + [row]
    return output

# Funktion, die das Array grafisch im Ausgabefenster darstellt
# Als Eingabe erfolgt das Array.
def drawArray(input):
    # Array-Größe. Da das Array quadratisch sein soll, reicht die Höhe
    # des Arrays aus
    inputSize = len(input)

    # Höhe und Breite jedes Rechtecks (definiert durch Fenstergröße)
    rectWidth = width / inputSize
    rectHeight = height / inputSize

    for y in range(0, inputSize):
        for x in range(0, inputSize):
            # Setze Farbe nach Array-Inhalt
            # Um einzelne Elemente sichtbar zu machen, ist Linienfarbe
            # stets das Gegenteil der Füllfarbe
            if input[y][x] == False:
                stroke(0)
                fill(255)
            else:
                stroke(255)
                fill(0)

            # Zeichne Rechteck
            # startX,startY: obere linke Ecke des Rechtecks
            # startX+rectWidth, startY+rectHeight: untere linke Ecke
            # des Rechtecks
            startX = x * rectWidth
```

```
        startY = y * rectHeight
        rect(startX, startY, startX + rectWidth, startY + rectHeight)

# Startpunkt des Hauptprogramms
# Hier wird die implementierte Funktion zu Demonstrations- und
# Testzwecken aufgerufen.

size(200, 200)
background(255)
eingabe = [[True, False], [False, False]]
drawArray(magnify(eingabe, 1))
```

B.6.5 Partnervermittlung

```
# Funktion zur Überprüfung von Übereinstimmungen
# Die Funktion erhält die Werte für Person a und b in einem
# Array mit Wahrheitswerten und gibt die prozentuale
# Überschneidung zurück
def interestsMatch(a, b):
    # Abbruch, wenn beide Profile ungleich groß sind
    if len(a) != len(b):
        return 0

    numMatches = 0

    # Gehe Liste durch
    for i in range(0, len(a)):
        # Erhöhe Zähler, wenn es Übereinstimmung gibt
        if a[i] == b[i]:
            numMatches += 1

    # Prozentzahl: Übereinstimmungen / Gesamtzahl * 100
    return int((numMatches / float(len(a))) * 100)

# Startpunkt des Hauptprogramms
# Hier wird die implementierte Funktion zu Demonstrations- und
# Testzwecken aufgerufen.

personA = [True, True, False, False, False, True]
personB = [True, False, False, False, False, True]
personC = [False, False, True, True, True, False]
personD = [False, False, True, True, True]

print interestsMatch(personA, personA)
print interestsMatch(personA, personB)
print interestsMatch(personA, personC)
print interestsMatch(personA, personD)
```

B.6.6 Sitzplatzreservierung

```
# Globale Symbolkonstanten
FREE = '_'       # Freier Sitz
TAKEN = '#'      # Belegter Sitz

# Globale Arena
arena = []
minSeats = 3    # Anzahl der Sitze in der letzten Reihe

# Funktion zum Generieren einer neuen Arena. Als
# Eingabewert dient die Anzahl an Zeilen. Die Arena
# wird in einem Array von Chars zurückgegeben
def createArena(numRows):
    # zu befüllendes Gesamt-Array
    arena = []

    # Gehe numerisch jede zu erzeugende Reihe durch
    for i in range(0, numRows):
        # Anzahl der Sitze in aktueller Reihe
        numSeats = numRows - i + (minSeats - 1)

        # Einzelne Reihe
        row = []
        # Gehe numerisch jeden zu erzeugenden Sitz durch
        for x in range(0, numSeats):
            # Füge Array-Element hinzu
            row.append(FREE)
        # Füge Reihe in Arena hinzu
        arena.append(row)
    return arena

# Funktion, die die Arena grafisch darstellt
# Erhält ein zweidimensionales Char-Array
def visualizeArena(arena):
    # Gehe jede Reihe durch
    for y in arena:
        # leeres Stringobjekt erzeugen, dient zur Ausgabe
        # in der Konsole
        row = ""

        # Gehe jeden Sitz durch
        for x in y:
            # Füge Character in Reihe dem Reihenstring hinzu
            row = row + x

        # gebe String mit Sitzreihe aus und mache Zeilenumbruch
        # (für die nächste Reihe)
        print row

# Funktion zum Buchen eines einzelnen Sitzplatzes
# Als Eingabe wird die Reihe und der Platz angegeben
def bookSeat(row, seat):
```

```python
    # Das globale Arena-Array holen
    global arena

    # Zur Änderung der Reihe wird temporäre Reihe angelegt
    rowTemp = arena[row]

    # Setze Sitzplaz auf Belegt
    rowTemp[seat] = TAKEN

    # Ersetze Reihe mit geänderter Reihe
    arena[row] = rowTemp

# Funktion zum zufälligen Buchen von Sitzplätzen
# in der gesamten Arena
def fillSeats():
    # Das globale Arena-Array holen
    global arena

    # Anzahl der Reihen
    numRows = len(arena)

    # Gehe jede Reihe durch (von Reihe 0 bis Gesamtzahl)
    for y in range(0, numRows):
        # Stuhlanzahl in einer Reihe
        numSeats = numRows - y + (minSeats - 1)
        # Gehe jeden Sitz durch
        for x in range(0, numSeats):
            # Zufallszahl zwischen 0 und 1 (Random ist Zahl
            # von 0 bis 1,9999999...)
            randomNumber = int(random(0, 2))
            # Wenn Zufallszahl eine 1 ist, soll Sitz gebucht
            # werden
            if randomNumber == 1:
                bookSeat(y, x)

# Startpunkt des Hauptprogramms
# Hier wird die implementierte Funktion zu Demonstrations- und
# Testzwecken aufgerufen.
arena = createArena(10)
fillSeats()
visualizeArena(arena)
```

B.6.7 Platztausch

```python
# Funktion zum Tauschen von Sitzplätzen
def switchSeats(seats):
    # Anzahl der Sitze ergibt sich aus Array-Größe
    numSeats = len(seats)

    # Gehe Array bis zur Hälfte durch (bei komplettem Durchgang
    # wäre die gleiche Reihenfolge wie vorher)
    for i in range(0, numSeats / 2):
```

```python
        # Hole zu tauschende Plätze
        seatA = seats[i]
        seatB = seats[numSeats - i - 1]

        # Vertausche beide Plätze
        seats[i] = seatB
        seats[numSeats - i - 1] = seatA

    return seats

# Startpunkt des Hauptprogramms
# Hier wird die implementierte Funktion zu Demonstrations- und
# Testzwecken aufgerufen.

seats = [0, 1, 2, 3, 4, 5, 6]
seatSwitched = switchSeats(seats)
# Gebe Array aus
print seatSwitched
```

B.6.8 Bestimmung minimale Distanz

```python
# Funktion zur Bestimmung der minimalen Distanz zweier
# benachbarter Zahlen in einem eindimensionalen Array.
# Es wird das zu überprüfende Array in die Funktion hineingegeben,
# und der Index der ersten Zahl des Paares mit der "minimalsten"
# Distanz soll zurückgegeben werden.
def minDist(input):
    # Die kleinste Distanz mit der größten erlaubten Integer-Zahl
    # initialisieren
    smallestDist = 2147483647

    # Ein Zeiger auf die kleinste Distanz initialisieren, der
    # noch auf kein Array-Element zeigt.
    smallestDistPos = -1

    # Die aktuelle Array-Größe merken
    arraySize = len(input)

    # Gehe jedes Element durch
    for i in range(0, arraySize - 1):
        # Berechne Distanz zum Nachbarn
        distTemp = abs(input[i] - input[i + 1])

        # Wenn Distanz kleiner als aktuell kleinste Distanz
        if distTemp < smallestDist:
            # dann ersetzen
            smallestDist = distTemp

            # und die Position im Array merken
            smallestDistPos = i

    return smallestDistPos
```

442   B Lösungen in Python

```python
# Startpunkt des Hauptprogramms
# Hier wird die implementierte Funktion zu Demonstrations- und
# Testzwecken aufgerufen.
print minDist([4, 8, 6, 1, 2, 9, 4])
```

B.6.9   Morsecode

```python
# Funktion zur Ausgabe des Morsecodes für einen Eingabetext
# Übergeben wird der Eingabetext
def printMorseCode(input):
    # Setze Eingabe auf Lowercase
    input = input.lower()

    # Entferne alle Leerzeichen aus dem String
    input = input.replace(" ", "")

    # Entferne Punkt und Komma aus dem String
    input = input.replace(",", "")
    input = input.replace(".", "")

    output = ""
    # Lexikon für Morsezeichen (von Zeichen A bis 0)
    morsecode = {
        "a": ".-",
        "b": "-...",
            "c": "-.-.",
            "d": "-..",
            "e": ".",
            "f": "..-.",
            "g": "--.",
            "h": "....",
            "i": "..",
            "j": ".---",
            "k": "-.-",
            "l": ".-..",
            "m": "--",
            "n": "-.",
            "o": "---",
            "p": ".--.",
            "q": "--.-",
            "r": ".-.",
            "s": "...",
            "t": "-",
            "u": "..-",
            "v": "...-",
            "w": ".--",
            "x": "-..-",
            "y": "-.--",
            "z": "--..",
            "1": ".----",
            "2": "..---",
            "3": "...--",
```

```
                "4": "....-",
                "5": ".....",
                "6": "-....",
                "7": "--...",
                "8": "---..",
                "9": "----.",
                "0": "-----"
    }

    # Gib den zu "morsenden" Text zunächst als Text aus
    print input

    # Lese Zeichen für Zeichen aus
    for c in input:
        # Hole Morsezeichen aus Lexikon und schreibe in Ergebnis
        output += morsecode[c] + " "

    # gebe Zeichen aus
    print output

# Startpunkt des Hauptprogramms
# Hier wird die implementierte Funktion zu Demonstrations- und
# Testzwecken aufgerufen.
printMorseCode("Wozu Worte drucken, es gibt doch Schreiber")
```

B.6.10 Endlose Animation

```
def setup():
    # Definiere globale Variablen
    # pictureNo: Variable, die später als Zeiger auf das aktuell
    #            zu verwendende Bild verwendet wird
    # animation: Array für die Bilder
    global pictureNo, animation

    # Grafischen Ausgabebereich initialisieren
    size(100, 100)
    background(255)

    # Bilder in Array einlesen
    animation = [loadImage("walk1.jpg"), loadImage("walk2.jpg"),
                 loadImage("walk3.jpg"), loadImage("walk4.jpg"),
                 loadImage("walk5.jpg"), loadImage("walk6.jpg")]

    # Aktuelle Bildnummer
    pictureNo = 0

    # Setze Framerate auf 12 Bilder pro Sekunde
    frameRate(12)

def draw():
    global pictureNo, animation
```

```
    # Lösche das vorherige Bild
    background(255)

    # Zeige aktuelles Bild an
    image(animation[pictureNo], 10, 10)

    # Erhöhe Bilderzähler, solange das letzte Bild im Array
    # noch nicht erreicht wurde
    if pictureNo < 5:
        pictureNo += 1

    # sonst Zähler zurücksetzen
    else:
        pictureNo = 0
```

B.6.11 Spiegeln

```
size(800, 800)

# Funktion zum Spiegeln eines Arrays
# Erhält das ursprüngliche zweidimensionale Array
# und gibt das gespiegelte Array zurück.
def mirror(input):
    # Ausgabe-Array gespiegelt
    output = []

    # Gehe jede Zeile im Input-Array zeilenweise durch
    for y in input:
        # Temporäres Zeilen-Array
        row = []

        # Gehe jedes Element spaltenweise durch
        for x in y:
            # Schreibe Elemente umgekehrt in das Array
            row = [x] + row

        # Füge gespiegelte Reihe dem Ausgabe-Array hinzu
        output = output + [row]

    return output

# Stellt Array grafisch dar
def displayArray(input):
    # Höhe und Breite des Arrays bestimmen
    iWidth = len(input[0])
    iHeight = len(input)

    # Größe pro Rechteck, abhängig vom Bildschirmfenster
    xSize = width / iWidth
    ySize = height / iHeight

    # Gehe jede Zeile und Spalte durch
```

```
        for y in range(0, iHeight):
            for x in range(0, iWidth):
                # Bestimme Farbe
                # True = Setze Farbe auf Schwarz
                if input[y][x]:
                    fill(0)

                # Sonst setze Farbe auf weiß
                else:
                    fill(255)

                # Male Kasten auf Bildschirm
                rect(x * xSize, y * ySize, xSize, ySize)

# Startpunkt des Hauptprogramms
# Hier wird die implementierte Funktion zu Demonstrations- und
# Testzwecken aufgerufen.
inhalt = [[False, False, False, False],
          [False, True,  False, False],
          [False, True,  False, True]]

displayArray(mirror(inhalt))
```

B.6.12 Reflexion

```
size(800, 800)

# Funktion zur Berechnung der angegebenen Reflexion
# An die Funktion wird das zu bearbeitende zwei-
# dimensionale Array übergeben. Das gespiegelte
# Ergebnis wird zurückgegeben.
def reflection(input):
    # Höhe des Eingabe-Arrays
    iHeight = len(input)

    # Kopie anlegen (ein Drittel größer)
    output = input

    # Gehe rückwärts das letzte Drittel des Arrays durch
    for i in range(0, iHeight / 3):
        # Füge Zeile dem Array hinzu
        output = output + [input[iHeight - 1 - i]]
    return output

# Funktion zur grafischen Darstellung eines zweidimensionalen
# Arrays
def displayArray(input):
    # Höhe und Breite des Arrays bestimmen
    iWidth = len(input[0])
    iHeight = len(input)

    # Größe pro Rechteck, abhängig vom Bildschirmfenster
    xSize = width / iWidth
```

```
        ySize = height / iHeight

        # Gehe jede Zeile und Spalte durch
        for y in range(0, iHeight):
            for x in range(0, iWidth):
                # Bestimme Farbe
                # True = Setze Farbe auf Weiß
                if input[y][x]:
                    fill(255)

                # Sonst setze Farbe auf Grau
                else:
                    fill(125)

                # Male Kasten auf Bildschirm
                rect(x * xSize, y * ySize, xSize, ySize)

# Startpunkt des Hauptprogramms
# Hier wird die implementierte Funktion zu Demonstrations- und
# Testzwecken aufgerufen.
input = [[False, False, False, True, True],
        [False, False, False, True, True],
        [False, False, False, True, True],
        [True, True, False, False, False],
        [True, False, False, False, True],
        [False, False, False, True, True]]

# displayArray(input)
displayArray(reflection(input))
```

B.6.13 Greenscreen

```
size(800, 800)

# Funktion zum Verschmelzen zweier Bilder, die
# der Funktion als Parameter übergeben werden
def mergeImages(greenscreen, scene):
    # Erzeuge leeres Ergebnisbild
    resultImage = PImage(scene.width, scene.height)

    # Lade alle Bilder in den Speicher
    greenscreen.loadPixels()
    scene.loadPixels()
    resultImage.loadPixels()

    # Gehe jedes Pixel einzeln durch
    for x in range(0, scene.width):
        for y in range(0, scene.height):
            # Position im Bild als fortlaufenden Index berechnen
            idx = y * greenscreen.width + x

            # Wenn Grün im Bild
```

```
            if red(greenscreen.pixels[idx]) == 0
            and green(greenscreen.pixels[idx]) == 255
            and blue(greenscreen.pixels[idx]) == 0:
                # Übernehme Pixel aus Hintergrund
                resultImage.pixels[idx] = scene.pixels[idx]
            else:
                # Sonst übernehme Pixel aus Vordergrund
                resultImage.pixels[idx] = greenscreen.pixels[idx]

    resultImage.updatePixels()
    return resultImage

# Startpunkt des Hauptprogramms
# Hier wird die implementierte Funktion zu Demonstrations- und
# Testzwecken aufgerufen.

# Lade Bild mit Greenscreen
gs = loadImage("green.png")

# Lade Bild mit Hintergrund
sc = loadImage("bg.png")

# Kombiniere beide Bilder
result = mergeImages(gs, sc)

# Gebe kombiniertes Bild im Fenster aus
image(result, 0, 0)
```

B.6.14 Bild umdrehen und invertieren

```
# Funktion zum Umdrehen und Invertieren eines zwei-
# dimensionalen Arrays. An die Funktion wird das zu
# bearbeitende Array übergeben. Die Funktion selbst
# gibt das fertig bearbeitete Array zurück.
def flipAndInvert(input):
    # Ausgabe-Array mit gleicher Größe
    out = createArray(len(input), len(input[0]))

    # Gehe jede Zeile und Spalte durch
    for i in range(0, len(input)):
        for j in range(0, len(input[0])):
            # Oben wird unten hingeschrieben und umgekehrt
            # Inhalt wird invertiert
            if input[i][j]:
                content = False
            else:
                content = True
            out[len(input) - 1 - i][j] = content
    return out

# Funktion zur grafischen Darstellung eines
# zweidimensionalen Arrays, welches an die
```

```
# Funktion übergeben wird
def displayArray(input):
    # Höhe und Breite des Arrays bestimmen
    iWidth = len(input[0])
    iHeight = len(input)

    # Größe pro Rechteck, abhängig vom Bildschirmfenster
    xSize = width / iWidth
    ySize = height / iHeight

    # Gehe jede Zeile und Spalte durch
    for y in range(0, iHeight):
        for x in range(0, iWidth):
            # Bestimme Farbe
            # True = Setze Farbe auf Weiß
            if input[y][x]:
                fill(255)
            # Sonst setze Farbe auf Grau
            else:
                fill(125)
            # Male Kasten auf Bildschirm
            rect(x * xSize, y * ySize, xSize, ySize)

# Generiert leeres 2D-Array in den Dimensionen sizeX x sizeY
def createArray(sizeX, sizeY):
    print sizeX, sizeY
    output = []
    for x in range(0, sizeX):
        row = []
        for y in range(0, sizeY):
            row = row + [False]
        output = output + [row]
    return output

# Startpunkt des Hauptprogramms
# Hier wird die implementierte Funktion zu Demonstrations- und
# Testzwecken aufgerufen.
size(800, 800)
input = [[False, True, True],
         [True, False, True],
         [True, True, False],
         [True, False, True]]
# displayArray(input)
displayArray(flipAndInvert(input))
```

B.6.15 Bild mit Schatten

```
# Funktion zum Erzeugen eines Schlagschattens in einem
# zweidimensionalen Array, welches an die Funktion
# übergeben wird. Als Ergebnis liefert die Funktion
# das Array mit dem erzeugten Schatten zurück
def addShadow(input):
```

```
    # Vergrößere Ausgabebild um jeweils einen Pixel
    # nach rechts und unten
    t = createArray(len(input) + 1, len(input[0]) + 1)

    # Kopiere alle Elemente des Eingabe-Arrays.
    # Durchlaufe das Array für jede Zeile
    for i in range(0, len(input)):
        # und jede Spalte
        for j in range(0, len(input[i])):
            # kopiere Inhalt
            t[i][j] = input[i][j]

    # Letzte Zeile: unten links auf Weiß
    t[len(t) - 1][0] = True

    # Setze den Rest der letzten Zeile auf Schwarz
    for i in range(1, len(t[len(t) - 1])):
        t[len(t) - 1][i] = False

    # Letzte Spalte: oben rechts auf Weiß
    t[0][len(t[0]) - 1] = True

    # Setze den Rest der letzten Spalte auf Schwarz
    for i in range(1, len(t)):
        t[i][len(t[i]) - 1] = False

    return t

# Funktion zur grafischen Darstellung eines
# zweidimensionalen Arrays, welches an die
# Funktion übergeben wird
def displayArray(input):
    # Höhe und Breite des Arrays bestimmen
    iWidth = len(input[0])
    iHeight = len(input)

    # Größe pro Rechteck, abhängig vom Bildschirmfenster
    xSize = width / iWidth
    ySize = height / iHeight

    # Gehe jede Zeile und Spalte durch
    for y in range(0, iHeight):
        for x in range(0, iWidth):
            # Bestimme Farbe
            # True = Setze Farbe auf Weiß
            if input[y][x]:
                fill(255)
            # Sonst setze Farbe auf Grau
            else:
                fill(125)
            # Male Kasten auf Bildschirm
            rect(x * xSize, y * ySize, xSize, ySize)
```

```
# Generiert leeres 2D-Array in den Dimensionen sizeX x sizeY
def createArray(sizeX, sizeY):
    output = []
    for x in range(0, sizeX):
        row = []
        for y in range(0, sizeY):
            row = row + [False]
        output = output + [row]
    return output

# Startpunkt des Hauptprogramms
# Hier wird die implementierte Funktion zu Demonstrations- und
# Testzwecken aufgerufen.
size(800, 800)
input = [[False, True, True],
        [True, False, True],
        [True, True, False],
        [True, False, True]]


# displayArray(input)
displayArray(addShadow(input))
```

B.6.16   Bild rotieren

```
# Funktion, die ein zweidimensionales rechteckiges
# boolean-Array um 90 Grad nach links dreht. An die
# Funktion wird das zu bearbeitende Array übergeben.
# Zum Schluss gibt die Funktion das gedrehte Array
# zurück.
def negativeRotation(bwImage):
    # Neues Array anlegen (Höhe und Breite vertauscht)
    rotatedImage = createArray(len(bwImage[0]), len(bwImage))

    # Gehe jedes Element durch
    # Zunächst in der Zeile
    for i in range(0, len(bwImage)):
        # dann in der Spalte
        for j in range(0, len(bwImage[i])):
            # Kopiere Quellinhalt der Zelle [i,j]
            # an die gedrehte Position
            rotatedImage[len(bwImage[i]) - 1 - j][i] = bwImage[i][j]

    return rotatedImage

# Funktion zur grafischen Darstellung eines
# zweidimensionalen Arrays, welches an die
# Funktion übergeben wird
def displayArray(input):
    # Höhe und Breite des Arrays bestimmen
    iWidth = len(input[0])
    iHeight = len(input)
```

```
            # Größe pro Rechteck, abhängig vom Bildschirmfenster
            xSize = width / iWidth
            ySize = height / iHeight
            
            # Gehe jede Zeile und Spalte durch
            for y in range(0, iHeight):
                for x in range(0, iWidth):
                    # Bestimme Farbe
                    # True = Setze Farbe auf Weiß
                    if input[y][x]:
                        fill(255)
                    # Sonst setze Farbe auf Grau
                    else:
                        fill(125)
                    
                    # Male Kasten auf Bildschirm
                    rect(x * xSize, y * ySize, xSize, ySize)

# Generiert leeres 2D-Array in den Dimensionen sizeX x sizeY
def createArray(sizeX, sizeY):
    output = []
    for x in range(0, sizeX):
        row = []
        for y in range(0, sizeY):
            row = row + [False]
        output = output + [row]
    return output

# Startpunkt des Hauptprogramms
# Hier wird die implementierte Funktion zu Demonstrations- und
# Testzwecken aufgerufen.
size(800, 800)
input = [[False, True, True],
         [True, False, True],
         [True, True, False],
         [True, False, True]]

# displayArray(input)
displayArray(negativeRotation(input))
```

B.6.17 Bildverkleinerung

```
# Funktion zum Verkleinern eines quadratischen
# Arrays. Das zu verkleinernde Array wird an die
# Funktion übergeben. Als Ergebnis wird das
# verkleinerte Array zurückgegeben.
def shrink(input):
    # Nur gültige Größen (gerade Anzahl an Feldern
    # und quadratisch) akzeptieren
    if len(input) % 2 != 0 and len(input) != len(input[0]):
        return null
```

```python
    # Ausgabe-Array (halb so groß wie die Eingabe)
    out = createArray(len(input) / 2, len(input) / 2)

    # Zähler, wie viele Schwarzwerte in dem 2x2-Element sind
    numBlack = 0

    # Für jedes Feld im Ausgabe-Array
    for i in range(0, len(out)):
        for j in range(0, len(out)):
            # Analyse: Gehe in Form von 2x2-Elementen das
            # Eingabe-Array durch und bestimme die Anzahl
            # an Schwarzwerten
            for k in range(0, 2):
                for l in range(0, 2):
                    # Wenn kein Weißwert vorliegt,
                    # dann Schwarzzähler erhöhen
                    if input[k + i * 2][l + j * 2] == False:
                        numBlack += 1

            # Wenn mindestens zweimal schwarz vorkommt
            # schwarz im Ausgabe-Array speichern
            if numBlack > 1:
                out[i][j] = False
            # sonst weiß
            else:
                out[i][j] = True

            # Zähler resetten für nächstes 2x2-Element
            numBlack = 0

    return out

# Funktion zur grafischen Darstellung eines
# zweidimensionalen Arrays, welches an die
# Funktion übergeben wird
def displayArray(input):
    # Höhe und Breite des Arrays bestimmen
    iWidth = len(input[0])
    iHeight = len(input)

    # Größe pro Rechteck, abhängig vom Bildschirmfenster
    xSize = width / iWidth
    ySize = height / iHeight

    # Gehe jede Zeile und Spalte durch
    for y in range(0, iHeight):
        for x in range(0, iWidth):
            # Bestimme Farbe
            # True = Setze Farbe auf Weiß
            if input[y][x]:
                fill(255)
            # Sonst setze Farbe auf Grau
            else:
```

```
            fill(125)

        # Male Kasten auf Bildschirm
        rect(x * xSize, y * ySize, xSize, ySize)

# Generiert leeres 2D-Array in den Dimensionen sizeX x sizeY
def createArray(sizeX, sizeY):
    output = []
    for x in range(0, sizeX):
        row = []
        for y in range(0, sizeY):
            row = row + [False]
        output = output + [row]
    return output


# Startpunkt des Hauptprogramms
# Hier wird die implementierte Funktion zu Demonstrations- und
# Testzwecken aufgerufen.
size(800, 800)
input = [[False, True, False, False, True, False],
         [True, True, False, False, True, True],
         [True, False, True, True, False, True],
         [True, True, True, True, True, True],
         [False, True, False, False, True, False],
         [True, False, False, False, False, True]]

# displayArray(input)
displayArray(shrink(input))
```

B.6.18 Minimale Punktdistanz

```
# Funktion zur Ermittlung der minimalen Distanz
# zwischen zwei Punkten. An die Funktion wird ein
# zweidimensionales Array mit Koordinaten übergeben.
# Als Ergebnis liefert die Funktion ein eindimensionales
# Array mit der Angabe der Indizes der kleinsten Distanz.
def minDistance(c):
    # Ergebnis-Array für zwei Elemente initialisieren
    result = [0, 0]

    # Minimale Distanz soll hier am Ende stehen.
    minD = sqrt(pow(c[0][0] - c[1][0], 2) + pow(c[0][1] - c[1][1], 2))

    # Gehe jede Spalte durch (Referenzpunkt)
    for i in range(0, len(c)):
        # Gehe jede Spalte durch ab dem Referenzpunkt (Vergleichspunkt)
        for j in range(i + 1, len(c)):
            # Berechne Distanz dieser Spalte
            d = sqrt(pow(c[i][0] - c[j][0], 2) +
                     pow(c[i][1] - c[j][1], 2))

            # Wenn kleiner als aktuell minimale Distanz, dann übernehmen
```

454 B Lösungen in Python

```python
        if d < minD:
            # Speichere Distanz
            minD = d

            # Speichere Referenzpunkt
            result[0] = i

            # Speichere Vergleichspunkt
            result[1] = j

    return result

# Startpunkt des Hauptprogramms
# Hier wird die implementierte Funktion zu Demonstrations- und
# Testzwecken aufgerufen.
c = [[3, 7],
    [30, 80],
    [80, 320],
    [15, 276],
    [84, 298],
    [19, 29],
    [200, 200],
    [191, 919]]


print minDistance(c)
```

B.6.19 Glatte Kurven

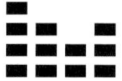

```python
# Funktion zur Glättung eines Audiosignals
# Erhält das Signal als double-Array
def smoothAudio(signal):
    # leeres Array erzeugen
    output = []

    # Für das erste Element wird der Wert
    # als Durchschnitt der ersten beiden Werte berechnet.
    average = (signal[0] + signal[1]) / 2

    output = output + [average]

    # Restliche Elemente
    for n in range(1, len(signal) - 1):
        # Durchschnitt berechnen
        average = (signal[n - 1] + signal[n] + signal[n + 1]) / 3

        # Wert dem Output hinzufügen
        output = output + [average]

    # ... das wird nochmal gesondert berechnet
    average = (signal[len(signal) - 2] + signal[len(signal) - 1]) / 2
    output = output + [average]
```

```
    return output

# Funktion zum Zeichnen des Signals
# An die Funktion wird das Signal als eindimensionales Array sowie
# der Startpunkt für die Zeichnung (ist Fensterhöhe = Unterer Rand)
# übergeben.
def displayAudio(signal, yStart):
    xScale = 8     # Skalierung der Punkte untereinander
    yScale = 3     # Skalierung der Punkte untereinander
    xSize = 7      # Punktgröße
    x = 0
    
    for element in signal:
        ellipse(x * xScale, -element * yScale + yStart, xSize, xSize)
        x = x + 1

# Startpunkt des Hauptprogramms
# Hier wird die implementierte Funktion zu Demonstrations- und
# Testzwecken aufgerufen.
size(500, 500)
background(255)
fill(255, 0, 0)

# Generiere Sinus-Signal (20 Elemente)
audio = []
for i in range(0, 20):
    audio += [sin(2 * PI / 20 * i) * 20]

# Baue anschließend Störungen im Signal ein
audio[10] = audio[8] - 8
audio[15] = audio[15] - 7

audioSmooth = smoothAudio(audio)
displayAudio(audio, 100)

fill(0, 255, 0, 255)
displayAudio(audioSmooth, 300)
```

B.6.20 Bildausschnitt

```
# Funktion zum Heraustrennen eines Teilbereichs aus
# einem Array. An die Funktion werden ein zweidimensionales
# Array sowie Ausschnitthöhe und -weite übergeben.
def extractCenter(input, w, h):
    # Startreihe im Array
    # Gehe von Mitte h/2-Schritte zurück
    startRow = (len(input) - h) / 2
    
    # Startspalte im Array
    # Gehe von Mitte w/2-Schritte zurück
    startColumn = (len(input) - w) / 2
```

```python
    # Generiere Ausgabe-Array
    output = createArray(w, h)

    # Gehe jede Spalte im Ziel-Array durch
    for y in range(0, h):
        # pro Zeile
        for x in range(0, w):
            # pro Spalte
            # kopiere Elemente aus Quellbereich
            output[y][x] = input[startRow + y][startColumn + x]

    # Gebe Bildausschnitt zurück
    return output

# Funktion zur grafischen Darstellung eines
# zweidimensionalen Arrays, welches an die
# Funktion übergeben wird
def displayArray(input):
    # Höhe und Breite des Arrays bestimmen
    iWidth = len(input[0])
    iHeight = len(input)

    # Größe pro Rechteck, abhängig vom Bildschirmfenster
    xSize = width / iWidth
    ySize = height / iHeight

    # Gehe jede Zeile und Spalte durch
    for y in range(0, iHeight):
        for x in range(0, iWidth):
            # Bestimme Farbe
            # True = Setze Farbe auf Weiß
            if input[y][x]:
                fill(255)
            # Sonst setze Farbe auf Grau
            else:
                fill(125)

            # Male Kasten auf Bildschirm
            rect(x * xSize, y * ySize, xSize, ySize)

# Generiert leeres 2D-Array in den Dimensionen sizeX x sizeY
def createArray(sizeX, sizeY):
    output = []
    for y in range(0, sizeY):
        row = []
        for x in range(0, sizeX):
            row = row + [False]
        output = output + [row]
    return output

# Startpunkt des Hauptprogramms
# Hier wird die implementierte Funktion zu Demonstrations- und
# Testzwecken aufgerufen.
```

```
size(800, 800)
input = [[False, False, False, True, True],
         [False, False, False, True, True],
         [False, False, False, True, True],
         [True, True, False, False, False],
         [True, False, False, False, True],
         [False, False, False, True, True]]

# displayArray(input)
displayArray(extractCenter(input, 3, 2))
```

B.6.21 Bild mit Rahmen

```
# Funktion zum Hinzufügen einer schwarzen Umrandung an ein Array.
# An die Funktion wird das zweidimensionale Quell-Array sowie die
# Zielgröße inkl. Rahmen übergeben. Die Funktion gibt das neu
# berechnete Array zurück.
def addFrame(input, fWidth):
    out = createArray(len(input) + 2 * fWidth,
                      len(input[0]) + 2 * fWidth)

    # Setze zunächst alle Array-Werte auf false.
    # Damit wird das Array komplett "eingeschwärzt".
    for x in range(0, len(out)):
        for y in range(0, len(out[0])):
            out[x][y] = False

    # Kopiere die Array-Werte vom Quell-Array rüber in das
    # größere Array, beginnend ab Rand
    for x in range(0, len(input)):
        for y in range(0, len(input[0])):
            out[x + fWidth][y + fWidth] = input[x][y]
    return out

# Funktion zur grafischen Darstellung eines
# zweidimensionalen Arrays, welches an die
# Funktion übergeben wird
def displayArray(input):
    # Höhe und Breite des Arrays bestimmen
    iWidth = len(input[0])
    iHeight = len(input)

    # Größe pro Rechteck, abhängig vom Bildschirmfenster
    xSize = width / iWidth
    ySize = height / iHeight

    # Gehe jede Zeile und Spalte durch
    for y in range(0, iHeight):
        for x in range(0, iWidth):
            # Bestimme Farbe
            # True = Setze Farbe auf Weiß
            if input[y][x]:
```

458   B Lösungen in Python

```
                fill(255)
            # Sonst setze Farbe auf Grau
            else:
                fill(125)

            # Male Kasten auf Bildschirm
            rect(x * xSize, y * ySize, xSize, ySize)

# Generiert leeres 2D-Array in den Dimensionen sizeX x sizeY
def createArray(sizeX, sizeY):
    print sizeX, sizeY
    output = []
    for x in range(0, sizeX):
        row = []
        for y in range(0, sizeY):
            row = row + [False]
        output = output + [row]
    return output


# Startpunkt des Hauptprogramms
# Hier wird die implementierte Funktion zu Demonstrations- und
# Testzwecken aufgerufen.
size(800, 800)
input = [[True, False, True],
        [False, False, True],
        [True, False, False],
        [False, False, True]]


# displayArray(input)
displayArray(addFrame(input, 1))
```

B.6.22   Memory-Spielfeldgenerator

```
# Funktion zum Erzeugen eines Memory-Felds
# An die Funktion wird die zu erstellende
# Größe übergeben. Die Funktion gibt als Ergebnis
# das generierte Spielfeld als zweidimensionales Array
# zurück.
def generateMemoryField(fieldSize):
    # Anzahlnummer der Karten
    numElements = fieldSize * fieldSize

    # Gültige Spielfeldgröße?
    if numElements % 2 == 0 and numElements > 0:
        # Erzeuge leeres Spielfeld (fieldSize x fieldSize)
        memoryField = createArray(fieldSize)

        numPaare = numElements / 2

        # Belege Feld mit möglichen Zahlen
        for number in range(1, numPaare + 1):
            # Immer zweimal (= 1 Paar) durchführen
```

```
            for j in range(0, 2):
                # Wähle zufällige Position
                randomX = int(random(0, fieldSize))
                randomY = int(random(0, fieldSize))

                # Solange Position schon belegt, neue Position wählen
                while memoryField[randomX][randomY] != 0:
                    randomX = int(random(0, fieldSize))
                    randomY = int(random(0, fieldSize))

                # setze Zahl
                memoryField[randomX][randomY] = number

        return memoryField
    else:
        # ungültige Spielfeldgröße
        return []

# Funktion zur Visualisierung des berechneten Spielfelds
# An die Funktion wird das generierte Spielfeld als
# zweidimensionales Array übergeben.
def visualizeMemoryField(memoryField):
    fieldSize = len(memoryField)
    if fieldSize == 0:
        return

    # Pixel pro Schritt
    stepSize = width / fieldSize

    # Halbe Größe einer Karte
    stepMiddle = stepSize / 2

    x = 0
    y = 0
    for row in memoryField:
        x = 0
        for element in row:

            # Karte als Rechteck zeichnen
            fill(255)
            stroke(0)
            rect(x, y, x + stepSize, y + stepSize)

            # Zahlen reinzeichnen
            fill(0)
            textSize(stepMiddle)
            text(
                element,
                x +
                stepMiddle /
                2,
                y +
                stepMiddle +
```

```
                stepMiddle /
                4)
            x = x + stepSize
        y = y + stepSize

# Generiert leeres 2D-Array in den Dimensionen arraySize x arraySize
def createArray(arraySize):
    output = []
    for y in range(0, arraySize):
        row = []
        for x in range(0, arraySize):
            row = row + [0]
        output = output + [row]
    return output

# Startpunkt des Hauptprogramms
# Hier wird die implementierte Funktion zu Demonstrations- und
# Testzwecken aufgerufen.
size(600, 600)
background(255, 255, 255)

memoryField = generateMemoryField(4)
visualizeMemoryField(memoryField)
```

B.6.23 Sudoku-Check

```
# Funktion zur Überprüfung einer Sudoku-Lösung auf Korrektheit.
# Als Eingabe an die Funktion wird die Sudoku-Lösung in Form eines
# zweidimensionalen Arrays übergeben. Die Funktion gibt als Ergebnis
# einen Wahrheitswert zurück.
def checkSudoku(sudoku):
    # Array, das die Anzahl der Vorkommnisse jeder Zahl aufschreibt
    # Position: Zahl
    # Inhalt an Position: Anzahl der Zahl
    occurrences = [0, 0, 0, 0, 0, 0, 0, 0, 0, 0]

    # Prüfe Zeilen
    # Gehe jede Zeile durch
    for y in sudoku:
        # Gehe jedes Element in der Zeile durch
        for x in y:
            # Erhöhe Zähler für Zahl um 1
            occurrences[x] += 1

        # Gehe Zähler-Array durch
        for i in occurrences:
            # Wenn Zahl häufiger als einmal vorkommt
            # -> Keine gültige Lösung
            if i > 1 and i != 0:
                return False

        # Zähler-Array wieder auf 0 setzen
        occurrences = [0, 0, 0, 0, 0, 0, 0, 0, 0, 0]
```

```python
        # Prüfe Spalten
        # Gehe jede Spalte durch
        for x in range(0, 8):
            # Gehe jedes Element in der Spalte durch
            for y in range(0, 8):
                # Hole Zahl aus Position in Sudoku
                number = sudoku[y][x]

                # Erhöhe Zähler für Zahl um 1
                occurrences[number] += 1

            # Gehe Zähler-Array durch
            for i in occurrences:
                # Wenn Zahl häufiger als einmal vorkommt
                # -> Keine gültige Lösung
                if i > 1 and i != 0:
                    return False

            # Zähler-Array wieder auf 0 setzen
            occurrences = [0, 0, 0, 0, 0, 0, 0, 0, 0, 0]

        # Prüfe 3x3 Blöcke
        # Bestimme Blocknummer
        for i in range(0, 3):      # Blocknummer in x-Richtung
            for j in range(0, 3):  # Blocknummer in y-Richtung
                # Gehe inneren Block durch
                for y in range(0, 3):
                    for x in range(0, 3):
                        # Bestimme globale Position
                        posX = 3 * i + x
                        posY = 3 * j + y

                        # Bestimme Zahl
                        number = sudoku[posY][posX]

                        # Erhöhe Zähler für Zahl um 1
                        occurrences[number] += 1

                # Gehe Zähler-Array durch
                for k in occurrences:
                    # Wenn Zahl häufiger als einmal vorkommt
                    # -> Keine gültige Lösung
                    if k > 1 and k != 0:
                        return False

                # Zähler-Array wieder auf 0 setzen
                occurrences = [0, 0, 0, 0, 0, 0, 0, 0, 0, 0]

    # Wenn das Programm bis an diese Stelle kommt, wurde keine "return"-
    # Anweisung ausgeführt. Das bedeutet, die Prüfung ist erfolgreich!
    return True

# Startpunkt des Hauptprogramms
```

```
# Hier wird die implementierte Funktion zu Demonstrations- und
# Testzwecken aufgerufen.

# Test-Sudoku
sudoku = [[8, 3, 5, 4, 1, 6, 9, 2, 7],
          [2, 9, 6, 8, 5, 7, 4, 3, 1],
          [4, 1, 7, 2, 9, 3, 6, 5, 8],
          [5, 6, 9, 1, 3, 4, 7, 8, 2],
          [1, 2, 3, 6, 7, 8, 5, 4, 9],
          [7, 4, 8, 5, 2, 9, 1, 6, 3],
          [6, 5, 2, 7, 8, 1, 3, 9, 4],
          [9, 8, 1, 3, 4, 5, 2, 7, 6],
          [3, 7, 4, 9, 6, 2, 8, 1, 5]]

print checkSudoku(sudoku)
```

B.6.24 Medianfilter

```
# Funktion zur Anwendung eines Medianfilters
# auf ein übergebenes Bild. Das Ergebnisbild
# wird von der Funktion zurückgegeben.
def MedianFilter(input):
    # Bildausschnittsarray mit 9 Werten
    area = [0, 0, 0, 0, 0, 0, 0, 0, 0]
    grey = [0, 0, 0, 0, 0, 0, 0, 0, 0]

    output = PImage(input.width, input.height)

    # Gehe für jedes Pixel einzeln durch
    for y in range(1, input.height - 1):
        for x in range(1, input.width - 1):
            # Hole Ausschnitt aus Input
            num = 0

            # x,y-Zähler für 3x3-Block
            for j in range(-1, 2):
                for k in range(-1, 2):
                    # Speichere die umliegenden Elemente
                    # im area-Array
                    area[num] = input.get(x + k, y + j)
                    num += 1

            # Berechne Grauwerte aus den extrahierten
            # umliegenden Punkten (area-Array)
            for i in range(0, len(area)):
                grey[i] = red(area[i]) * 0.299 + green(area[i]) * 0.581
                + blue(area[i]) * 0.114

            # Sortiere Pixel
            grey = sort(grey)

            # Nehme mittleren Wert
```

```
            median = grey[4]
            
            # Schreibe Median in Ausgangspixel
            output.set(x, y, color(median, median, median))
    
    return output

# Startpunkt des Hauptprogramms
# Hier wird die implementierte Funktion zu Demonstrations- und
# Testzwecken aufgerufen.
size(1000, 1000)
bild = loadImage("image.png")
imageFiltered = MedianFilter(bild)
image(imageFiltered, 0, 0)
```

B.7 Strings und Stringverarbeitung

B.7.1 String Kompression

```python
# Funktion zur einfachen Komprimierung von Strings
# Als Eingabeparameter wird der zu komprimierende String
# übergeben. Die Funktion liefert das Ergebnis der Komprimierung
# zurück.
def simpleCompression(input):
    cCount = 0                          # Gezählte gleiche Zeichen
    lastChar = input[0]                 # Letztes Zeichen
    output = ""                         # Komprimierter String

    # Gehe alle Zeichen im String durch
    for currentChar in input:

        # Wenn Zeichen übereinstimmen:
        if currentChar == lastChar:
            # Erhöhe Zähler
            cCount += 1
        else:
            # Anzahl + Zeichen an Ausgabestring schreiben
            output += str(cCount) + lastChar

            # Zeichenzähler zurücksetzen
            cCount = 1

        # Letztes Zeichen aktualisieren
        lastChar = currentChar

    # Letztes Zeichen aktualisieren
    output += str(cCount) + lastChar

    return output

# Startpunkt des Hauptprogramms
# Hier wird die implementierte Funktion zu Demonstrations- und
# Testzwecken aufgerufen.
def setup():
    bwImageStringA = "WWWWBBBWBBBBBBWW"  # compressed: "4W3B1W6B2W"
    bwImageStringB = "BBBBWWWWWWWWWB"     # compressed: "4B9W1B"
    bwImageStringC = "WBBBBWWWWWWB"       # compressed: "1W4B6W1B"

    print simpleCompression(bwImageStringA)
    print simpleCompression(bwImageStringB)
    print simpleCompression(bwImageStringC)
```

B.7.2 Split-Funktion

```
# Funktion zum Zerteilen eines Eingabestrings, der an
# die Funktion übergeben wird. Als Ergebnis wird ein
# Array mit den Teilstrings zurückgegeben.
def split(input):
    stringLength = len(input)
    output = []

    # Aktueller ausgelesener String (bis Semikolon)
    word = ""

    for i in range(0, stringLength):
        # Semikolon entdeckt oder Ende des Strings
        if input[i] == ";":
            # Füge Wort hinzu
            output = output + [word]

            # Lösche aktuelles Wort
            word = ""
        # Letztes Element im String -> Wort ergänzen + hinzufügen
        elif i == stringLength - 1:
            word = word + input[i]
            output = output + [word]

        # Sonst String um aktuellen Character ergänzen
        else:
            word = word + input[i]

    return output

# Startpunkt des Hauptprogramms
# Hier wird die implementierte Stringverarbeitungsfunktion zu
# Demonstrations- und Testzwecken aufgerufen.
print split("ab;cde;fghi;jklm")
```

B.7.3 Geldschein-Blütencheck

```
# Funktion, die die Position eines Buchstabens im Alphabet
# zurückliefert. An die Funktion wird der Buchstabe übergeben,
# für den die Position bestimmt und am Ende der Funktion
# zurückgeliefert wird.
def computeCheckDigit(serialnumber):
    letter = serialnumber[0]

    # Python-Dictionary zur Zuordnung von Buchstaben zu ihrer
    # Alphabetsposition
    letterPosition = {"A": 1,
                      "B": 2,
                      "C": 3,
                      "D": 4,
                      "E": 5,
```

```python
                        "F": 6,
                        "G": 7,
                        "H": 8,
                        "I": 9,
                        "J": 10,
                        "K": 11,
                        "L": 12,
                        "M": 13,
                        "N": 14,
                        "O": 15,
                        "P": 16,
                        "Q": 17,
                        "R": 18,
                        "S": 19,
                        "T": 20,
                        "U": 21,
                        "V": 22,
                        "W": 23,
                        "X": 24,
                        "Y": 25,
                        "Z": 26,
                        }

    # Hole Position im lateinischen Alphabet
    posNumber = letterPosition[letter]

    # Berechne Summe
    sum = 0

    # Addiere Quersumme
    while posNumber != 0:
        sum = sum + posNumber % 10
        posNumber = posNumber / 10

    # Addiere restliche Ziffern
    # Wandle dabei die Ziffern in Integer-Werte um
    for i in range(1, 11):
        sum = sum + int(serialnumber[i])

    # Ganzzahligen Rest der Division durch 9 bestimmen (Modulo)
    rest = sum % 9

    # Berechne Prüfziffer
    # Subtrahiere Rest von 8
    checkDigit = 8 - rest

    # Wenn Ergebnis = 0, dann ist Prüfziffer = 9
    if rest == 0:
        checkDigit = 9

    return checkDigit

# Funktion, die die Prüfziffer einer Seriennummer
```

```
# eines Geldscheins zurückliefert. Die Seriennummer
# wird an die Funktion übergeben. Die Funktion liefert
# die Prüfziffer der Seriennummer zurück.
def getCheckDigit(serialnumber):
    return int(serialnumber[11])

# Funktion zur Überprüfung der Gültigkeit einer Seriennummer
# eines Geldscheins. Die Seriennummer wird als String an die
# Funktion übergeben und liefert einen Wahrheitswert zurück.
def isCheckDigitValid(serialnumber):
    return getCheckDigit(serialnumber) == computeCheckDigit(serialnumber)

# Startpunkt des Hauptprogramms
# Hier wird die implementierte Stringverarbeitungsfunktion zu
# Demonstrations- und Testzwecken aufgerufen.
print isCheckDigitValid("S00630387745")
```

B.7.4 Starkes Passwort

```
# Funktion prüft, ob ein als String übergebenes Passwort
# die Regeln für ein starkes Passwort erfüllt. Die Funktion
# gibt einen Wahrheitswert mit dem Ergebnis der Prüfung zurück.
def isStrong(password):
    # Enthält mindestens acht Zeichen
    if len(password) < 8:
        return False

    # Zähle einzelne Zeichentypen
    lowercase = 0
    uppercase = 0
    number = 0
    special = 0

    # Gehe String durch
    for c in password:
        # Bestimme Character-Code
        charCode = charToNumber(c)

        # ist ein Kleinbuchstabe
        if charCode >= charToNumber(
                "a") and charCode <= charToNumber("z"):
            lowercase += 1

        # ist ein Großbuchstabe
        elif charCode >= charToNumber("A") and charCode <= charToNumber("Z"):
            uppercase += 1

        # ist eine Ziffer
        elif charCode >= charToNumber("0") and charCode <= charToNumber("9"):
            number += 1

        # ist ein Sonderzeichen (! oder *)
```

```
        elif charCode == charToNumber("!") or charCode == charToNumber("*"):
            special += 1

    # Sind alle Zeichen gezählt, werte aus
    # Gebe True zurück, wenn alle Bedingungen erfüllt sind
    if lowercase > 0 and uppercase > 0 and number > 0 and special > 0:
        return True
    else:
        return False


# Funktion zum Konvertieren eines Buchstabens in Character-Code. Die
# Funktion erhält das Zeichen, für den der Code zurückgeliefert wird.
def charToNumber(c):
    return unhex(hex(c))


# Startpunkt des Hauptprogramms
# Hier wird die implementierte Stringverarbeitungsfunktion zu
# Demonstrations- und Testzwecken aufgerufen.
print isStrong("eVJo2!8IrRo")
print isStrong("aH6*LauTp21u")
print isStrong("o1hKeaZG*!o")
print isStrong("Passwort123")
print isStrong("!2Bcv")
```

B.7.5 E-Mail-Check

```
# Funktion zur Überprüfung eines Strings auf eine gültige
# E-Mail-Adresse. Die Funktion erhält die E-Mail-Adresse und
# liefert als Ergebnis einen Wahrheitswert zurück.
def isEmail(email):
    stage = 0
    cCount = 0                  # gezählte Characters im Bereich

    # Gehe jedes Zeichen durch
    for c in email:
        if c == "@":
            # Nur erhöhen, wenn kein vorheriges @ erkannt wurde
            if stage == 0 and cCount > 0:
                stage = 1
                cCount = 0
            else:
                # Sonst ungültige Mail-Adresse
                return False
        elif c == ".":
            # Nur erhöhen, wenn bereits @ erkannt wurde
            if stage == 1 and cCount > 0:
                stage = 2
                cCount = 0
            else:
                # Sonst ungültige Mail-Adresse
                return False
        else:
```

```python
            # Sonst Zeichenzähler erhöhen
            cCount += 1

    # Alle Zeichen durchgegangen
    # Endergebnis ist wahr, wenn Zeichen am Ende 2 oder 3 sind
    return cCount == 2 or cCount == 3

# Startpunkt des Hauptprogramms
# Hier wird die implementierte Stringverarbeitungsfunktion zu
# Demonstrations- und Testzwecken aufgerufen.
print isEmail("john@doe.net")
print isEmail("john@doe.de")
print isEmail("john@doe.shop")
print isEmail("john@.net")
print isEmail("@.net")
```

B.7.6 Prüfen auf eine korrekten Klammerung

```python
# Funktion zur Überprüfung eines Strings auf eine gültige
# Klammerung. Der String wird an die Funktion übergeben.
# Diese liefert am Ende einen Wahrheitswert, der angibt,
# ob eine korrekte Klammerung vorliegt.
def checkBrackets(input):
    # Anzahl der noch geöffneten Klammern
    openBrackets = 0

    # Ist die letzte Klammer eine geschlossene?
    lastBracketClosed = True

    # Gehe Zeichen für Zeichen durch
    for c in input:
        # Offene Klammer gefunden
        if c == "(":
            # Offene Klammeranzahl erhöhen
            openBrackets += 1

            # Letzte Klammer ist somit nicht geschlossen
            lastBracketClosed = False

        # Geschlossene Klammer gefunden
        if c == ")":
            # gibt es eine geöffnete Klammer hierzu
            if openBrackets > 0:
                # offene Klammeranzahl reduzieren
                openBrackets -= 1
            else:  # sonst ist Klammerung nicht korrekt
                return False

            # Letzte Klammer ist damit geschlossen
            lastBracketClosed = True

    # Wenn keine offenen Klammern mehr vorhanden sind und die
```

```
        # letzte Klammer geschlossen ist, wird true zurückgegeben
        return openBrackets == 0 and lastBracketClosed


# Startpunkt des Hauptprogramms
# Hier wird die implementierte Stringverarbeitungsfunktion zu
# Demonstrations- und Testzwecken aufgerufen.
print checkBrackets("(()(a)(()((c))))")
```

B.7.7 Sternchenmuster

```
# Funktion zum Zeichnen von Sternchenmuster in der Kommandozeile
# An die Funktion wird die Anzahl an Zeilen übergeben.
def drawStars(rows):
    # Zeilen von oben bis Mitte
    for numStars in range(1, rows):
        printStars(numStars)

    # In der Mitte werden (fast) doppelt so viele
    # ausgegeben
    printStars(rows * 2 - 1)

    # Für die nachfolgenden Zeilen ...
    for i in range(1, rows):
        # ... immer ein Sternchen weniger ausgeben
        numStars = rows - i
        # Aufruf mit zwei Parametern, damit die Leerzeichen
        # berücksichtigt werden
        printStars(numStars, rows)

# Zeichnet angegebene Nummer an Sternen in eine Reihe
# Funktion zum Zeichnen der Anzahl angegebener Sternchen
# mit Berücksichtigung von Leerzeichen.
# Die Funktion erhält die Anzahl der auszugebenden Sterne
# sowie die Anzahl von Leerzeichen.
def printStars(numStars, numSpace=0):
    row = ""

    # Füge ggf. Leerzeichen hinzu
    for i in range(0, numSpace):
        row += " "

    for i in range(0, numStars):
        row += "*"

    print row

# Startpunkt des Hauptprogramms
# Hier wird die implementierte Stringverarbeitungsfunktion zu
# Demonstrations- und Testzwecken aufgerufen.
drawStars(4)
```

B.7.8 URL-Encoding

```
# Funktion zum Durchführen eines URL-Encodings.
# An die Funktion wird der Originalstring eingegeben.
# Der konvertierte String wird von der Funktion
# zurückgeliefert.
def urlEncode(s):
    encoded = ""
    
    # Alle Zeichen im String durchgehen
    for c in s:
        # Schreibe Zeichen in Ausgabestring
        if c == ' ':
            encoded += "%20"
        elif c == '*':
            encoded += "%2A"
        elif c == '+':
            encoded += "%2B"
        elif c == ',':
            encoded += "%2C"
        elif c == '/':
            encoded += "%2F"
        elif c == ':':
            encoded += "%3A"
        elif c == '"':
            encoded += "%3B"
        elif c == '=':
            encoded += "%3D"
        elif c == '?':
            encoded += "%3F"
        else:
            encoded += c
    
    return encoded

# Startpunkt des Hauptprogramms
# Hier wird die implementierte Stringverarbeitungsfunktion zu
# Demonstrations- und Testzwecken aufgerufen.
print urlEncode("http://www.hanser-fachbuch.de/buch/"
                + "WebSockets/9783446443716")
```

B.7.9 Telefonbuch bearbeiten

```
# Funktion zum Einlesen eines Telefonbuchs in Form einer
# CSV-Datei. Als Parameter wird die Angabe des Pfades zur
# Datei an die Funktion übergeben. Diese liefert den Inhalt
# der Datei als String-Array zurück.
def readPhonebook(filename):
    phonebook = loadStrings(filename)
    output = []
    
    # Telefonbuch einlesen
    for entry in phonebook:
```

```python
        # Trenne CSV-Einträge
        entryArray = split(entry)

        # Ergänze Festnetznummer, wenn erste Ziffer = "0"

        # Wurde eine Nummer angegeben
        if entryArray[2] != "':
            # Beginnt die Nummer mit einer '0'
            if entryArray[2][0] == '0':
                # Tauschen
                entryArray[2] = '+49' + entryArray[2][1:]

        # Ergänze Handynummer, wenn erste Nummer "0"

        # Wurde eine Nummer angegeben
        if entryArray[3] != "':
            # Beginnt die Nummer mit einer '0'
            if entryArray[3][0] == '0':
                # Tauschen
                entryArray[3] = '+49' + entryArray[3][1:]

        # Füge Array an Ausgabe an
        output = output + [entryArray]

    return combine(output)

# Funktion zum Zerteilen eines Eingabestrings, der an
# die Funktion übergeben wird. Als Ergebnis wird ein
# Array mit den Teilstrings zurückgegeben.
def split(input):
    stringLength = len(input)
    output = []
    word = ""  # Aktueller ausgelesener String (bis Semikolon)

    for i in range(0, stringLength):
        # Semikolon entdeckt oder Ende des Strings
        if input[i] == ";":
            # Füge Wort hinzu
            output = output + [word]
            # Lösche aktuelles Wort
            word = ""
        # Letztes Element im String -> Wort ergänzen + hinzufügen
        elif i == stringLength - 1:
            word = word + input[i]
            output = output + [word]
        # Sonst String um aktuellen Character ergänzen
        else:
            word = word + input[i]

    return output

# Funktion zum Zusammensetzen eines zweidimensionalen Arrays
# zurück in ein String-Array mit kommaseparierten Werten
```

```python
def combine(inputArray):
    output = []

    # Gehe jede Zeile durch
    for element in inputArray:
        # Erstes Element bereits übernehmen
        row = element[0]

        # Zähler für aktuelle Spalte
        # Jedes Element in der Zeile durchgehen
        for i in range(1, len(element)):
            row = row + ";" + element[i]
        output = output + [row]

    return output

# Startpunkt des Hauptprogramms
# Hier wird die implementierte Stringverarbeitungsfunktion zu
# Demonstrations- und Testzwecken aufgerufen.

# Array ausgeben. Datei telefonbuch.csv im Projektordner wird
# dabei eingelesen.
phonebook = readPhonebook("telefonbuch.csv")
for element in phonebook:
    print element
```

B.7.10 Webserver-Antwort verarbeiten

```python
# Funktion zum Filtern von Content-Type- und Content-Length-Werten
# in einer Webserver-Status-Nachricht. Die Status-Nachricht wird in
# einem String-Array an die Funktion übergeben und liefert die
# relevanten Informationen zurück.
def filterContentHeader(responses):
    type = None
    length = None

    # Gehe jede Response-Zeile durch
    for element in responses:
        # Trenne String nach Zeichenkette ": " in einzelne
        # Array-Elemente auf
        temp = element.split(": ")

        # Springe zu nächster For-Iteration, wenn mehr als 2x ": " in
        # einer Zeile (dann kann nichts gefunden werden)
        if len(temp) != 2:
            continue

        # Setze Variablen nach Werten
        # Springe aus Schleife, wenn beide Werte schon gesetzt sind
        if type is not None and length is not None:
            break
```

```
                 # Setze Content-Type, wenn Wert in Zeile ist
        elif temp[0].lower() == "Content-Type".lower():
            type = temp[1]
            # Setze Content-Length, wenn Wert in Zeile ist
        elif temp[0].lower() == "Content-Length".lower():
            length = temp[1]


    # Erzeuge Ausgabe
    if type is not None and length is not None:
        return "The response contains: " + type + " (" + length + ")"
    else:
        return "The response does not contain any content."


# Startpunkt des Hauptprogramms
# Hier wird die implementierte Stringverarbeitungsfunktion zu
# Demonstrations- und Testzwecken aufgerufen.
header = ["HTTP/1.1 200 OK",
         "Server: Apache",
         "Content-Length: 14188",
         "Connection: close",
         "Content-Type: image/jpg",
         "..."]
print filterContentHeader(header)
```

B.7.11   IMDB-Einträge verarbeiten

```
# Funktion zum Konvertieren eines IMDB-Texteintrags
# in eine tabellarische String-Array-Darstellung.
# An die Funktion wird ein eindimensionales String-Array
# mit den zeilenweisen IMDB-Einträgen übergeben. Als
# Ergebnis wird ein zweidimensionales Array mit Zeilen und
# Spalten für die Einträge generiert und zurückgegeben.
def toTable(imdbList):
    # Leere Tabelle erzeugen mit
    # so vielen Zeilen wie im Eingabe-Array und mit je drei Spalten
    # für die Werte <Score><Filmtitel>(<Erscheinungsjahr>)
    t = []

    # Jede Zeile der Liste durchgehen
    for s in imdbList:
        # Leere Tabellenzeile erzeugen
        row = []

        # Inhalte auslesen
        # das erste Leerzeichen trennt <Score> und <Filmtitel>
        score = s[0:s.index(' ')]

        # Die letzten 7 Zeichen eines IMDB-Eintrags bestehen aus
        # Leerzeichen + (<Erscheinungsjahr). Damit können wir den
        # <Filmtitel> ausschneiden, wenn wir bedenken, dass der Titel
        # nach dem <Score> angegeben wird:
        title = s[s.index(' ') + 1:len(s) - 7]
```

```
            # Ausschneiden des <Erscheinungsjahrs> ohne Klammern. Da der
            # IMDB-String zuletzt aus der Jahreszahl und einer schließenden
            # Klammer besteht...
            year = s[len(s) - 5:len(s) - 1]

            # Reihen der Zeile hinzufügen
            row.append(score)
            row.append(title)
            row.append(year)

            # Zeile der Tabelle hinzufügen
            t.append(row)

    return t

# Startpunkt des Hauptprogramms
# Hier wird die implementierte Stringverarbeitungsfunktion zu
# Demonstrations- und Testzwecken aufgerufen.
liste = ["8.7 The Lord of the Rings: The Fellowship of the Ring (2001)"]
listeConverted = toTable(liste)

for spalte in listeConverted:
    output = ""
    for element in spalte:
        output += element + "\t"
print output
```

B.7.12 Geheimsprache

```
# Statische Funktion zum Überführen eines englischen
# Texts in eine Geheimsprache. Der Text wird an die
# Funktion übergeben, und das überführte Ergebnis wird
# am Ende von der Funktion zurückgeliefert.
def pigLatin(text):
    # Packe jedes Wort in ein Array-Element
    words = text.split(" ")

    # Temporärer String zur Verarbeitung
    temp = ""

    # Jedes Wort durchgehen
    for word in words:
        # übernehme Wort ab dem 2. Buchstaben
        temp += word[1:]

        # Setze 1. Buchstaben ans Ende
        temp += word[0]

        # Füge "ay" hinzu
        temp += "ay "
```

```
    # Gebe Satz ohne letztes Leerzeichen zurück
    return temp[0:len(temp) - 1]


# Startpunkt des Hauptprogramms
# Hier wird die implementierte Stringverarbeitungsfunktion zu
# Demonstrations- und Testzwecken aufgerufen.
print pigLatin("hello world")
```

B.7.13 Ähnlich klingende Wörter

```
# Funktion zur Bestimmung eines Zeichens auf einen Vokal
# Das Zeichen wird an die Funktion übergeben. Die Funktion
# gibt einen Wahrheitswert zurück.
def isVowel(c):
    # Gebe True zurück, wenn Buchstabe ein Vokal ist
    if c == 'A' or c == 'E' or c == 'I' or c == 'O' or c == 'U':
        return True
    else:
        return False


# Funktion zur Umsetzung des MRA-Algorithmus. Die Funktion
# erhält ein Wort als String und liefert den Match Rating
# Approach zurück
def mra(word):
    # Wandle in Großbuchstaben um
    word = word.upper()

    temp = ""

    # Gehe alle Zeichen durch
    for i in range(0, len(word)):
        c = word[i]

        # Der erste Buchstabe darf ein Vokal sein,
        # also springe in nächste Schleifeniteration
        if isVowel(c) and i > 0:
            continue

        # Wenn es nicht der erste Buchstabe ist, prüfe,
        # ob es eine Buchstabenwiederholung ist.
        if i > 0 and c == word[i - 1]:
            # Springe in nächste Schleifeniteration
            continue

        # Übernehme Buchstaben, wenn die
        # beiden Fälle oben nicht zutreffen
        temp += word[i]

    # Kürzen bei zu langem Wort
    if len(temp) > 6:
        # die ersten drei Buchstaben
        start = temp[0:3]
```

```
        # die letzten drei Buchstaben
        end = temp[len(temp) - 3:]
        temp = start + end

    return temp

# Startpunkt des Hauptprogramms
# Hier wird die implementierte Stringverarbeitungsfunktion zu
# Demonstrations- und Testzwecken aufgerufen.
def setup():
    print mra("Algorithmusschreiber")
```

B.7.14   Textrahmen

```
# Funktion zum Erzeugen eines umrahmten Texts.
# Die Funktion erhält den Text zeilenweise als Array
# vom Typ String. Der fertig gerahmte Text wird auf
# der Konsole ausgegeben.
def frameWordlist(wl):
    # Textzeile für Ausgabe
    output = ""

    # Maximale Textbreite
    maxWidth = 0

    # Bestimme maximale Textbreite
    # Gehe alle Wörter durch
    for word in wl:
        # Wenn die Länge des Wortes größer als bisheriges Maximum
        # ist, dann überschreiben
        if len(word) > maxWidth:
            maxWidth = len(word)

    # Schreibe oberen Rahmen
    # 2 Sternchen + 2 Leerzeichen länger als maximale Wortlänge
    for i in range(0, maxWidth + 4):
        output += "*"
    print output
    output = ""

    # Textzeilen
    # Gehe jedes Wort durch
    for word in wl:
        output += "* "
        output += word
        # Schreibe restliche Leerzeichen, je nach Wortlänge
        for j in range(0, maxWidth - len(word)):
            output += " "
        print output + " *"
        output = ""

    # Schreibe unteren Rahmenrand
```

```
    for i in range(0, maxWidth + 4):
        output += "*"
    print output
    output = ""


# Startpunkt des Hauptprogramms
# Hier wird die implementierte Stringverarbeitungsfunktion zu
# Demonstrations- und Testzwecken aufgerufen.
def setup():
    test = ["Rahmen", "sind", "toll!"]
    frameWordlist(test)
```

B.7.15 JSON-Array

```
# Funktion zum Konvertieren eines JSON-Strings in ein
# Python-Array. Die Funktion erhält den JSON-String in der
# Übergabe und liefert das Ergebnis-Array zurück.
def toStringArray(jsonArray):
    stringArray = []

    # Alle Leerzeichen entfernen
    jsonArray = jsonArray.replace(" ", "")

    # Sind wir gerade mitten in einem JSON-String?
    stringOpen = False

    word = ""

    # Gehe jedes Zeichen durch
    for c in jsonArray:
        # Sind wir jetzt bei einem Anführungsstrich
        if c == "'":
            # Waren wir in einem String, sind wir jetzt am Ende
            if stringOpen:
                # Füge hinzu
                stringArray.append(word)

                # Word resetten
                word = ""
                stringOpen = False
            else:
                # Jetzt sind wir im JSON-String
                stringOpen = True

        # Ansonsten Zeichen hinzufügen, solange wir
        # im JSON-String sind
        elif stringOpen:
            word += c
    return stringArray


# Startpunkt des Hauptprogramms
# Hier wird die implementierte Stringverarbeitungsfunktion zu
```

```
# Demonstrations- und Testzwecken aufgerufen.

jsonArray = "[ 'Null', 'Eins', 'Zwei', 'Drei', 'Vier' ]"
stringArray = toStringArray(jsonArray)

for element in stringArray:
    print element
```

B.7.16 Barcode-Generator

```
size(400, 200)
stroke(0)
fill(0)
background(255, 255, 255)

# Funktion zum Zeichnen von Linien für ein übergebenes
# Ziffern-Array. Der Funktion wird die codierte String-
# sowie die Startkoordinate übergeben.
def drawDigitLines(coding, startX=20):
    # Variablen zum Zeichnen der Linien
    x = startX
    y1 = 10
    y2 = 130
    lineWidth = 3          # Breite für eine Linie

    # Linienbreite festlegen
    strokeWeight(lineWidth)

    # Linientyp festlegen
    strokeCap(SQUARE)

    for code in coding:
        # Farbe setzen
        if code == 1:
            stroke(0)
        else:
            stroke(255)
        line(x, y1, x, y2)
        x = x + lineWidth    # Eine Linie weiterspringen

# Funktion, die eine codierte Nummer als Ziffern-Array zurück-
# gibt. Die Funktion erhält als Parameter den darzustellenden
# Zahlenwert sowie eine boolesche Variable für die Steuerung der
# Seitencodierung:
# leftside==true => linke Seite
# leftside==false => rechte Seite
def getNumberCode(number, leftSide=True):
    output = []
    # Generiere Nummern für rechte Seite
    if number == 0:
        output = [0, 0, 0, 1, 1, 0, 1]
    elif number == 1:
```

```python
        output = [0, 0, 1, 1, 0, 0, 1]
    elif number == 2:
        output = [0, 0, 1, 0, 0, 1, 1]
    elif number == 3:
        output = [0, 1, 1, 1, 1, 0, 1]
    elif number == 4:
        output = [0, 1, 0, 0, 0, 1, 1]
    elif number == 5:
        output = [0, 1, 1, 0, 0, 0, 1]
    elif number == 6:
        output = [0, 1, 0, 1, 1, 1, 1]
    elif number == 7:
        output = [0, 1, 1, 1, 0, 1, 1]
    elif number == 8:
        output = [0, 1, 1, 0, 1, 1, 1]
    elif number == 9:
        output = [0, 0, 0, 1, 0, 1, 1]


    # Wenn für rechte Seite bestimmt, dann invertieren
    if not leftSide:
        temp = []   # Temporärer Array

        # Gehe alle Array-Elemente durch
        for digit in output:
            if digit == 1:
                temp = temp + [0]
            else:
                temp = temp + [1]


        output = temp

    return output

# Funktion zum Generieren eines Barcodes aus 11 Ziffern.
# An die Funktion wird ein String mit den Nummern übergeben.
# Die Funktion liefert den Barcode als String zurück.
# Die Prüfziffer wird in der Funktion berechnet.
def getBarcode(numbers):
    QUIET_ZONE = [0, 0, 0, 0, 0, 0, 0]
    START_END_PATTERN = [1, 0, 1]
    MIDDLE_PATTERN = [0, 1, 0, 1, 0]

    if numbers.__len__() != 11:
        print "Die angegebene Nummernfolge hat nicht genau 11 Zeichen."
        print "Der Barcode ist daher nicht korrekt."

    # Prüfziffer berechnen
    checksum = 0
    temp = 0
    for i in range(0, 10, 2):
        temp = temp + int(numbers[i])

    checksum = temp * 3
```

```
    temp = 0

    for i in range(1, 10, 2):
        temp = temp + int(numbers[i])

    checksum = checksum + temp
    checksum = checksum % 10

    if checksum > 0:
        checksum = 10 - checksum

    print "Code: " + numbers + str(checksum)

    # Generiere Barcode
    barcode = QUIET_ZONE + START_END_PATTERN
    i = 1  # Anzahl bearbeiteter Ziffern
    leftSide = True

    for number in numbers:
        if i == 12:
            break

        number = int(number)
        barcode = barcode + getNumberCode(number, leftSide)

        # Wenn an der Mitte angekommen, dann Mitte-Muster anfügen
        # und Codierung für rechte Seite aktivieren
        if i == 6:
            leftSide = False
            barcode = barcode + MIDDLE_PATTERN

        i = i + 1

    # Zusammensetzen des Barcodes
    barcode = barcode + getNumberCode(checksum, False)
    barcode += START_END_PATTERN + QUIET_ZONE

    return barcode

# Funktion zum Zeichnen des Barcodes. Der Funktion wird
# die Nummer als String übergeben.
def drawBarcode(numbers):
    drawDigitLines(getBarcode(numbers))

# Startpunkt des Hauptprogramms
# Hier wird die implementierte Stringverarbeitungsfunktion zu
# Demonstrations- und Testzwecken aufgerufen.
drawBarcode("98765432110")
```

B.8 Objektorientierung

B.8.1 Schrittzähler

```python
# Klasse, die den Schrittzähler realisiert
class StepCounter:
    # Initialisierung
    # Alle Instanzvariablen werden im Konstruktor initialisiert
    # Die Klasse kann nur mit der Angabe eines Schrittzählers
    # initialisiert werden, wenn es sich bei diesem Konstruktor NICHT um
    # einen Standardkonstruktor handelt
    def __init__(self, date):
        self.__date = date
        self.__steps = 0

    # Öffentliche Methode, um den Schrittzähler um 1 zu erhöhen
    def incrementSteps(self):
        self.__steps += 1

    # Öffentliche Methode zur Erzeugung einer Statusnachricht, die
    # zurückgegeben wird
    def __str__(self):
        return "Am " + self.__date + " bin ich " + \
            str(self.__steps) + " Schritte gegangen."

# Startpunkt des Hauptprogramms
# Hier wird die implementierte Klasse zu Demonstrations- und Testzwecken
# instanziiert und verwendet.
# Objekt der Klasse StepCounter durch Konstrukturaufruf erzeugen
# Das Datum wird auf den 11.11.2011 gesetzt
sc = StepCounter("11.11.2011")

# Gehe 1111 Schritte
for i in range(0, 1111):
    sc.incrementSteps()

# Gebe Schritte aus
print sc
```

B.8.2 Body-Mass-Index

```python
# Klasse zur Berechnung vom BMI
class Health:
    # Statische Methode zur Berechnung der Kategorie in
    # Abhängigkeit vom BMI, der an die Methode übergeben wird
    # Die Kategorie wird als Text zurückgegeben.
    @staticmethod
    def getCategory(bmi):
        # Gebe Kategorie in Abhängigkeit zum Wert zurück
        if bmi < 18.5:
            return "untergewichtig"
```

```python
        elif bmi >= 18.5 and bmi <= 25:
            return "normalgewichtig"
        elif bmi > 25 and bmi <= 30:
            return "übergewichtig"
        else:
            return "fettleibig"

    # Statische Methode zur Berechnung des BMI.
    # Die Methode erhält die Körpergröße sowie das Gewicht
    # als Eingabe und gibt den berechneten BMI als
    # Fließkommazahl zurück
    @staticmethod
    def computeBMI(weight, height):
        return weight / (height * height)

# Startpunkt des Hauptprogramms
# Hier wird die implementierte Klasse zu Demonstrations- und Testzwecken
# instanziiert und verwendet.

# Testwerte
tWeight = 57
tHeight = 1.80

# Werte berechnen
bmi = Health.computeBMI(tWeight, tHeight)
category = Health.getCategory(bmi)

print "Mit einem BMI von " + str(bmi) + " sind Sie " + category + "."
```

B.8.3 Songtextsuche

```python
# Statische Klasse, die nur aus statischen Methoden besteht
class Lyrics:

    # Statische Methode, die die URL zu einem Songtext aufbaut.
    # Als Eingabewerte werden Musiker und Titel an die Methode
    # übergeben. Als Ergebnis wird der generierte URL zurückgegeben
    @staticmethod
    def getLyricsURL(artist, title):
        # Konvertiere artist und title in Kleinschreibung
        artist = artist.lower()
        title = title.lower()

        # Ersetze Leerzeichen mit Unterstrich
        artist = artist.replace(' ', '_')
        title = title.replace(' ', '_')

        # Baue URL
        url = "http://lyrics.wikia.com/api.php?func=getSong&artist="
        url += artist + "&song=" + title

        # Gebe URL zurück
        return url
```

```
# Startpunkt des Hauptprogramms
# Zu Demonstrations- und Testzwecken wird die oben programmierte
# statische Klassenmethode verwendet.

# Lese Interpret und Titel ein
interpret = "Die Fantastischen Vier"
titel = "MFG"

print Lyrics.getLyricsURL(interpret, titel)
```

B.8.4 Passwortklasse

```
# Klasse zur Repräsentation eines Passworts
class Password:
    # Konstruktor der Klasse, der die Objektgenerierung
    # nur unter Angabe eines Passworts in Form eines Char-Arrays
    # ermöglicht.
    def __init__(self, password):
        self.__password = []

        # Kopiere Char-Array in den separaten Speicher
        # der internen Variablen
        for i in range(0, len(password)):
            self.__password.append(password[i])

    # Öffentliche Methode zur Prüfung auf ein starkes Passwort. Die Methode
    # erhält als Eingangsparameter ein Passwort als Char-Array.
    # Das Ergebnis der Prüfung wird am Ende zurückgegeben.
    @staticmethod
    def isStrong(password):
        if len(password) < 8:
            return False

        # Variablen zur Prüfung der nötigen Voraussetzung deklarieren und
        # mit dem Wert 'False' initialisieren.
        lower = False
        upper = False
        figure = False
        special = False

        # Prüfen
        for c in password:
            if c >= 'a' and c <= 'z':
                lower = True
            elif c >= 'A' and c <= 'Z':
                upper = True
            elif c >= '0' and c <= '9':
                figure = True
            elif c == '!' or c == '*':
                special = True

        # Sind alle Voraussetzungen erfüllt, gib das Ergebnis zurück
        if lower and upper and figure and special:
```

```
            return True
        else:
            return False

    # Öffentliche Methode zum Ändern eines Passworts. Sowohl
    # das bisherige wie auch das neue Passwort werden an die
    # Methode als String-Array übergeben. Das Ergebnis der
    # Änderung wird am Ende zurückgegeben.
    def change(self, oldPwd, newPwd):
        # Handelt es sich nicht um ein starkes Passwort,
        # folgt ein Abbruch, und es wird 'false' zurückgegeben.
        if self.isStrong(newPwd) == False:
            return False

        # Entspricht das eingegebene alte Passwort hinsichtlich
        # der Länge nicht dem im Speicher, erfolgt
        # der Abbruch.
        if len(oldPwd) != len(self.__password):
            return False

        # Entspricht das eingegebene alte Passwort (Buchstabe
        # für Buchstabe) nicht dem Passwort aus dem Speicher,
        # erfolgt ebenfalls ein Abbruch
        for i in range(0, len(oldPwd)):
            if self.__password[i] != oldPwd[i]:
                return False

        # Ansonsten wird das neu eingegebene Passwort übernommen
        # und dazu das Char-Array kopiert
        self.__password = []
        for c in newPwd:
            self.__password.append(c)
        return True

    # Methode zum Zurücksetzen des Passworts
    def delete(self):
        self.__password = None

# Startpunkt des Hauptprogramms
# Hier wird die implementierte Klasse zu Demonstrations- und Testzwecken
# instanziiert und verwendet.

testPW = list("PassW15!!")

pw = Password(list("Passwort123"))

# Neues Passwort unsicher -> Passwort nicht geändert
println(pw.change(list("Passwort123"),
                  list("Passwort1234")))

# Altes Passwort falsch -> Passwort nicht geändert
println(pw.change(list("AnderesPasswort"),
                  testPW))
```

```
# Altes Passwort korrekt -> Ändere Passwort
println(pw.change(list("Passwort123"), testPW))

# Ändere ein Element im testPW-Array
# Sollte Referenz übergeben worden sein, wird ein Fehler auftreten
testPW[0] = 's'

println(pw.change(list("PassW15!!"), list("NewPW!16")))
```

B.8.5   Kopffitness

```
# Klasse, die das Quiz realisiert
class MultiplicationQuiz:
    # Konstruktor der Klasse
    def __init__(self):
        # Initialisiere Zahlen für Multiplikation
        self.__a = 0
        self.__b = 0

    # Generiert neue Aufgabe
    def getExercise(self):
        # Generiere zufällige Zahlen für Multiplikation
        self.__a = int(random(1, 20))
        self.__b = int(random(1, 20))

        # Gebe String mit Aufgabe zurück
        return str(self.__a) + " * " + str(self.__b) + " = ?"

    # Gebe Ergebnis zurück
    def getResult(self):
        return self.__a * self.__b

# Startpunkt des Hauptprogramms
# Hier wird die implementierte Klasse zu Demonstrations- und Testzwecken
# instanziiert und verwendet.

# Testfunktion
quiz = MultiplicationQuiz()
print quiz.getExercise()
print "Result: " + str(quiz.getResult())

print quiz.getExercise()
print "Result: " + str(quiz.getResult())
```

B.8.6 Fernbedienung

```python
# Klasse, die eine Fernbedienung realisiert
class RemoteControl:

    # Konstruktor, der die maximale Anzahl an Programm-
    # speicherplätzen zur Initialisierung übergeben
    # bekommt. Ohne diese Angabe kann kein Objekt der
    # Fernbedienung angelegt werden.
    def __init__(self, numPrograms):
        self.__programs = []

        # Initialisiere angegebene Anzahl an Programmen
        for i in range(0, numPrograms):
            self.__programs += ["Programm " + str(i + 1)]
        self.__currentProgramNumber = 0

    # Methode zum Wechsel zum nächsten Programm
    def nextProgram(self):
        # Gehe um ein Programm nach oben,
        # wenn noch nicht am Ende der Liste
        if self.__currentProgramNumber < len(self.__programs) - 1:
            self.__currentProgramNumber += 1
        # Sonst beim ersten Programm wieder starten
        else:
            self.__currentProgramNumber = 0

    # Methode zur Benennung des aktuellen Programms
    def setProgramName(self, name):
        self.__programs[self.__currentProgramNumber] = name

    # Methode, um aktuelles Programm mit Sendernummer
    # auszugeben
    def printProgramName(self):
        print "Sendernummer: " + str(self.__currentProgramNumber)
        print "Programm: " + self.__programs[self.__currentProgramNumber]
        print

# Startpunkt des Hauptprogramms
# Hier wird die implementierte Klasse zu Demonstrations- und Testzwecken
# instanziiert und verwendet.

# Testdurchlauf
rc = RemoteControl(5)
rc.setProgramName("ARD")
rc.printProgramName()

# Gehe drei Sender weiter und gebe jeden aus
for i in range(0, 3):
    rc.nextProgram()

# Setze Sendername
rc.setProgramName("RTL")
```

```
    rc.printProgramName()

    # Gehe sechs Mal nach vorne
    for i in range(0, 6):
        rc.nextProgram()
        rc.printProgramName()
```

B.8.7 Stoppuhr

```python
# Klasse zur Realisierung einer Stoppuhr
class StopWatch:
    import time
    global time

    # Konstruktor zur Initialisierung der Member-Variablen
    def __init__(self):
        # Zeitpunkte zum Messen (Start + Stop)
        self.__startTime = 0.0
        self.__stopTime = 0.0

        # Wird gerade Zeit gestoppt
        self.__running = False

    # Methode zum Starten eines Vorgangs
    # Es werden keine Werte an die Funktion übergeben
    # oder von der Funktion zurückgegeben. Nur interne
    # Member werden gesetzt.
    def start(self):
        if not self.__running:
            self.__startTime = time.time()
            self.__running = True

    # Methode zum Stoppen eines Vorgangs
    # Es werden keine Werte an die Funktion übergeben
    # oder von der Funktion zurückgegeben. Nur interne
    # Member werden gesetzt.
    def stop(self):
        if self.__running:
            self.__stopTime = time.time()
            self.__running = False

    # Methode zum Berechnen der vergangenen Zeit. Da
    # die Berechnung auf Basis der internen Variablen
    # stattfindet, werden keine Werte an die Methode
    # übergeben. Als Ergebnis wird die vergangene Zeit
    # als String zurückgegeben.
    def elapsedTime(self):
        if self.__running:
            # Zeit läuft noch
            # nehme aktuelle Zeit
            stoppedTime = time.time() - self.__startTime
```

```
        else:
            # Zeit läuft nicht (mehr)
            # nehme gestoppte Zeit
            stoppedTime = self.__stopTime - self.__startTime

        # Bestimme Sekunden und Hundertstel
        seconds = int(stoppedTime)
        hundreds = int(stoppedTime * 1000) % 1000

        # Gebe Zeit formatiert aus
        return str(seconds) + "." + str(hundreds)

# Startpunkt des Hauptprogramms
# Hier wird die implementierte Klasse zu Demonstrations- und Testzwecken
# instanziiert und verwendet.

sw = StopWatch()

def setup():
    size(400, 50)

def draw():
    global sw
    background(255)
    textSize(32)
    text(str(sw.elapsedTime()), 10, 30)
    fill(0, 102, 153)

def keyTyped():
    if key == '1':
        sw.start()
    elif key == '2':
        sw.stop()
```

B.8.8 Druckerwarteschlange

```
# Klasse zur Realisierung einer Druckerwarteschlange
class PrinterQueue:

    # Konstruktor mit der Angabe der maximalen Warte-
    # schlangengröße. Ohne diese Angabe kann später keine
    # Instanz (= Objekt) erzeugt werden.
    # Die internen Werte werden initialisiert.
    def __init__(self, maxJobs):
        self.__jobs = []
        self.__maxJobs = maxJobs

    # Methode, um einen Druckauftrag der Warteschlange
    # hinzuzufügen. Der Job wird als String übergeben.
    # Die Methode hat keinen Rückgabewert, kann aber eine
    # Exception auslösen, wenn die Anzahl der Jobs überschritten
    # wird.
```

```python
    def addJob(self, job):
        # Füge hinzu, solange noch nicht voll besetzt
        if len(self.__jobs) < self.__maxJobs:
            self.__jobs += [job]
        else:
            # Voll besetzt, gebe Fehler zurück
            print "Exception: Number of Jobs exceeded"

    # Methode, die den nächsten Job zurückliefert, sofern noch
    # einer in der Pipe steht. Es wird kein Parameter an die Funktion
    # übergeben. Als Ergebnis wird der Job als String zurückgeliefert.
    def nextJob(self):
        # Wenn Auftrag in der Liste existiert
        if len(self.__jobs) > 0:
            # Nehme erstes Element
            job = self.__jobs[0]

            # Sortiere Array um, um erstes zu löschen
            self.__jobs = self.__jobs[1:]

            return job
        else:
            return None

# Startpunkt des Hauptprogramms
# Hier wird die implementierte Klasse zu Demonstrations- und Testzwecken
# instanziiert und verwendet.
pq = PrinterQueue(1)

pq.addJob("Hallo")

# Warteschlange voll. Jetzt sollte Fehler kommen
pq.addJob("Weiter")

# Arbeite Warteschlange ab
print pq.nextJob()
print pq.nextJob()
print pq.nextJob()

# Jetzt ist Speicher leer,
# sollte also wieder gehen
pq.addJob("Weiter")
```

B.8.9 Tic Tac Toe

```python
# Klasse zur Realisierung eines Tic-Tac-Toe-Spiels
class TicTacToe:

    # Konstruktor, der das Spielfeld initialisiert
    def __init__(self):
        self.field = [0, 0, 0, 0, 0, 0, 0, 0, 0]
        self.reset()
```

```python
# Methode, die alle Felder eines Spielfelds
# mit 0-Werten initialisiert.
def reset(self):
    # Lösche Inhalt aller Felder
    self.field = [0, 0, 0, 0, 0, 0, 0, 0, 0]

    # Setze Startsymbol
    self.mark = 1

# Methode zum Setzen einer Marke. Die Methode
# erhält die x,y-Koordinate und setzt die Marke.
# Wenn die Voraussetzungen dies ermöglichen, wird
# 'True' zurückgegeben, ansonsten 'False'.
def setMark(self, x, y):
    # nur gültige Spielfeldgrößen akzeptieren
    if x < 0 or x > 2 or y < 0 or y > 2:
        return False

    # Bestimme Position im Array
    pos = 3 * y + x

    # Feld schon belegt? Dann aus Funktion springen
    if self.field[pos] > 0:
        return False

    # Sonst setze Markierung an Position
    self.field[pos] = self.mark
    # Setze neues Zeichen (O oder X)
    self.mark = (self.mark % 2) + 1
    return True

# Methode zum Generieren der Ausgabe des Spielfelds.
# Die Methode erhält keine Parameter übergeben und liefert
# einen String mit der Repräsentation des Spielfelds zurück.
def __str__(self):
    temp = ""

    # Elementnummer
    i = 0

    # Gehe Spielfeld durch
    for element in self.field:
        # Python-Dictionary zur Bestimmung des Symbols
        # in Abhängigkeit vom Feldinhalt
        symbol = {0: " ",
                  1: "X",
                  2: "O"}

        # Setze Symbol in Abhängigkeit vom Feldinhalt
        temp += symbol[element]

        # Wenn aktuelle Feldnummer nicht durch 3
        # teilbar ist, Spalte malen
```

```python
            if (i + 1) % 3 != 0:
                temp += "|"

            # Nach drei Elementen neue Zeile malen
            if (i + 1) % 3 == 0 and i < 6:
                temp += "\n"
                temp += "-+-+-"
                temp += "\n"

            # Erhöhe Elementnummer
            i += 1

        # Gebe Spielfeld mit Zeilenumbruch zurück
        temp += "\n"
        return temp

# Startpunkt des Hauptprogramms
# Hier wird die implementierte Klasse zu Demonstrations- und Testzwecken
# instanziiert und verwendet.
t = TicTacToe()
println(t)

t.setMark(2, 2)
println(t)

t.setMark(2, 0)
println(t)

t.setMark(1, 1)
println(t)
```

B.8.10 Zwischenablage

```python
# Klasse, die eine Zwischenablage repräsentiert
class Clipboard:

    # Konstruktor, der die internen Werte initialisiert
    # Um eine Instanz dieser Klasse erzeugen zu können, muss
    # die Größe angegeben werden.
    def __init__(self, size):
        # Initialisiere mit n Speicherplätzen
        self.__clipboard = []
        for i in range(0, size):
            self.__clipboard += [None]

        # Aktuelle Schreibposition.
        # Mit erster Erhöhung wird an Position 0 gestartet, daher -1
        self.__position = -1

    def copy(self, string):
        # Wenn Schreibposition noch innerhalb der
        # Speichergröße
```

```python
            if self.__position < len(self.__clipboard) - 1:
                # Erhöhe Positionszähler
                self.__position += 1

                # Schreibe String an aktuelle Position
                self.__clipboard[self.__position] = string

            # Wenn keine freie Stelle gefunden
            else:
                # Lösche ältesten Eintrag (= erster Eintrag)
                self.__clipboard[0] = None

                # Kopiere um; gehe Einträge von 1 bis Ende durch
                for i in range(1, len(self.__clipboard)):
                    # Kopiere Eintrag eine Stelle nach vorne
                    self.__clipboard[i - 1] = self.__clipboard[i]

                # setze String ans Ende
                self.__clipboard[self.__position] = string

        # Methode zum Einfügen (Rückgabe) des letzten Eintrags
        # aus der Zwischenablage. Die Methode benötigt keine
        # Parametereingabe und gibt den letzten Eintrag wieder zurück.
        def paste(self):
            # Nehme Eintrag von letzter Schreibposition
            string = self.__clipboard[self.__position]

            # Lösche Eintrag an der Stelle
            self.__clipboard[self.__position] = None

            # Reduziere Zähler
            if self.__position > 0:
                self.__position -= 1
            # Wenn negative Position, dann wieder zurücksetzen
            else:
                self.__position = 0
            return string

        # Methode zur Ausgabe der aktuellen Zwischenablage
        def __str__(self):
            return str(self.__clipboard)

# Startpunkt des Hauptprogramms
# Hier wird die implementierte Klasse zu Demonstrations- und Testzwecken
# instanziiert und verwendet.
cb = Clipboard(2)

# Schreibe in Zwischenablage absichtlich mehr Inhalt als möglich.
cb.copy("Hallo")
cb.copy("Wie")
cb.copy("Geht")
cb.copy("Es")
```

```
# Leere Zwischenablageninhalt
print cb.paste()
print cb.paste()
print cb.paste()
print cb.paste()

print cb
```

B.8.11 Temperaturgraph

```python
# Klasse zur Realisierung eines Temperaturgraphen
class TemperatureGraph:

    # Konstruktor, der vorschreibt, dass Instanzen dieser
    # Klasse nur mit Angabe der Jahreszahl generiert werden
    # können.
    def __init__(self, year):
        self.__year = year
        self.__temperatures = []

        # Initialisiere alle Monate mit unmöglichen
        # Temperaturen (für Vollständigkeitscheck)
        for i in range(0, 12):
            self.__temperatures.append(-1000)

    # Methode, die das Hinzufügen einer Temperatur in
    # Verbindung mit dem Monat ermöglicht.
    # Dazu werden Monat und Wert an die Methode übergeben.
    def addTemperature(self, month, value):
        # Nur arbeiten, wenn gültiger Monat angegeben wurde
        if month > 0 and month < 13:
            # Füge Temperatur hinzu
            self.__temperatures[month - 1] = value

    # Funktion zur Ausgabe des Graphen. Die Ausgabe erfolgt
    # direkt auf der Konsole.
    def plotGraph(self):
        # Nur arbeiten, wenn alle Monate ausgefüllt sind
        if self.__isComplete():
            # Hole minimale und maximale Temperaturwerte
            # zur Höhenbestimmung
            maxTemperature = self.__getMaxTemperature()
            minTemperature = self.__getMinTemperature()

            # Nutze i zum Temperaturvergleich und Balkenzeichnen.
            # Beginne mit höchster Temperatur (oberste Raute) bis
            # zur niedrigsten (unterster Balkenwert)
            for i in range(maxTemperature, minTemperature - 1, -1):
                # Gehe alle Monate durch
                row = ""
                for j in range(0, len(self.__temperatures)):
                    # Wenn Temperatur über den Vergleichswert,
```

```python
                    # dann Balken zeichnen
                    if self.__temperatures[j] >= i:
                        row += " #"
                    # Sonst nur Leerzeile zeichnen
                    else:
                        row += "  "
                # Nach Monatsvergleich Zeile ausgeben mit Zeilen-
                # umbruch für nächstniedrigere Temperaturstufe
                print row

    # Methode zur Prüfung auf Vollzähligkeit der Werte
    # Als Ergebnis wird ein 'True' oder 'False' ausgegeben.
    def __isComplete(self):
        # Prüfe, ob alle Monatswerte über dem
        # Initialwert -1000 liegen
        for temperature in self.__temperatures:
            if temperature == -1000:
                return False

        return True

    # Methode zur Bestimmung und Rückgabe der maximalen
    # Temperatur
    def __getMaxTemperature(self):
        max = -1000
        # Gehe alle Monate durch.
        for temperature in self.__temperatures:
            # Liegt aktuelle Temperatur über dem aktuellen
            # Maximum, ist es das neue Maximum
            if temperature > max:
                max = temperature
        # Am Ende liegt das Maximum vor.
        return max

    # Methode zur Bestimmung und Rückgabe der minimalen
    # Temperatur
    def __getMinTemperature(self):
        # Wähle unrealistischen Startwert, der immer
        # unterboten werden kann.
        min = 1000
        # Gehe alle Monate durch
        for temperature in self.__temperatures:
            # Liegt aktuelle Temperatur über dem aktuellen
            # Minimum, ist es das neue Minimum.
            if temperature < min:
                min = temperature
        # Am Ende liegt das Minimum vor.
        return min

# Startpunkt des Hauptprogramms
# Hier wird die implementierte Klasse zu Demonstrations- und Testzwecken
# instanziiert und verwendet.
```

```
# Erzeuge Temperaturanzeige
tg = TemperatureGraph(2017)

# Füge Werte aus Beispiel hinzu
tg.addTemperature(1, 2)
tg.addTemperature(2, -3)
tg.addTemperature(3, 7)
tg.addTemperature(4, 8)
tg.addTemperature(5, 14)
tg.addTemperature(6, 16)
tg.addTemperature(7, 17)
tg.addTemperature(8, 18)
tg.addTemperature(9, 14)
tg.addTemperature(10, 9)
tg.addTemperature(11, 5)
tg.addTemperature(12, 2)

# Zeichne Graphen
tg.plotGraph()
```

B.8.12 Ambient Light

```
# Klasse, die die Ansteuerung einer LED realisiert
class AmbiLight:

    # Konstruktor, der die Werte für Hue, Saturation und Lightness
    # erwartet.
    def __init__(self, h, s, l):
        self.__h = h
        self.__s = s
        self.__l = l

    # Öffentliche Methode zum Erhöhen der Farbsättigung
    def increaseSaturation(self):
        if self.__s < 100:
            self.__s += 1
        else:
            self.__s = 100

    # Öffentliche Methode zum Herabsetzen der Farbsättigung
    def decreaseSaturation(self):
        if self.__s > 0:
            self.__s -= 1
        else:
            self.__s = 0

    # Öffentliche Methode zur Erhöhung der Helligkeit
    def increaseLightness(self):
        if self.__l < 100:
            self.__l += 1
        else:
            self.__l = 100
```

```python
# Öffentliche Methode zum Herabsetzen der Helligkeit
def decreaseLightness(self):
    if self.__l > 0:
        self.__l -= 1
    else:
        self.__l = 0

# Öffentliche Methode, um die Werte für die nächstmögliche
# Farbe zu generieren
def getNextColor(self):
    # Erhöhe Farbwert
    self.__h += 1

    # Wenn Hue den maximalen Farbwert (360 Grad) überschreitet,
    # beginne bei 0 Grad.
    if self.__h > 360:
        self.__h = 0

    # Gebe Farbe als RGB-Farbwert zurück.
    return AmbiLight.hslToRgb(self.__h, self.__s, self.__l)

# Öffentliche Methode zum Generieren einer Zufallsfarbe
def getRandomColor(self):
    self.__h = int(random(0, 360))
    self.__s = int(random(0, 100))
    self.__l = int(random(0, 100))

    return AmbiLight.hslToRgb(self.__h, self.__s, self.__l)

# Private Funktion zur Umrechnung von HSL nach RGB-Werten
# An die Funktion werden die Werte für die Farbe, die
# Sättigung und die Helligkeit übergeben.
# Die Funktion liefert ein Array mit den RGB-Werten zurück.
@staticmethod
def hslToRgb(h, s, l):
    s = s / 100.0
    l = l / 100.0

    # Wenn keine Sättigung, dann ist es Grauwert
    if s == 0:
        r = 255 * l
        g = 255 * l
        b = 255 * l
    else:
        # Nutze temporäre Variablen zur Weiterberechnung
        if l < 0.5:
            temp1 = l * (1.0 + s)
        else:
            temp1 = l + s - (l * s)

        temp2 = 2 * l - temp1

        # Bringe Hue auf Werte zwischen 0 und 1
```

```python
        h = h / 360.0

        # Nutze temporäre RGB-Variablen zur Weiterberechnung
        tempR = h + 0.333
        tempG = h
        tempB = h - 0.333

        # Sorge dafür, dass alle RGB-Werte zwischen 0 und 1 liegen
        tempR = AmbiLight.convertBetween0and1(tempR)
        tempG = AmbiLight.convertBetween0and1(tempG)
        tempB = AmbiLight.convertBetween0and1(tempB)

        # Berechne RGB-Werte
        r = AmbiLight.calculateColor(tempR, temp1, temp2)
        g = AmbiLight.calculateColor(tempG, temp1, temp2)
        b = AmbiLight.calculateColor(tempB, temp1, temp2)

        # Wandle in Werte von 0 bis 255 um
        r = int(round(r * 255))
        g = int(round(g * 255))
        b = int(round(b * 255))

        return [r, g, b]

    @staticmethod
    def convertBetween0and1(value):
        if value < 0:
            value = value + 1
        elif value > 1:
            value = value - 1
        return value

    # Finde korrekte Berechnungsformel
    # Hilfsfunktion, um Duplikate zu vermeiden
    @staticmethod
    def calculateColor(tempColor, temp1, temp2):
        if (6 * tempColor) < 1:
            c = temp2 + (temp1 - temp2) * 6 * tempColor
        elif (2 * tempColor) < 1:
            c = temp1
        elif (3 * tempColor) < 2:
            c = temp2 + (temp1 - temp2) * (0.666 - tempColor) * 6
        else:
            c = temp2
        if c > 1:
            c = 1
        return c

# Startpunkt des Hauptprogramms
# Hier wird die implementierte Klasse zu Demonstrations- und Testzwecken
# instanziiert und verwendet.
al = AmbiLight(0, 0, 50)
for i in range(0, 50):
```

```
    al.increaseLightness()
    print al.getNextColor()
```

B.8.13 Verschlüsselung

```python
# Klasse, die die Schiebeverschlüsselung realisiert
class ShiftCipher:

    # Konstruktor, der den Schlüssel zur Voraussetzung
    # der Instanziierung eines Objekts macht. Der an die
    # Funktion übergebene Schlüssel wird für die Lebens-
    # dauer intern gespeichert
    def __init__(self, key):
        self.__key = key

    # Öffentliche Methode zum Verschlüsseln eines übergebenen
    # Texts. Das Ergebnis der Verschlüsselung wird von der
    # Methode zurückgeliefert.
    def encipher(self, input):
        # Hier wird verschlüsselter String gespeichert
        output = ""

        # Gehe jeden Buchstaben durch
        for c in input:
            # Bestimme Position
            pos = self.__getPositionInAlphabet(c)

            # Addiere mit Key
            newPos = pos + self.__key

            # Wenn neue Position größer als Alphabet ist,
            # nehme nur den Rest (= innerhalb von 1 bis 26)
            if newPos > 26:
                newPos = newPos % 26

            # Hole neuen Buchstaben
            newC = self.__getLetterInPosition(newPos)

            # Füge dem String hinzu
            output += newC

        # Gebe verschlüsselten String zurück
        return output

    # Öffentliche Methode zum Entschlüsseln eines Texts, der
    # an die Methode übergeben wird. Mithilfe
    # des intern gespeicherten Schlüssels liefert
    # die Methode das Ergebnis (den Klartext) wieder
    # zurück.
    def decipher(self, input):
        output = ""
```

```python
        # Gehe jeden Buchstaben durch
        for c in input:
            # Bestimme Position
            pos = self.__getPositionInAlphabet(c)

            # Subtrahiere mit Key
            newPos = pos - self.__key

            # Wenn neue Position kleiner als Alphabet ist,
            # addiere mit 26 (= innerhalb von 1 bis 26)
            if newPos < 0:
                newPos = (newPos + 26) % 26

            # Sonderfall, wenn Position = Key ist
            elif newPos == 0:
                newPos = 26

            # Hole neuen Buchstaben
            newC = self.__getLetterInPosition(newPos)

            # Füge dem String hinzu
            output += newC + " "

        # Gebe entschlüsselten String zurück
        return output

    # Private Methode, die zu einem Buchstaben die Position
    # im Alphabet berechnet und zurückgibt
    def __getPositionInAlphabet(self, letter):
        # Wandle Buchstabe in Kleinbuchstaben um
        letter = letter.lower()

        # Python-Dictionary zur Zuordnung von Buchstaben
        # zu ihrer Alphabetsposition
        letterPosition = {"a": 1,
                          "b": 2,
                          "c": 3,
                          "d": 4,
                          "e": 5,
                          "f": 6,
                          "g": 7,
                          "h": 8,
                          "i": 9,
                          "j": 10,
                          "k": 11,
                          "l": 12,
                          "m": 13,
                          "n": 14,
                          "o": 15,
                          "p": 16,
                          "q": 17,
                          "r": 18,
                          "s": 19,
```

```
                        "t": 20,
                        "u": 21,
                        "v": 22,
                        "w": 23,
                        "x": 24,
                        "y": 25,
                        "z": 26,
                        }
        # Hole Position im lateinischen Alphabet
        posNumber = letterPosition[letter]
        return posNumber

    # Private Methode, um einen Buchstabe von der angegebenen
    # Position des Alphabets zurückzuliefern
    def __getLetterInPosition(self, position):
        # Python-Dictionary zur Zuordnung von
        # Alphabetsposition zu Buchstaben
        alphabet = {1: "a",
                    2: "b",
                    3: "c",
                    4: "d",
                    5: "e",
                    6: "f",
                    7: "g",
                    8: "h",
                    9: "i",
                    10: "j",
                    11: "k",
                    12: "l",
                    13: "m",
                    14: "n",
                    15: "o",
                    16: "p",
                    17: "q",
                    18: "r",
                    19: "s",
                    20: "t",
                    21: "u",
                    22: "v",
                    23: "w",
                    24: "x",
                    25: "y",
                    26: "z",
                    }
        # Gebe Buchstaben zurück
        return alphabet[position]

# Startpunkt des Hauptprogramms
# Hier wird die implementierte Klasse zu Demonstrations- und Testzwecken
# instanziiert und verwendet.
sc = ShiftCipher(3)
encrypted = sc.encipher("abcdefghijklmnopqrstuvwxyz")
print encrypted
```

502   B Lösungen in Python

```python
print sc.decipher(encrypted)

sc = ShiftCipher(3)
encrypted = sc.encipher("DieserTextIstVerschluesselt")
print encrypted
print sc.decipher(encrypted)
```

B.8.14 Mastermind

```python
# Öffentliche Klasse, die das Spiel Mastermind realisiert
class Mastermind:
    # Konstanten für Farbcodes
    RED = 0
    GREEN = 1
    BLUE = 2
    WHITE = 3
    ORANGE = 4
    GREY = 5

    def __init__(self, c1, c2, c3, c4):
        # Initialisiere Array
        self.__code = []
        for i in range(0, 4):
            self.__code.append(-1)

        # Setze Farben
        self.__code[0] = c1
        self.__code[1] = c2
        self.__code[2] = c3
        self.__code[3] = c4

        # Initialisiere Zähler der Spielzüge
        self.__numMove = 0

    # Private Methode, die berechnet, wie viele richtige Farben
    # an den richtigen Positionen liegen. Die Farben werden
    # in der entsprechenden Reihenfolge ausgewertet. Die Anzahl
    # der korrekten Farben an den Positionen wird zurückgeliefert.
    def __correctColorsAndPositions(self, colors):
        # Anzahl richtiger Farben und Positionen
        count = 0
        for i in range(0, len(self.__code)):
            if self.__code[i] == colors[i]:
                count += 1
        return count

    # Private Methode, die berechnet, wie viele Farben korrekt
    # angegeben wurden. Dazu werden die angegebenen Farben
    # auf ihr Vorkommen geprüft und das Ergebnis zurückgeliefert.
    def __correctColors(self, colors):
        # Anzahl richtiger Farben, die an falscher
        # Position stehen
        count = 0
```

```python
            # Bereits geprüfte Positionen des Codes
            checked = [False, False, False, False]

            # Hake zunächst alle Farben ab, die die richtige Farbe und
            # Position haben
            for i in range(0, len(self.__code)):
                # Wenn an identischer Position
                if self.__code[i] == colors[i]:
                    # Position als geprüft abhaken
                    checked[i] = True

            # Zähle jetzt alle Farben
            # Gehe jede Codenummer durch
            for i in range(0, len(self.__code)):
                for j in range(0, len(colors)):
                    # Wenn Position mit gleicher Farbe gefunden, die noch
                    # nicht abgehakt ist, dann zählen (und abhaken)
                    if self.__code[i] == colors[j] and checked[j] == False:
                        checked[j] = True
                        count += 1
                        # Aus Schleife springen
                        break

        return count

    # Öffentliche Methode, die den Spielzug entgegennimmt und
    # auswertet. Als Elemente eines zweidimensionalen Arrays
    # werden die korrekten Farbpositionen und die Anzahl der
    # korrekten Farben zurückgeliefert.
    def guess(self, c1, c2, c3, c4):
        output = [-1, -1]
        # Baue Spielzug zu Array um
        colors = [c1, c2, c3, c4]

        # Werte private Methoden für Spielzug aus
        output[0] = self.__correctColorsAndPositions(colors)
        output[1] = self.__correctColors(colors)

        # Erhöhe Spielzugzähler
        self.__numMove += 1
        return output

# Startpunkt des Hauptprogramms
# Hier wird die implementierte Klasse zu Demonstrations- und Testzwecken
# instanziiert und verwendet.
mm = Mastermind(Mastermind.RED, Mastermind.BLUE, Mastermind.GREY,
                Mastermind.BLUE)

guess = mm.guess(Mastermind.GREEN, Mastermind.GREY, Mastermind.BLUE,
                 Mastermind.BLUE)

println("correctColorsAndPositions: \t" + str(guess[0]))
println("correctColors: \t\t" + str(guess[1]))
```

■ B.9   Referenzdatentypen

B.9.1   Kreis-Klasse

```python
# Öffentliche Klasse zur Repräsentation eines Kreises
class Circle:
    # Konstruktor, der die Position im Koordinatensystem
    # sowie den Radius erwartet
    def __init__(self, x, y, radius):
        self.position = Coordinate(x, y)
        self.radius = radius

    # Öffentliche Methode zur Berechnung des Flächeninhalts
    def area(self):
        # PI*r^2
        return PI * self.radius * self.radius

    # Methode zur Ausgabe
    def toConsole(self):
        area = str(self.area())
        output = "Ich stehe bei " + str(self.position) + " und bin " + area
        output += " gross."
        print output

# Interne Klasse zur Repräsentation einer Koordinate
class Coordinate:
    # Konstruktor, der die Angabe von x- und y-Werten
    # übernimmt und intern speichert.
    def __init__(self, x, y):
        self.x = x
        self.y = y

    # Öffentliche Methode zur Rückgabe einer generierten
    # Koordinaten - Angabe
    def __str__(self):
        # Zur besseren Lesbarkeit im Code werden hier die Variablen als
        # String umgewandelt und in einer lokalen Variable gespeichert
        x = str(self.x)
        y = str(self.y)

        return "(" + x + ", " + y + ")"

# Startpunkt des Hauptprogramms
# Hier werden die implementierten Klassen zu Demonstrations- und
# Testzwecken instanziiert und verwendet.
kreis = Circle(10, 43, 4)
kreis.toConsole()
```

B.9.2 Mathematischer Bruch

```python
# Öffentliche Klasse zur Repräsentation eines Bruchs
class Fraction:
    # Konstruktor, der Zähler und Nenner eines Bruchs
    # anfordert
    def __init__(self, numerator, denominator):
        self.numerator = numerator
        self.denominator = denominator

    # Öffentliche Methode zum Addieren eines Bruchs
    # Zum aktuellen Bruch wird der an die Methode übergebene Bruch
    # addiert und als eigenständiges Objekt zurückgegeben.
    def add(self, f):
        z1 = self.numerator * f.getDenominator()
        z2 = self.denominator * f.getNumerator()
        return Fraction(z1 + z2, self.denominator * f.getDenominator())

    # Öffentliche Methode zum Multiplizieren eines Bruchs.
    # Der aktuelle Bruch wird mit dem an die Methode übergebenen Bruch
    # multipliziert und als eigenständiges Objekt zurückgegeben.
    def multiply(self, f):
        return Fraction(self.numerator * f.getNumerator(),
                        self.denominator * f.getDenominator())

    # Öffentliche Methode, die den Zähler zurückliefert
    def getNumerator(self):
        return self.numerator

    # Öffentliche Methode, die den Nenner zurückliefert
    def getDenominator(self):
        return self.denominator

    # Öffentliche Methode zur Ausgabe eines Bruchs
    def __str__(self):
        return str(self.numerator) + "/" + str(self.denominator)

# Startpunkt des Hauptprogramms
# Hier werden die implementierten Klassen zu Demonstrations- und
# Testzwecken instanziiert und verwendet.

# 1/2
f1 = Fraction(1, 2)
# 1/4
f2 = Fraction(1, 4)

# 1/2 + 1/4 = 6/8
sum = f1.add(f2)
print str(f1) + " + " + str(f2) + " = " + str(sum)

# 1/2 + 1/4 = 1/8
mult = f1.multiply(f2)
print str(f1) + " * " + str(f2) + " = " + str(mult)
```

506 B Lösungen in Python

B.9.3 Highscore-Liste

```python
# Klasse zur Realisierung eines Highscore-Eintrags
class HighscoreEntry:

    # Konstruktor, der als Eingabewerte den Nickname und
    # die erreichten Punkte erwartet
    def __init__(self, nickname, points):
        self.__nickname = nickname
        self.__points = points

    # Öffentliche Methode zur Ausgabe eines Strings mit der
    # Angabe von Nickname und erreichter Punkte
    def __str__(self):
        return self.__nickname + " - " + str(self.__points) + " Punkte"

# Klasse zur Realisierung einer Highscore-Tabelle
class HighscoreTable:

    # Konstruktor der Klasse, der die Initialisierung vornimmt
    def __init__(self):
        # Lege leere Highscore-Liste mit 10 Platzierungen an
        self.__entries = []
        for i in range(0, 10):
            self.__entries.append(HighscoreEntry("Name" + str(i), 0))

    # Öffentliche Methode zum Hinzufügen eines neuen Eintrags in die
    # Highscore-Liste. Übergeben werden der Nickname, die erreichten
    # Punkte sowie die Position innerhalb der Liste.
    def addEntry(self, nickname, points, position):
        # Nutze die HighscoreEntry-Klasse
        entry = HighscoreEntry(nickname, points)

        # Gehe alte Liste bis zur Position durch
        entriesTemp = []
        for i in range(0, position - 1):
            # Füge altes Element hinzu
            entriesTemp.append(self.__entries[i])

        # Füge jetzt neues Element hinzu
        entriesTemp.append(entry)

        # Gehe Rest der Liste durch
        for i in range(position - 1, len(self.__entries)):
            # Füge altes Element hinzu
            entriesTemp.append(self.__entries[i])

        # Setze temporäre Liste als neue Liste
        self.__entries = entriesTemp

    # Öffentliche Methode zur Ausgabe der Highscore-Liste
    def printList(self):
        pos = 1
```

```
        for entry in self.__entries:
            print "Platz " + str(pos) + ": " + str(entry)
            pos += 1

# Startpunkt des Hauptprogramms
# Hier werden die implementierten Klassen zu Demonstrations- und
# Testzwecken instanziiert und verwendet.
hs = HighscoreTable()
hs.addEntry("Dieter", 666, 1)
hs.addEntry("Thomas", 12, 6)
hs.printList()
```

B.9.4 Adressbuch

```
# Klasse zur Repräsentation eines Kontakts
class Contact:

    # Konstruktor, der zur Initialisierung der Klassen-
    # variablen die Id, Name, E-Mail-Adresse, Telefonnummer
    # und Twitter-Adresse vorschreibt.
    def __init__(self, id, name, email, phone, twitter):
        self.__name = name
        self.__email = email
        self.__phone = phone
        self.__twitter = twitter
        self.__id = id

    # Öffentliche Methode zur Generierung eines
    # Strings mit den Kontaktdaten. Der generierte String
    # wird von der Methode zurückgeliefert.
    def __str__(self):
        output = str(self.__id) + ": " + self.__name + "\t"
        output += self.__email + "\t" + self.__phone + "\t" + self.__twitter
        return output

    # Öffentliche Methode zur Rückgabe des Namens
    def getName(self):
        return self.__name

    # Öffentliche Methode zur Rückgabe der Id
    def getID(self):
        return self.__id

# Öffentliche Klasse, die ein Adressbuch realisiert

class Adressbook:

    # Konstruktor, der für die Instanziierung den
    # Namen erfordert.
    def __init__(self, name):
        self.__name = name
        self.__contacts = []
```

```python
# Öffentliche Methode zur Generierung eines Strings
# mit allen Adressbucheinträgen. Der String wird von
# der Methode zurückgeliefert.
def showAll(self):
    output = "Adressbuch: " + self.__name + "\n"

    # Gehe jeden Kontakt durch
    for contact in self.__contacts:

        # Schreibe Inhalt der toString-Methode in
        # Ausgabe-Variable mit Zeilenumbruch
        output += str(contact) + "\n"

    return output

# Öffentliche Methode zur Suche und Rückgabe des
# Kontakts. Der Name der zu suchenden Person
# wird an die Methode übergeben. Der generierte
# String des Kontakts wird im Erfolgsfall zurück-
# geliefert, ansonsten ein leerer String.
def showByName(self, name):
    # Gehe Kontaktliste durch und suche den Namen
    for contact in self.__contacts:
        # Stimmt der Name überein
        if contact.getName() == name:
            # Gebe den Eintrag als String zurück und
            # springe aus Funktion
            return str(contact)

# Öffentliche Methode zum Hinzufügen eines Kontakts.
# Der Kontakt muss als Contact-Objekt an die Methode
# übergeben werden.
def addContact(self, contact):
    self.__contacts.append(contact)

# Öffentliche Methode zum Suchen eines Kontakts nach
# der Id. Diese muss an die Funktion übergeben werden.
# Der Kontakt wird im Erfolgsfall zurückgeliefert -
# ansonsten wird null zurückgeliefert.
def getContact(self, id):
    # Gehe Kontaktliste durch und suche die ID
    for contact in self.__contacts:
        # Stimmt die ID überein
        if contact.getID() == id:
            # Gebe den Eintrag zurück und
            # springe aus Funktion
            return contact

# Methode zum Entfernen eines Kontakts aus dem Adressbuch.
# An die Methode muss die eindeutige Id übergeben werden.
def removeContact(self, id):
    # Lege Kopie der Liste an
    contactsCopy = []
```

```python
            # Gehe Kontaktliste durch und suche die ID
            for contact in self.__contacts:
                # Stimmt die ID nicht überein
                if contact.getID() != id:
                    # füge Kontakt hinzu
                    contactsCopy.append(contact)
                # Wenn ID übereinstimmt, wird Kontakt
                # nicht hinzugefügt (= gelöscht)
            # Übernehme neue Liste
            self.__contacts = contactsCopy

# Startpunkt des Hauptprogramms
# Hier werden die implementierten Klassen zu Demonstrations- und
# Testzwecken instanziiert und verwendet.

# Privates Adressbuch
privat = Adressbook("Privat")
privat.addContact(Contact(1, "Ken Tern", "ken.tern@mail.de",
                          "+49 221 3982781", "@kentern"))
privat.addContact(Contact(2, "Bill Iger", "bill.iger@gmx.de",
                          "+49 211 9821348", "@billiger"))
privat.addContact(Contact(3, "Flo Kati", "flo.kati@web.de",
                          "+49 251 9346441", "@flokati"))
privat.addContact(Contact(4, "Ingeborg Mirwas", "inge.mirwas@post.de",
                          "+49 228 4663289", "@borgmirwas"))
privat.addContact(Contact(5, "Ann Schweigen", "ann.schweigen@gmx.de",
                          "+49 231 6740921", "@annschweigen"))
privat.addContact(Contact(6, "Mark Enschuh", "mark.enschuh@gmail.com",
                          "+49 234 4565657", "@markenschuh"))
privat.addContact(Contact(7, "Lee Köhr", "lee.koehr@mail.de",
                          "+49 561 8976761", "@leekoehr"))
privat.addContact(Contact(8, "Pit Schnass", "pit.schnass@post.de",
                          "+49 721 4545754", "@pitschnass"))


# Geschäftliches Adressbuch
arbeit = Adressbook("Arbeit")
arbeit.addContact(Contact(1, "Phil Tertüte", "phil.tertuete@company.de",
                          "+49 177 1786756", "@philtertuete"))
arbeit.addContact(Contact(2, "Flo Kati", "flo.kati@laden.com",
                          "+49 161 2336541", "@ibm.kati"))
arbeit.addContact(Contact(3, "Andreas Kreuz", "andreas.kreuz@bazaar.de",
                          "+49 163 3442889", "@asbazaar"))
arbeit.addContact(Contact(4, "Erkan Alles", "erkan.alles@solver.de",
                          "+49 171 1442553", "@easolver"))
arbeit.addContact(Contact(5, "Mark Reele", "mark.reele@media.de",
                          "+49 151 5345612", "@mrmedia"))
arbeit.addContact(Contact(6, "Roy Bär", "roy.baer@media.de",
                          "+49 151 5477889", "@rbmedia"))
arbeit.addContact(Contact(7, "Mario Nette", "mario.nette@media.de",
                          "+49 151 5113341", "@mnmedia"))
arbeit.addContact(Contact(8, "Klaus Uhr", "klaus.uhr@media.de",
                          "+49 151 6743431", "@kumedia"))
```

```
print privat.showAll()
print privat.getContact(5)
privat.removeContact(5)
print privat.showAll()

print arbeit.showByName("Flo Kati")
```

B.9.5 Digitaler Bilderrahmen

```python
class DigitalPictureFrame:

    # Klasse, die einen digitalen Bilderrahmen darstellt
    def __init__(self, size):
        # Array mit fester Größe erzeugen
        self.pics = []
        for i in range(0, size):
            self.pics.append(None)
        self.amount = 0
        self.current = 0

    # Öffentliche Methode zum Hinzufügen eines neuen Bilds
    # Das Bild wird der Methode übergeben.
    def addPicture(self, pic):
        # Sind noch Speicherplätze frei, dann hinzufügen
        if self.amount < len(self.pics):
            self.pics[self.amount] = pic

            # Erhöhe Zähler
            self.amount += 1

    # Methode zum Löschen eines Bilds aus dem Bilderrahmen.
    # Der Index des Bilds im Rahmen wird der Methode über-
    # geben.
    def deletePicture(self, index):
        # Nur arbeiten, wenn angegebener Index im
        # gültigen Bereich
        if index >= 0 and index <= self.amount:
            # Kopiere nachfolgende Bilder nach vorne
            for i in range(index, self.amount - 1):
                self.pics[i] = self.pics[i + 1]

            # Reduziere Zähler, da Bild gelöscht
            self.amount -= 1

    # Öffentliche Methode zum Abholen des nächsten Bilds.
    def getNext(self):
        pos = self.current

        # Sorge mit Modulo dafür, dass maximale Anzahl nicht über-
        # schritten werden kann (erspart if-else-Anweisungen)
        self.current = (self.current + 1) % self.amount
        return self.pics[pos]
```

```python
    # Öffentliche Methode, die ein Zufallsbild aus der
    # Menge der im Rahmen enthaltenen Bilder auswählt
    # und zurückliefert.
    def getNextRandom(self):
        return self.pics[int(random(0, self.amount - 1))]

# Öffentliche Klasse Picture, die ein Bild repräsentiert.
class Picture:

    # Konstruktor, der erzwingt, dass bei der Objektgenerierung
    # der Name des Bilds angegeben werden muss
    def __init__(self, name):
        self.name = name

    # Öffentliche Methode, die einen String (in diesem Fall
    # den intern gespeicherten Namen) zurückliefert
    def __str__(self):
        return self.name

# Startpunkt des Hauptprogramms
# Hier werden die implementierten Klassen zu Demonstrations- und
# Testzwecken instanziiert und verwendet.

dpf = DigitalPictureFrame(3)
dpf.addPicture(Picture("Bild 1"))
dpf.addPicture(Picture("Bild 2"))
dpf.addPicture(Picture("Bild 3"))

# Gebe alle Bilder aus
print dpf.getNext()
print dpf.getNext()
print dpf.getNext()
print
print dpf.getNextRandom()
dpf.deletePicture(3)

# Hier darf kein Bild 3 auftauchen
print dpf.getNextRandom()
```

B.9.6 Musikalbenanwendung

```python
# Öffentliche Klasse, die einen einzelnen Song repräsentiert
class Song:

    # Konstruktor, der die Angabe des Titelnamens
    # sowie eine Dauer erwartet
    def __init__(self, title, duration):
        self.__title = title
        self.__duration = duration

    # Öffentliche Methode, die den Titel mit der
    # Angabe der Dauer als String zurückliefert
```

```python
    def __str__(self):
        return self.__title + " -- " + self.__duration

# Öffentliche Klasse für ein Musikalbum
class Album:

    # Konstruktor, der die Angabe des Künstlers,
    # das Land sowie den Albumtitel und die einzelnen
    # Songs erwartet
    def __init__(self, artist, country, album, songs):
        self.__artist = artist
        self.__country = country
        self.__album = album
        self.__songs = songs

    # Öffentliche Methode, die ein komplettes Album
    # mit allen nötigen Informationen zurückliefert
    def __str__(self):
        # Generiere Ausgabe
        output = "Künstler: " + self.__artist + "\n"
        output += "Land: " + self.__country + "\n"
        output += "Album: " + self.__album + "\n"
        output += "--------------------\n"

        # Gehe jeden Song durch
        tracknumber = 1  # Tracknummer
        for song in self.__songs:
            output += str(tracknumber) + ". " + str(song) + "\n"

            # Erhöhe Tracknummer um 1
            tracknumber += 1
        return output

# Öffentliche Klasse zur Verwaltung eines Music Store
class MusicStore:

    # Standardkonstruktor, der die Initialisierung
    # des Album-Arrays übernimmt.
    def __init__(self):
        self.__albums = []

    # Methode zum Hinzufügen eines Albums
    def addAlbum(self, album):
        self.__albums += [album]

    # Öffentliche Methode zur Ausgabe aller Alben
    # auf der Konsole
    def printAll(self):
        for album in self.__albums:
            print album

# Startpunkt des Hauptprogramms
# Hier werden die implementierten Klassen zu Demonstrations- und
```

```python
# Testzwecken instanziiert und verwendet.

# Erstelle Album-Song-Array
fanta4Songs = [Song("Und Täglich Grüßen Fanta Vier / Romantic Fighters",
                    "1:23"),
               Song("30 Mark", "0:42"),
               Song("MfG", "3:35"),
               Song("Hammer", "4:59"),
               Song("Die Stadt Die Es Nicht Gibt", "4:29"),
               Song("0:29", "0:30"),
               Song("Alles Schon Gesehen", "4:25"),
               Song("Michi Beck In Hell", "5:12"),
               Song("Home Again", "0:44")]

# Erstelle Album
fanta4 = Album("Die Fantastischen Vier", "Deutschland", "4:99",
               fanta4Songs)

# Erstelle Album-Song-Array
astleySongs = [Song("Never Gonna Give You Up", "3:36"),
               Song("Whenever You Need Somebody", "3:56"),
               Song("Together Forever", "3:29"),
               Song("It Would Take A Strong Strong Man", "3:44"),
               Song("The Love Has Gone", "4:20"),
               Song("Don't Say Goodbye", "4:11"),
               Song("Slipping Away", "3:56"),
               Song("No More Looking For Love", "3:15"),
               Song("You Move Me", "3:45"),
               Song("When I Fall In Love", "3:03")]

# Erstelle Album
astley = Album("Rick Astley", "England", "Whenever You Need Somebody",
               astleySongs)

# Erstelle MusicStore und füge Alben hinzu
ms = MusicStore()
ms.addAlbum(fanta4)
ms.addAlbum(astley)

# Gebe kompletten Music-Store aus
ms.printAll()
```

B.9.7 Koch-Website

```python
# Öffentliche Klasse für die Repräsentation einer Zutat
class Zutat:

    # Konstruktor, der die Angabe der Zutat, Menge und Einheit
    # erwartet
    def __init__(self, name, menge, einheit):
        self.name = name
        self.menge = menge
        self.einheit = einheit
```

```python
        # Öffentliche Methode zur Generierung eines geeigneten
        # Strings zur Repräsentation der Zutat
        def __str__(self):
            return str(self.menge) + self.einheit + " " + self.name

# Öffentliche Klasse für die Repräsentation einer
# Kochanweisung
class Anweisung:

    # Öffentlicher Konstruktor, der regelt, dass eine Instanz
    # dieser Klasse nur unter Angabe des Anweisungstexts und
    # der Positionsnummer angelegt werden kann
    def __init__(self, text, position):
        self.text = text
        self.position = position

    # Öffentliche Methode zur Generierung eines geeigneten
    # Strings zur Ausgabe
    def __str__(self):
        return str(self.position) + ". " + self.text

# Öffentliche Klasse für ein ganzes Rezept
class Kochrezept:

    # Öffentlicher Konstruktor. Eine Objekt der Klasse kann
    # nur dann instanziiert werden, wenn der Name, die
    # vermeintliche Zeit, die Zutaten, Anweisungen und eine
    # generelle Herdanweisung angegeben werden.
    def __init__(self, name, zeit, zutaten, anweisungen, anweisungHerd):
        self.name = name
        self.zeit = zeit
        self.anweisungen = anweisungen
        self.zutaten = zutaten
        self.anweisungHerd = anweisungHerd

    # Öffentliche Methode zum Generieren eines repräsentativen
    # Strings für das Kochrezept
    def __str__(self):
        output = ""
        output += "- " + self.name + \
            " (" + str(self.zeit) + " Minuten) -\n"
        output += "\nZutaten:\n"

        # Alle Zutaten durchgehen
        i = 0
        for zutat in self.zutaten:
            output += "- " + str(zutat) + "\n"
            i += 1

        output += "\nZubereitung:\n"

        # Alle Anweisungen durchgehen
        for anweisung in self.anweisungen:
```

```
            output += str(anweisung) + "\n"

        output += str((len(self.anweisungen) + 1)) + \
            ". " + self.anweisungHerd

        return output

# Startpunkt des Hauptprogramms
# Hier werden die implementierten Klassen zu Demonstrations- und
# Testzwecken instanziiert und verwendet.

zutaten = []
zutaten.append(Zutat("Kartoffelmehl", 80, "g"))
zutaten.append(Zutat("Maisstärke", 80, "g"))
zutaten.append(Zutat("Eier", 3, ""))
zutaten.append(Zutat("Milch", 400, "ml"))
zutaten.append(Zutat("Traubenzucker", 5, "EL"))
zutaten.append(Zutat("Pflanzenöl", 5, "EL"))

anweisungen = []
anweisungen.append(Anweisung("Die Mehle vermischen und sieben.", 1))
anweisungen.append(Anweisung("Eier, Zucker und Milch dazugeben.", 2))
anweisungen.append(Anweisung("Alles mit dem Schneebesen gut verquirlen.",
                             3))
anweisungen.append(Anweisung("10 Minuten quellen lassen.", 4))
anweisungen.append(Anweisung("Noch einmal verrühren.", 5))

anweisungHerd = "Pfanne auf hoher Stufe erhitzen und Teig"
anweisungHerd += "portionsweise im heißen Öl ausbacken."

pfannkuchen = Kochrezept("Pfannkuchen", 30, zutaten, anweisungen,
                         anweisungHerd)

print pfannkuchen
```

B.9.8 Hotelzimmerverwaltung

```
# Öffentliche Klasse zur Repräsentation eines Hotelzimmers
class Room:
    # Konstruktor, der vorschreibt, dass die Zimmer-
    # nummer angegeben wird
    def __init__(self, number):
        self.__number = number
        self.__available = True

    # Öffentliche Methode zur Prüfung, ob das Zimmer
    # noch frei ist.
    def isAvailable(self):
        return self.__available

    # Öffentliche Methode um den Status der Zimmer-
    # belegung zu ändern. Der zu setzende Status
```

```python
    # wird der Methode übergeben.
    def setAvailable(self, available):
        self.__available = available


    # Methode, die die Zimmernummer zurückliefert.
    def getNumber(self):
        return self.__number


# Öffentliche Klasse zur Zimmerverwaltung eines Hotels
class Hotel:
    # Öffentlicher Konstruktor, der den Hotelnamen, die
    # Anzahl der Sterne sowie die Räume übergeben bekommt
    def __init__(self, name, stars, rooms):
        self.__rooms = rooms
        self.__name = name
        self.__stars = stars


    # Öffentliche Methode, die den Index des nächsten freien Raums
    # zurückliefert
    def checkIn(self):
        # Gehe Räume nacheinander durch
        for room in rooms:
            # Sobald ein Raum frei ist
            if room.isAvailable():
                # Raum belegen
                room.setAvailable(False)
                # Aus der Funktion mit Nummer springen
                return room.getNumber()
        return 0


    # Öffentliche Methode, die einen Checkout-Vorgang simuliert. Die
    # Zimmernummer, für die der Checkout-Vorgang durchgeführt werden
    # soll, wird an die Methode übergeben.
    def checkOut(self, number):
        # Zähler außerhalb von for-Schleife definieren,
        # da wir sie danach noch brauchen könnten
        i = 0

        # Gehe Räume nacheinander durch
        for room in rooms:
            # Stimmt Raumnummer überein und ist Raum noch belegt
            if room.getNumber() == number and room.isAvailable() == False:
                # Aus Schleife springen
                break
            # Zähler erhöhen
            i += 1

        # Sollten wir vor Array-Ende aus Schleife
        # gesprungen sein (= Raum gefunden + belegt),
        # dann Raum auf verfügbar stellen
        if i < len(rooms):
            rooms[i].setAvailable(True)
```

```
# Startpunkt des Hauptprogramms
# Hier werden die implementierten Klassen zu Demonstrations- und
# Testzwecken instanziiert und verwendet.

rooms = []

rooms.append(Room(101))
rooms.append(Room(102))
rooms.append(Room(103))
rooms.append(Room(201))
rooms.append(Room(202))
rooms.append(Room(203))
rooms.append(Room(301))
rooms.append(Room(302))
rooms.append(Room(303))

hotel = Hotel("Seeblick", 4, rooms)

print hotel.checkIn()
print hotel.checkIn()
print hotel.checkIn()
hotel.checkOut(102)
print hotel.checkIn()
print hotel.checkIn()
```

B.9.9 Flughafen-Check-in

```
# Öffentliche Klasse, die einen Passagier repräsentiert
class Passagier:

    # Konstruktor, der dafür sorgt, dass Objekte dieser Klasse
    # nur unter Angabe von Vor- und Zunamen sowie Titel angelegt
    # werden können
    def __init__(self, firstname, lastname, title):
        self.__firstname = firstname
        self.__lastname = lastname
        self.__title = title
        self.__checkIn = False

        # ist Passagier am Gate
        self.__atGate = False

    # Öffentliche Methode zum Durchführen des Check-ins
    def checkIn(self):
        self.__checkIn = True

    # Öffentliche Methode zur Prüfung, ob dieser Passagier bereits
    # eingecheckt ist
    def isCheckedIn(self):
        return self.__checkIn

    # Öffentliche Methode zum Setzen des Status: Passagier am Gate
    def onGate(self):
```

```python
            self.__atGate = True

        # Öffentliche Methode zur Ermittlung, ob der Passagier am Gate ist
        def isAtGate(self):
            return self.__atGate

        # Öffentliche Methode zum Generieren eines aussagekräftigen
        # Strings zur Repräsentation des Passagiers
        def __str__(self):
            # Nur Titel ausgeben, wenn auch angegeben
            if self.__title == "":
                return self.__firstname + " " + self.__lastname
            else:
                output = self.__title + " " + self.__firstname
                output += " " + self.__lastname
                return output

# Öffentliche Klasse, die einen Flug repräsentieren soll
class Flug:

    # Öffentlicher Konstruktor, der die Daten vorgibt, die für
    # die Erzeugung eines Objekts dieser Klasse notwendig sind
    def __init__(
            self,
            id,
            startAirport,
            endAirport,
            startTime,
            gate,
            passengers):
        self.__id = id
        self.__startAirport = startAirport
        self.__endAirport = endAirport
        self.__startTime = startTime
        self.__gate = gate
        self.__passengers = passengers

    # Öffentliche Methode, die einen Passagier aufruft, wenn
    # dieser nicht am Gate ist.
    def ausrufen(self):
        # Gehe Passagierliste durch
        for passenger in self.__passengers:
            # Wenn Passagier eingecheckt und noch
            # nicht am Gate
            if passenger.isCheckedIn() and passenger.isAtGate() == False:
                # ausrufen
                print "Last call for passenger " + str(passenger)

# Startpunkt des Hauptprogramms
# Hier werden die implementierten Klassen zu Demonstrations- und
# Testzwecken instanziiert und verwendet.
passagiere = [Passagier("Martin", "Krause", "Dr."),
              Passagier("Simone", "Krause", ""),
```

```
                Passagier("Herr", "Kules", ""),
                Passagier("Frau", "Kules", ""),
                Passagier("Kranke", "Person", "")]

# Checke alle Fluggäste außer Kranke Person ein
for i in range(0, len(passagiere)):
    passagiere[i].checkIn()
    # Außer den Krauses sind davon alle am Gate
    if i > 1:
        passagiere[i].onGate()

flug = Flug("MH123", "Köln-Bonn", "München", "9:10",
            "C12", passagiere)
flug.ausrufen()
```

B.9.10 Polygonzug

```
# Öffentliche Klasse, die einen Punkt im Koordinatensystem
# repräsentiert
class Point:
    # Konstruktor, der die Angabe von x und y bei der Objekt-
    # generierung vorschreibt.
    def __init__(self, x, y):
        self.__x = x
        self.__y = y

    # Getter-Methode zur Rückgabe des X-Werts
    def getX(self):
        return self.__x

    # Getter-Methode zur Rückgabe des Y-Werts
    def getY(self):
        return self.__y

# Öffentliche Klasse, die einen Polygonzug repräsentiert
class PolyLine:

    # Öffentlicher Konstruktor, der bei der Objekterzeugung
    # zur Angabe der Größe des Polygonzugs benötigt wird
    def __init__(self, size):
        # Initialisiere leeres Array
        self.__points = []
        for i in range(0, size):
            self.__points.append(None)

        self.__nextFree = 0

    # Öffentliche Methode zum Hinzufügen eines weiteren
    # Punkts in Form eines x- und  y-Werts
    def append(self, x, y):
        if self.__nextFree < len(self.__points):
            self.__points[self.__nextFree] = Point(x, y)
```

```python
            self.__nextFree += 1

        # Öffentliche Methode zum Hinzufügen eines weiteren
        # Punkts, der durch ein Point-Objekt repräsentiert
        # wird
        def appendPoint(self, p):
            self.append(p.getX(), p.getY())

        # Öffentliche Methode, die den Polygonzug in einem
        # String repräsentiert. Der erzeugte String wird
        # am Ende der Funktion zurückgegeben.
        def __str__(self):
            temp = "{ "
            for i in range(0, self.__nextFree):
                temp += "(" + str(self.__points[i].getX()) + \
                   "," + str(self.__points[i].getY()) + ")"
            return temp + " }"

# Startpunkt des Hauptprogramms
# Hier werden die implementierten Klassen zu Demonstrations- und
# Testzwecken instanziiert und verwendet.
def setup():
    # Neuen Polygonzug erzeugen
    poly = PolyLine(3)
    print poly

    # Füge Punkt hinzu
    poly.append(2, 4)
    print poly

    # Füge Punkt hinzu
    poly.append(4, 4)
    print poly

    # Füge Punkt hinzu (andere Methode)
    poly.appendPoint(Point(10, 5))
    print poly

    # Füge ein Element zu viel hinzu
    poly.append(1, 1)
    println(poly)
```

B.9.11 Twitterwall

```python
# Klasse, die einen Tweet repräsentiert
class Tweet:
    # Öffentlicher Konstruktor, der vorschreibt, dass ein
    # Tweet zwangsläufig aus einem Benutzernamen und dem
    # textuellen Inhalt besteht.
    def __init__(self, username, text):
        self.__username = username

        # Beschneide Tweet auf 140 Zeichen,
        # wenn er zu groß ist
```

```python
        if len(text) > 140:
            text = text[0:140]
        self.__text = text

    # Öffentliche Methode, die den Tweet in geeigneter
    # Weise zurückliefert
    def __str__(self):
        return self.__username + ": " + self.__text

# Öffentliche Klasse, die eine Twitterwall repräsentiert
class TwitterWall:
    # Konstruktor, der die Anzahl maximal zu verwaltender
    # Tweets erwartet
    def __init__(self, maxTweets):
        self.__tweets = []
        for i in range(0, maxTweets):
            self.__tweets.append(None)
        # nächste Schreibposition im Array
        self.__nextTweet = 0

    # Öffentliche Methode zum Hinzufügen eines Tweets
    def addTweet(self, tweet):
        # Wenn kein Platz im Array
        if self.__nextTweet >= len(self.__tweets):
            # umkopieren nach vorne
            for i in range(0, len(self.__tweets) - 1):
                self.__tweets[i] = self.__tweets[i + 1]

            # Letzter Eintrag = neuer Tweet
            self.__nextTweet = len(self.__tweets) - 1

        # Füge Tweet hinzu
        self.__tweets[self.__nextTweet] = tweet

        # Erhöhe Zähler
        self.__nextTweet += 1

    # Öffentliche Methode, die alle Tweets in Form eines Tweet-Arrays
    # in der Reihenfolge der Erzeugung zurückliefert
    def getTweets(self):
        output = []
        # Gehe bis letzten Eintrag durch
        for tweet in self.__tweets:
            # Kopiere Einträge
            output.append(tweet)
        return output

# Startpunkt des Hauptprogramms
# Hier werden die implementierten Klassen zu Demonstrations- und
# Testzwecken instanziiert und verwendet.

tw = TwitterWall(2)
```

B.9.12 Fototagebuch

```python
longText = "Dies ist ein Tweet, der so viel Text enthält, dass er "
longText += "über die erlaubten 140 Zeichen hinausragen wird. "
longText += "Ehrlich wahr, so sollte es sein. #toomuchtext"
tw.addTweet(Tweet("Bot1", longText))
tw.addTweet(Tweet("Bot2", "Auch Hallo"))
tw.addTweet(Tweet("Bot3", "Wie geht's?"))

# Gebe alle Tweets der Twitterwall untereinander aus.
for tweet in tw.getTweets():
    print tweet
```

# Import von Bibliotheksfunktionen für den Umgang
# mit dem Datum
import datetime

# Öffentliche Klasse, die ein Foto repräsentiert
class Photo:
    # Konstruktor, der vorschreibt, dass ein Foto
    # einen Namen haben muss
    def __init__(self, name):
        self.__name = name

    # Öffentliche Methode zum Generieren einer
    # geeigneten String-basierten Ausgabe.
    def __str__(self):
        return self.__name

# Öffentliche Hilfsklasse, die eine statische Methode
# enthält
class DateUtils:
    import datetime

    # Methode zur Überprüfung auf Gleichheit eines Tags
    @staticmethod
    def isSameDay(a, b):
        # Stimmen Tag, Jahr und Monat überein, ist es der gleiche Tag
        if a.year == b.year and a.month == b.month and a.year == b.year:
            return True
        else:
            return False

# Öffentliche Klasse, die ein Fototagebuch repräsentiert
class PhotoDiary:
    import datetime

    def __init__(self):
        self.__photos = []
        self.__dates = []

    # Erzeuge um ein Element größeres Array
    def addPhoto(self, p):
```
```

```python
        # Setze letztes Photo mit neuem Foto
        self.__photos.append(p)

        # Setze letztes Datum mit aktueller Zeit
        self.__dates.append(datetime.date.today())

    # Öffentliche Methode, die alle Fotos eines Tages zurückliefert
    def getPhotosByDay(self, day):
        count = 0
        for date in self.__dates:
            if(DateUtils.isSameDay(date, day)):
                count += 1

        if count > 0:
            tPhotos = []
            i = 0

            # Alle Datumsangaben durchgehen
            for date in self.__dates:
                # Wenn Tag übereinstimmt
                if DateUtils.isSameDay(date, day):
                    # Foto anfügen
                    tPhotos.append(self.__photos[i])

                # immer Fotozähler erhöhen, damit richtiges
                # Foto hinzugefügt wird
                i += 1
            return tPhotos
        else:
            return None

# Startpunkt des Hauptprogramms
# Hier werden die implementierten Klassen zu Demonstrations- und
# Testzwecken instanziiert und verwendet.

pd = PhotoDiary()
pd.addPhoto(Photo("Foto 1"))
pd.addPhoto(Photo("Foto 2"))

# Heutiges Datum
today = datetime.date.today()

# Hole Fotos
photos = pd.getPhotosByDay(today)

# Gebe jedes Foto aus
for photo in photos:
    print photo
```

B.9.13 Partygäste

# Öffentliche Klasse zur Repräsentation einer Partyverwaltung
class PartyInvitation:

    # Öffentlicher Konstruktor, der vorschreibt, dass Instanzen
    # dieser Klasse nur mit Angabe der Einladungen erfolgen kann
    def __init__(self, invitations):
        self.__invitations = List(invitations)
        self.__coming = List([])
        self.__notComing = List([])

    # Öffentliche Methode, die die Teilnahme einer eingeladenen
    # Person vermerkt. Der Name der eingeladenen Person wird
    # an die Funktion übergeben.
    def coming(self, name):
        # Wenn die Person unter den eingeladenen Personen
        # gefunden wird
        if self.__findAndRemove(self.__invitations, name):
            # vergrößere das Teilnehmer-Array, speichere
            # diesen Gast als Teilnehmer und ersetze die bisherige
            # Liste durch die um den gerade zugesagten Teilnehmer
            # erweiterten Liste
            grownArray = self.__growAndAdd(
                self.__coming.getArray(), name)
            # Setze Array im Referenzdatentyp (hier speziell in Python
            # notwendig)
            self.__coming.setArray(grownArray)

    # Öffentliche Methode, die die Nichtteilnahme einer
    # eingeladenen Person vermerkt. Der Name der eingeladenen
    # Person wird an die Funktion übergeben.
    def notComing(self, name):
        # Wenn die Person unter den eingeladenen Personen
        # gefunden wird
        if self.__findAndRemove(self.__invitations, name):
            # vergrößere das Nichtteilnehmer-Array, speichere
            # diesen Gast als Nichtteilnehmer und ersetze die
            # bisherige Liste durch die um den gerade zugesagten
            # Teilnehmer erweiterten Liste
            grownArray = self.__growAndAdd(
                self.__notComing.getArray(), name)
            # Setze Array im Referenzdatentyp (hier speziell in Python
            # notwendig)
            self.__notComing.setArray(grownArray)

    # Öffentliche Methode, die die Anzahl der Teilnehmer
    # zurückliefert.
    def numberOfComingGuests(self):
        return len(self.__coming.getArray())

```python
        # Private Methode, die das übergebene Array um einen Teilnehmer
        # vergrößert und die an die Methode übergebene Person
        # dieser Liste hinzufügt
        def numberOfNotComingGuests(self):
            return len(self.__notComing.getArray())

        @staticmethod
        def __growAndAdd(array, item):
            array += [item]
            return array

        # Private Methode, die in der übergebenen Liste nach dem
        # ebenfalls übergebenen Namen sucht und zurückliefert, ob
        # der Name in der Liste gefunden wurde
        @staticmethod
        def __findAndRemove(liste, item):
            # Hole Array aus Referenzdatentyp. Hier in Python wird
            # dafür ein temporäres Array angelegt, welches am Ende
            # der Funktion übernommen wird.
            array = liste.getArray()

            # Gehe Liste durch
            for i in range(0, len(array)):
                # Wenn Inhalt mit Erwartung übereinstimmt,
                # setze auf null (None in Python)
                if array[i] == item:
                    array[i] = None
                    # setze geändertes Array in Hilfsklasse
                    liste.setArray(array)
                    return True

            # Wenn nichts gefunden, dann False zurückgeben
            return False

    # Öffentliche Testfunktion, um Array-Inhalt zu testen
    def getInvitationsArray(self):
        return self.__invitations.getArray()

# Hilfsklasse, um Array in Python als Referenzdatentyp nutzen zu können.
class List:
    def __init__(self, array):
        self.__array = array

    def setArray(self, array):
        self.__array = array

    def getArray(self):
        return self.__array

# Startpunkt des Hauptprogramms
# Hier werden die implementierten Klassen zu Demonstrations- und
# Testzwecken instanziiert und verwendet.
```

```python
gaesteliste = ["Hinz", "Kunz", "Dirty", "Harry"]
invitations = PartyInvitation(gaesteliste)

# Hinz und Kunz kommen
invitations.coming("Hinz")
invitations.coming("Kunz")

# Harry kommt nicht
invitations.notComing("Harry")

# Gebe kommende und nicht kommende Gäste aus
print invitations.numberOfComingGuests()
print invitations.numberOfNotComingGuests()

# Kontrolle, ob wirklich alle Elemente außer Harry mit None
# ersetzt wurden
print invitations.getInvitationsArray()
```

B.10 Vererbung

B.10.1 Online-Shop

```python
# Öffentliche Klasse zur Repräsentation eines Artikels
class Article(object):
    
    # Konstruktor, der die Artikelnummer und den Preis
    # erforderlich macht
    def __init__(self, articleNumber, price):
        self.__articleNumber = articleNumber
        self.__price = price
    
    # Getter-Methode, die den Preis zurückliefert
    def getPrice(self):
        return self.__price

# Öffentliche Klasse, die ein Buch repräsentiert
# Die Klasse erbt von der Klasse Artikel.
class Book(Article):
    # Der Mehrwertsteuersatz für Bücher (7 %) wird durch die
    # statische Konstante VAT repräsentiert.
    vat = 0.07
    
    # Öffentlicher Konstruktor mit der Vorschrift
    # zum Anlegen eines Buchobjekts
    def __init__(self, articleNumber, price, author, title, year):
        # Aufruf des Konstruktors der Basisklasse Article
        Article.__init__(self, articleNumber, price)
        
        # Zusätzlich werden die charakterisierenden
        # Eigenschaften eines Buchs gesetzt.
        self.__author = author
        self.__title = title
        self.__year = year
    
    # Öffentliche Methode zur Berechnung des Bruttopreises
    def getPrice(self):
        # Rufe für Nettopreis die Methode in der Superklasse auf
        # und addiere die für Bücher geltende Mehrwertsteuer.
        price = super(Book, self).getPrice()
        price += super(Book, self).getPrice() * Book.vat
        
        return price
    
    # Öffentliche Methode, die einen geeigneten String generiert
    # und zurückliefert
    def __str__(self):
        output = "Buch - " + self.__author + ": "
        output += self.__title + " (" + str(self.__year) + ")"
        return output
```

# Klasse, die eine DVD repräsentiert und von der Klasse
# Article ableitet
class DVD(Article):

    # Statische Konstante für Mehrwertsteuersatz für DVDs (19 %)
    vat = 0.19

    # Öffentlicher Konstruktor der Klasse DVD. Zum Generieren eines
    # Objekts der Klasse DVD werden die angegebenen Werte verlangt.
    def __init__(
        self,
        articleNumber,
        price,
        name,
        duration,
        countryCode):
        # Aufruf des Basisklassenkonstruktors
        Article.__init__(self, articleNumber, price)

        # Zusätzliche Daten werden in den internen Variablen abgelegt.
        self.__name = name
        self.__duration = duration
        self.countryCode = countryCode

    # Öffentliche Methode zur Berechnung des Bruttopreises
    def getPrice(self):
        # Rufe für Nettopreis die Methode in der Superklasse auf
        # und addiere die für Bücher geltende Mehrwertsteuer.
        price = super(DVD, self).getPrice()
        price += super(DVD, self).getPrice() * DVD.vat

        # Öffentliche Methode, die einen DVD-repräsentativen String
        # zurückliefert
    def __str__(self):
        return "DVD - " + self.__name

# Klasse, die einen Warenkorb realisiert
class ShoppingCart:

    # Öffentlicher Konstruktor, der den internen
    # Warenkorb initialisiert.
    def __init__(self):
        # Noch leerer Warenkorb
        self.__cart = []

    # Öffentliche Methode zum Hinzufügen eines Artikels
    # zum Warenkorb. Der Artikel wird in Form eines
    # Article-Objekts realisiert. Da sowohl Bücher als
    # auch DVDs von der Klasse Article erben, sind beide
    # Typen hier erlaubt und werden dafür auf die Basis-
    # Implementierung zurückgecastet.

```python
    def addToCart(self, article):
        self.__cart.append(article)

    # Öffentliche Methode, die eine Rechnung auf der
    # Konsole druckt
    def showBill(self):
        # Gesamtpreis
        sum = 0.0

        # Jeden Artikel durchgehen
        for article in self.__cart:
            # Gebe Namen und Preis aus
            print str(article) + "\t" + str(article.getPrice()) + " Euro"

            # Addiere zu Gesamtpreis
            sum += article.getPrice()

        print "-----------------------------------------"

        # Gebe Gesamtpreis aus
        print "Gesamtpreis: " + str(sum) + " Euro"

# Startpunkt des Hauptprogramms
# Hier werden die implementierten Klassen zu Demonstrations- und
# Testzwecken instanziiert und verwendet.

book = Book(122767676, 32.71, "Luigi Lo Iacono", "WebSockets", 2015)
dvd1 = DVD(122767676, 14.95, "Spiel mir das Lied vom Tod", "99:12", 1)
dvd2 = DVD(122767676, 8.40, "Casablanca, Classic Collection", "99:12", 1)

wk = ShoppingCart()
wk.addToCart(book)
wk.addToCart(dvd1)
wk.addToCart(dvd2)
wk.showBill()
```

B.10.2 Gewässer

```python
# Import spezieller Python-Funktionalitäten, damit
# Abstrakte Methoden definiert werden können
from abc import ABCMeta, abstractmethod

# Öffentliche, abstrakte Klasse zur Basisimplementierung eines
# Gewässers. Die Klasse ist nicht instanziierbar; es können also
# keine Objekte dieser Klasse direkt erzeugt werden.
class Gewaesser(object):
    # Definiere diese Klasse als abstrakte Klasse. Danach können
    # wir abstrakte Funktionen in dieser Klasse definieren (mit
    # @abstractclass).
    __metaclass__ = ABCMeta
```

```python
# Öffentlicher Konstruktor, der die Angabe des Namens,
# der Schiffbarkeit sowie der Schadstoffbelastung erfordert
@abstractmethod
def __init__(self, name, schiffbar, schadstoffbelastung):
    self.__name = name
    self.__schiffbar = schiffbar
    self.__schadstoffbelastung = schadstoffbelastung

# Getter-Methode zum Abfragen, in welches andere Gewässer
# dieses mündet. Diese Methode wird in ableitenden Klassen
# überschrieben.
def getMuendetIn(self):
    return None

# Getter-Methode zur Rückgabe des Gewässernamens
def getName(self):
    return self.__name

# Öffentliche Methode zum Generieren eines repräsentativen
# Strings
def __str__(self):
    return self.__name

# Öffentliche Klasse, die ein Meer repräsentiert und dazu von
# der abstrakten Klasse Gewässer ableitet.
class Meer(Gewaesser):

    # Konstruktor, der Name, Schadstoffbelastung sowie Fläche
    # einfordert
    def __init__(self, name, schadstoffbelastung, flaeche):
        # und damit den Konstruktor der Basisklasse (Gewaesser) aufruft.
        # Da ein Meer immer schiffbar ist, wird beim Aufruf des Basis-
        # klassenkonstruktors für schiffbar direkt der Wert 'True' gesetzt
        Gewaesser.__init__(self, name, True, schadstoffbelastung)
        # und zusätzlich noch die Fläche in der selbst erzeugten
        # Variablen gespeichert. Denn die Basisklasse hat hierfür keine
        # Variable vorgesehen.
        self.__flaeche = flaeche

# Klasse, die einen Fluss repräsentiert und von der Klasse Gewaesser
# ableitet.
class Fluss(Gewaesser):

    # Öffentlicher Konstruktor, der die benötigten Werte
    # entgegennimmt. Ein Fluss mündet in ein anderes
    # Gewässer und wird zusätzlich verlangt.
    def __init__(self, name, schiffbar, schadstoffbelastung,
                 laenge, muendetIn):
        # Aufruf und Übergabe der Werte an den Konstruktor der
        # Basisklasse Gewaesser
        Gewaesser.__init__(self, name, schiffbar, schadstoffbelastung)
```

```
        # Speichern der zusätzlichen Parameter, die für einen
        # Fluss charakteristisch sind.
        self.__laenge = laenge
        self.__muendetIn = muendetIn

    # Öffentliche Methode, um das nächste erreichbare Meer
    # zu bestimmen.
    def bestimmeMeer(self):
        # Gehe ins nächste Gewässer
        gewaesser = self.__muendetIn

        # Solange wir noch weitere Gewässer haben
        while gewaesser.getMuendetIn() is not None:
            # Gehe Gewässerkette solange durch, bis wir auf Meer stoßen
            # (also kein muendetIn mehr vorhanden ist)
            gewaesser = gewaesser.getMuendetIn()

        return gewaesser

    # Überschreiben der Basisklassenmethode, die
    # hier aber einen konkreten Wert zurückliefert
    def getMuendetIn(self):
        return self.__muendetIn

    # Öffentliche Methode zur Repräsentation eines Flusses
    def __str__(self):
        output = self.getName() + ", mündet in "
        output += self.getMuendetIn().getName()
        output += ", endet in " + str(self.bestimmeMeer())
        return output

# Startpunkt des Hauptprogramms
# Hier werden die implementierten Klassen zu Demonstrations- und
# Testzwecken instanziiert und verwendet.

nordsee = Meer("Nordsee", 12.2, 842000)
elbe = Fluss("Elbe", True, 12.3, 1094, nordsee)
moldau = Fluss("Moldau", True, 12.3, 430, elbe)
berounka = Fluss("Berounka", False, 12.3, 138, moldau)
havel = Fluss("Havel", True, 12.3, 334, elbe)

print berounka
print moldau
print havel
```

B.10.3 To-do-Liste

```python
# Öffentliche Klasse zur Repräsentation eines Listeneintrags
class ListItem(object):

    # Öffentlicher Konstruktor, der einen Eintrag als String
    # erwartet und als nicht überprüft voreinstellt
    def __init__(self, entry):
        self.__entry = entry
        self.__checked = False

    # Getter-Methode zur Abfrage des Entry-Strings
    def getEntry(self):
        return self.__entry

    # Getter-Methode zur Abfrage des Überprüfungsstatus
    def getChecked(self):
        return self.__checked

    # Setter-Methode mit dem Status als Parameter
    def setChecked(self, checked):
        self.__checked = checked

    # Öffentliche Methode zur Repräsentation eines
    # beschreibenden ListItem
    def __str__(self):
        return self.getEntry() + " (" + str(self.getChecked()) + ")"

# Öffentliche Klasse zur Verwaltung einer ToDoList
class TodoList:

    # Öffentlicher Konstruktor mit der Initialisierung
    # der internen Liste
    def __init__(self):
        self.__list = []

    # Öffentliche Methode zum Hinzufügen eines neuen
    # ListItems-Objekts
    def addItem(self, item):
        self.__list += [item]

    # Öffentliche Methode zum Setzen des Status eines
    # Listeneintrags
    def checkItem(self, entry):
        # Gehe Liste durch
        for item in self.__list:
            # Wenn Eintrag mit Gesuchtem übereinstimmt, dann abhaken.
            if item.getEntry() == entry:
                item.setChecked(True)
                # Springe aus Schleife
                break
```

```python
        # Methode zur Repräsentation aller Einträge in der
        # To-Do-Liste. Das Ergebnis wird von der Methode zurück-
        # gegeben.
        def __str__(self):
            # Rückgabestring
            output = ""

            # Gehe jedes Element durch.
            for item in self.__list:
                # Packe toString Methode in Rückgabe
                # und füge Zeilenumbruch hinzu
                output += str(item) + "\n"

            return output


# Öffentliche Klasse zur Repräsentation eines Einkaufslisten-
# eintrags. Hierzu wird von der Klasse ListItem abgeleitet, und
# die für einen Einkaufslisteneintrag charakterisierenden Merkmale
# werden hinzugefügt.
class ShoppingItem(ListItem):

    # Öffentlicher Konstruktor, der einen Eintrag als String sowie
    # die Menge dieses Eintrags verlangt
    def __init__(self, entry, amount):
        # Aufruf des Basisklassenkonstruktors
        ListItem.__init__(self, entry)

        # Zusätzlich wird noch die Menge festgehalten.
        self.__amount = amount

    # Öffentliche Methode zur Repräsentation eines
    # aussagekräftigen Strings für einen Einkaufslisteneintrag
    def __str__(self):
        # rufe toString-Methode der Superklasse auf
        return str(self.__amount) + "x " + self.getEntry() + \
               (" " + str(self.getChecked()) + ")"


# Klasse zur Verwaltung einer Shopping-Liste
class ShoppingList:

    # Öffentlicher Konstruktor, der die Liste initialisiert
    def __init__(self):
        self.__list = []

    # Öffentliche Methode, die einen Listeneintrag in Form
    # eines ListItem-Objekts entgegennimmt, um diesen dann
    # in die Einkaufsliste zu setzen.
    def addItem(self, item):
        self.__list += [item]

    # Öffentliche Methode zum Setzen des Status eines
    # Eintrags, der an die Methode übergeben wird
    def checkItem(self, entry):
```

```python
        # Gehe Liste durch
        for item in self.__list:
            # Wenn Eintrag mit Gesuchtem übereinstimmt
            if item.getEntry() == entry:
                # dann abhaken
                item.setChecked(True)
                # Springe aus Schleife
                break

    # Öffentliche Methode zur Repräsentation der Shopping-Liste.
    def __str__(self):
        # Rückgabestring
        output = ""
        # gehe jedes Element durch
        for item in self.__list:
            # Packe toString-Methode in Rückgabe
            # und füge Zeilenumbruch hinzu
            output += str(item) + "\n"
        return output

# Startpunkt des Hauptprogramms
# Hier werden die implementierten Klassen zu Demonstrations- und
# Testzwecken instanziiert und verwendet.

tdl = Todolist()
tdl.addItem(ListItem("Erster Eintrag"))
tdl.addItem(ListItem("Zweiter Eintrag"))
print tdl

sl = ShoppingList()
sl.addItem(ShoppingItem("Aepfel", 3))
sl.addItem(ShoppingItem("Birnen", 1))
sl.addItem(ShoppingItem("Toastbrot", 2))
sl.addItem(ShoppingItem("Birnenbaum", 2))
print sl
sl.checkItem("Birnen")
print sl
```

B.10.4 Lampen

```python
# Öffentliche Klasse zur Repräsentation einer Lampe
class Lamp(object):

    # Konstruktor, der die Angabe der Wattzahl verlangt.
    def __init__(self, watt):
        self.__watt = watt

    # Methode zur Berechnung des jährlichen Energieverbrauchs
    def annualPowerConsumption(self, hoursPerDay):
```

```
        # Formel aus Aufgabe
        return (self.__watt * hoursPerDay * 365) / 1000

    # Getter-Methode zur Rückgabe der Wattzahl
    def getWatt(self):
        return watt

# Öffentliche Klasse, die von der Klasse Lamp ableitet
class Bulb(Lamp):

    # Konstruktor verlangt ebenfalls die Angabe der Wattzahl
    def __init__(self, watt):
        # Aufruf des Basisklassenkonstruktors
        Lamp.__init__(self, watt)

    # Methode zur Rückgabe eines repräsentativen Strings
    def toString(self, hoursPerDay):
        output = "A bulb consumes "
        output += str(self.annualPowerConsumption(hoursPerDay))
        output += " kWh per year."
        return output

# Öffentliche Klasse, die von der Klasse Lamp ableitet
class LEDBulb(Lamp):

    # Konstruktor verlangt die Angabe der Wattzahl
    def __init__(self, watt):
        # Aufruf des Basisklassenkonstruktors
        Lamp.__init__(self, watt)

    # Methode zur Rückgabe eines repräsentativen Strings
    def toString(self, hoursPerDay):
        output = "A led bulb consumes "
        output += str(self.annualPowerConsumption(hoursPerDay))
        output += " kWh per year."
        return output

# Startpunkt des Hauptprogramms
# Hier werden die implementierten Klassen zu Demonstrations- und
# Testzwecken instanziiert und verwendet.

b = Bulb(60)
l = LEDBulb(9)

print b.toString(10)
print l.toString(10)
```

B.10.5 Meeting-Protokoll

```python
# Klasse zur Repräsentation eines Meeting-Protokolls
class MeetingMinutes:

    # Konstruktor, der die benötigten Daten per
    # Vorschrift beim Anlegen eines neuen Objekts
    # erforderlich macht
    def __init__(self, date, timeframe,
                 room, participants):
        self.__date = date
        self.__timeframe = timeframe
        self.__room = room
        self.__participants = participants

        # Leere Liste erzeugen
        self.__items = []

    # Methode zum Hinzufügen eines Item-Objekts
    def add(self, item):
        self.__items.append(item)

    # Methode zur Repräsentation eines Meetings
    def __str__(self):
        output = "Meeting: " + self.__date + \
            " (" + self.__timeframe + "), " 
        output += self.__room + "\nParticipants: "

        # Gehe Teilnehmerliste durch
        for i in range(0, len(self.__participants)):
            output += self.__participants[i]

            # Komma bis zum letzten Element setzen
            if i < len(self.__participants) - 1:
                output += ", "

        output += "\n-----------\n"

        # Alle Diskussionspunkte durchgehen
        for item in self.__items:
            output += str(item) + "\n"

        return output


# Abstrakte Klasse Item
# Import spezieller Python-Funktionalitäten, damit abstrakte Methoden
# definiert werden können
from abc import ABCMeta, abstractmethod

# Definiere diese Klasse als abstrakte Klasse. Danach können
# wir abstrakte Funktionen in dieser Klasse definieren (mit
class Item(object):
```

```python
    # @abstractclass).
    __metaclass__ = ABCMeta

    # Konstruktor, der den Content verlangt
    @abstractmethod
    def __init__(self, content):
        self.__content = content

    # Methode zur Repräsentation des Items
    def __str__(self):
        return self.__content

# Öffentliche Klasse zur Repräsentation eines Diskussionsbeitrags
# Es wird von der Klasse Item geerbt.
class DiscussionItem(Item):

    # Der Konstruktor erwartet den Inhalt.
    def __init__(self, content):
        Item.__init__(self, content)

    # Überschreiben der Repräsentation mit der spezifischen Version
    # für einen Diskussionsbeitrag
    def __str__(self):
        return "Discussion: " + Item.__str__(self)

# Klasse, die eine Entscheidung repräsentiert und von der Klasse
# Item erbt
class DecisionItem(Item):

    # Konstruktor, der den Content verlangt
    def __init__(self, content):
        # und die Basisklasse damit aufruft
        Item.__init__(self, content)

    # Überschreiben der Repräsentation mit der spezifischen Version
    # für einen Entscheidungsbeitrag
    def __str__(self):
        return "Decision: " + Item.__str__(self)

# Klasse zur Repräsentation einer Aktion, die von der Klasse
# Item ableitet.
class ActionItem(Item):

    # Öffentlicher Konstruktor, der zur Angabe des Inhalts
    # verpflichtet
    def __init__(self, content):
        Item.__init__(self, content)

    # Überschreiben der Repräsentation mit der spezifischen Version
    # für einen Aktionsbeitrag
    def __str__(self):
        return "Action: " + Item.__str__(self)
```

```python
# Startpunkt des Hauptprogramms
# Hier werden die implementierten Klassen zu Demonstrations- und
# Testzwecken instanziiert und verwendet.

participants = ["Luigi Lo Iacono", "Michael Schneider",
                "Stephan Wiefling"]
meeting = MeetingMinutes("10.10.2017",
                         "10-12 Uhr", "R123", participants)

meeting.add(DiscussionItem("Veröffentlichung Buch"))
meeting.add(DecisionItem("Dem Antrag wurde einstimmig " +
                         "zugestimmt."))
meeting.add(ActionItem("Bis zum nächsten Meeting muss Kapitel 9" +
                       " fertiggestellt sein."))

print meeting
```

B.10.6 E-Book

```python
# Öffentliche Klasse zur Repräsentation eines E-Books
class Ebook:

    # Öffentlicher Konstruktor, der zur Angabe von
    # Autor und Jahreszahl verpflichtet
    def __init__(self, author, year):
        self.__assets = []
        for i in range(0, 100):
            self.__assets.append(None)

        self.__author = author
        self.__year = year

    # Getter-Methode zur Rückgabe der Seitenanzahl
    def numPages(self):
        sum = 0.0

        # Gehe Assets-Array durch
        for asset in self.__assets:
            # Ist Eintrag in Array vorhanden, dann Summe errechnen
            if asset is not None:
                sum += asset.numPages()

        return round(sum)

    # Methode, über die ein MediaAsset hinzugefügt werden kann
    # Das Asset muss an die Methode übergeben werden.
    def addAsset(self, asset):
        # Gehe Assets-Array durch
        for i in range(0, len(self.__assets)):
            # Ist kein Eintrag in Array vorhanden, dann einmal hinzufügen
            if self.__assets[i] is None:
                self.__assets[i] = asset
```

```
            # Springe aus Schleife
            break

    # Methode, die eine String-Repräsentation dieses
    # E-Books zurückliefert.
    def __str__(self):
        output = "Ebook: " + self.__author + \
            " (" + str(self.__year) + ")\n"
        output += "Seiten: " + str(self.numPages()) + "\n"
        output += "--------\n"

        # Gehe Array-Inhalte durch
        for asset in self.__assets:
            # Füge toString-Ausgabe hinzu
            if asset is not None:
                output += str(asset)
        return output

# Klasse zur Beschreibung eines MediaAssets
class MediaAsset(object):

    # Konstruktor, der zur Angabe diverser Informationen verpflichtet
    def __init__(self, file, size, language):
        self.__file = file
        self.__size = size
        self.__language = language

    # Methode zur Rückgabe der Seitenanzahl ist hierbei nicht möglich
    def numPages(self):
        # Ein undefiniertes Asset trägt nicht zur Seitenzahl bei.
        return 0.0

    # Methode zur Repräsentation des Assets
    def __str__(self):
        return self.__file + " (" + str(self.numPages()) + " Seiten)\n"

# Öffentliche Klasse zur Repräsentation eines TextAssets, die
# von der Klasse MediaAsset ableitet.
class TextAsset(MediaAsset):

    # Konstruktor, der zur Angabe von Werten für Dateinamen, -größe,
    # Sprache sowie Anzahl an Zeichen verpflichtet
    def __init__(self, file, size, language, numChars):
        # Aufruf der Basisklasse und Übergabe der Werte
        MediaAsset.__init__(self, file, size, language)

        # Spezifische Werte werden lokal gespeichert.
        self.__numChars = numChars

    # Methode zur Abfrage der Anzahl an Seiten
    def numPages(self):
        return self.__numChars / 2000.0
```

```
# Öffentliche Klasse zur Repräsentation eines PictureAssets, die
# von der Klasse MediaAsset ableitet.
class PictureAsset(MediaAsset):

    # Öffentlicher Konstruktor, der zur Angabe der folgenden Werte
    # verpflichtet
    def __init__(self, file, size, language, w, h):
        # Aufruf und Übergabe der von der Basisklasse verwalteten Werte
        MediaAsset.__init__(self, file, size, language)

        # Übrige Werte werden lokal festgehalten.
        self.__w = w
        self.__h = h

    # Methode zur Berechnung und Rückgabe der Anzahl von Seiten
    def numPages(self):
        height = self.__h * (960 / float(self.__w))
        if height > 600:
            return 1.0
        else:
            return 0.5

# Öffentliche Klasse zur Repräsentation eines PictureAssets, die
# von der Klasse MediaAsset ableitet
class AudioAsset(MediaAsset):

    # Öffentlicher Konstruktor, der zur Angabe der folgenden Werte
    # verpflichtet
    def __init__(self, file, size, language, duration):
        # Aufruf und Übergabe der von der Basisklasse verwalteten Werte
        MediaAsset.__init__(self, file, size, language)

        # Übrige Werte werden lokal festgehalten.
        self.__duration = duration

    # Methode zur Berechnung und Rückgabe der Anzahl von Seiten
    def numPages(self):
        return 0.0

# Öffentliche Klasse zur Repräsentation eines VideoAssets, die
# von der Klasse MediaAsset ableitet
class VideoAsset(MediaAsset):

    # Konstruktor, der zur Angabe der folgenden Werte verpflichtet
    def __init__(self, file, size, language, duration, w, h):
        # Aufruf und Übergabe der von der Basisklasse verwalteten Werte
        MediaAsset.__init__(self, file, size, language)

        # Übrige Werte werden lokal festgehalten.
        self.__duration = duration
        self.__w = w
        self.__h = h
```

```
# Methode zur Berechnung und Rückgabe der Anzahl von Seiten
def numPages(self):
    height = self.__h * (960 / float(self.__w))
    if height > 600:
        return 1.0
    else:
        return 0.5

# Startpunkt des Hauptprogramms
# Hier werden die implementierten Klassen zu Demonstrations- und
# Testzwecken instanziiert und verwendet.

testBook = Ebook("Stephan Wiefling", 2017)
testBook.addAsset(TextAsset("Aufgabe 1", 12, "Deutsch", 3444))
testBook.addAsset(AudioAsset("Audio 1", 12, "Deutsch", 95))
testBook.addAsset(VideoAsset("Video 1", 12, "Deutsch", 95, 800, 800))
testBook.addAsset(PictureAsset("Bild 1", 12, "Deutsch", 2000, 600))
testBook.addAsset(TextAsset("Aufgabe 2", 12, "Deutsch", 7655))
print testBook
```

B.10.7 Zoo

```
# Klasse, die einen Besucher repräsentiert
class Visitor:

    # Konstruktor, der die Angabe eines Preises
    # erforderlich macht
    def __init__(self, prize):
        self.__prize = prize

    # Getter-Methode zur Abfrage des Preises
    def getPrize(self):
        return self.__prize

    # Getter-Methode zur Rückgabe der Anzahl von Personen
    def getCount(self):
        return 0

# Öffentliche Klasse, die eine Personengruppe repräsentiert
# und von der Klasse Visitor erbt
class Group(Visitor):

    # Konstruktor mit der Angabe der Gruppengröße
    def __init__(self, size):
        # Aufruf der Basisklasse
        Visitor.__init__(self, 50.0)

        # Speichern der Gruppengröße lokal
        self.__size = size

    # Getter-Methode zur Rückgabe der Gruppengröße
    def getCount(self):
        return self.__size
```

```python
# Öffentliche Klasse, die ein Kind repräsentiert
# und von der Klasse Visitor erbt
class Child(Visitor):

    def __init__(self):
        # Aufruf der Basisklasse
        Visitor.__init__(self, 0.0)

    # Getter-Methode zur Rückgabe der Gruppengröße
    def getCount(self):
        return 1

# Öffentliche Klasse, die einen Erwachsenen repräsentiert
# und von der Klasse Visitor erbt
class Adult(Visitor):

    def __init__(self):
        # Aufruf der Basisklasse
        Visitor.__init__(self, 15.0)

    # Getter-Methode zur Rückgabe der Gruppengröße
    def getCount(self):
        return 1

# Öffentliche Klasse, die den Eingang repräsentiert
class Entrance:

    # Öffentlicher Konstruktor, der die Gesamtzahl an
    # Gästen erwartet
    def __init__(self, size):
        # Leeres Array fester Größe erzeugen
        for i in range(0, size):
            self.__visitors.append(None)

        self.__visitorCount = 0

    # Methode zum Hinzufügen von Besucher(n) vom
    # Typ 'Visitor'. Instanzen aller von Visitor abgeleiteten
    # Klassen können hier übergeben werden.
    def addVisitor(self, v):
        self.__visitors[self.__visitorCount] = v
        self.__visitorCount += 1

    # Methode zur Ermittlung der gesamten Einnahmen
    def computeTurnover(self):
        to = 0.0
        # Gehe jeden Besucher durch
        for i in range(0, self.__visitorCount):
            # Addiere Preis von Besucher zum Gesamtpreis
            to += self.__visitors[i].getPrize()
```

```
        return to

    # Methode, die die Gesamtzahl an Besuchern bestimmt
    # sowie zurückliefert
    def computeVisitors(self):
        v = 0

        # Gehe jeden Besucher durch
        for i in range(0, self.__visitorCount):
            # Addiere Besucheranzahl zur Gesamtzahl
            v += self.__visitors[i].getCount()
        return v

# Startpunkt des Hauptprogramms
# Hier werden die implementierten Klassen zu Demonstrations- und
# Testzwecken instanziiert und verwendet.

entrance = Entrance(100)
entrance.addVisitor(Group(6))
entrance.addVisitor(Adult())
entrance.addVisitor(Child())
entrance.addVisitor(Child())

println("Besucher: " + str(entrance.computeVisitors()))
println("Umsatz: " + str(entrance.computeTurnover()) + " Euro")
```

B.10.8 Audioeffekt-Player

```
# Import spezieller Python-Funktionalitäten, damit abstrakte Methoden
# definiert werden können
from abc import ABCMeta, abstractmethod

# Abstrakte Klasse zur Repräsentation eines Audioeffekts.
# Von dieser Klasse kann keine Instanz (= Objekt) erzeugt werden.
class AudioEffect(object):

    # Definiere diese Klasse als abstrakte Klasse. Danach können
    # wir abstrakte Funktionen in dieser Klasse definieren (mit
    # @abstractclass).
    __metaclass__ = ABCMeta

    # Konstruktor, der zur Angabe eines Dateinamens auffordert
    @abstractmethod
    def __init__(self, filename):
        self.__filename = filename

    # Methode zum Abspielen
    @abstractmethod
    def play(self):
        pass

    # Getter-Methode zur Rückgabe des Dateinamens
```

```
# Öffentliche Klasse für den Wave-Effekt leitet
# von der Klasse AudioEffect ab.
class WAVEffect(AudioEffect):

    # Konstruktor erwartet ebenfalls den Dateinamen,
    # um diesen an die Basisklasse zu übergeben.
    def __init__(self, filename):
        AudioEffect.__init__(self, filename)

    # Methode zum Abspielen
    def play(self):
        println("PlayWAV: " + self.getFilename())

# Öffentliche Klasse für den MP3Effect-Effekt leitet
# von der Klasse AudioEffect ab.
class MP3Effect(AudioEffect):

    def __init__(self, filename):
        AudioEffect.__init__(self, filename)

    def play(self):
        println("PlayMp3: " + self.getFilename())

# Öffentliche Klasse für den OGGEffect-Effekt leitet
# von der Klasse AudioEffect ab.
class OGGEffect(AudioEffect):

    def __init__(self, filename):
        AudioEffect.__init__(self, filename)

    def play(self):
        println("PlayOGG: " + self.getFilename())

# Öffentliche Klasse zur Repräsentation des AudioEffectPlayer
class AudioEffectPlayer:

    # Konstruktor, der keine zusätzlichen Angaben vorschreibt
    # und die Initialisierung vornimmt
    def __init__(self):
        self.__effects = []
        for i in range(0, 100):
            self.__effects.append(None)
        self.__indexToAdd = 0

    # Methode zum Hinzufügen eines neuen Audioeffekts
    # Der Effekt wird übergeben.
    def addEffect(self, effect):
        # Wenn noch Platz frei, dann hinzufügen.
        if self.__indexToAdd < len(self.__effects):
```

    def getFilename(self):
        return self.__filename

B.10 Vererbung

```python
            self.__effects[self.__indexToAdd] = effect
            self.__indexToAdd += 1

    # Methode zum Entfernen eines übergebenen
    # Audioeffekts
    def removeEffect(self, effect):
        # Gehe Liste durch
        for i in range(0, len(self.__effects)):
            # Wenn gefunden
            if self.__effects[i] == effect:
                # Lösche Element
                self.__effects[i] = None

                # Kopiere dahinter folgende Elemente nach vorne
                for j in range(i, self.__indexToAdd):
                    self.__effects[j] = self.__effects[j + 1]

                # Verringere indexToAdd um eins
                self.__indexToAdd -= 1

                # Springe aus Schleife
                break

    # Methode zum Abspielen eines Effekts
    def play(self, id):
        if id < self.__indexToAdd:
            self.__effects[id].play()

# Startpunkt des Hauptprogramms
# Hier werden die implementierten Klassen zu Demonstrations- und
# Testzwecken instanziiert und verwendet.

player = AudioEffectPlayer()
mp3 = MP3Effect("Testfile")

player.addEffect(WAVEffect("Testfile"))
player.addEffect(mp3)
player.addEffect(OGGEffect("Testfile"))
player.play(0)
player.play(1)
player.removeEffect(mp3)
player.play(1)
```

B.10.9 Fahrtenbuch

```python
# Basisklasse für alle Fahrzeuge
class Fahrzeug(object):

    # Konstruktor, der vorgibt, dass ein
    # Kilometersatz angegeben werden muss
    def __init__(self, kmSatz):
        self.__kmSatz = kmSatz
```

```python
# Klasse Fahrrad, die von der Klasse Fahrzeug erbt
class Fahrrad(Fahrzeug):

    # Rufe Superklasse auf und setze Fahrpreis auf 1,00 EUR fest
    def __init__(self):
        Fahrzeug.__init__(self, 1.00)

class Motorroller(Fahrzeug):

    # Rufe Superklasse auf und setze Fahrpreis auf 2,00 EUR fest
    def __init__(self):
        Fahrzeug.__init__(self, 2.00)

class Kleintransporter(Fahrzeug):

    # Rufe Superklasse auf und setze Fahrpreis auf 5,50 EUR fest
    def __init__(self):
        Fahrzeug.__init__(self, 5.50)

# Klasse, die eine Fahrt repräsentiert
class Fahrt:

    # Konstruktor der die Angabe eines Fahrzeugs
    # und die gefahrenen Kilometer vorschreibt
    def __init__(self, fahrzeug, km):
        self.__fahrzeug = fahrzeug
        self.__km = km

    # Methode zur Berechnung des Fahrpreises
    # (Kilometersatz * Kilometer)
    def getPrice(self):
        return self.__fahrzeug.getKmSatz() * self.__km

# Klasse, die ein Fahrtenbuch repräsentiert
class Fahrtenbuch:

    # Konstruktor, der die Fahrten initialisiert
    def __init__(self):
        self.__fahrten = []

    # Öffentliche Methode zum Hinzufügen einer Fahrt,
    # die als Fahrtobjekt an die Methode übergeben wird
    def addFahrt(self, fahrt):
        self.__fahrten.append(fahrt)

    # Getter-Methode, die den Preis zurückliefert
    def getPrice(self):
        # Gesamtpreis
        price = 0.0
```

# Getter zur Rückgabe des Kilometersatzes
    def getKmSatz(self):
        return self.__kmSatz

```
        # Gehe jede Fahrt durch.
        for fahrt in self.__fahrten:
            # Berechne Preis
            price += fahrt.getPrice()

        return price

# Startpunkt des Hauptprogramms
# Hier werden die implementierten Klassen zu Demonstrations- und
# Testzwecken instanziiert und verwendet.

# Erstelle Fahrtenbuch
fb = Fahrtenbuch()

# Füge Fahrten hinzu
fb.addFahrt(Fahrt(Fahrrad(), 3))
fb.addFahrt(Fahrt(Motorroller(), 7.12))
fb.addFahrt(Fahrt(Kleintransporter(), 56.11))

# Berechne Gesamtpreis
print fb.getPrice()
```

C Installation Processing

C.1 Einleitung

In diesem Anhang wollen wir Processing in der Version 3 installieren, damit wir es für die Aufgaben dieses Buches verwenden können. Da die Software in Java programmiert wurde, können wir sie auf nahezu allen bekannten Betriebssystemen nutzen. In den folgenden Abschnitten werden die Installationsschritte für Windows 10, Mac OS X Sierra und Ubuntu Linux 17.10 beschrieben.

Die Funktionalität für Python müssen wir im Anschluss separat innerhalb der Processing-Software installieren. Die Schritte dafür sind für alle Betriebssysteme identisch und stehen in Abschnitt C.5 dieses Anhangs.

C.2 Windows

Um Processing auf einem Rechner mit *Windows 10* zu installieren, müssen wir zunächst die Downloadseite von Processing mit einem Webbrowser aufrufen (https://processing.org/download/). Die beschriebenen Installationsschritte sollten in vorherigen Windows-Versionen ähnlich sein. Wie in Bild C.1 zu sehen ist, können wir zwei Versionen herunterladen: eine 32- und eine 64-Bit-Version.

Um die Bit-Version für unseren Rechner zu ermitteln, klicken wir mit der rechten Maustaste auf den Windows-Startbutton (standardmäßig unten links) und klicken in dann auftauchenden Pop-up-Menü mit der linken Maustaste auf *System*. Im dann sichtbaren System-Menü können wir unter *Systemtyp* herausfinden, ob wir ein 32- oder 64-Bit-Betriebssystem verwenden.

Mit dieser Info laden wir jetzt die passende Version von der Processing-Website herunter. Die heruntergeladene Zip-Datei entpacken wir mit einem Rechtsklick auf die Datei und einem Klick mit der linken Maustaste auf *Alle extrahieren...*. Den Zielordner können wir individuell wählen. Es wird der Ordner sein, in den wir Processing installieren werden.

Nach dem Entpacken rufen wir den Zielordner im Windows-Explorer auf. Processing können wir anschließend mit Doppelklick auf die Datei *processing.exe* starten (siehe Bild C.2).

Bild C.1 Downloadbereich auf der Processing-Website

Bild C.2 Processing kann mit Doppelklick auf *processing.exe* (hier blau unterlegt) gestartet werden.

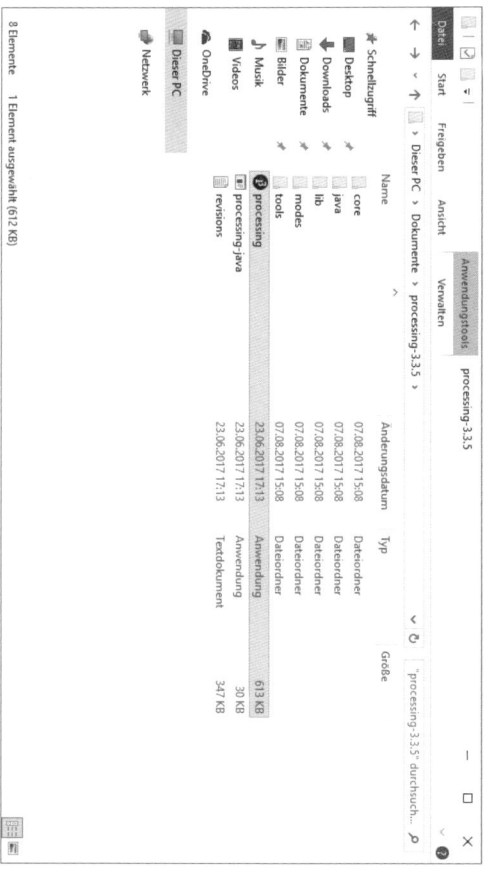

C.3 Mac OS X

Zur Installation auf *Mac OS X Sierra* rufen wir zunächst die Downloadseite von Processing mit einem Webbrowser auf (https://processing.org/download/) und laden dort die Version für *Mac OS X* herunter (siehe Bild C.1). Die heruntergeladene Zip-Datei entpacken wir mit einem Klick auf diese Datei.

Nach dem Entpacken sollte im Ordner der Zip-Datei eine Datei mit Namen *Processing.app* erscheinen. Diese Datei markieren wir und ziehen diese in den *Programme*-Ordner auf der

Bild C.3 Die Processing-App erscheint nach dem Entpacken der Zip-Datei. Diese müssen wir nur noch in den Programme-Ordner auf der linken Leiste verschieben.

linken Seite (siehe Bild C.3). Damit haben wir Processing auf unserem System installiert. Wir können die Software jetzt wie jedes andere OSX-Programm aufrufen.

Die beschriebenen Installationsschritte sollten auch in vorherigen Versionen von Mac OS X nach dem selben Schema funktionieren.

C.4 Linux

Die Installationsschritte sind hier für *Ubuntu Linux 17.10 (Artful Aardvark)* beschrieben. Das Betriebssystem lag beim Schreiben dieses Buches noch als Vorabversion vor, die Schritte sollten sich aber zur finalen Veröffentlichung nicht verändert haben.

Im ersten Schritt müssen wir die Downloadseite von Processing mit einem Webbrowser aufrufen (https://processing.org/download/, siehe auch Bild C.1). Hier wird uns Processing für drei verschiedene Linux-Versionen angeboten: *64-bit, 32-bit* und *ARMv6hf*. Letztere sollte nur relevant sein, wenn wir Processing auf einem Raspberry Pi oder ähnlichen Geräten installieren wollen.

Um festzustellen, ob wir Ubuntu Linux mit 64 oder 32 Bit verwenden, müssen wir oben rechts in die Ecke klicken, wodurch ein Menü mit Informationen über das Netzwerk, den Benutzer und den Akkustand erscheinen sollte. In diesem Menü klicken wir auf das Werkzeugsymbol, womit wir in das Einstellungsmenü kommen. Wenn wir in diesem Menü im Abschnitt *System* auf den Menüpunkt *Details* klicken, werden uns Informationen zum System angezeigt. Bei *OS Type* können wir hier sehen, ob wir ein 32- oder 64-Bit-System nutzen.

Haben wir diese Frage geklärt, laden wir die passende Version mit unserem Webbrowser herunter. Die heruntergeladene *tgz*-Datei lassen wir uns im Dateimanager anzeigen und

Bild C.4 Wenn wir diese Ordnerstruktur mit der install.sh sehen, können wir Processing installieren. Das Terminal öffnen wir mit Rechtsklick in die freie Fläche. Nach erfolgreicher Installation erscheint die Processing-Verknüpfung (siehe oben links).

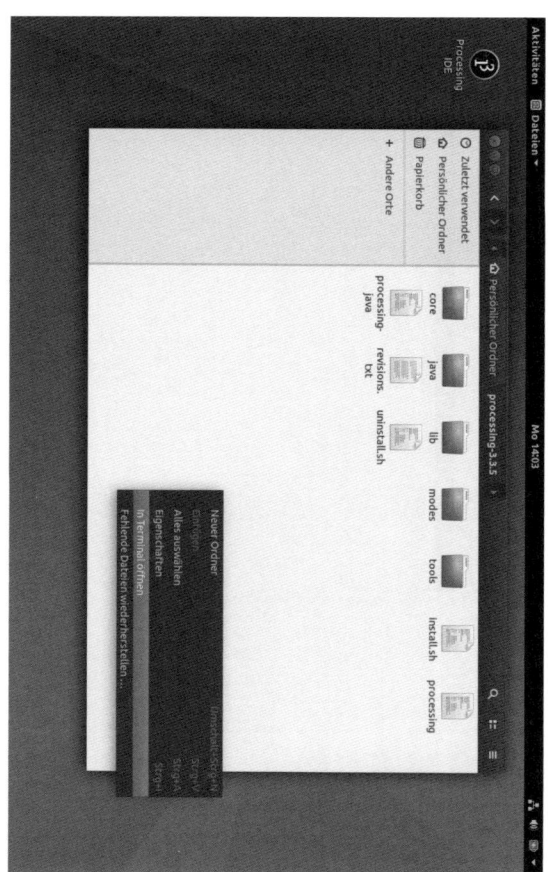

entpacken sie mit einem Doppelklick darauf. Anschließend sollte ein neuer Ordner erstellt worden sein. Den Inhalt dieses Ordners können wir in den persönlichen Ordner verschieben. Dies wird unser Installationsordner sein. In diesen müssen wir anschließend navigieren, bis wir eine Ordneransicht wie in der Bild C.4 sehen.

Zur Installation von Processing müssen wir das Terminal an dieser Stelle der Ordnerstruktur öffnen. Dazu klicken wir mit der rechten Maustaste in eine freie Stelle der Ordneransicht und klicken mit der linken Maustaste auf *Im Terminal öffnen*.

Im erscheinenden Terminalfenster tippen wir jetzt ./install.sh ein und bestätigen mit Enter. Damit haben wir Processing installiert, und eine Verknüpfung wird auf dem Desktop sichtbar. Mit einem Doppelklick auf die Verknüpfung können wir Processing starten. Gegebenenfalls müssen wir der Anwendung einmalig unser Vertrauen aussprechen und den zugehörigen Button in der auftauchenden Warnmeldung bestätigen.

■ C.5 Aktivierung des Python Mode

Um die im Buch beschriebenen Aufgaben mit Python lösen zu können, müssen wir den *Python-Mode* in Processing aktivieren. Hierzu öffnen wir zunächst Processing auf unserem Betriebssystem.

Anschließend klicken wir bei einem neuen Sketch auf den Auswahlbutton oben rechts mit der Beschriftung *Java*. Im dann erscheinenden Drop-down-Menü wählen wir *Modus hinzufügen...* aus.

C.5 Aktivierung des Python Mode

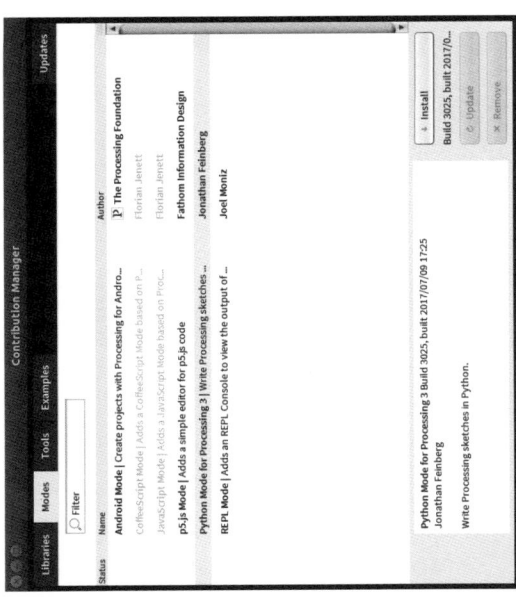

Bild C.5 Contribution Manager zur Installation des Python Modes

Im dann sichtbaren *Contribution Manager*, wie in Bild C.5 zu sehen, wählen wir den *Python Mode for Processing 3* aus und klicken auf den *Install*-Button unten rechts. Anschließend haben wir den Python Mode installiert und können ihn bei einem neuen Sketch auswählen, indem wir wieder auf den Auswahlbutton oben rechts mit der Beschriftung *Java* klicken.

HANSER

Erschaffe dir deine eigene Welt!

Korgel
**Virtual Reality-Spiele entwickeln mit Unity®
Grundlagen, Beispielprojekte, Tipps & Tricks**

587 Seiten. Inklusive E-Book

€ 36,–. ISBN 978-3-446-45147-6

Auch einzeln als E-Book erhältlich

€ 28,99. E-Book-ISBN 978-3-446-45372-2

Dieser praktische Leitfaden bietet dir einen fundierten Einstieg in die Entwicklung von Virtual Reality-Welten. Von den VR- und Unity-Grundlagen über die fortgeschrittene Unity-Programmierung bis hin zu kompletten Beispielprojekten für unterschiedliche VR-Headsets erhältst du hier das nötige Know-how für deine eigene VR-App. Berücksichtigt werden u. a. Oculus Rift, SteamVR (z. B. HTC Vive), GearVR und GoogleVR (z. B. Daydream). Alle Beispielprojekte stehen online zum Download zur Verfügung.

Mehr Informationen finden Sie unter **www.hanser-fachbuch.de**